Konvergenz und Divergenz

Sprachvergleichende Studien zum Deutschen

———

Herausgegeben von
Eva Breindl und Lutz Gunkel

Im Auftrag des Instituts für Deutsche Sprache

Gutachterrat
Ruxandra Cosma (Bukarest), Martine Dalmas (Paris), Livio Gaeta (Turin),
Matthias Hüning (Berlin), Sebastian Kürschner (Nürnberg), Torsten
Leuschner (Gent), Marek Nekula (Regensburg), Attila Péteri (Budapest),
Christoph Schroeder (Potsdam), Björn Wiemer (Mainz)

Band 4

Saskia Schuster

Variation und Wandel

Zur Konkurrenz morphologischer
und syntaktischer A+N-Verbindungen
im Deutschen und Niederländischen seit 1700

DE GRUYTER

Redaktion: Melanie Steinle

ISBN 978-3-11-042699-1
e-ISBN (PDF) 978-3-11-042313-6
e-ISBN (EPUB) 978-3-11-042321-1

Library of Congress Cataloging-in-Publication Data
A CIP catalog record for this book has been applied for at the Library of Congress.

Bibliografische Information der Deutschen Nationalbibliothek
Die Deutsche Nationalbibliothek verzeichnet diese Publikation in der Deutschen
Nationalbibliografie; detaillierte bibliografische Daten sind im Internet über
http://dnb.dnb.de abrufbar.

www.degruyter.com

Vorwort

Die vorliegende Arbeit ist die überarbeitete Version meiner Dissertation, die ich im Juni 2013 an der Freien Universität Berlin eingereicht und im November 2013 verteidigt habe. Sie ist im Rahmen des DFG-Projektes „Wörter und Phrasen" (DFG-Geschäftszeichen: HU 1635/1-1) entstanden, das von 2007 bis 2012 an der Freien Universität Berlin lief.

An dieser Stelle möchte ich mich bei den beiden Herausgebern Prof. Dr. Eva Breindl und Dr. Lutz Gunkel herzlich dafür bedanken, die Arbeit in die Reihe „Konvergenz und Divergenz. Sprachvergleichende Studien des Deutschen" aufzunehmen. Für die redaktionelle Unterstützung und viel Geduld danke ich Melanie Steinle vom Institut für Deutsche Sprache (IDS).

Ein großer Dank gilt den Gutachtern der Dissertation, Prof. Dr. Matthias Hüning und Prof. Dr. Horst Simon, sowie einem/r anonymen Gutachter/in für wertvolle Verbesserungsvorschläge bei der Überarbeitung. Besonders zu Dank verpflichtet bin ich PD Dr. Barbara Schlücker, die im gleichen Projekt ihre Habilitationsschrift zur synchronen Dimension der A+N-Verbindungen fertiggestellt hat. Ihre ebenso kritischen wie konstruktiven Anmerkungen haben wesentlich zum Gelingen der Arbeit beigetragen.

Lafayette, CA – Dezember 2014

Inhaltsverzeichnis

Abbildungsverzeichnis —— XI

Tabellenverzeichnis —— XIII

Abkürzungsverzeichnis —— XV

Konventionen —— XVII

1 Einleitung —— 1
1.1 Variation und Wandel —— 1
1.2 Charakterisierung des Gegenstandsbereichs —— 3
1.3 Fragestellung —— 5
1.4 Methodik —— 9
1.5 Gliederung der Arbeit —— 12

2 A+N-Verbindungen als Benennungseinheiten —— 13
2.1 Benennungen und Nomination —— 13
2.2 Benennungen und Beschreibungen —— 16
2.3 Komplexe Benennungseinheiten —— 23
2.3.1 Wörter und Phrasen —— 24
2.3.2 Semantische Klassifikation —— 29
2.4 Zur Entstehung von Benennungen —— 34
2.5 Zusammenfassung —— 44

3 Theoretische Annahmen —— 45
3.1 Die Konstruktion als grammatische Struktureinheit —— 45
3.2 Das Lexikon aus konstruktionsgrammatischer Sicht —— 49
3.3 A+N-Verbindungen als Konstruktionen —— 53
3.4 Konstruktionen, Phraseologie und Wortbildung —— 55
3.5 Zusammenfassung —— 57

4 Synchrone Beschreibung der A+N-Verbindungen im Deutschen
und Niederländischen —— 59
4.1 A+N-Komposita —— 60
4.2 A+N-Phrasen —— 65
4.3 Zur semantischen Äquivalenz der A+N-Verbindungen —— 76
4.4 Zwischen Phrase und Kompositum —— 83
4.4.1 Zusammenrückungen —— 83
4.4.2 Phrasen mit Schwa-Apokope im Niederländischen —— 85

4.5   Komposition und Phrasenbildung als konkurrierende
           Schemata —— **89**
4.6   Komplementarität und Konkurrenz —— **95**
4.6.1   Morphologie und Phonologie —— **96**
4.6.2   Syntax —— **97**
4.6.3   Semantik —— **97**
4.6.4   Andere konkurrierende Verfahren —— **100**
4.6.5   Stilistik und Pragmatik —— **100**
4.6.6   Fazit —— **102**
4.7   Von der Variation zum Wandel —— **102**
4.8   Untersuchungshypothesen —— **108**
4.9   Zusammenfassung —— **110**

5   Historische Entwicklung der A+N-Verbindungen seit 1700 —— 111
5.1   Materialgrundlage und methodisches Vorgehen —— **111**
5.1.1   Adjektive als Ausgangspunkt —— **111**
5.1.2   Zur Unterscheidung von Komposita und Phrasen —— **113**
5.1.3   Materialgrundlage —— **115**
5.1.3.1   Wörterbücher —— **115**
5.1.3.2   Korpora und andere Textsammlungen —— **120**
5.2   Benennungsbildung bei qualitativen Adjektiven seit 1700 —— **123**
5.2.1   Adjektive mit ähnlicher Entwicklung im Deutschen und
           Niederländischen —— **127**
5.2.1.1   *gelb – geel, rot – rood, schwarz – zwart* —— **127**
5.2.1.2   *bitter – bitter* —— **135**
5.2.1.3   *still – stil* —— **138**
5.2.1.4   *tief – diep* —— **142**
5.2.2   Adjektive mit abweichender Entwicklung im Deutschen und
           Niederländischen —— **145**
5.2.2.1   *geheim – geheim* —— **145**
5.2.2.2   *kalt – koud* —— **149**
5.2.2.3   *negativ – negatief* —— **153**
5.2.2.4   *fremd – vreemd* —— **156**
5.2.3   Vorläufiges Fazit —— **159**
5.3   Benennungsbildung bei Relationsadjektiven seit 1700 —— **160**
5.4   Phrasen mit Schwa-Apokope als dritter Weg? —— **167**
5.5   Konstruktionalisierungs- und Schematisierungsprozesse
           seit 1700 —— **169**

5.6	Entwicklung der A+N-Verbindungen unter semantischen Gesichtspunkten —— **174**	
5.6.1	Metaphorische und metonymische Verbindungen —— **174**	
5.6.2	Formkorrelationen bei polysemen Adjektiven —— **178**	
5.6.3	Indirekte Modifikationsrelationen bei Phrasen und Komposita —— **180**	
5.7	Konkurrierende Benennungseinheiten —— **183**	
5.7.1	Globale Entwicklung von A+N-Konkurrenzen —— **185**	
5.7.1.1	Konkurrierende Bildungen im Deutschen —— **185**	
5.7.1.2	Konkurrierende Bildungen im Niederländischen —— **189**	
5.7.1.3	Konkurrenzen im Vergleich —— **192**	
5.7.2	Fallstudie mit *schwarz/zwart* —— **193**	
5.8	Zusammenfassung —— **200**	
6	**Variation ohne Wandel** —— **203**	
6.1	Analogie und sprachliche Strukturbildung —— **203**	
6.1.1	Analogie und Regel —— **204**	
6.1.2	Analogische Effekte bei A+N-Verbindungen —— **210**	
6.1.3	Analogischer Einfluss anderer Wortbildungsmuster —— **215**	
6.1.4	Analogie und Konstruktionsgrammatik —— **218**	
6.1.5	Fazit —— **220**	
6.2	Trend zur Univerbierung im Deutschen —— **221**	
6.2.1	Der Begriff 'Univerbierung' —— **221**	
6.2.2	Univerbierung durch Idiomatisierung? —— **224**	
6.2.3	Komplexe Nominalphrasen —— **226**	
6.3	Wandelprozesse in der Adjektivflexion —— **236**	
6.3.1	Entwicklung der Adjektivflexion im Deutschen und Niederländischen —— **236**	
6.3.2	Flexionskomplexität als Einflussfaktor —— **241**	
6.4	Sprachpurismus im Niederländischen —— **246**	
6.5	Sprachkontakt und Parallelentwicklungen —— **255**	
6.6	Zusammenfassung —— **262**	
7	**Zusammenfassung** —— **265**	
7.1	Zusammenfassung der Arbeit —— **265**	
7.2	Schlussfolgerungen zum Verhältnis von Variation und Wandel —— **271**	

8 Anhang —— 273
8.1 Zweifelsfälle —— **273**
8.2 Chronologische Übersicht konkurrierender Dubletten —— **276**

9 Materialsammlung —— 281
9.1 Deutsch —— **281**
9.1.1 Primärmaterial —— **281**
9.1.2 Sonstige Wörterbücher —— **281**
9.1.3 Lexika —— **282**
9.1.4 Korpora und Textsammlungen —— **282**
9.2 Niederländisch —— **282**
9.2.1 Primärmaterial —— **282**
9.2.2 Sonstige Wörterbücher —— **283**
9.2.3 Lexika —— **283**
9.2.4 Korpora und Textsammlungen —— **284**
9.2.5 Sonstiges —— **284**
9.3 Quellennachweise der Belege —— **284**

Literatur —— 287

Abbildungsverzeichnis

Abbildung 2.1: Typologie der Phraseologismen nach Burger (2010: 37–38) —— **27**
Abbildung 2.2: Semantische Klassifikation von Benennungseinheiten —— **30**
Abbildung 2.3: Strategien zur Vergrößerung des Benennungsinventars —— **35**

Abbildung 3.1: Lexikalische Repräsentation von EN *baker* (Booij 2010: 7) —— **46**
Abbildung 3.2: Suffix *-er* als Teil eines deverbalen Wortbildungsschemas im Englischen (Booij 2010: 8) —— **48**
Abbildung 3.3: Allgemeines Schema rechtsköpfiger Komposita (Booij 2010: 51) —— **50**
Abbildung 3.4: Auszug der Schemahierarchie für rechtsköpfige Komposita (leicht modifiziert nach Schlücker 2014: 94) —— **51**

Abbildung 4.1: Paprikasorten (Angebotsschild, Berlin, 14.11.2011) —— **74**
Abbildung 4.2: „Stille SMS" (Heise Online, 23.11.2011) —— **74**
Abbildung 4.3: *harde schijven* vs. *hardeschijven* 'Festplatten', Media Markt, Niederlande, 26.4.2012) —— **75**
Abbildung 4.4: Schemata für die Bildung klassifikatorischer A+N-Benennungseinheiten im Deutschen und Niederländischen —— **89**
Abbildung 4.5: Konstruktionshierarchien bei klassifikatorischen A+N-Verbindungen am Beispiel des Deutschen —— **91**
Abbildung 4.6: Paradigmatische Relationen am Beispiel von DE *sauer* —— **94**
Abbildung 4.7: Paradigmatische Relationen am Beispiel von NL *geheim* —— **94**

Abbildung 5.1: Bias einzelner Adjektive im Deutschen —— **124**
Abbildung 5.2: Bias einzelner Adjektive im Niederländischen —— **124**
Abbildung 5.3: Schemahierarchien im Deutschen —— **170**
Abbildung 5.4: Schemahierarchien im Niederländischen —— **171**
Abbildung 5.5: *schwarzer Markt* vs. *Schwarzmarkt* (ZEIT-Korpus, 1946–2009) —— **195**
Abbildung 5.6: *zwarte()handelaar* vs. *zwarthandelaar* (LCA, 1940–2009) —— **196**
Abbildung 5.7: *zwarte handel* vs. *zwarthandel* (LCA, 1940–2009) —— **198**

Abbildung 6.1: Komplexes Bedingungsgefüge für die historische Distribution der A+N-Verbindungen —— **262**

Tabellenverzeichnis

Tabelle 1.1: Adjektivauswahl für Fallstudien —— **10**

Tabelle 2.1: Nominationseinheiten (nach Fleischer 1996a, 1997) —— **23**

Tabelle 5.1: Adjektivauswahl für Fallstudien —— **113**
Tabelle 5.2: Verwendete Wörterbücher des Deutschen (Primärmaterial) —— **119**
Tabelle 5.3: Verwendete Wörterbücher des Niederländischen (Primärmaterial) —— **120**
Tabelle 5.4: Verwendete Enzyklopädien des Deutschen (DELEX; 1809–1906) —— **121**
Tabelle 5.5: Verwendete Enzyklopädien des Niederländischen (NLLEX; 1894–1918) —— **122**
Tabelle 5.6: Korpora und Textsammlungen —— **123**
Tabelle 5.7: Hapaxe im Deutschen (ZEIT-Korpus, 1989–2009) —— **125**
Tabelle 5.8: Hapaxe im Niederländischen (LEXNEX-Korpus, 1997–2011) —— **126**
Tabelle 5.9: Verbindungen mit *gelb/geel* im Primärmaterial —— **128**
Tabelle 5.10: Verbindungen mit *rot/rood* im Primärmaterial —— **128**
Tabelle 5.11: Verbindungen mit *schwarz/zwart* im Primärmaterial —— **129**
Tabelle 5.12: Äquivalente mit *schwarz/zwart* (Duden 1999; Van Dale 2005) —— **132**
Tabelle 5.13: Verbindungen mit *bitter* im deutschen Primärmaterial —— **135**
Tabelle 5.14: Verbindungen mit *bitter* im niederländischen Primärmaterial —— **137**
Tabelle 5.15: Verbindungen mit *still* im deutschen Primärmaterial —— **139**
Tabelle 5.16: Verbindungen mit *stil* im niederländischen Primärmaterial —— **140**
Tabelle 5.17: Verbindungen mit *tief* im deutschen Primärmaterial (20. Jh.) —— **142**
Tabelle 5.18: Verbindungen mit *diep* im niederländischen Primärmaterial (20. Jh.) —— **143**
Tabelle 5.19: Verbindungen mit *kalt* im deutschen Primärmaterial (20. Jh.) —— **150**
Tabelle 5.20: Verbindungen mit *koud* im niederländischen Primärmaterial (20. Jh.) —— **152**
Tabelle 5.21: Verbindungen mit *geheim* und *agent(e)* in niederländischen Zeitungen seit 1994
      (VK, NRC, LC, GA) —— **168**
Tabelle 5.22: Dubletten im deutschen Primärmaterial seit 1700 —— **186**
Tabelle 5.23: Tokenfrequenzen *zivile Luftfahrt – Zivilluftfahrt* (ZEIT-Korpus, 1946–2009) —— **189**
Tabelle 5.24: Dubletten im niederländischen Primärmaterial seit 1700 —— **189**
Tabelle 5.25: Ausgewählte Dubletten im Niederländischen (LEXNEX-Korpus,
      1997–2011; * = Schätzung) —— **191**
Tabelle 5.26: Tokenfrequenzen *schwarzer Markt – Schwarzmarkt* (ZEIT-Korpus,
      1946–2009) —— **195**
Tabelle 5.27: Tokenfrequenzen *zwarte()handelaar – zwarthandelaar* (LCA, 1940–2009) —— **195**
Tabelle 5.28: Tokenfrequenzen verschiedener Verbindungen mit *schwarz* (ZEIT-Korpus,
      1946–2009) —— **197**
Tabelle 5.29: Tokenfrequenzen verschiedener Verbindungen mit *zwart* (LCA, 1940–2009) —— **197**
Tabelle 5.30: Tokenfrequenzen *zwarte handel – zwarthandel* (LCA, 1940–2009) —— **198**

Tabelle 6.1: Tokenfrequenzen *schwarzes Konto – Schwarzkonto* (ZEIT-Korpus,
      1970–2009) —— **212**
Tabelle 6.2: Tokenfrequenzen *schwarze Kasse* vs. *Schwarzkasse* (ZEIT-Korpus,
      1946–2009) —— **213**
Tabelle 6.3: Tokenfrequenzen *schwarz/grün + Tee* (ZEIT-Korpus, 1946–2009) —— **215**

Tabelle 6.4: Rückbildungen im Deutschen und Niederländischen —— **216**

Tabelle 6.5: Tokenfrequenzen *schwarzer Markt – Schwarzmarkt* als Erstglied (ZEIT-Korpus, 1946–2009) —— **229**

Tabelle 6.6: Tokenfrequenzen *schwarze Kasse – Schwarzkasse* als Erstglied (ZEIT-Korpus, 1946–2009) —— **230**

Tabelle 6.7: Tokenfrequenzen *Schwarzes Meer – Schwarzmeer* als Erstglied (ZEIT-Korpus, 1946–2009) —— **234**

Tabelle 6.8: Umfrageergebnisse aus „Onze Taal" (Januar 1935: 3) zu Germanismen (Ablehnung durch Umfrageteilnehmer in %) —— **250**

Tabelle 6.9: Die Bewertung von *zwartehandelaar* und *zwarthandelaar* in Koenen (K) und Van Dale (VD) (20. Jh.) —— **252**

Tabelle 6.10: A+N-Verbindungen mit *schwarz – zwart – black – noir* im Deutschen, Niederländischen, Englischen und Französischen —— **256**

Tabelle 6.11: Internationalismen im Bereich GETRÄNKE —— **258**

Abkürzungsverzeichnis

A	Adjektiv
best.	bestimmte(r,s)
CM	Construction Morphology
DBLK	Datenbank Deutsche Literatur von Lessing bis Kafka
DBNL	Digitale bibliotheek voor de Nederlandse letteren
DE	Deutsch
DET	Determinierer
DWB	Deutsches Wörterbuch der Brüder Grimm
DWDS	Projekt Digitales Wörterbuch der Deutschen Sprache
EN	Englisch
EWN	Etymologisch woordenboek van het Nederlands
FR	Französisch
FREQ	Frequenz
GA	De Groene Amsterdammer
GR	Griechisch
IT	Italienisch
K	Kompositum
LAT	Latein
LC	Leeuwarder Courant
LCA	Leeuwarder Courant Archief
MNW	Middelnederlandsch Woordenboek
N	Nomen
NL	Niederländisch
NRC	NRC Handelsblad
OED	Oxford English Dictionary
P	Phrase
pers. Komm.	persönliche Kommunikation
PHON	Phonologie
PRÄP	Präposition
SEM	Semantik
SFS	Saskia Friederike Schuster
SP	Spanisch
SPON	Spiegel Online
SYN	Syntax
SZ	Süddeutsche Zeitung
V	Verb
VK	Volkskrant
WDG	Wörterbuch der deutschen Gegenwartssprache
WNT	Woordenboek der Nederlandsche Taal

Konventionen

- Sämtliche Hervorhebungen in Belegen, Zitaten etc. stammen von mir, sofern nicht anders angegeben.
- Die Quellen sämtlicher Belege sind zur Entlastung des Haupttextes im Anhang aufgeführt.
- Die Schreibung historischer Benennungseinheiten wurde aktualisiert und entspricht den heutigen orthografischen Regelungen (Ausnahmen: Zitate und explizite Kommentare zur Orthografie).
- Dienen Wörterbuchartikel zur Illustration, wird das entsprechende Wörterbuch (ggf. mit Jahreszahl bei verschiedenen Aufl.) sowie der Name des Lemmas in Kapitälchen angegeben.
  Beispiel: Adelung, KALTSILBER.
- Bei DWB und WNT wird aufgrund der langen Editionsgeschichte auch das Veröffentlichungsdatum des jeweiligen Bandes genannt.
  Beispiele: DWB: SCHWARZ, 1897. WNT: BITTERKOEKJE, 1903.
- Bedeutungsparaphrasen sind immer in einfache Anführungszeichen gesetzt. Wenn es sich dabei um direkte Zitate aus Wörterbüchern handelt, ist in Klammern immer auch die Quelle (ohne „vgl.") angegeben.
- Die Bedeutungszuschreibungen vieler Benennungseinheiten in dieser Arbeit dienen ausschließlich als Orientierungshilfe für den Leser und sind daher oft bewusst vage gehalten.

Folgende Kürzel werden verwendet:

#	nur in der qualitativen Lesart grammatisch
?	unüblich, nicht etabliert
??	fragwürdig
*	ungrammatisch
()	die Zusammen- und Getrenntschreibung des Ausdrucks ist möglich bzw. in Wörterbüchern kodifiziert

1 Einleitung

1.1 Variation und Wandel

Von Sprachen wird oft angenommen, dass Form und Bedeutung idealerweise in einem eindeutigen Verhältnis zueinanderstehen, d.h., für genau eine Form existiert genau eine Bedeutung. Besonders prägnant spiegelt sich diese Auffassung bei Bolinger (1977: X) wider: „[...] reaffirms the old principle that the natural condition of a language is to preserve one form for one meaning, and one meaning for one form". Im Bereich individueller lexikalischer Einheiten wird dieses Prinzip immer wieder herangezogen, um das seltene Vorkommen lexikalischer Synonyme zu erklären. Gleichzeitig sind aber Fälle, in denen diese Zuordnung verletzt ist, keinesfalls eine Randerscheinung:

> As a matter of fact, most words of a language are polysemous or at least polyfunctional, and every language of the world seems to have synonyms and homonyms. (Harm 2003: 226)

Synonymie und Homonymie verletzen die oben beschriebene eindeutige Zuordnung von Form und Bedeutung. Dabei gilt Synonymie als besonders problematisch, weil sie unökonomisch sei und das Sprechervermögen belaste. Daher wird davon ausgegangen, dass synonyme Ausdrücke entweder gar nicht bestehen (vgl. Haiman 1980; Croft 2003) oder historisch instabil sind:

> Echte Synonyme können also nur als historischer Zufall vorkommen. [...] ein solcher Zustand [ist] instabil und löst sich – diachron gesehen – durch Bedeutungsdifferenzierung oder Wegfall eines der Synonyme gewöhnlich schnell wieder auf. (Hümmer 2007: 21 f.)

Synonymie – oder allgemeiner gefasst: formale Variation – wird demnach abgebaut, d.h., die Eindeutigkeit zwischen Form und Bedeutung wird durch Sprachwandel wiederhergestellt (vgl. auch Anttila 1989: 107), indem Variation zugunsten einer einzigen Variante abgebaut oder durch Bedeutungs-/Funktionswandel in ihren Gebrauchsbedingungen ausdifferenziert wird. Dies gilt nicht nur für einzelne Lexeme, sondern lässt sich auch bei grammatischen Mustern beobachten, vgl. die Entwicklung der Pluralmarker im Englischen, wo das ursprüngliche Inventar auf eine Variante, nämlich das Morphem *-s* und seine Allomorphe, reduziert wurde (vgl. McMahon 1994: 71 f.). Variation zieht Wandel allerdings nicht automatisch nach sich: „Not all variability and heterogeneity in language structure involves change; but all change involves variability and heterogeneity" (Weinreich/Labov/Herzog 1968: 188).

Vor dem Hintergrund dieser Überlegungen soll in der vorliegenden Arbeit das Verhältnis von Variation und Wandel am Beispiel der Entwicklung der **Adjektiv+Nomen-Verbindungen** (im Folgenden A+N-Verbindungen) im Deutschen und Niederländischen diskutiert werden.[1] Unter A+N-Verbindungen fasse ich komplexe Phrasen und Komposita wie DE *saure Sahne*, *Schnellimbiss* oder NL *zure regen* 'saurer Regen', *sneltrein* 'Schnellzug', die im mentalen Lexikon des Sprechers gespeichert sind und als konventionalisierte Bezeichnungen für außersprachliche Konzepte dienen. Der Ausgangspunkt dieser Arbeit besteht in der zentralen Beobachtung, dass in beiden Sprachen – dem Deutschen und dem Niederländischen – sowohl Phrasen als auch Komposita zur Bildung solcher Einheiten verwendet werden können, ohne dass für einen Großteil der Fälle aufgrund sprachstruktureller oder außersprachlicher Faktoren vorhergesagt werden könnte, wann Sprecher die Bildung einer Phrase oder eines Kompositums präferieren, warum es also *saure Sahne*, aber nicht ?*Sauersahne* und gleichzeitig *Sauerrahm*, aber nicht ?*saurer Rahm* heißt. Variation liegt hier sowohl bei einzelnen lexikalischen Einheiten vor, die als Synonyme betrachtet werden können (DE *grüner Tee* vs. *Grüntee*), als auch auf der Ebene der allgemeinen Muster Komposition und Phrasenbildung.[2] Im Zentrum der Arbeit steht die Frage, ob diese auf funktionaler Äquivalenz gegründete Konkurrenz zwischen Komposition (*Sauerrahm*) und Phrasenbildung (*saure Sahne*) stabil ist oder im Laufe der Zeit durch Abbau einer Variante verschwindet (zugunsten von Bildungen wie *Sauerrahm* und *Sauersahne* oder zugunsten von Bildungen wie *saurer Rahm*, *saure Sahne*).

Mit dem Deutschen und dem Niederländischen stehen hier zwei Sprachen im Mittelpunkt, die eng miteinander verwandt sind, aber gerade im Bereich der A+N-Verbindungen auffallend voneinander abweichen. Ein Vergleich beider Sprachen erlaubt möglicherweise eine Aussage darüber, welche Faktoren Einfluss auf den Erhalt bzw. auf das Verschwinden von Variation haben, und wie sich dies sowohl einzelsprachlich als auch im Sprachvergleich gestaltet.

Im Folgenden stelle ich zunächst den Gegenstandsbereich dieser Arbeit und meine Fragestellung vor (Kap. 1.2 bzw. 1.3), danach wird die Methodik der empirischen Untersuchung vorgestellt (Kap. 1.4) und der Aufbau der Arbeit erläutert (Kap. 1.5).

---

1 Beispiele im Deutschen werden durch die Abkürzung DE, niederländische Beispiele durch die Abkürzung NL eingeführt. Weitere Abkürzungen sind im Abkürzungsverzeichnis aufgeführt.

2 Der Begriff 'Muster' wird hier theorieneutral verstanden; er bezieht sich auf jede Art wiederkehrender sprachlicher Strukturbildung. Für eine Diskussion des Muster-Begriffs im Zusammenhang mit dem Konstruktionsbegriff vgl. Stefanowitsch (2009: 568–570) und Engelberg/Holler/ Proost (2011: 8–10).

1.2 Charakterisierung des Gegenstandsbereichs

Die Arbeit behandelt eine Teilmenge von A+N-Verbindungen, nämlich jene komplexen morphologischen und syntaktischen Verbindungen, die etablierte Lexikoneinheiten darstellen und als Gattungsnamen für außersprachliche Konzepte dienen. Sie werden in dieser Arbeit als **Benennungen** bezeichnet. Verbindungen mit rein beschreibendem Charakter wie *großer Tisch* und Kollokationen wie *bittere Armut* spielen ebenso wie Eigennamen keine Rolle, sondern werden lediglich zur Kontrastierung herangezogen (vgl. Kap. 2).

Im Deutschen und Niederländischen gibt es für die Bildung von A+N-Benennungseinheiten zwei strukturbildende Verfahren, die Komposition und die Phrasenbildung, vgl. die Beispiele in (1)–(2):

(1)   DE

    a. *Sauerrahm – saure Gurke*

    b. *Großmarkt – freier Markt*

(2)   NL

    a. *zuurstof* 'Sauerstoff' – *zure regen* 'saurer Regen'

    b. *geelkoper* 'Messing' – *rood koper* 'reines Kupfer'

Sowohl die A+N-Phrasenbildung als auch die A+N-Komposition sind Verfahren, mit denen in beiden Sprachen neue Benennungseinheiten gebildet werden können, d.h., sie sind funktional äquivalent. Gleichzeitig unterscheiden sich Phrasen und Komposita deutlich in Bezug auf ihre phonologischen und morphosyntaktischen Eigenschaften. Zum einen wird in Komposita das Adjektiv nicht flektiert, in Phrasen hingegen schon:

(3)   a. DE *Sauer-Ø-rahm* vs. *saur-e Gurke*

    b. NL *zuur-Ø-stof* vs. *zur-e regen*

Zum anderen liegt die Hauptbetonung in Komposita auf dem Erstglied, d.h. auf dem Adjektiv, in Phrasen hingegen auf dem nominalen Zweitglied:

(4)   a. DE *Sáuerrahm* vs. *saure Gúrke*

    b. NL *zúurstof* vs. *zure régen*

Im Gegensatz zu A+N-Phrasen unterliegen A+N-Komposita einer wichtigen formalen Bildungsrestriktion. In der Regel sind nur monomorphemische Adjektive als Erstglied zulässig:

(5)   a.   DE *Sauerrahm, Neubau, Gelbfieber*
             aber **Vormaligpräsident*
        b.   NL *zuurstof, bittersinaasappel, geelkoper*
             aber **voormaligpresident*

Die Konkurrenz von A+N-Phrasen und A+N-Komposita bei der Bildung von Benennungseinheiten beschränkt sich also im Wesentlichen auf Verbindungen mit einem monomorphemischen Adjektiv als Modifikator. Und genau in diesem Bereich ist die Erklärung der Distribution beider Varianten problematisch, da sich kaum sprachstrukturelle (d.h. morphologische, phonologische, semantische Beschränkungen) oder außersprachliche Faktoren identifizieren lassen, die die Verteilung beider Verfahren erklären können. Im Sprachvergleich zeigen sich zudem **abweichende Realisierungspräferenzen**. Obwohl das Deutsche und das Niederländische weitgehend ähnliche Beschränkungen bei der A+N-Komposition aufweisen, zeigen Sprecher des Deutschen eine deutliche Präferenz für Komposita, während niederländische Muttersprachler sehr viel mehr Einheiten phrasal realisieren, vgl. die folgenden Beispiele (aus Hüning 2010):

(6)   *Dunkelkammer*   –   *donkere kamer*
        Festplatte   –   *harde schijf*
        Fremdwort   –   *vreemd woord*
        Vollmond   –   *volle maan*
        Wildschwein   –   *wild zwijn*
        Kleinhirn   –   *kleine hersenen*
        Rotwein   –   *rode wijn*

Die Präferenz der Komposition im Deutschen im Kontrast zum Niederländischen zeigt sich auch bei anderen Wortbildungsmustern, beispielsweise der N+N-Komposition, vgl. *Tagesbetreuungsplatz – plaats in een dagverblijf, Lebenshaltungskosten – kosten van levensonderhoud* (Hüning/Schlücker 2010).

Aus synchroner Sicht beschrieben und untersucht wurde die Divergenz bei den A+N-Verbindungen u.a. in van Haeringen (1956), De Caluwe (1990), Booij (2002a, 2010), Hüning (2004, 2010), Schlücker (2014). Aus historischer Sicht ist die Konkurrenz der A+N-Verbindungen im Deutschen und Niederländischen bisher jedoch noch kaum erforscht (vgl. hierzu einleitend Hüning 2010). Die vorliegende Arbeit möchte diese Forschungslücke schließen und die gegenwärtige Divergenz aus historischer Perspektive betrachten. Sie zeichnet die Entwicklung beider Benennungsverfahren seit dem 18. Jahrhundert im Rahmen von Fallstudien zu einzelnen Adjektiven und ihren Bildungspräferenzen nach. Gleichzeitig sollen auf Basis der empirischen Ergebnisse Faktoren diskutiert werden, die für die deutlich abweichenden Realisierungspräferenzen im Deutschen und Niederländischen relevant sein könnten.

1.3 Fragestellung

Den theoretischen Rahmen dieser Arbeit bilden konstruktionsgrammatische Annahmen zum Aufbau des Sprachsystems (vgl. u.a. Langacker 1987, 1991; Fillmore/ Kay/O'Connor 1988; Goldberg 1995, 2006; Jackendoff 2002; Tomasello 2003; Croft/ Cruse 2004; Booij 2010; detaillierte Überblicke bieten Fischer/Stefanowitsch (Hgg.) 2006; Stefanowitsch/Fischer (Hgg.) 2008; Lasch/Ziem (Hgg.) 2011; Hoffmann/Trousdale (Hgg.) 2013; Ziem/Lasch 2013). Konstruktionsgrammatische Ansätze sind lexikonbasiert, d.h., jegliches grammatisches Wissen wird in Form von sogenannten **Konstruktionen** im Lexikon repräsentiert. Konstruktionen sind „pairs of form and meaning" (Goldberg 2006: 5), d.h. Form-Bedeutungseinheiten, die sich durch Nicht-Kompositionalität auszeichnen oder besonders frequent sind (vgl. jedoch Jackendoff 2002, 2013 für eine etwas abweichende Definition). Konstruktionen können sowohl einfache Wörter als auch komplexe Wortbildungen und ganze Phrasen sein, sofern sie idiosynkratische Merkmale in der Form und/oder Semantik aufweisen oder wie erwähnt konventionalisiert sind. Gleichzeitig können sie lexikalisch vollständig spezifiziert oder unterspezifiziert sein, d.h., sie können über offene Slots, die erst in der Rede besetzt werden, verfügen. Dies bedeutet u.a., dass ganze Satzbaumuster Teil des Lexikons sein können. Damit wird – im Gegensatz zu modularen Modellen, wie sie etwa in der Generativen Grammatik üblich sind – keine strikte Grenze zwischen Lexikon und Syntax angenommen. Vielmehr können morphologische und syntaktische Einheiten den gleichen theoretischen Status haben und als Konstruktionen im oben genannten Sinne beschrieben werden. In diesem Rahmen lassen sich die hier zentralen A+N-Phrasen und A+N-Komposita gut analysieren, da ihrer funktionalen Äquivalenz als Benennungseinheiten Rechnung getragen wird. Gerade in Bezug auf die phrasale Benennungsbildung ist nämlich die Möglichkeit gegeben, syntaktische Verbindungen wie DE *saurer Regen*, *freier Markt* oder NL *zure regen*, *vrije markt* nicht nur als idiosynkratische, lexikalisierte Einzelfälle zu interpretieren, sondern ebenso wie Wortbildungen als Output eines regelgeleiteten Verfahrens zur Bildung lexikalischer Einheiten zu analysieren. Aus diesem Grund werden A+N-Phrasen mit einer Benennungsfunktion im Verlauf dieser Arbeit – und in Abgrenzung zu den freien Phrasen ohne Benennungsfunktion – auch als **lexikalische A+N-Phrasen** bezeichnet (vgl. auch Schlücker 2014). In der vorliegenden Arbeit dient als theoretische Grundlage vor allem die 'Construction Morphology' nach

Booij (2010), da sie die Konkurrenz syntaktischer und morphologischer Einheiten aus konstruktionistischer Perspektive in den Mittelpunkt rückt. Wichtige Prinzipien dieses Ansatzes werden in Kapitel 3 vorgestellt.

Ausgehend von der prinzipiell möglichen Äquivalenz morphologischer und syntaktischer Benennungsbildung steht vor dem Hintergrund der in Kapitel 1.1 präsentierten Überlegungen die folgende Frage im Mittelpunkt:

A Gibt es bei den A+N-Verbindungen mit Benennungsfunktion einen Wandelprozess, der zur zunehmenden Unproduktivität eines der beiden Muster im Deutschen und/oder Niederländischen führt?

Frage A basiert dabei auf den folgenden Grundannahmen (A1–A3), die sich aus der bisher veröffentlichten Forschungsliteratur ergeben:

A1 A+N-Komposita und A+N-Phrasen können im Bereich klassifikatorischer Begriffsbildung prinzipiell gleichermaßen verwendet werden (vgl. u.a. Landsbergen 2009; Schlücker 2014).

A+N-Verbindungen mit einer Benennungsfunktion können in verschiedene semantische Subtypen unterteilt werden, nämlich metaphorische, metonymische und klassifikatorische Verbindungen. Metaphorische Verbindungen beruhen auf einer Bedeutungsübertragung aufgrund von unterstellten Ähnlichkeitsbeziehungen zwischen dem Ausgangs- und dem Zielkonzept, vgl. DE *kalter Kaffee* 'längst bekannte Geschichte' oder NL *zwart schap* 'Außenseiter, Sündenbock'. Bei metonymischen Verbindungen besteht eine Kontiguitätsrelation zwischen der wörtlichen Bedeutung der A+N-Verbindung und dem von ihr bezeichneten Konzept, vgl. DE *Dickbauch* 'Person mit dickem Bauch' oder NL *roodkeeltje* 'Rotkehlchen (d.h. Vogel mit einer roten Kehle)'. Bei beiden Typen ist die formale Realisierung vorhersagbar. So werden A+N-Verbindungen mit einer metaphorischen Interpretation fast immer phrasal realisiert. Metonymische A+N-Verbindungen hingegen sind in der Regel Komposita. Anders verhalten sich die sogenannten klassifikatorischen Verbindungen. Klassifikatorisch bedeutet, dass diese Verbindungen eine (eigenständige) Subklasse des Konzepts bezeichnen, das durch das Nomen bezeichnet wird. So ist ein *Schnellzug* eine besondere Art von *Zug, schwarze Magie* eine besondere Art von *Magie*. Bisher lassen sich für diesen Subtyp kaum Faktoren identifizieren, die die Distribution beider Muster im Deutschen oder im Niederländischen regeln. Sowohl Komposita als auch Phrasen sind prinzipiell möglich, sofern das Adjektiv bestimmte morphologische Restriktionen erfüllt. Die historische Entwicklung der Distribution von Phrasen und Komposita ist also bei diesem Typ am interessantesten.

A2 Das Deutsche und das Niederländische unterscheiden sich gegenwärtig in ihren Realisierungspräferenzen bei klassifikatorischen Verbindungen (vgl. u.a. van Haeringen 1956; De Caluwe 1990; Booij 2002a; Hüning 2010; Schlücker 2014).

Obwohl die strukturellen Bildungsbeschränkungen im Deutschen und Niederländischen weitgehend gleich sind, werden im Deutschen Komposita bevorzugt, während Sprecher des Niederländischen benennende A+N-Verbindungen vermehrt als Phrasen realisieren, vgl. die Beispiele in (6). Ein quantitativer Vergleich steht noch aus, gleichwohl wird i.d.R. davon ausgegangen, dass sich das Deutsche und das Niederländische hier in mehreren hundert Fällen unterscheiden könnten (vgl. Hüning/Schlücker 2015).

Systematische Ausnahmen bei den Bildungsbeschränkungen stellen lediglich Relationsadjektive mit gräko-lateinischen Lehnsuffixen dar (z.B. in *sozial/ sociaal, zivil/civiel, human/humaan*). Die A+N-Komposition ist im Niederländischen unzulässig, im Deutschen hingegen erlaubt und sehr produktiv (vgl. DE *Zivilverteidigung* – NL *civiele verdediging*).

A3 Die Ko-Existenz zweier funktional äquivalenter Muster, wie sie A+N-Phrasen und A+N-Komposita darstellen, kann langfristig zu sprachlichem Wandel führen.

Wie in Kapitel 1.1 bereits geschildert, wird ein enger Zusammenhang zwischen Variation und Wandel angenommen. Sofern sich Varianten nicht funktional ausdifferenzieren, d.h., es kommt nicht aufgrund unterschiedlicher Bildungsrestriktionen oder außersprachlicher Faktoren zu einer komplementären Verteilung, wird angenommen, dass die Variation im Laufe der Zeit durch Abbau zugunsten einer einzelnen Variante verschwindet (vgl. Kap. 4.7). Demnach kann die Ko-Existenz von A+N-Komposition und A+N-Phrasenbildung in den Bereichen, in denen sie nicht komplementär sind, sondern miteinander konkurrieren, als ein Übergangsstadium aufgefasst werden, an dessen Ende lediglich ein Muster produktiv zur Bildung neuer Benennungseinheiten eingesetzt wird. Dabei kann diese Entwicklung einzelsprachlich unterschiedliche Formen annehmen: Die gegenwärtige Divergenz zwischen dem Deutschen und dem Niederländischen könnte ein Hinweis darauf sein, dass im Deutschen die Komposition zunehmend dominiert, während das Niederländische immer mehr zur Phrasenbildung tendiert.

Ausgehend von diesen Annahmen soll die Entwicklung der Realisierungspräferenzen bei A+N-Benennungseinheiten im Deutschen und Niederländischen seit 1700 empirisch untersucht werden. Anhand von Fallstudien zu den Bildungspräferenzen einzelner Adjektive werden Hinweise auf Veränderungen im Konkurrenzverhalten beider Verfahren sowie auf eine zunehmende Divergenz zwischen dem Deutschen und dem Niederländischen untersucht. Der Beginn des Untersuchungszeitraums ist aus praktischen Erwägungen auf 1700 festgelegt, da ab diesem Zeitpunkt für beide Sprachen ausreichend lexikografisches Material sowie zunehmend (digitalisierte) Korpora und Texte für die Analyse zur Verfügung stehen (vgl. hierfür auch Kap. 5.1.3).

Anschließend wird anhand der Ergebnisse der Fallstudien diskutiert, welche Faktoren für die Konkurrenz von Phrase und Kompositum und für die Unterschiede zwischen dem Deutschen und Niederländischen aus historischer Sicht relevant sein könnten, und ob Variation in diesem Fall tatsächlich zu Wandel führt. Auf Basis der Forschungsliteratur lassen sich verschiedene Einflussfaktoren annehmen:

- **Paradigmatische Analogie** als strukturbildender Mechanismus wurde in einer Produktionsstudie von Schlücker/Plag (2011) als wichtiger Indikator für die formale Realisierung neuer A+N-Benennungseinheiten im Deutschen herausgestellt. Dies bedeutet, dass die Anzahl bereits etablierter A+N-Benennungseinheiten im mentalen Lexikon des Sprechers und ihre morphologische oder syntaktische Realisierung eine große Vorhersagekraft für die Wahl zwischen Kompositum und Phrase bei der Bildung neuer Benennungseinheiten haben. Relevant sind dabei die Verbindungen, die mit der neu zu bildenden Benennung eine Konstituente teilen. Demnach ist die Wahrscheinlichkeit, dass eine neue A+N-Benennungseinheit mit dem Nomen *Milch* als Kompositum realisiert wird, sehr groß, da die meisten lexikalisierten A+N-Bildungen mit *Milch* ebenfalls Komposita sind.

- **Univerbierungstendenzen** (für eine ausführliche Begriffsdefinition vgl. Kap. 6.2) werden immer wieder als charakteristisch für das Deutsche angesehen (vgl. Erben 2003a, 2006), d.h., Sprecher des Deutschen präferieren anstelle syntaktischer Strukturen zunehmend komplexe Wörter als Ersatzbildungen. Vereinzelte historische Beispiele für diese Präferenz finden sich auch bei den A+N-Verbindungen (vgl. *festes Land* > *Festland*, *fremdes Wort* > *Fremdwort* bei Bach 1965). Es stellt sich allerdings die Frage, ob dies ein systematischeres Phänomen ist, also nicht nur Einzelfälle betrifft, und ob Univerbierungstendenzen auch im Niederländischen auftreten.

- **Wandelprozesse in der Adjektivflexion** haben im Laufe der Zeit zu einer starken Reduktion des Flexionsparadigmas im Niederländischen, das nur noch zwei Varianten umfasst, geführt. Im Deutschen ist die Adjektivflexion vergleichsweise differenzierter und im Rahmen der sogenannten Wortgruppenflexion weitgehend syntaktisch bestimmt (vgl. Gallmann 2005: 965). Hüning (2010) führt die im Vergleich zum Niederländischen sehr deutliche Präferenz für A+N-Komposita im Deutschen auf das noch immer relativ komplexe Flexionssystem zurück. Dementsprechend könnte der unterschiedlich starke Abbau an Komplexität in der Flexion zu unterschiedlichen Realisierungspräferenzen in beiden Sprachen geführt haben.

– **Sprachpurismus im Niederländischen** wird immer wieder als eine Ursache für die angenommene geringere Produktivität der A+N-Komposition im Niederländischen angeführt (vgl. Hüning 2010). Sprecher würden demnach A+N-Komposita aktiv vermeiden, weil sie diese als Germanismen empfänden. Dies allein kann den Unterschied zwischen dem Deutschen und dem Niederländischen sicher nicht erklären, da die A+N-Komposition auch im Niederländischen ein ererbtes Wortbildungsmuster aus der gemeinsamen germanischen Ursprache ist. Eine deutliche Stigmatisierung der A+N-Komposition als Germanismus im öffentlichen Diskurs könnte allerdings zu einer geringeren Produktivität beigetragen haben.

– **Sprachkontakt** nicht nur zwischen dem Deutschen und dem Niederländischen, sondern auch mit anderen europäischen Sprachen könnte die Realisierung von Benennungseinheiten als Phrase oder Kompositum beeinflusst haben, vgl. parallele Verbindungen wie DE *schwarzer Humor* – NL *zwarte humor* – EN *black humour* – FR *humour noir*. Realisierungspräferenzen in den Gebersprachen spielen dann ebenfalls eine Rolle.

Diese unterschiedlichen Faktoren und ihre Relevanz für die Entwicklung der A+N-Verbindungen im Deutschen und Niederländischen werden anhand der Ergebnisse der empirischen Studie detailliert in Kapitel 6 besprochen. Im Mittelpunkt steht dabei die Frage, welchen Einfluss sie auf die Distribution von Phrasen und Komposita im Deutschen und Niederländischen sowie auf das Verhältnis von Variation und Wandel haben. Dies gilt sowohl auf der Ebene individueller lexikalischer Einheiten als auch auf der Ebene abstrakter Verfahren, wie sie die Komposition und die Phrasenbildung bei der Benennungsbildung darstellen.

1.4 Methodik

Die Entwicklung der A+N-Verbindungen im Deutschen und Niederländischen wird für den Zeitraum ab 1700 anhand exemplarischer Fallstudien zu den Bildungspräferenzen verschiedener Adjektive nachgezeichnet. Die Studien basieren auf qualitativen und zum Teil auch quantitativen Analysen historischer Quellen. Für alle Einzelheiten zum methodischen Vorgehen vgl. Kapitel 5.1.

Adjektive bilden den Ausgangspunkt der empirischen Untersuchung, weil ihr formaler Aufbau die wichtigste strukturelle Voraussetzung für die Konkurrenz von Phrase und Kompositum ist. Während Phrasen prinzipiell mit Adjektiven jeglicher Struktur gebildet werden können, unterliegt die Erstgliedposition im Kompositum gewissen Beschränkungen. In beiden Sprachen sind in der Regel nur monomorphemische Adjektive (DE *neu, alt, bitter*; NL *nieuw, oud, bitter*) erlaubt, die Konkurrenz zwischen Kompositum und Phrase ist also nur mit diesen Adjektiven möglich.

In funktionaler Hinsicht stellen Relationsadjektive eine besondere Gruppe dar. Im Gegensatz zu qualitativen Adjektiven wie *neu, alt* oder *bitter* spezifizieren sie keine Eigenschaft ihres Bezugsnomens. Sie sind von einem Substantiv abgeleitet, d.h. morphologisch komplex, und stellen in einer A+N-Verbindung einen Bezug zwischen dem Nomen, das diesen Adjektiven zugrunde liegt, und dem Bezugsnomen her. Denominale Relationsadjektive mit nativem Suffix wie *-lich* in *häuslich* treten normalerweise nicht in Komposita auf, vgl. **Häuslich-gewalt*. Relationsadjektive gräko-lateinischen Ursprungs mit Lehnsuffixen wie *-al* in *sozial* sind hingegen als Erstglied im Deutschen erlaubt (vgl. Fleischer/Barz 1995; Zifonun 2011), im Niederländischen allerdings nicht (vgl. de Haas/Trommelen 1993). Hier stellt sich die Frage, ob dieser Unterschied zwischen beiden Sprachen bereits zu Beginn des gewählten Untersuchungszeitraums existiert oder sich erst im Laufe der Zeit entwickelt.

Aus diesen Vorüberlegungen heraus wurden zehn monomorphemische Adjektive und zwei Relationsadjektive für die Fallstudien ausgewählt. Die Adjektive sind in beiden Sprachen jeweils durch eine stammverwandte Form mit den gleichen formalen Eigenschaften vertreten und sie zeigen ein ähnliches Bedeutungsspektrum. Voneinander unterscheiden sie sich zum Teil in ihren phonologischen und morphologischen Eigenschaften. Tabelle 1.1 fasst die untersuchten Adjektive nach Silbenstruktur und Endbetonung zusammen.

Tab. 1.1: Adjektivauswahl für Fallstudien

Einsilbig	Zweisilbig	Mehrsilbig
fremd – vreemd	*Ohne Endbetonung:*	negativ – negatief
gelb – geel	bitter – bitter	
kalt – koud		
rot – rood	*Mit Endbetonung:*	
schwarz – zwart	geheim – geheim	
still – stil	sozial – sociaal	
tief – diep	zivil – civiel	

Das Material für die historische Analyse stammt aus zwei Quellen. Als Grundlage für die Identifizierung benennender A+N-Einheiten dienen verschiedenste Wörterbücher ab 1700. Wörterbücher dienen als Ausgangspunkt, weil in dieser Arbeit lexikalische Einheiten mit Benennungsfunktion im Mittelpunkt stehen und nur zeitgenössische Beschreibungen des Wortschatzes eine Annäherung an die muttersprachlerische Kompetenz der jeweiligen Epoche erlauben, also nur so eine Antwort auf die Frage möglich ist, welche Bildungen zum jeweiligen Zeitpunkt als Benennungen etabliert sind. Aus der Arbeit mit Wörterbüchern ergeben sich einige Probleme, die methodisch reflektiert werden müssen, u.a. mögliche normative Auffassungen der Verfasser und die prinzipielle Unvollständigkeit von Wörterbüchern. Spezifische Probleme sind die Identifizierung von Benennungseinheiten und die Abgrenzung gegenüber Kollokationen (vgl. Kap. 2).

Der zweite Teil der Analyse beruht auf diachronen Korpora und Textsammlungen. Hier können im Wörterbuch angedeutete Trends und Entwicklungsprozesse für einzelne Benennungseinheiten im günstigsten Falle nachgezeichnet werden und es kann gezeigt werden, ob konkurrierende Bildungen einander verdrängen oder dauerhaft nebeneinander bestehen bleiben. Ein einzelnes, ausreichend großes historisches Korpus ist leider zurzeit weder für das Deutsche noch für das Niederländische verfügbar. Während Korpora der Gegenwartssprache oft mehrere 100 Mio. Tokens zählen, sind historische Korpora bisher relativ klein und haben oft weniger als eine Mio. Tokens (z.B. das „GerManC-Korpus", das als repräsentatives Korpus für das Deutsche zwischen 1650 und 1800 angelegt wurde, oder das „Compilatiecorpus Historisch Nederlands" für den Zeitraum von 1285 bis 2000). Im Rahmen dieser Untersuchung wird daher für die deutschen Fallstudien mit verschiedenen Quellen gearbeitet, darunter mit Teilen des Historischen Korpus des Instituts für Deutsche Sprache (IDS), mit der Textsammlung „Deutsche Literatur von Lessing bis Kafka", und v.a. mit dem ZEIT-Korpus, das den Zeitraum 1946–2009 abdeckt und mit einer Größe von ca. 460 Mio. Tokens aufschlussreiche Beobachtungen zur Entwicklung des Deutschen im 20. Jahrhundert erlaubt. Für das Niederländische wird die Zitatsammlung des „Woordenboek der Nederlandsche Taal" mit etwa 1,7 Mio. Tokens, die historische Sammlung fiktiver und nicht-fiktiver literarischer Texte der „Digitale Bibliotheek voor Nederlandse Letteren", das „Leeuwarder Courant Archief", eine Volltextsammlung aller seit 1752 erschienenen Ausgaben der nordniederländischen Zeitung „Leeuwarder Courant" sowie das LEXNEX-Korpus, ein selbst zusammengestelltes Korpus vier niederländischer Tages- bzw. Wochenzeitungen im Zeitraum 1997–2011, verwendet.

Im Laufe der Untersuchung werden Probleme mit den Datenquellen immer wieder sichtbar werden, da die Suchfunktionalitäten oft nicht für linguistische Untersuchungen ausgelegt sind und die Analyse dementsprechend erschwert wird.

Dennoch erlaubt das vorhandene Material einen vertieften Einblick in die historische Entwicklung der A+N-Verbindungen und eine Untersuchung möglicher Gründe für die Divergenz zwischen dem Deutschen und dem Niederländischen.

1.5 Gliederung der Arbeit

Die Arbeit ist wie folgt aufgebaut: Kapitel 2 bietet eine Auseinandersetzung mit dem Begriff der Benennung und beleuchtet die Rolle von Wortbildungen und Phraseologismen als Benennungseinheiten. In Kapitel 3 werden die 'Construction Morphology' von Booij (2010) als theoretische Grundlage für die Analyse der A+N-Verbindungen und die Grundzüge des mentalen Lexikons aus konstruktionsgrammatischer Sicht vorgestellt. In Kapitel 4 werden die wesentlichen Gemeinsamkeiten und Unterschiede benennender A+N-Phrasen und A+N-Komposita beschrieben und es wird dafür argumentiert, sie in Übereinstimmung mit konstruktionsgrammatischen Annahmen sowohl als konkurrierende als auch komplementäre Varianten im Bereich der Benennungsbildung zu betrachten. Des Weiteren wird aus der synchron nur bedingt erklärbaren Distribution beider Muster heraus die historische Untersuchung motiviert und die sich ergebenden Untersuchungshypothesen präsentiert. In Kapitel 5 werden zunächst die Datengrundlage und das methodische Vorgehen geklärt. Danach wird die Entwicklung der A+N-Verbindungen aus historischer Perspektive anhand zwölf kurzer Fallstudien und weiterer übergeordneter Fragestellungen beschrieben. In Kapitel 6 werden die wesentlichen Faktoren, die für Wandel und/oder Beständigkeit der Konkurrenz von Phrase und Kompositum verantwortlich sein können, auf Basis der empirischen Ergebnisse kritisch diskutiert. Kapitel 7 bietet eine Zusammenfassung aller Ergebnisse und gibt einen Ausblick auf mögliche anschließende Forschungsfragen.

In dieser Arbeit werden die Personenbezeichnungen *Sprecher*, *Leser*, *Hörer* als generische Bezeichnungen für *Sprecher* und *Sprecherinnen*, *Leser* und *Leserinnen* etc. verwendet. Aussagen wie „Das Niederländische neigt dazu" o.Ä. sind Abkürzungen für Formulierungen wie „Sprecher des Niederländischen neigen dazu". Es versteht sich von selbst, dass Sprachen kein eigenes Bewusstsein zukommt, sondern dass es die Sprecher und Sprecherinnen sind, die ihre Sprache bewusst oder unbewusst formen und verändern.

2 A+N-Verbindungen als Benennungseinheiten

In diesem Kapitel wird das Konzept vorgestellt, das der vergleichenden Betrachtung morphologischer und syntaktischer A+N-Verbindungen zugrunde liegt, nämlich ihre Benennungsfunktion. Diese funktionale Perspektive ist meines Erachtens für den Vergleich formal unterschiedlicher Muster sowohl einzelsprachlich als auch sprachvergleichend hervorragend geeignet.

Im Folgenden werden zunächst der Begriff 'Benennung' im Rahmen der Nominationsforschung erläutert (vgl. Kap. 2.1) und Benennungen von komplexen Beschreibungen abgegrenzt (vgl. Kap. 2.2). Anschließend werden Wortbildung und Phraseologisierung als zwei wichtige Verfahren zur Bildung von Benennungseinheiten unter formalen und semantischen Gesichtspunkten besprochen (vgl. Kap. 2.3). Abschließend geht es um alternative Entstehungsweisen von Benennungseinheiten, die sich als Autonomisierungsprozesse kleinerer aus größeren Verbindungen beschreiben lassen (vgl. Kap. 2.4). In dieser Untersuchung geht es in erster Linie um die sogenannten Gattungsbezeichnungen oder Appellativa, die für Klassen von Objekten stehen und hier als Benennungen bezeichnet werden. Eigennamen werden lediglich zur Kontrastierung herangezogen.

2.1 Benennungen und Nomination

Verbindungen wie *saure Sahne* oder *Rotwein*, die hier als *Benennungen* bezeichnet werden, werden im Rahmen der sogenannten Nominationsforschung untersucht. Nomination meint die „Teilhandlung, durch die ein Sprecher einem Hörer den von ihm gemeinten Gegenstand oder Sachverhalt [...] mittels einer bereits vorhandenen oder neu gebildeten Benennung kognitiv verfügbar macht" (Glück (Hg.) 2000: 478). Eine Nominationseinheit ist ein „lexikalisierter oder lexikalisierbarer Ausdruck, der einen Wirklichkeitsausschnitt als 'Gegenstand' repräsentiert" (Fleischer 1996a: 149). „Gegenstand" ist dabei sehr weit aufzufassen und kann sich sowohl auf Objekte, Eigenschaften, Begriffe für Tätigkeiten und Bewegungen sowie für zeitliche und räumliche Relationen beziehen.

Innerhalb der Nominationsforschung lassen sich verschiedene Schwerpunktsetzungen unterscheiden (vgl. Knobloch 1996: 25). Nominationseinheiten können hinsichtlich der Frage nach ihrer sprachtypologischen Bildung (durch Ableitung, Phraseologisierung, Komposition etc.), bezüglich des Verhältnisses zwischen Ausdruck und Bezeichneten (etwa Motivation, Verständlichkeit) und schließlich hinsichtlich der diskursiven Verwendung von Nominationseinheiten unter pragmatischen Gesichtspunkten analysiert und erforscht werden. Die vorliegende Arbeit behandelt Nominationseinheiten unter dem Aspekt ihrer Bildung und folgt damit den Arbeiten von v.a. Wolfgang Fleischer und Irmhild Barz, die Nominations-einheiten hinsichtlich ihrer formalen Bildung und der Parallelität phrasaler und morphologischer Bildungen untersuchen (vgl. Fleischer 1984, 1996a, 1996b, 1997; Barz 1988a, 1996).

Während andere Forscher eine explizite Trennung der Begriffe 'Nomination' und 'Benennung' vornehmen – so u.a. Bellmann (1989: 28 f.), demzufolge Benen-nung in der onomastischen Tradition inhaltlich den Erstbenennungsakt meint und Nomination wiederum vor allem auf die Auswahl von Benennungseinheiten im Diskurs abzielt – setzt Fleischer beide Begriffe gleich:

> Mit dem Begriff der 'Benennung' oder 'Nomination(seinheit)' ist es möglich, sprachliche Zeichen unter dem invarianten Gesichtspunkt ihrer Gegenstandsrepräsentation zu erfas-sen, und zwar unabhängig von variablen Parametern wie Wort- oder Wortgruppenstruktur, terminologischer oder onymischer (Eigennamen-)Funktion und auch unabhängig davon, ob es sich um ein gespeichertes Wortschatzelement oder einen textgebundenen Okkasio-nalismus handelt. (Fleischer 1997: 16)

In dieser Arbeit wird 'Benennung' sowohl auf den Prozess des (erstmaligen) Benennens als auch auf das Resultat, die 'Benennungseinheit', bezogen und ent-sprechend verwendet. Der Begriff erfasst in besonderer Weise das Spezifische der hier zu analysierenden Verbindungen, nämlich ihre Verwendung als (Gattungs-) Namen für außersprachliche Konzepte.

Fleischer unterscheidet drei Subklassen von Benennungen (oder Nomina-tionseinheiten) (vgl. 1996a: 149–152): nicht-terminologische Appellativa, Termini und Eigennamen. Appellativa sind gemeinsprachliche Benennungseinheiten wie *Auto* oder *Freizeit,* während Termini zusätzlich eine systematisch fachbezogene, nicht an die Kommunikationssituation gebundene Begriffsbedeutung haben, die meist explizit begrifflich fixiert wurde (z.B. *Glottisverschlusslaut* „konsonan-tischer stimmloser Sprachlaut, durch Glottisverschluss und nachfolgende Öff-nung gebildet [...]" (Bußmann (Hg.) 2002: 257)). Sie werden dem Bereich der Fachsprachen zugeordnet, wobei unter einer Fachsprache Folgendes zu verste-hen ist:

> [...] die [jeweilige] Gesamtheit aller sprachlichen Mittel, die in einem fachlich begrenzbaren Kommunikationsbereich verwendet werden, um die Verständigung zwischen den in diesem Bereich tätigen Menschen zu gewährleisten [...] Alle diese Mittel gehören ursprünglich der Gesamtsprache an, bilden aber in den Fachsprachen eine funktionelle Einheit. (Hoffmann 1985: 53)

Im Gegensatz zur Allgemeinsprache wird bei den Termini davon ausgegangen, dass sie explizit zur Begriffserfassung gebildet werden (vgl. auch Barz 1988a).[3]

Appellativa und Termini beziehen sich auf Objektklassen, während Eigennamen Ausdrücke zur situationsunabhängigen Identifikation von Einzelobjekten darstellen (vgl. Fleischer 1996a: 150): „Zwischen Name und Appellativum besteht ein grundsätzlicher Funktionsunterschied, nicht nur ein Gradunterschied. Das Appellativum *charakterisiert*, der Name *identifiziert*" (Fleischer 1964: 377; Hervorhebung im Original). Namen haben keine primäre lexikalische Bedeutung; ihre Hauptfunktion besteht darin, auf nur ein Objekt zu referieren, „ohne 'Umweg' über die Aktivierung einer potentiellen Bedeutung, einer prototypischen Gegenstandsvorstellung" (Nübling/Fahlbusch/Heuser 2012: 18, vgl. auch Seiler 1983: 151).

Die Abgrenzung zwischen Eigenname und Appellativum (vgl. Nübling/Fahlbuch/Heuser 2012: 31–49 und die dort genannte weiterführende Literatur) sowie zwischen den nicht-terminologischen Appellativa und den fachsprachlichen Termini erweist sich mitunter als schwierig.[4] In Bezug auf die Abgrenzung zwischen Appellativa und Termini zeigt sich beispielsweise, dass viele ursprünglich als fachsprachlich geltenden Begriffe in die Alltagssprache eingedrungen sind und eine Trennung zwischen beiden Gruppen oftmals kaum möglich scheint.[5] Außerdem kann nicht immer eindeutig geklärt werden, was der Kern der Gemeinsprache nach Abzug aller Fachsprachen eigentlich darstellen soll:

> Was die grammatischen Mittel betrifft, so ließe sich noch am ehesten ein bestimmtes Maß an Übereinstimmung nachweisen; obwohl feststeht, daß ein großer Personenkreis bestimmte Konstruktionen und Formen nie verwendet, so versteht er sie doch. Und natürlich gibt es auch einen allen gemeinsamen Wortschatz, aber im Hinblick auf den aktiven und passiven Wortschatz der Mitglieder einer Sprachgemeinschaft lassen sich beträchtliche

---

3 Auch wenn es der Aspekt der Terminusbildung ist, der in dieser Arbeit am relevantesten ist, sollten Fachsprachen nicht auf die Terminusbildung reduziert werden, vgl. Roelcke (2005: Kap. 1) für eine differenzierte Auseinandersetzung mit den Begriffen 'Fachsprache', 'Fachkommunikation' und 'Fachtext'.

4 Ein Beispiel ist das niederländische *roodrunner*, eine Zusammensetzung von NL *rood* 'rot' und EN *runner*. Die Bildung wurde offensichtlich in Analogie zur Cartoonfigur des *roadrunner* gebildet und bezeichnet im Niederländischen ein rotes dreiradähnliches Gefährt, mit dem Briefträger die Post ausliefern können. Einerseits handelt es sich zwar um einen expliziten Namen für ein Produkt, andererseits kann das Wort auf jeden einzelnen *roodrunner* in den Niederlanden angewendet, also als Benennungeinheit gebraucht werden.

5 So wird z.B. *gelbe Karte* in der Bedeutung 'Karte in gelber Farbe, die vom Schiedsrichter nach einem Foul als optisches Zeichen für die Verwarnung eines Spielers in die Höhe gehalten wird' (Duden Online 2012: KARTE) von einigen Autoren als Terminus der Fußballfachsprache gewertet und nur dann als (allgemeinsprachliches) Appellativum betrachtet werden, wenn es in seiner übertragenen Bedeutung 'letzte Warnung' verwendet wird.

> Diskrepanzen feststellen. So ist es praktisch unmöglich, den Umfang der gemeinsprach-
> lichen Lexik genau zu fixieren, ein vollständiges Verzeichnis davon aufzustellen oder bei
> jedem Wort zu sagen, ob es dazugehört oder nicht. (Hoffmann 1998: 162)

Für die folgende Untersuchung ist anzunehmen, dass auch fachsprachliche, aber hochfrequente Ausdrücke Einfluss auf Neubildungen in der Allgemeinsprache haben können (z.B. durch Analogiewirkungen). Im Folgenden werden daher bei der Untersuchung der A+N-Verbindungen auch auffällige fachsprachliche Aspekte berücksichtigt, wenngleich mit dem Begriff der Benennung in erster Linie nur Appellativa, d.h. gemeinsprachliche Einheiten, gemeint sind. Eigennamen werden bisweilen mit in die Analyse mit einbezogen, wenn sie aufschlussreiche Beobachtungen und Kontrastierungen erlauben.

2.2 Benennungen und Beschreibungen

Benennungen i.e.S. sind also sprachliche Zeichen, die als gemeinsprachliche Namen für außersprachliche Klassen von Objekten wie beispielsweise *Fieber*, *Kinderwagen* oder *Tiefschlaf* dienen.[6] Eine Abgrenzung zum Bereich der Fachsprachen wurde bereits im letzten Abschnitt vorgenommen. Im Folgenden sollen Benennungen genauer beschrieben und gegenüber beschreibenden Einheiten abgegrenzt werden.

Unter Benennungen werden i.d.R. die in einer Sprache konventionalisierten Einheiten verstanden. So formuliert Koefoed folgendermaßen:

> Namen zijn de in een gemeenschap gebruikelijke noemende uitdrukkingen voor de 'zaken'
> (entiteiten, handelingen, processen, eigenschappen etcetera). [...] Temidden van die vele
> linguïstische uitdrukkingen waarmee iets genoemd kan worden, is de naam de bekende,
> door de leden van de gemeenschap overeengekomen vaste uitdrukking voor dat iets.
> (Koefoed 1993: 10)[7]

Für Koefoed müssen Benennungseinheiten in der Sprechergemeinschaft konventionalisiert, d.h. einen stabilen Charakter haben und an eine wiederkehrende Bedeutung, an einen aus konkreten Situationen abstrahierten Begriff gekoppelt

---

6 Kapitel 2.2 beruht in Teilen auf Kapitel 2 meiner Magisterarbeit (vgl. Schuster 2008).

7 „Namen sind die in einer Gemeinschaft gebräuchlichen benennenden Ausdrücke für die 'Sachen' (Entitäten, Handlungen, Prozesse, Eigenschaften etc.). [...] Inmitten dieser vielen sprachlichen Begriffe, mit denen etwas benannt werden kann, ist der Name die bekannte, durch die Mitglieder der Gemeinschaft akzeptierte feste Bezeichnung für dieses Etwas" [Übersetzung: SFS].

sein (vgl. Koefoed 1993: 12). Ähnlich wie De Saussure (1916: 102–105), der die Konventionalität des sprachlichen Zeichens zu einem wesentlichen Merkmal desselbigen erklärt, sind Benennungen auch bei Koefoed an soziale Akzeptanz gebunden. Dies ist nicht allgemein akzeptiert. Barz (1988b; vgl. Knobloch 1996: 23) schließt okkasionelle Bildungen auch aus dem Kreis der Benennungen aus, während jedoch Fleischer (1997: 16) den Benennungsstatus „unabhängig davon, ob es sich um ein gespeichertes Wortschatzelement oder einen textgebundenen Okkasionalismus handelt" vergibt.

Koefoed beschäftigt sich mit der Entstehung von Benennungseinheiten und stellt den metasprachlichen Akt der Namensgebung in den Mittelpunkt. Solche Akte sind ihm zufolge immer an eine konkrete Sprechsituation und einen Sprecher gebunden. Wenn der Sprecher aber Namen „schaffen" kann, greift seine Sicht zu kurz. Schließlich können auch Benennungen, die nur einmalig und kontextgebunden auftreten, als feste Verbindung in Bezug auf Konzept verstanden werden unter der Annahme, dass die soziale Instanz, die Sprechergemeinschaft, in diesem Fall sowohl in der Anzahl der Sprecher als auch in der Dauer stark eingeschränkt ist. Ad-hoc-Benennungen können also dann entstehen, wenn Sprecher diese als verbindliche Namen inszenieren.

Solch eine Inszenierung oder einen Benennungsakt kann man oft an bestimmten (meta-)sprachlichen Merkmalen erkennen. So kann ein neues Konzept durch Kommentare wie „Das nennt man ...", „Das heißt ..." oder „der/die/das sogenannte ..." eingeführt oder typografisch gesondert markiert werden, vgl. (7):

(7) Sie hätte ihre Abteilung für Waschmaschinen und andere Haushaltsgeräte umtaufen können. Bislang firmiert diese Produktgruppe unter dem Namen „Weiße Ware".
Doch mittlerweile wäre „Grüne Ware" der passendere Begriff. Denn in keinem anderen Segment der IFA spielt der Ökotrend eine so große Rolle wie hier. (Berliner Zeitung, 3.9.2011)

Die Benennung *Grüne Ware* wird hier durch Anführungsstriche und Großschreibung des Adjektivs hervorgehoben. An diesem Beispiel wird zugleich deutlich, dass Sprecher neue Benennungen oftmals nach bereits etablierten Begriffen prägen: In (7) ist die Benennung *Grüne Ware* explizit auf Basis der bereits bestehenden Benennung *Weiße Ware* gewählt.

Auch Benennungen, die schon verwendet, aber durch Sprecher noch als relativ neu eingestuft werden, werden oft gesondert markiert, z.B. durch Anführungszeichen wie in den folgenden zwei Beispielen. Es handelt sich dabei um die Erstbelege von *zwarte handel* 'Schwarzhandel' und *zwarte handelaar* 'Schwarzhändler' (in gängigen Wörterbüchern meist als *zwartehandelaar* geschrieben) in der nordniederländischen Tageszeitung „Leeuwarder Courant" (im Folgenden abgekürzt als LC):

(8)   [...] of er niet met het een of ander distributie-artikel raar omgesprongen wordt, of de „*zwarte*" *handel* te achterhalen is, of .... enfin of alles wat de distributie in Leeuwarden aangaat wel in orde is. (LC, 10.12.1940)[8]

(9)   De commissaris van politie van den justitieelen dienst C te 's Gravenhage verzoekt ieder, die inlichtingen kan verstrekken over bepaalde personen, die verbindingen zoeken met „*zwarte handelaren*", zich te melden aan het bureau [...]. (LC, 9.5.1942)

Sicherlich handelt es sich hier nicht um die Erstverwendung der Verbindungen *zwarte handel* und *zwarte handelaren* im Niederländischen überhaupt. Dennoch zeigt sich anhand des Gebrauchs von Anführungszeichen, dass beide Benennungen noch relativ neu und nicht zwingend der gesamten Leserschaft bekannt sein müssen. Dabei scheint in (8) vor allem der Gebrauch des Adjektivs in der vorliegenden Bedeutung „auffällig" zu sein, während in (9) die gesamte Verbindung markiert ist.

Benennungen über ihre Etablierung innerhalb einer Sprechergemeinschaft zu definieren, bleibt insofern schwierig, als dass Sprechergemeinschaften immer eine relative Größe darstellen und einzelne Sprecher an den unterschiedlichsten Gemeinschaften beteiligt sind (abhängig von Variablen wie Herkunft, sozio-ökonomische Klasse, Beruf). Die Sprechergemeinschaft stellt keine homogene Gemeinschaft dar und dementsprechend unterscheiden sich Sprecher auch bezüglich der Ausdrücke, die sie als Benennung betrachten und in ihrem mentalen Lexikon (unbewusst) speichern: „[...] language users differ in which lexical units they have stored [...]" (Booij 2010: 183). Prinzipiell ist daher für einen relativ weit anzuwendenden Benennungsbegriff zu plädieren, der sowohl Ad-hoc-Benennungen als auch lexikalisierte Benennungen berücksichtigt. Dennoch werden in dieser Arbeit in erster Linie Benennungseinheiten untersucht, die durch die meisten Sprecher als lexikalisiert eingestuft werden. Lexikalisierung wird folgendermaßen definiert:

> Ein Wort ist lexikalisiert, wenn [...] [die Benennungseinheit] in >normalem Gebrauch< der Sprecher einer Sprache oder von bestimmten Sprechergruppen ist, die ihr >Speziallexikon< haben. Lexikalisierung bedeutet einfach, dass ein Wort zum Wortschatz gehört und als

---

8 Niederländische Belege etc. werden in dieser Arbeit dann übersetzt, wenn die Bedeutung für die Analyse relevant ist. In (8) und (9) spielen allerdings nur formale Eigenschaften eine Rolle.

solches bekannt oder >usualisiert< ist. Lexikalisierte Wörter können, aber müssen nicht demotiviert sein. Sind sie demotiviert, so sprechen wir von Idiomen und entsprechend von Idiomatisierung. [...] Die Beschränkung von Lexikalisierung auf demotivierte Wörter beruht auf der Vorstellung, dass in einem Lexikon neben einfachen Einheiten nur das Unsystematische, Idiosynkratische verzeichnet sei. (Eisenberg 2006: 215)[9]

Die Begriffe 'Benennungseinheit' und 'lexikalisierte Einheit' sind allerdings nicht deckungsgleich. Letztere sind gespeicherte Einheiten im mentalen Lexikon des Sprechers, d.h. sprachliche Zeichen bzw. Kombinationen von sprachlichen Zeichen, die als Ganzes gespeichert und vom Sprecher auch als Einheit abgerufen werden können (vgl. auch Fleischer 1982: 67). Die Benennungseinheit stellt hingegen eine semantisch-kommunikative Kategorie dar. Wie oben bereits angedeutet muss nicht jede Benennungseinheit lexikalisiert sein, auch okkasionelle Benennungen sind möglich. Nichtsdestoweniger bilden die Gruppe der Benennungseinheiten und die Gruppe der Lexeme einer Einzelsprache eine große Schnittmenge, die zum Teil in Wörterbüchern kodifiziert ist. Genau diese Schnittmenge stellt den empirischen Ausgangspunkt der Arbeit dar (vgl. Kap. 5.1). Auf die in Eisenbergs Zitat erwähnte, wichtige Trennung von Lexikalisierung und Idiomatisierung wird im Folgenden noch zurückgekommen.

Die Frage der Konventionalisierung allein reicht aber nicht zur alleinigen Bestimmung von Benennungseinheiten. Vielmehr muss auch überlegt werden, wie Benennungen von Beschreibungen abgegrenzt werden können. Simplizia im Sprachschatz, d.h. alle monomorphemischen, frei vorkommenden Zeichen mit einer lexikalischen Bedeutung, die fest mit einem Konzept verbunden sind, sind immer auch Benennungseinheiten: „[...] ongelede noemende woorden zijn altijd namen" (Koefoed 1993: 11, d.h., „nicht-komplexe Wörter sind immer Namen", Übersetzung: SFS). Diese Gleichung gilt deshalb immer, weil die Beziehung von Form und Inhalt bei Simplizia vollkommen arbiträr ist und nur aufgrund einer Sprecherübereinkunft die Lautfolge /dax/ auch 'Dach' bedeuten kann. Die Problematik der Definition von Benennungen und ihre Abgrenzung von Beschreibungen ergibt sich jedoch bei komplexen Strukturen, in denen mehrere sprachliche Zeichen mit Bezug auf einen Referenten kombiniert werden, z.B. die Kombination von *Kaffee* und *Maschine* zu *Kaffeemaschine* gegenüber der Kombination von *grün* und *Wiese* zu *grüne Wiese*. Diese Ausdrücke sind sekundär motiviert, weil die beiden jeweils zugrunde liegenden Zeichen, *Kaffee* und *Maschine* bzw. *grün* und *Wiese*, dem Sprecher bereits bekannt sind. Handelt es sich hierbei um Benennungen, d.h. um ein (neues) ganzheitliches Konzept, oder gilt eine alter-

---

9 Eisenbergs Definition bezieht sich hier ausschließlich auf Worteinheiten. Allerdings können auch phrasale Verbindungen lexikalisierungsfähige Einheiten darstellen.

native Interpretation, wonach es Beschreibungen sind, d.h. (situationsgebundene) „sprachliche Fixierung[en] von Wahrnehmungen einzelner Merkmale eines Gegenstandes" (Fleischer 1984: 24)?

Für komplexe Strukturen, die eine konventionalisierte idiomatische Bedeutung tragen wie z.B. *kalter Kaffee* 'längst bekannte, daher uninteressante Sache, Angelegenheit', stellt sich dieses Problem nicht, da sich die Gesamtbedeutung der Verbindung nicht ohne Weiteres aus der Kombination der Bedeutungen von *kalt* und *Kaffee* ergibt. Bei komplexen Phrasen und Wortbildungen, die keine (stark) idiomatische Gesamtbedeutung haben, können die einzelnen Bestandteile aber zur Gesamtbedeutung beitragen. Diese Verbindungen sind im Gegensatz zu Simplizia sogar bis zu einem gewissen Grad motiviert und genau hier ist Grauzone, in der die Abgrenzung einer Benennungseinheit von einer „einfachen" Beschreibung oftmals schwierig ist. Wann bilden zwei Einzelkonzepte einen neuen ganzheitlichen Begriff? Wenn sie besonders häufig zusammen vorkommen (häufiger, als der Zufall es statistisch erwarten ließe wie etwa bei *schwarzes Kleid* oder *blondes Haar*)? Oder erst, wenn ihre Bedeutung idiomatisiert ist? Was ist mit einer Bildung wie *schwarzer Markt*, bei der beide Konstituenten auch außerhalb dieser Verbindung in den verwendeten Bedeutungen gebräuchlich sind (*schwarz* 'illegal, verboten'; *Markt* 'von Angebot und Nachfrage bestimmter Warenhandel') und die Bedeutung an sich kompositional ist (zum Begriff der 'Kompositionalität', vgl. Kap. 2.3.1). Die meisten Sprecher des Deutschen sind sich wohl sicher, dass *schwarzer Markt* ganz klar die Bezeichnung eines bestimmten Konzepts darstellt. Erstens zeigt dies aber, dass eine idiomatische Bedeutung keine notwendige Bedingung für den Benennungsstatus darstellt und auch Lexikalisierung nicht zwangsläufig mit einem Benennungsstatus gleichzusetzen ist, da Kollokationen wie *blondes Haar* (für eine Definition, vgl. Kap. 2.3.1) auch in irgendeiner Form im Lexikon gespeichert werden müssen, ohne dass sie aber Benennungen darstellen. Zweitens muss die Frage, was eine Benennung ist, auf die Konzeptbildung des Sprechers gerichtet sein.

Konzepte beruhen auf „Vorstellung[en] davon, wie etwas ist in unserer Erfahrungswelt" (Pörings/Schmitz (Hgg.) 2003: 15). Sie sind zuallererst mentale Konstrukte und müssen nicht zwangsläufig an sprachliche Zeichen gebunden sein (vgl. Koefoed 1993: 13). Sie können unbenannt bleiben oder bei jedem Bezug durch einen Sprecher provisorisch umschrieben werden. Hiervon ausgehend entstehen komplexe Benennungen dann, wenn ein Sprecher zwei oder mehrere Konzepte miteinander kombiniert, weil er sie auf eine bestimmte Art und Weise als zusammengehörig empfindet und sie für ihn zusammen eine relevante Kategorie darstellen. Für Zimmer (1971, 1972) muss die angenommene Beziehung zwischen den kombinierten Konzepten „appropriately classificatory" sein, für ihn entscheidend für die Abgrenzung von Benennung und Beschreibung:

> The dimension of classificatory relevance that I am trying to define here has something to do with the distinction between naming and description. Anything at all can be described, but only relevant categories are given names. (Zimmer 1971: 249)

> [...] a noun A has an AC [d.h. appropriately classificatory, SFS] relationship to a noun B if this relationship is regarded by a speaker as significant for his classification – rather than description – of B. (Zimmer 1972: 4)

„Appropriately classificatory" bedeutet für Zimmer nicht, dass zwischen beiden Konzepten A und B eine feste, dauerhaft gültige Beziehung Bestand haben muss, sie kann auch durch einen einmaligen Kontext für den Sprecher gegeben sein und muss dann mit Bezug auf die Situation des Sprechers erklärt werden (vgl. Zimmer 1972: 5).

Beschreibungen tragen demgegenüber immer einen einmaligen Charakter:

> [Eine Beschreibung] entspricht nicht der Begriffsbildung, sondern eher der Wahrnehmung. Sie ist nicht an eine tatsächliche oder potentielle lexikalische Einheit gebunden, sondern an eine Aussage in Satz- und Textstruktur, deren Bestandteil sie auch als herauslösbare Wortgruppe bleibt. (Fleischer 1984: 12)

Die Beschreibung bleibt kontextabhängig: Der Sprecher vereint akzidentelle Attribute zu einer Aussage, die über die Äußerung hinaus keine gemeinsame Relevanz für eine Konzeptbildung haben. Beschreibungen können als Ersatz für Benennungen dienen, wenn die Sprache (noch) keine Benennungseinheit für das Konzept konventionalisiert hat oder der Sprecher den Gegenstand nicht „erkennt", ihm also keine Benennung zuordnen kann. Beschreibungen können auch die subjektive Sicht eines Sprechers zum Ausdruck bringen, z.B. *eleganter Riese*, um auf den Eiffelturm zu referieren (vgl. Fleischer 1984: 12 f.).

Der Vorschlag einiger Autoren, Fragen als operables Kriterium zur Ermittlung von Benennungen zu nutzen, zielt auf die für Benennungen angenommene Kontextunabhängigkeit, die sich aus ihrer Lexikalisierung ergibt, ab:

> Een 'operable definitie' zou luiden: een naam is het antwoord dat men krijgt als men aan een lid van een taalgemeenschap vraagt hoe 'iets' binnen die gemeenschap 'heet'. (Koefoed 1993: 10)[10]

---

10 „Eine 'handhabbare Definition' würde lauten: Ein Name ist die Antwort, die man erhält, wenn man ein Mitglied einer Sprechergemeinschaft fragt, wie 'etwas' in dieser Gemeinschaft 'heißt'" [Übersetzung: SFS].

Gunkel/Zifonun (2009: 207) schlagen hingegen in Rückgriff auf Krifka (2004) vor, als diagnostischen Test nominale Ausdrücke in sogenannte „kind-selecting"-Prädikate einzusetzen (z.B. *aussterben, ausgestorben sein*; *erfinden* etc.; vgl. auch Bücking 2009, 2010). Mithilfe dieser Prädikate würden nur dann grammatisch korrekte und semantisch sinnvolle Aussagen erreicht, wenn die Subjekte Gattungsnamen und damit etablierte Benennungseinheiten darstellten. Ergäbe die Verbindung hingegen keinen Sinn, handele es sich nicht um eine Benennungseinheit, vgl. die folgenden Beispiele:

(10)   a.   Der Indische Elefant ist vom Aussterben bedroht.
       b.   ??Die grüne Flasche wurde im 19. Jahrhundert erfunden.

Demnach sei der *Indische Elefant* in (10a) eine Benennung, *grüne Flasche* in (10b) allerdings nicht, weil das Subjekt mit dem Prädikat *erfunden* inkompatibel sei (daher durch Fragezeichen markiert). Die entscheidende Rolle spielt hier aber das vorhandene Weltwissen des Sprechers. Wenn ein Sprecher des Deutschen nicht weiß, dass die zoologische Familie der Elefanten in verschiedene Subarten, darunter den Afrikanischen und den Indischen Elefanten, unterteilt wird, macht eine Aussage wie (10a) genauso viel bzw. wenig Sinn wie *Der Irische Elefant ist vom Aussterben bedroht*. Die Relevanz des (bei jedem Sprecher durchaus variablen) Weltwissens zeigt sich also auch hier. Schlücker (2014: 193) weist außerdem in Anlehnung an Krifka et al. (1995) daraufhin, dass „in vielen Fällen die Akkommodation der Existenz einer zugehörigen Art problemlos möglich" sei, wenn ein entsprechender Kontext konstruiert wird, so dass eine Aussage wie (10b) semantisch sinnvoll sein kann. Als sprecherübergreifender diagnostischer Test sind „kind-selecting"-Prädikate meines Erachtens also ungeeignet.

Zusammenfassend sind Benennungen einfache oder komplexe sprachliche Zeichen, die sich durch eine feste Verbindung von Form und Inhalt auszeichnen. Sie stehen aus Sicht des Sprechers für relevante Konzepte und sind weitgehend kontextunabhängig, sie haben mit Fleischers Worten eine Existenz „auch außerhalb des Kommunikationsaktes" (1984: 3). Tatsächlich aber kann diese Kontextabhängigkeit von jedem Sprecher unterschiedlich eingeschätzt werden, so dass die Menge der Benennungen einer Sprache von Sprecher zu Sprecher variiert. Die Frage, ob Ad-hoc-Benennungen möglich sind, wird in der Forschungsliteratur unterschiedlich beantwortet; in dieser Arbeit liegt der Fokus auf etablierten Benennungseinheiten.

2.3 Komplexe Benennungseinheiten

Aus morphosyntaktischer Sicht können Benennungseinheiten einfach oder komplex sein. Die untere Grenze an Komplexität stellen lexikalische Simplexe wie *Meer* oder *blau* dar. Ebenso sind aber auch Wortbildungen wie *Glaskugel* und syntaktische Verbindungen wie *saurer Regen* oder *Mann der Stunde* Benennungseinheiten. Der Benennungsbegriff erlaubt, morphologische und syntaktische Einheiten unter dem Gesichtspunkt ihrer Funktion zu vergleichen. Diese formale Varianz gilt im Übrigen nicht nur für die hier besprochenen Benennungen i.e.S., nämlich die nicht-terminologischen Appellativa, sondern auch für Fachtermini und Eigennamen, vgl. Fleischer (1997: 16) und Tabelle 2.1.

Tab. 2.1: Nominationseinheiten (nach Fleischer 1996a, 1997)

	Nicht-terminologische Appellativa	Termini	Eigennamen
Wortbildungen	DE *Schnellzug*	DE *Soziolekt*	DE *Nordsee*
	NL *sneltrein*	NL *sociolect*	NL *Noordzee*
Phrasen	DE *schwarzer Tee*	DE *rechter Winkel*	DE *Rotes Meer*
	NL *zwarte thee*	NL *rechte hoek*	NL *Rode Zee*

Im Folgenden werden zwei Quellen komplexer Benennungseinheiten, Wortbildung (v.a. Komposition) und Phraseologie, behandelt (vgl. Kap. 2.3.1). Danach wird eine semantische Klassifikation komplexer Benennungseinheiten vorgeschlagen, die z.T. mit der Distribution von Phrasen und Komposita korreliert (vgl. Kap. 2.3.2). Ergänzend zu den hier beschriebenen Möglichkeiten der Benennungsbildung ist Kapitel 2.4 zu verstehen, in dem besondere historische Bildungsprozesse morphologischer und syntaktischer Benennungseinheiten besprochen werden.

Die Einordnung einer Verbindung als syntaktisch oder morphologisch hängt maßgeblich davon ab, welchen Wortbegriff man vertritt: „[...] a definition of MWEs [= multi-word expressions, SFS] hinges crucially on the definition of the word and of word boundaries [...]" (Hüning/Schlücker 2015: 452). Die Klassifikation komplexer Verbindungen als Phrase oder Kompositum erfolgt in dieser Arbeit auf Basis eines morphosyntaktischen Wortbegriffes, der also nicht ausschließlich auf der Bedeutungseinheit der Bildung beruht. So zeichnen sich Wörter gegenüber Phrasen u.a. dadurch aus, dass Teilkonstituenten nicht flektiert werden können und Wörter anaphorische Inseln bilden, d.h. auf Teilkonstituenten nicht anaphorisch

Bezug genommen werden kann. Dass eine übereinzelsprachliche gültige Trennung von Wörtern und Phrasen auf Basis einer festen Liste von Kriterien allerdings problematisch ist, zeigt u.a. Jacobs (2011).

2.3.1 Wörter und Phrasen

Obwohl die Benennungsfunktion nicht-formspezifisch ist, wird häufig eine prototypische Verteilung zwischen Benennung und Beschreibung einerseits und Wortbildung und Syntax andererseits angenommen. Die folgenden Zitate sind in dieser Hinsicht exemplarisch:

> [...] Wortbildung, die der Benennung, und der Syntax, die typischerweise der Aussage dient. (Eichinger 1982: 47)

> Like derivatives, compounds provide names for entities, properties or actions. This is opposed to providing descriptions, which is the function of syntax. (Bauer 2003: 313)

> It is a common characteristic of word-level patterns such as compounding that the resulting pattern should denote a 'unitary concept'. For instance, a compound consisting of an adjective and a noun would tend to denote a well-established and stable 'kind' rather than the accidental combination of two properties that the corresponding syntactic combination may well express. (Dahl 2004: 180)

Zu den wichtigsten Wortbildungsprozessen gehören im Deutschen und Niederländischen Derivation, Komposition und Konversion. In dieser Arbeit geht es um A+N-Komposita, d.h. Wortbildungen, die aus einem adjektivischem Modifikator (als Stammform) und einem nominalen Kern bestehen. Das Adjektiv wird nicht flektiert und trägt als Erstglied die Hauptbetonung der gesamten Bildung. Im Deutschen und Niederländischen sind A+N-Komposita gut zu identifizieren (zur Schwierigkeit einer allgemeineren Definition des Begriffs vgl. jedoch Lieber/ Štekauer 2009; Scalise/Vogel 2010). Bisweilen gibt es auch Einheiten, die formal zwar Komposita entsprechen, zumindest aus diachroner Sicht aber als Rückbildungen gelten müssen (z.B. *Kleinstadt* aus *kleinstädtisch*). Auch Phrasenkonvertate wie *Schwarzmaler* oder *Langschläfer*, die auf *schwarzmalen* bzw. *lang(e) schlafen* zurückgehen, sind in ihrer formalen Struktur mit A+N-Komposita identisch (vgl. Kap. 2.4).

Bei der Komposition handelt es sich laut Fleischer (1997: 11) in erster Linie um einen formativ-strukturellen Prozess, der besonders für die Benennungsbildung geeignet sei. Mit der „Verdichtung zur Wortstruktur" entstehe sofort eine Einheit, die im Laufe der Zeit idiomatisiert werden könne oder von Beginn an mit einer besonderen Bedeutung gebraucht werde. Für Barz bietet dieser rein formative Prozess einen großen Vorteil in der Begriffsbildung:

> Komplexe E i n w o r t b e n e n n u n g e n signalisieren, daß die durch die Konstituenten benannten Begriffe in einem neuen, ganzheitlichen Begriff aufgehoben sind, daß der benannte Gegenstand einer Klasse von Gegenständen zugeordnet ist. (Barz 1988a: 20; Hervorhebung im Original)

Bisweilen kann dieser Effekt auch zu sogenannten Hypostasierungen führen:

> Hypostatization is a side-effect of the naming-function of word-formation, whereby the existence of a word seems to imply for speakers the existence in the real world of a single corresponding 'thing' or clearly delimited concept. (Hohenhaus 2005: 356)

Ein Wort kann also die Existenz einer Entität suggerieren und ihre Lexikalisierung fördern (vgl. Lipka 1977: 161 f.; Fleischer 1984: 13 f.).

Inwiefern in einer Sprache tatsächlich die Wortbildung zur Schaffung von Benennungseinheiten genutzt wird, hängt in erster Linie davon ab, welche Wortbildungsverfahren existieren und ob diese produktiv zur Bildung neuer lexikalischer Einheiten genutzt werden. Für die Beschreibung eines Wortbildungsverfahrens ist also nicht nur die Ebene des Systems, d.h. des prinzipiell Zulässigen, sondern auch die Ebene der Norm relevant:

> [Die Norm ist nach Coseriu] diejenige Ebene der Sprache, die im konkreten Sprachgebrauch als die Ebene der traditionellen Realisierung erkennbar ist, ohne in Oppositionen des Sprachsystems begründet zu sein [...]. Solche Realisierungen belegen einerseits also zwar systematische Möglichkeiten des Sprachsystems, die Normregularitäten selbst sind andererseits jedoch nicht systematisch funktionell. (Willems 2001: 151)

Norm ist hier kein präskriptives Konzept, sondern beschreibt lediglich die Menge der üblichen Realisierungen in einer Sprache. Davon abzugrenzen sind normative Bestrebungen einzelner Instanzen, den Sprachgebrauch vorzuschreiben (vgl. Kap. 6.4).

Eine Alternative zu morphologischen Benennungseinheiten stellen syntaktische Verbindungen wie z.B. *soziales Jahr* 'freiwillige pflegerische, erzieherische oder hauswirtschaftliche ganztägige Hilfstätigkeit junger Menschen bei einem Wohlfahrtsverband, der Kirche usw.' (Duden Online 2012: JAHR) oder die N+Präp+N-Verbindung NL *schat van ervaring* 'Erfahrungsschatz' dar. Lexikalisierte, v.a. idiomatisierte syntaktische Verbindungen werden im Rahmen der Phraseologie untersucht und als phraseologische Einheiten bezeichnet (vgl. einführend Fleischer 1982; Burger 2010). Phraseologische Einheiten zeichnen sich nach Burger (2010: 14) durch Polylexikalität und Festigkeit aus. Polylexikalität bedeutet, dass die Verbindung aus mehr als einem Wort besteht. Festigkeit bezeichnet den Sachverhalt, dass die Verbindung genau in einer bestimmten Kombination von Wörtern bekannt und in der Sprachgemeinschaft gebräuchlich ist. Kriterien, die zusätzlich oft für die Definition phraseologischer Einheiten verwendet werden, sind die Nicht-Kompositionalität und syntaktische Defektivität phraseologischer Einheiten (vgl. für eine Zusammenfassung Hüning/Schlücker 2015). Ein komplexer Ausdruck ist kompositional, wenn sich die „Bedeutung eines komplexen Ausdrucks [...] eindeutig aus der lexikalischen Bedeutung seiner Komponenten, aus deren grammatischer Bedeutung und aus seiner syntaktischen Struktur" ergibt (Löbner 2003: 20). Demnach ist ein Ausdruck semantisch nicht-kompositional, wenn seine Bedeutung davon abweicht. Der Ausdruck *kalte Ente* 'einer Bowle ähnliches Getränk aus Wein, Schaumwein, Mineralwasser und Zitronenscheiben' (Duden Online 2012: ENTE) ist nicht kompositional, weil sich die Bedeutung nicht aus den Einzelbedeutungen von *kalt*, *Ente* und ihrer phrasalen Struktur ableiten lässt. Syntaktische Defektivität bezieht sich darauf, dass einzelne reguläre syntaktische Anwendungen nicht grammatisch sind, z.B. Nominalisierung (*der blinde Alarm* – #*die Blindheit des Alarms*), Umwandlung des Adjektivattributs in einen Relativsatz (*ein blinder Passagier* – #*ein Passagier, der blind ist*; vgl. Burger 2001: 37).[11] Keine dieser beiden Eigenschaften ist jedoch eine notwendige Voraussetzung für die Definition einer syntaktischen Verbindung als Phraseologismus (vgl. Kap. 2.4).

Aus semantisch-funktionaler Sicht gehören die hier zentralen A+N-Phrasen nur zu einer Teilmenge von Phraseologismen (vgl. Abb. 2.1), nämlich jenen Phraseologismen, die einen Bezug zur außersprachlichen Wirklichkeit herstellen und Gegenstände bzw. Vorgänge bezeichnen, aber nicht als Aussagen fungieren (= nominative Phraseologismen; vgl. Burger 2010: 36–38). Zu den anderen Typen zählen Phraseologismen mit spezifischen kommunikativen Funktionen wie *Guten Tag* und strukturelle Phraseologismen (z.B. *in Bezug auf*), die dazu dienen, grammatische Relationen zwischen einzelnen Zeichen herzustellen (vgl. ebd.: 36).

---

11 Das #-Zeichen markiert, dass die Verbindungen nur in ihrer wörtlichen, nicht in ihrer phraseologischen Bedeutung akzeptabel sind. Burger zufolge ist *Blindheit des Alarms* nur in seiner wörtlichen Bedeutung zulässig, wobei sich mir zumindest nicht erschließt, worin diese bestehen könnte.

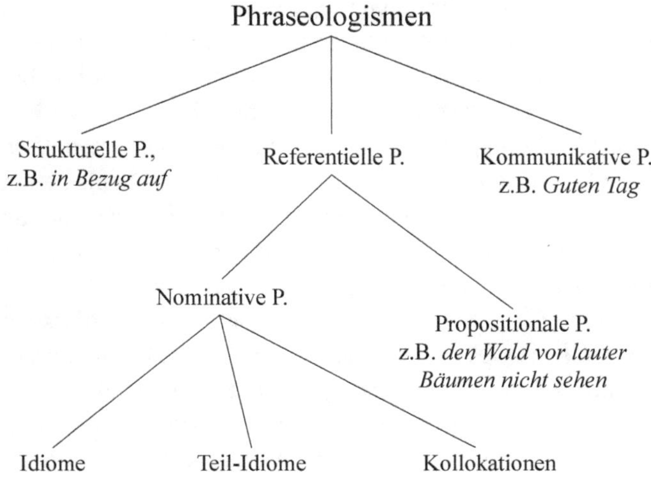

Abb. 2.1: Typologie der Phraseologismen nach Burger (2010: 37 f.)

Im Gegensatz zur Wortbildung handelt es sich bei der Bildung von Phraseologismen laut Fleischer vor allem um einen semantischen Prozess, der aber formale Konsequenzen nach sich ziehe:

> Die Hauptgruppe der Phraseolexeme [Kernkategorie phraseologischer Einheiten bei Fleischer, SFS] entsteht – gerade umgekehrt wie bei der Wortbildung – durch einen primär semantischen, keinen formativstrukturellen Prozeß – wenngleich mit formativstrukturellen Konsequenzen: Stabilität der Komponenten, eingeschränkte syntaktische Expansionsfähigkeit, Tendenz der graphischen Differenzierung von der entsprechenden freien Wortgruppe durch dudenwidrige Großschreibung adjektivischer Attribute (*Roter Hahn* 'Feuer') einerseits und dudengemäße Kleinschreibung einstiger substantivischer Komponenten (*im dunklen tappen*, *außer acht lassen*) andererseits. Der konstitutive semantische Prozeß besteht in partieller oder totaler Idiomatisierung auf dem Wege der Metaphorisierung oder Metonymisierung ('Bedeutungsspezialisierung') [...]. (Fleischer 1997: 11 f.)

Die Frage, ob für phrasale Benennungseinheiten immer eine partielle oder totale Idiomatisierung konstitutiv sein muss, kann bezweifelt werden. Wie oben bereits genannt, ist *schwarzer Markt* semantisch kompositional, deshalb ist der Phrase aber nicht der Status als Phraseologismus (und als Benennungseinheit) abzusprechen.

Die Begriffsbereiche (nominative) Phraseologismen – Wortbildungen – Benennungen sind nicht deckungsgleich. Zum einen handelt es sich um Begriffe, die unterschiedliche Ebenen bezeichnen: Wortbildung und Phraseologie bieten eine auf die Form abzielende Beschreibung sprachlicher Ausdrücke, ohne dass damit unbedingt die funktionale Ebene der Benennung gemeint ist. Zum anderen umfassen alle drei Begriffe auch nicht die identische Menge an sprachlichen Äußerungen. So rechnet Burger (2010: 38) neben voll- und teilidiomatischen Bildungen auch die sogenannten 'Kollokationen' zu den Phraseologismen. Bei Kollokationen handelt es sich ihm zufolge um „den ganzen Bereich der festen Wortverbindungen, die nicht oder nur schwach idiomatisch sind" (ebd.: 52), die häufig vorkommen und gelernt werden müssen, aber selbst nicht idiomatisch sind. So spricht man vom *blonden*, aber nicht vom *gelben Haar*, und es heißt *sich die Zähne putzen* und nicht *sich die Zähne waschen*. Der Kollokationsbegriff wird in der Literatur allerdings sehr unterschiedlich verwendet (vgl. zusammenfassend Hausmann 2004, 2007; Donalies 2009: 63–66). Hausmann (2007: 218) fasst unter Kollokationen auch Bildungen wie *blinder Passagier*, die Burger als eigenständige Gruppe („Teil-Idiome") sieht. In Bezug auf die Identität zwischen nominativen Phraseologismen und Benennungseinheiten ist festzuhalten, dass idiomatische nominative Phraseologismen immer als Benennungen einzustufen sind. Es ist jedoch mitunter schwierig zu entscheiden, ob eine nicht-idiomatische Verbindung nur eine Kollokation (im Sinne Burgers) ist oder auch eine Benennungseinheit darstellt. Die Abgrenzung zwischen Kollokation und Benennungseinheit wird im empirischen Teil dieser Arbeit noch einmal diskutiert (vgl. Kap. 5.1).

Ebenso gilt für Wortbildungen, dass sie nicht in jedem Falle Benennungseinheiten, sondern oft nur textbedingte Verkürzungen komplexer syntaktischer Ausdrücke darstellen, denen keine besondere Benennungsfunktion zukommt (vgl. Kastovsky 1982, 1986; Koefoed/van Marle 2000: 306 f.; speziell in Bezug auf A+N-Komposita auch Fleischer 1979 sowie Schlücker/Hüning 2009). Vgl. das folgende Beispiel:

(11)   *Schnörkellos-Sieg* mit Schönheitsfehlern (SPON, 7.10.2011)

Beispiele wie in (11) sind als textbedingte Kürzungen normaler, beschreibender Phrasen aufzufassen und typisch für Schlagzeilen in deutschen Zeitungstexten, die prägnant und schlaglichtartig auf den Inhalt eines Artikels hinweisen sollen. Laut Wellmann (1998: 409) (zitiert nach Fleischer/Barz 2012: 24) machen okkasionelle Wortbildungen etwa 30% eines deutschen Zeitungstextes aus, aber nur die wenigstens davon werden langfristig zu Lexikoneinheiten.

Zusammenfassend stellen Wortbildungen und Phraseologismen rein formal unterschiedliche Muster dar. Die Benennungsfunktion ist jedoch prinzipiell unabhängig von der Form und so können sowohl Wörter als auch Phraseologismen Benennungen sein. Allerdings sind nicht alle Verbindungen, die im Rahmen der Phraseologie bzw. Wortbildung behandelt werden, Benennungseinheiten. Im nächsten Abschnitt wird die formale Einteilung komplexer Benennungseinheiten in Wörter und Phrasen durch eine semantische Klassifikation ergänzt. Diese ist für die Analyse der Konkurrenz von A+N-Phrasen und A+N-Komposita von erheblicher Relevanz.

2.3.2 Semantische Klassifikation

Benennungen können nicht nur nach ihrer Form, sondern auch entsprechend ihrer Bedeutung in verschiedene Klassen unterteilt werden. Gunkel/Zifonun (2009: 208 f.) unterscheiden zwei Typen komplexer Benennungseinheiten. Der erste Typ umfasst „common names expressing a concept that *is not* a subconcept of any concept expressed by one of its parts" (2009: 208; meine Hervorhebung). Dazu gehören u.a. Derivationen und exozentrische Komposita:

(12)   a.   FR *pommier*
             'Apfel' + Suffix
             'Apfelbaum'
    b.   FR *ouvre-bouteille*
             'öffne' + 'Flasche'
             'Flaschenöffner'

In *pommier* gibt es kein lexikalisches Element, das die Bedeutung 'Baum' trägt. Es existiert lediglich ein Kopf – das Suffix *-ier* – der die wesentlichen strukturellen Eigenschaften der gesamten Bildung bestimmt (z.B. Genus). Auch bei dem V+N-Kompositum *ouvre-bouteille* trägt kein lexikalisches Element die Bedeutung 'Öffner'. Vielmehr beschreibt die gesamte Bildung den Zweck des Referenten, nämlich eine Flasche öffnen zu können.

Der zweite Typ umfasst „common names expressing a concept that *is* a subconcept of a concept expressed by one of its parts" (Gunkel/Zifonun 2009: 208; meine Hervorhebung). Die Autoren illustrieren diesen Typ mit einer ganzen Reihe von Modellbildungen (die Beispiele sind z.T. übernommen):

(13)   endozentrische Komposita
    a.   DE *Apfelbaum, Hochsaison*
    b.   NL *rijksmuseum* 'Reichsmuseum'
          NL *sneltrein* 'Schnellzug'

(14)   N+N-Syntagmen (nur im Englischen)
    a.   EN *Bush's administration*
          EN *women's magazine*

(15)   N+NP/PP-Syntagmen
    a. DE *Beruf des Lehrers, Mann auf der Straße*
    b. NL *de tand der tijd* 'der Zahn der Zeit'
       NL *man van God* 'Priester'

(16)   A+N-Syntagmen
    a. DE *schwarzer Tee, nukleare Waffen*
    b. NL *harde schijf* 'Festplatte'
       NL *sociale verzekering* 'Sozialversicherung'

All diese Bildungen zeichnen sich dadurch aus, dass sie neben einem Nomen, das den morphosyntaktischen und semantischen Kern bildet, noch ein weiteres Element enthalten, das das Nomen konzeptuell beschränkt, so dass die Benennung einer (autonomen) Subklasse gebildet wird. Unter (13) besprechen Gunkel und Zifonun A+N-Komposita nicht explizit, aber Bildungen wie DE *Altpapier* oder NL *kleinkind* 'Enkelkind' gehören ebenfalls in diese Gruppe. Im Gegensatz zu Gunkel und Zifonun, die nur Typ 2 detaillierter betrachten, spielen in dieser Arbeit auch A+N-Verbindungen, die kein Subkonzept des durch Adjektiv oder Nomen bezeichneten Konzeptes darstellen, eine Rolle. Allerdings stellt das Nomen die Entscheidungsbasis für die Kategorisierung dar, d.h., die Zuordnung zu einem dieser beiden Typen erfolgt hier danach, ob das Konzept des Nomens auch im Subkonzept weiter besteht oder nicht. Bildungen wie *treulose Tomate* 'jemand, der einen anderen versetzt, im Stich lässt' würden demnach als Typ 1 und nicht als Typ 2 gewertet (eine *treulose Tomate* ist zwar treulos, aber eben keine Tomate). Für die Untersuchung werden insgesamt drei semantische Subklassen komplexer Benennungseinheiten mit Adjektiv und Nomen unterschieden (vgl. Landsbergen 2009: 53–57), wobei die ersten beiden Klassen zu Typ 1 gehören (vgl. Abb. 2.2):

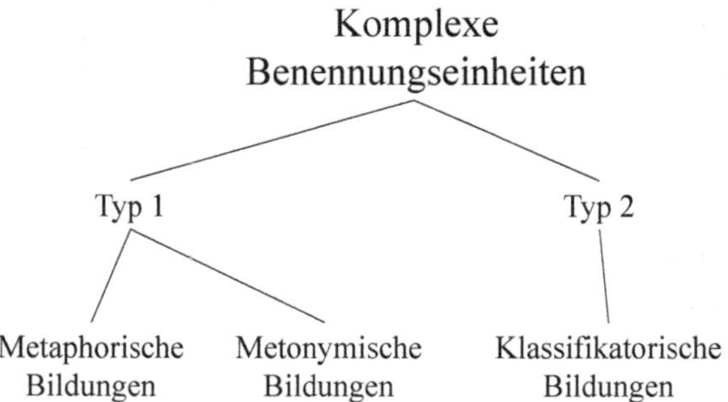

Abb. 2.2: Semantische Klassifikation von Benennungseinheiten

–   **Metaphorische Verbindungen** sind Verbindungen, die eine übertragene und nicht mehr ihre wörtliche Bedeutung haben. Die übertragene Bedeutung kann dabei auf (unterstellte) Ähnlichkeitsbeziehungen zur wörtlichen Bedeutung der Konstituenten zurückgeführt werden, vgl. DE *grüne Welle*, *Weichei*, NL *zwart schaap* 'Außenseiter, Sündenbock', *blauwe maandag* 'etwa: sehr kurze Zeit'. Diese Ähnlichkeitsbeziehungen sind für Gegenwartssprecher oft opak.
–   **Metonymische Verbindungen** sind Verbindungen, bei denen die wörtliche Bedeutung in einer Kontiguitätsrelation zum bezeichneten Konzept steht, d.h. „der gleichen semantischen, logischen, kulturellen oder situationellen Sphäre" angehört (Bußmann (Hg.) 2002: 376). Für A+N-Verbindungen am typischsten ist die pars-pro-toto-Beziehung, d.h. eine Teil-Ganzes-Relation. Beispiele sind DE *Rotkehlchen* 'Vogel mit roter Kehle', NL *langbeen* 'Person mit langen Beinen'.
–   **Klassifikatorische Verbindungen** sind jene Verbindungen, die ein Subkonzept des Konzepts bezeichnen, das durch den Kopf der Verbindung bezeichnet wird. Bei den A+N-Verbindungen betrifft dies beispielsweise DE *Schnellzug*, *schwarze Magie*, NL *zuurdeeg* 'Sauerteig', *volle melk* 'Vollmilch'.

Neben den sogenannten klassifikatorischen Bildungen, die Gunkel/Zifonun (2009) unter Typ 2 einordnen, umfasst Typ 1 in dieser Klassifikation also zwei Subklassen, die auf den zwei wesentlichen Mechanismen des Bedeutungswandels, Metapher und Metonymie, beruhen (vgl. Blank 2001: 73). Die Einordnung einer Benennungseinheit in eine Subklasse ist nicht immer eindeutig, da es auch „Mischformen" gibt, die sowohl metaphorisch als auch metonymisch bewertet werden können. Dies soll kurz am Beispiel von *Dickkopf* erläutert werden (vgl. Geeraerts 2003: 454–461): Die semantischen Verhältnisse in einem Kompositum wie *Blondschopf* entsprechen den oben geschilderten Bedingungen für metonymische Verbindungen. Ein *Blondschopf* ist eine Person mit einem blonden Schopf (d.h. mit blonden Haaren). Hierbei handelt es sich um eine rein metonymische Verwendung: Man will eine Person bezeichnen, verweist aber anhand eines auffälligen Merkmals auf sie. Im Vergleich dazu gehen Bildungen wie *Dickkopf* einen Schritt weiter. Mit *Dickkopf* wird nicht eine Person bezeichnet, die einen dicken Kopf hat, sondern es wird ein 'eigensinniger, starrköpfiger Mensch' (Duden Online 2012: Dıckkopf) beschrieben. Zwar kann ein Kontiguitätsbezug zwischen dem Verhalten einer Person und der Person selbst hergestellt werden, aber auch dann ist noch nicht geklärt, wie die Bedeutung des Eigensinnigen, Starrköpfigen bei *Dickkopf* zustande kommt. Hier kann es sich eigentlich nur um eine metaphorische Relation handeln, indem beispielsweise die „Beratungsresistenz" der Person darauf zurückzuführen ist, dass sie einen derartig dicken Kopf hat, dass sie die Ratschläge anderer nicht wahrnimmt (weil sie sie nicht hören kann etc.). *Dickkopf* liegt demnach auch ein metaphorischer Bezug zugrunde und kann daher genaugenommen nicht ausschließlich als metonymische Einheit eingestuft werden. Für Verbindungen, die auf einer pars-pro-toto-Relation beruhen und wie *Dickkopf* ggf. auch metaphorische Bedeutungsaspekte aufweisen, wird hier daher auch der Begriff 'Possessivverbindung' verwendet. Die vorgeschlagene semantische Klassifikation der A+N-Verbindungen in metaphorische, metonymische und klassifikatorische Subklassen ist von hoher Relevanz für die Beschreibung der Distribution von Phrase und Kompositum und wird in Kapitel 4.6 noch ausführlicher behandelt. Der Rest dieses Kapitels soll die Klasse der klassifikatorischen Verbindungen und die Funktion des Adjektivs in diesen Verbindungen beleuchten. Klassifikatorische Verbindungen stellen nämlich den hauptsächlichen Schauplatz der Konkurrenz zwischen morphologischen und syntaktischen A+N-Benennungseinheiten dar und sind deshalb von besonderem Interesse.

Um zu verstehen, welchen Beitrag das Adjektiv in einer klassifikatorischen A+N-Verbindung leistet, ist zunächst zu klären, welche Funktion dem Adjektiv überhaupt zukommt. Die pragmatische Domäne des Nomens ist die Referenz auf Einheiten in der außersprachlichen Umwelt des Sprechers bzw. des Hörers (vgl. Croft 1991). Zusätzliche Elemente können die grundsätzlichen Referenzmöglichkeiten eines Nomens weiter beschränken. Dazu gehören Attribute verschiedener Art wie *rot* in *ein rotes Auto*, die als Modifikatoren bezeichnet werden und „eine über die eigentliche Nomination hinausgehende semantische Beschränkung des Referenzpotentials [des Nomens, SFS] auf dem Wege der Bildung komplexer auf dem Kernbegriff aufbauender Begriffe" (Gunkel/Zifonun 2011: 551) ermöglichen. Modifikatoren können unterschiedlich klassifiziert werden: Rijkhoff (2008) unterscheidet beispielsweise zwischen beschreibenden und diskurs-referenziellen Modifikatoren und unterteilt die erste Gruppe wiederum in klassifikatorische, qualitative, quantifizierende und lokalisierende Modifikatoren. Gunkel/Zifonun (2011) unterscheiden zwischen referenzieller und begrifflicher Modifikation und unterteilen letztere in qualitative und klassifikatorische Modifikation. Hier wesentlich ist die Unterscheidung zwischen qualitativer und klassifikatorischer Modifikation, wie sie sowohl in Rijkhoffs Klassifikation als auch in der von Gunkel und Zifonun vorgenommen wird. Qualitative Modifikatoren spezifizieren eine bestimmte Eigenschaft des Nomens, während klassifikatorische Modifikatoren den Denotationsbereich des Nomens einschränken „und zwar in der Weise, dass ein Unterbegriff zu A [d.h. zum Nomen als Kern einer Nominalphrase, SFS] erzeugt wird" (ebd.: 552). Der Unterschied zwischen beiden Lesarten lässt sich besonders gut an Beispielpaaren ablesen, die mit dem gleichen ambigen Modifikator gebildet werden können, vgl. (17):

(17)   a.   Qualitativ: *ein sozialer Mensch*
       b.   Klassifikatorisch: *ein sozialer Konflikt*

Während in (17a) *sozial* dem Bezugsnomen eine Eigenschaft zuspricht ('dieser Mensch ist sozial, d.h. richtig handelnd im Sinne seiner Mitmenschen'), also als qualitatives Adjektiv verwendet wird, stellt die klassifikatorische Lesart in (17b) eine Beziehung zwischen zwei Einheiten her, nämlich zwischen einem Konflikt und der Gesellschaft (*sozial* = 'bezogen auf die Gesellschaft'). Adjektive, die inhärent klassifikatorisch modifizieren, werden auch als Relationsadjektive bezeichnet (vgl. Bally 1965: 97). In der Regel handelt es sich um denominale Ableitungen (wie bei DE *Gesellschaft* > *gesellschaftlich*, NL *maatschappij* > *maatschappelijk*) oder um entsprechende Bildungen griechisch-lateinischen Ursprungs (z.B. DE *national, zivil*, NL *nationaal, civiel*). Allerdings ist auch bei Relationsadjektiven in einigen Fällen keine eindeutige Zuordnung von Form und Funktion gegeben. Adjektive mit typischerweise relationsbildenden/-anzeigenden Suffixen können zusätzlich auch eine qualitative Lesart (z.B. *häuslich*) besitzen oder ihre klassifikatorische Funktion im Laufe der Geschichte verlieren (z.B. DE *theatralisch*, vgl. Frevel/Knobloch 2005).

Qualitative Adjektive können auch als klassifikatorische Modifikatoren dienen, wenn sie Teil einer Benennungseinheit sind, vgl. die folgenden Beispiele mit *schwarz*:

(18)   a.   *schwarzes Kleid*
       b.   *schwarzer Tee*
       c.   *schwarzes Schaf*

In (18a) fungiert *schwarz* als qualitativer Modifikator, es beschreibt eine Eigenschaft des Bezugsnomens (das Kleid ist schwarz gefärbt). Es wird hier aber keine Subklasse bezeichnet (dies ist aufgrund des Weltwissens des Sprechers/Hörers auszuschließen). Ganz im Gegensatz dazu steht (18b). Hier wird eine relevante Subklasse von Tee bezeichnet, nämlich die Sorte *schwarzer Tee* (im Gegensatz zu *grüner Tee, weißer Tee, Pfefferminztee, Kräutertee, Hagebuttentee* etc.). Eine qualitative Interpretation ist jedoch prinzipiell möglich, wenn sich das Adjektiv auf die dunkle Farbe des Tees bezieht. (18c) ist ambig zwischen einer qualitativen und einer metaphorischen Lesart. Zum einen kann die Verbindung ein Exemplar der Gattung Schaf bezeichnen, dessen Wolle schwarz und nicht weiß ist. Zum anderen ist eine metaphorische Lesart möglich, wonach *schwarzes Schaf* sich auf 'jemanden, der in einer Gemeinschaft unangenehm auffällt, von ihr als Außenseiter betrachtet wird' (Duden Online 2012: Schaf) bezieht. Im Gegensatz zu (18b) liegt hier keine klassifikatorische Modifikation zugrunde, weil die Verbindung *schwarzes Schaf* kein Individuum aus einer größeren Gruppe von Schafen in der Bedeutung 'Personen in Bezug auf ihre gesellschaftliche Position und Achtung' aussondert. Gelegentlich lässt sich so ein Bezug zwar konstruieren, vgl. das folgende Beispiel:

(19)   Die Skandale der vergangenen Jahre zeigen doch, dass der Markt nicht perfekt funktioniert hat. Hinzu kommt, dass es sich ja nicht um *ein paar schwarze Schafe in einer ansonsten weißen Herde* gehandelt hat. (ZEIT, 27.10.2005)

Aber es gibt keine konventionalisierte Verwendung von *Schaf* als Personenbezeichnung, die eine Einordnung von *schwarzes Schaf* als klassifikatorische Benennung erlauben würde. Nur bei (18b) handelt es sich also tatsächlich um ein ursprünglich qualitatives Adjektiv, das als klassifikatorischer Modifikator zur Bildung einer Subklasse verwendet wird. Besondere Eigenschaften des Adjektivs, die sich aus der Verwendung als klassifikatorischer Modifikator ergeben, werden in Kapitel 4.2 ausführlich beschrieben.

2.4 Zur Entstehung von Benennungen

Ob sich eine neue Benennungseinheit dauerhaft als lexikalische Einheit etabliert, hängt in erster Linie vom Bezeichnungs- und Differenzierungsbedarf der Sprechergemeinschaft ab (vgl. Barz 2007: 29). Die Form der Benennungseinheit spielt hier keine Rolle – prinzipiell können Phrasen und Komposita gleichermaßen Einheiten des Wortschatzes sein (genaugenommen müsste deshalb laut Fleischer (1997: 10) eher von einem Sprachschatz gesprochen werden). Einsetzende Lexikalisierungs- und Idiomatisierungsprozesse können auch Auswirkungen auf die Form einer Benennungseinheit haben. So haben Bildungen wie DE *Langeweile* oder NL *wittebrood*, die ursprünglich reguläre Phrasen waren, im Laufe ihrer Gebrauchsgeschichte worttypische Eigenschaften entwickelt (vgl. auch Kap. 4.4.1).

In dieser Arbeit stehen syntaktische und morphologische Mittel zur Bildung komplexer Benennungseinheiten im Mittelpunkt, allerdings stellen sie nicht die einzigen Möglichkeiten zur Benennungsbildung dar (vgl. Grzega 2004: Kap. 3; Donalies 2008: 306 f.; vgl. auch Abb. 2.3).

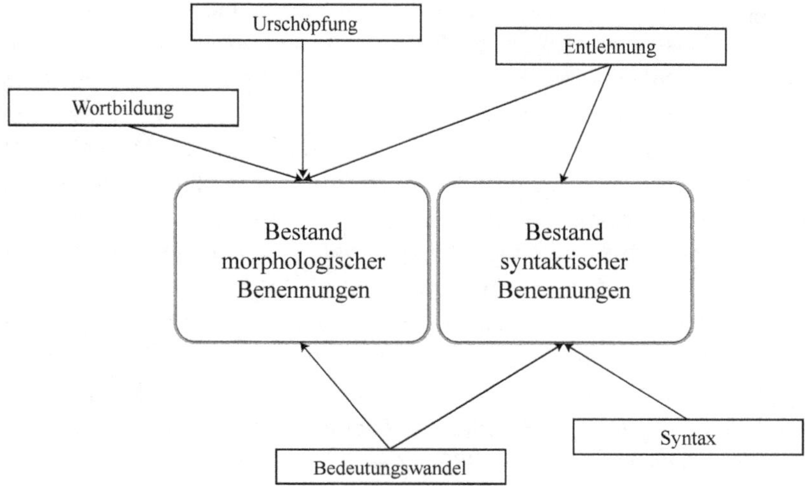

Abb. 2.3: Strategien zur Vergrößerung des Benennungsinventars

Weitere Möglichkeiten sind: Bedeutungswandel (z.B. die Verwendung von *Maulwurf* in der Bedeutung 'Geheimagent im Untergrund'), Entlehnungen (z.B. *Computer*, *Fair Play*), Urschöpfung (z.B. *Gas*, wissenschaftliche Neubildung im 17. Jahrhundert; vgl. EWN: GAS). Anttila (1989) zufolge werden in der Regel aber eher transparente (in seinen Worten „ikonische") Verfahren für die Benennungsbildung bevorzugt und nur selten völlig neue Ausdrücke geschaffen:

> Thus, with cultural expansion, there is a constant need for new names, and this is often quite explicit. Mostly one resorts to perfectly iconic (motivated) descriptions, for example, *radio detecting and ranging* [...], *lunar-exploration module, drive-in theater*, and so on. Often some kind of shortening is the result, as in *radar, LEM*, and *drive-in*. Very seldom, indeed, does one coin something out of the blue, for example, *gas, kodak* [...].
>
> The process of giving new names to either old or new things is called *nomination*, and it characteristically implies the extension of the machinery already available in the language. (Anttila 1989: 139)

Wechselwirkungen sind möglich: Benennungseinheiten können zwar mit eigenem Sprachmaterial gebildet werden, aber durchaus fremdsprachlichen Einflüssen unterliegen, wie es beispielsweise bei Lehnübersetzungen (z.B. DE *grünes Trikot* nach FR *maillot vert*) oder Lehnübertragungen (z.B. DE *Wolkenkratzer* nach EN *skyscraper*) der Fall ist. Neue Benennungen sind auch nicht zwangsläufig an neue Konzepte gebunden, sondern können alte, etablierte Benennungen aus verschiedensten Gründen verdrängen: „The need for a new name need not be a consequence of a new meaning/thing. There are all kinds of social and psychological reasons for renaming things, for example, euphemism and tabu in general" (Anttila 1989: 139). So ist beispielsweise die Ersetzung von EN *disabled, handicapped* durch *physically challenged* wohl als Ausdruck des Wunsches nach politischer Korrektheit zu interpretieren (vgl. Grzega 2004: 182).

Morphologische und syntaktische A+N-Verbindungen wurden bisher nur als Resultat kombinierender Strukturbildungsverfahren betrachtet. Allerdings ist auch die umgekehrte Perspektive, in der kleinere aus größeren Einheiten abgeleitet werden, relevant. Aus dieser Sicht heraus lassen sich noch wenigstens zwei weitere Prozesse zur Entstehung von Benennungen identifizieren.

Zum einen können A+N-Benennungseinheiten aus größeren phraseologischen Einheiten hervorgehen. Sie sind zunächst Teil eines Sprichwortes oder einer Redewendung, werden aber zu eigenständigen Benennungseinheiten (die weiterhin in Verbindung mit ihrer Herkunftswendung stehen können). Diesen Prozess bezeichnet Fleischer (1982: 193–195) als *Autonomisierung*, einen Prozesstyp phraseologischer Derivation.[12]

Autonomisierungsprozesse scheinen im Deutschen und im Niederländischen z.B. bei der Entstehung der Wendung *bittere Pille – bittere pil* relevant (gewesen) zu sein. Im Duden Online (2012) und in Van Dale (2005), dem Referenzwörterbuch des Gegenwartsniederländischen, wird die Wendung folgendermaßen wiedergegeben:

(20)   a.   'eine bittere Pille [für jemanden] sein (umgangssprachlich; äußerst unangenehm für jemanden sein und schwer hinzunehmen)'
       b.   'diese/eine o.ä. [bittere] Pille schlucken (umgangssprachlich; etwas Unangenehmes hinnehmen, sich damit abfinden)'
       c.   'jemandem eine [bittere] Pille zu schlucken geben (umgangssprachlich; jemandem etwas Unangenehmes sagen, zufügen)'
       d.   'jemandem die/eine bittere Pille versüßen (umgangssprachlich; jemandem etwas Unangenehmes auf irgendeine Weise ein wenig angenehmer, erträglicher machen)' (Duden Online 2012: PILLE)

(21)   *dat is een bittere pil* (*om te slikken*)
            'dat is onaangenaam, een pijnlijke vernedering' (Van Dale 2005: PIL)[13]

---

12 Zur phraseologischen Derivation ist auch die Entstehung neuer phraseologischer Ausdrücke durch den Austausch einzelner lexikalischer Elemente zu zählen (z.B. die durch Variation entstandenen Verbindungen *etwas ins Lot/rechte Gleis/Gleichgewicht bringen*), der zu bedeutungsgleichen Ausdrücken bestehender Phraseologismen führt.
13 „*Das ist eine bittere Pille* (*zum Schlucken*) – 'das ist unangenehm, eine schmerzhafte Demütigung'" [Übersetzung: SFS].

Die Phrase wird in beiden Wörterbüchern nur als Bestandteil größerer phraseologischer Wendungen präsentiert. Allerdings lässt sich aufgrund der Bedeutungsparaphrasen den idiomatischen Nominalphrasen *bittere Pille* bzw. *bittere pil* durchaus eine Bedeutung zuschreiben, nämlich die des 'Unangenehmen, Nicht-Gewollten, das hingenommen werden muss'. In einigen Wörterbüchern des Deutschen ist die Phrase sogar in einem separaten Eintrag aufgenommen (z.B. Heyne 1890–1895, Brockhaus Wahrig 1980–1984).

Evidenz für die Annahme, dass *bittere Pille – bittere pil* als eigenständige Benennungseinheiten betrachtet werden können, liefern Korpusbelege. Im Zeitraum 2008–2009 verzeichnet das ZEIT-Korpus 13 Beispiele mit *bittere Pille*, u.a. die folgenden:

(22) In dieser Woche will Lenihan eine Gehaltskürzung im öffentlichen Dienst um 6,5 Prozent durchsetzen. Und die, sagt er, sei nur die erste *bittere Pille*, die das Volk zu schlucken habe. (ZEIT, 5.3.2009)

(23) Ich will hier nicht den falschen Eindruck erwecken, als ob wir nicht auch den Versicherten – das fällt mir persönlich auch nicht leicht, aber es geht kein Weg daran vorbei – einige *bittere Pillen* zumuten. (ZEIT, Ausgabe 36/2003)[14]

Im ersten Beispiel wird die Phrase in einem konventionellen Kontext verwendet, der auch im Duden genannt wird. Im zweiten Beispiel aber zeigt sich, dass *bittere Pille* nicht an bestimmte Verben (wie *sein, schlucken, versüßen*) gebunden ist, sondern auch in anderen Kontexten verwendet werden kann. Im Niederländischen verhält es sich ähnlich: Es gibt insgesamt 22 Beispiele im Zeitraum 2008–2009 im „Leeuwarder Courant" und auch hier ist sowohl eine Verwendung, die der im Wörterbuch entspricht, als auch eine freiere zu finden, d.h., der sprachliche Zusammenhang kann variieren:

(24) Terwijl de Rabo-equipe in de Tour de France gistermiddag de zoveelste *bittere pil* moest slikken, zorgde Pieter Weening in Oostenrijk voor een lichtpuntje. (LC, 8.7.2009)[15]

---

14 Das Zitat stammt aus dem Zeit-Korpus, konnte aber nicht genau datiert, sondern nur einer Ausgabe zugewiesen werden.

15 „Während die Rabo-Mannschaft bei der Tour de France die soundsovielte bittere Pille schlucken musste, sorgte Pieter Weening in Österreich für einen Lichtblick" [Übersetzung: SFS].

(25)   Verbeek sprak van een *bittere pil*. „We controleerden de wedstrijd, maar
            door dit verlies maken we het onszelf lastig. [...]" (LC, 9.6.2008)[16]

Die Belege zeigen meines Erachtens, dass die Nominalphrase nicht an einen spezifischen sprachlichen Kontext gebunden ist. Mit anderen Worten: *bittere Pille*
bzw. *bittere pil* haben eine autonome Bedeutungszuschreibung erreicht, die sie
zu einer eigenständigen Benennungseinheit machen.

Es gibt eine notwendige Vorbedingung für derlei Autonomisierungsprozesse,
nämlich dass die Teilkomponenten eines Idioms (hier also eine phraseologische
Einheit mit einer idiomatischen Bedeutung) eine gewisse semantische Teilautonomie haben. Während früher die Vorstellung dominierte, dass Phraseologismen nicht kompositional, sondern nur als semantisch-holistische Einheiten zu
betrachten seien, gestehen aktuellere Arbeiten den einzelnen Konstituenten eines
Phraseologismus größere semantische Autonomie zu (einleitend dazu Burger
2010: 71–74). Ein wegweisender Forschungsbeitrag hierzu ist Nunberg/Sag/
Wasow (1994), in dem die Eigenschaften von Idiomen in Hinblick auf ihre semantische Struktur und ihre syntaktischen Eigenschaften untersucht werden und der
Schluss gezogen wird, dass viele Idiome semantisch kompositional seien. So
habe EN *spill the beans* 'to reveal a secret' (OED: SPILL) zwar eine nicht-vorhersagbare Bedeutung, wenn eine Person sie zum ersten Mal hört: Es geht hier nicht um
Bohnen (*beans*), die verschüttet (*spill*), sondern um Geheimnisse, die ausgeplaudert werden. Die Bedeutungszuteilung innerhalb der Phrase sei jedoch semantisch kompositional, sobald der Hörer die Bedeutung der Wendung kenne. Ähnlich kann *eine bittere Pille schlucken* interpretiert werden als 'etwas Unangenehmes
(= *bittere Pille*) hinnehmen (= *schlucken*) (müssen)'. Hieraus lässt sich folgende
Schlussfolgerung ziehen:

> Despite the common identification of idiomaticity with noncompositionality, there are
> powerful reasons to believe that parts of an idiom should be assigned interpretations, con
> tributing to the interpretation of the whole idiom. (Nunberg/Sag/Wasow 1994: 499 f.)

Das traditionelle Gegenbeispiel zu *spill the beans* ist EN *kick the bucket* 'to die'
(OED: BUCKET). Hier gibt es keine semantische Kompositionalität in dem Sinne,
dass den einzelnen Idiom-Komponenten Teilbedeutungen zugeordnet werden
können. Nunberg/Sag/Wasow (1994) plädieren deshalb für eine Zweiteilung von

---

16 „Verbeek sprach von einer bitteren Pille. 'Wir kontrollierten die Partie, aber durch diese Niederlage machen wir es uns selbst schwer [...]'" [Übersetzung: SFS].

Idiomen in 'idiomatically combining expressions' (hier liegt eine semantische Kompositionalität vor) und 'idiomatic phrases' (hier liegt keine semantische Kompositionalität vor).

Die Annahme, dass idiomatische Phraseologismen in ihrer internen Struktur semantisch kompositional sein können, ermöglicht eine plausible Erklärung der häufig nur relativen morphosyntaktischen Festigkeit idiomatischer Wendungen. Sie sind oft wie reguläre syntaktische Gebilde, denen keine holistische Bedeutung zugrunde liegt, verwendbar. Beispielsweise sind Topikalisierungen und Modifikationen oft erlaubt (vgl. auch (22)):

(26) a. *jdm. einen Bären aufbinden* 'jemandem etwas Unwahres so erzählen, dass er es glaubt' (Duden Online 2012: BÄR)

  b. Er hat ihr *den Bären den sie ihm aufgebunden hat*, wirklich abgenommen. (Beispiel aus Burger 2010: 74)

Betrachtet man idiomatische Phraseologismen als semantisch unteilbares Ganzes, lässt sich dies nicht erklären. Auch elliptische Verwendungen sind bei semantisch kompositionalen Idiomen möglich:

(27) I was worried that the beans might be spilled, but they weren't. (Beispiel aus Nunberg/Sag/Wasow 1994: 505)

Je nachdem, welche Position in Bezug auf die Verwendung von *bittere pil* bezogen wird (autonome Benennungseinheit oder nicht), kann das Beispiel (25) als Ellipse gewertet und *bittere pil* weiterhin kein autonomer Benennungsstatus zuerkannt werden. Elliptischer Gebrauch kann aber selbst in solchen Fällen eine stärkere Autonomisierung einzelner Idiom-Komponenten fördern. Autonomie ist dabei natürlich relativ: Auch bei *bittere Pille – bittere pil* bleibt das Bild, dass diese vor allem bitter ist, wenn sie „geschluckt" werden muss, beim Sprecher erhalten.

Autonomisierungsprozesse scheinen eine gewisse Rolle bei Phraseologismen zu spielen: Fleischer nimmt beispielsweise für *leeres Stroh* (aus *leeres Stroh dreschen*) und *stille Wasser* (aus *stille Wasser sind tief*) einen Autonomisierungsprozess an (vgl. 1982: 194 f.). Wortbildungen innerhalb phraseologischer Wendungen können ebenfalls Autonomisierungsprozesse durchlaufen, z.B. ist *Fettnäpfchen* 'eine unbedachte, unkluge Äußerung' (Duden Online 2012: FETT-NÄPFCHEN) ein Kandidat, der auch außerhalb seiner „angestammten" Verbalphrase *ins Fettnäpfchen treten* vorkommen kann. Es stellt sich die Frage, ob diese Art der (sekundären) Entstehung von Benennungseinheiten nur metaphorischen Bildungen wie NL *bittere pil* oder DE *Fettnäpfchen* vorbehalten bleibt.

Auch komplexe Wortbildungen können Ausgangspunkt neuer lexikalischer Einheiten sein. Hierbei ist vor allem das Verfahren der Rückbildung zu nennen, d.h. die „Derivation [...] durch Tilgung oder Austausch eines Wortbildungssuffixes mit gleichzeitiger Transposition in eine andere Wortart" (Fleischer/Barz 1995: 51). Ein bekanntes Beispiel für diesen Prozess ist die Bildung des englischen Verbs *babysit* aus dem Nomen *Babysitter* 'Person, die kleine Kinder bei Abwesenheit der Eltern [gegen Entgelt] beaufsichtigt' (Duden Online 2012: BABYSITTER; vgl. auch Booij 2007: 41).[17] Weitere Beispiele im Deutschen und Niederländischen sind:

(28) a. DE *Notlandung – notlanden*
          NL *stofzuiger* 'Staubsauger' – *stofzuigen* 'staubsaugen'

Rückbildungen richtig erkennen zu können, setzt voraus, dass mit Hilfe historischer Daten die korrekte Chronologie von Ausgangs- und Zielbildung erstellt werden kann. Oft werden so Bildungen erklärt, deren Wortbildungsverfahren prinzipiell als unproduktiv gelten (wie z.B. die N+V-Komposition mit den obigen Beispielen *babysitten*, *notlanden* etc. in den germanischen Sprachen, vgl. Harbert 2007). Auch in Bezug auf die hier relevanten A+N-Bildungen lassen sich Verbindungen finden, die formal A+N-Komposita entsprechen, tatsächlich aber auf dem Wege der Rückbildung entstanden sein müssen (vgl. Erben 2006: 39 f.):

(29) a. *sanftmütig – Sanftmut*
      b. *scharfsinnig – Scharfsinn*
      c. *kleinstädtisch – Kleinstadt*

Einzig *Sanftmut* ist anzumerken, dass es nicht ohne Weiteres aus einer Kombination von *sanft* und *Mut* entstanden sein kann, da der Artikelgebrauch abweicht: Es ist zwar *der Mut*, aber *die Sanftmut*. Neben der Möglichkeit einer Rückbildung können solche Bildungen immer auch als Analogieformen erklärt werden, ohne auf das komplexe Adjektiv als Ausgangspunkt zurückgreifen zu müssen (möglich wäre *Kleinstadt* nach dem Vorbild der *Großstadt*). Beim Vergleich mit dem Niederländischen fällt auf, dass den Beispielen in (29) im Niederländischen entweder nur explizite Ableitungen entsprechen oder gar keine Bildungen lexikalisiert sind (wobei dies zunächst nur an der zufälligen Auswahl der Beispiele liegt, das Phänomen muss noch systematisch untersucht werden):

---

17 Das Verb *babysitten* im Deutschen gilt natürlich nicht als Rückbildung, sondern dürfte gemeinsam mit dem Nomen aus dem Englischen entlehnt worden sein.

(30)   a.   DE *Sanftmut* – NL (–)
       b.   DE *Scharfsinn* – NL *scherpzinnigheid*
       c.   DE *Kleinstadt* – NL *provinciestad*

Anschließend an die oben geschilderte Loslösung einzelner phraseologischer Konstituenten kann auch die Autonomisierung von A+N-Verbindungen aus polymorphemischen Komposita mit drei oder mehr Grundmorphemen in Betracht gezogen werden. Beispiele für polymorphemische Komposita sind *Vollkornbrot* und *Autobahnraststätte*. Die Erstglieder in polymorphemischen Komposita können die Struktur eines A+N-Kompositums haben, ohne dass die Bildung selbst lexikalisiert ist:

(31)   *Freiluft-* in *Freiluftkino, Freiluftkonzert, Freiluftsaison*

Bildungen mit *Freiluft-* als Erstglied kommen häufig vor, *Freiluft* selbst ist allerdings nicht lexikalisiert (vgl. jedoch NL *openlucht,* das nicht nur in Komposita wie *openluchtconcert, openluchtfestival* etc., sondern zumindest auch in der Präpositionalphrase *in de openlucht* 'an der freien Luft' vorkommt). Für einzelne A+N-Verbindungen ist die Annahme, dass polymorphemische Komposita ihr Bildungsursprung sind, durchaus plausibel. So kann für NL *diepzee* 'Tiefsee' solch ein Entwicklungsprozess angenommen werden (vgl. WNT: DIEPZEE, 2001).

Polymorphemische Komposita könnten noch aus einem anderen Grund für die historische Entwicklung der A+N-Verbindungen im Deutschen und Niederländischen relevant sein. Dies betrifft den Fall, dass sowohl Phrase als auch Kompositum als Benennungseinheit für das gleiche Konzept verwendet werden. Rein strukturell sind sowohl Phrasen als auch Komposita als Erstglied in polymorphemischen Wortbildungen erlaubt (vgl. u.a. Lawrenz 1996 und Meibauer 2003 für das Deutsche; de Haas/Trommelen 1993 sowie Booij 2002b für das Niederländische):

(32)   a.   lexikalisierte Phrase: *grüner Tee*
            Phrase als Erstglied: *Grüne(r)-Tee-Aroma*
       b.   (zunehmend verwendete) Konkurrenzbildung: *Grüntee*
            Kompositum als Erstglied: *Grünteearoma*

Im Deutschen scheint es eine deutliche Präferenz für die Verwendung des morphologischen Erstglieds zu geben, wenn prinzipiell sowohl Phrase als auch Kompositum möglich sind (es gibt allerdings auch Ausnahmen, vgl. *saure Gurke* – ?*Sauergurke* und *Saure-Gurken-Zeit* – ?*Sauergurkenzeit*). Eine der Hypothesen, die in dieser Arbeit untersucht werden soll, ist, ob die Präferenz für morphologische Erstglieder in polymorphemischen Komposita im Deutschen tatsächlich besteht und die Verdrängung lexikalisierter Phrasen durch konkurrierende Komposita fördern kann. Der erste Eindruck ist, dass Fälle wie in (32) im Niederländischen sehr selten sind (so existiert kein *groenthee*) und es insgesamt weniger konkurrierende Phrasen und Komposita gibt. Zwar sind Bildungen wie in (33) möglich:

(33)   a.   *zoet water* 'Süßwasser'
       b.   *zoetwaterwinning* 'Süßwassergewinnung'

Es könnte sich in (33b) um ein morphologisches Erstglied handeln, da das Adjektiv in diesem Kompositum nicht flektiert wird. Allerdings ist trotzdem davon auszugehen, dass es sich um eine Phrase handelt: Im Niederländischen gibt es zwei Genera bei den Nomen, die *de*-Nomen und die *het*-Nomen. Attributiv gebrauchte Adjektive, die ein *de*-Nomen als Bezugswort haben, werden immer flektiert (auf *-e*) und zwar unabhängig vom Numerus und syntaktischem Kontext. Bei *het*-Nomen trifft dies nicht immer zu, z.B. wird das attributiv gebrauchte Adjektiv in indefiniten Kontexten im Singular nie flektiert: *het grote huis* 'das große Haus' – *een groot-Ø huis* 'ein großes Haus'. Wenn eine lexikalisierte A+N-Phrase mit einem *het*-Nomen wie *water* in Beispiel (33) in ein polymorphemisches Kompositum eingeht, wird das Adjektiv ebenfalls nicht flektiert. Damit scheint das Erstglied zunächst identisch mit einem (nicht-lexikalisierten) A+N-Kompositum zu sein. Allerdings verrät die Betonung, dass es sich um eine Phrase und nicht um ein Kompositum handelt. Die Betonung liegt nämlich weiterhin auf dem Nomen: *zoetwáterwinning* (im Gegensatz zu *nieuwbouwwijk* 'Neubaugebiet').

Die Präferenz für morphologische Erstglieder in polymorphemischen Komposita wird auf Basis der erhobenen Daten in Kapitel 6.2 behandelt. Möglicherweise kann diese zu einer Erklärung für die unterschiedliche Nutzung der A+N-Komposition für Benennungseinheiten im Deutschen und Niederländischen beitragen. Wie bereits erwähnt sind A+N-Komposita im Deutschen deutlich häufiger als im Niederländischen, obwohl über weite Strecken die gleichen Bildungsrestriktionen gelten. Die starke Präferenz für morphologische Erstglieder könnte beispielsweise die Nutzung des Kompositums als autonome Einheit gegenüber der phrasalen Benennung stärken. Das größte empirische Problem zur Bestätigung dieser Hypothese ist allerdings aus historischer Sicht die Verfügbarkeit von repräsentativem Korpusmaterial.

Im Übrigen können auch Phrasenkonvertate formal A+N-Komposita entsprechen, obwohl sie Ableitungen freier oder lexikalisierter Syntagmen darstellen, vgl. (34)–(35):

(34)   DE
         Schwarzmaler, Schwarzhörer

(35)   NL
         zwartrijder 'Schwarzfahrer'
         zwartwerker 'Schwarzarbeiter'

Solche Bildungen können prinzipiell sowohl als Ableitung als auch als Kompositum interpretiert werden, wenn beide Bildungsverfahren zur gleichen Semantik führen und beide Konstituenten als selbstständige Einheiten geläufig sind (vgl. Fleischer/Barz 1995: 46). Eine Bildung wie *Schwarzfahrer* kann gleichermaßen als Phrasenkonvertat der Phrase *schwarzfahren* oder als A+N-Kompositum aus *schwarz* und *Fahrer* interpretiert werden. In solchen Fällen ist die Entscheidung, die Verbindungen zum Gegenstandsbereich zu zählen oder nicht zu berücksichtigen, subjektiv. In dieser Arbeit werden Bildungen, zu denen gleichzeitig hochfrequente, etablierte Phrasen existieren, nicht als A+N-Kompositum gewertet (z.B. *schwarzfahren – Schwarzfahrer*) und gehören somit auch nicht zum Gegenstandsbereich dieser Arbeit. Auch Verbindungen wie die folgenden spielen in der Analyse keine Rolle:

(36)   DE
         Dickhäuter '(meist) Elefant'
         Rotflosser 'Fischart'

(37)   NL
         dubbeldekker 'Doppeldecker'
         tientonner 'Zehntonner (Fahrzeug); Schwergewicht'

Im Gegensatz zu (34)–(35) sind die nominalen Konstituenten in (36)–(37) nicht usuell. Dementsprechend werden diese nicht berücksichtigt, da eine Konkurrenz mit Phrasen (**ein dicker Häuter, *ein roter Flosser*) von vorneherein ausgeschlossen scheint.

Die Entscheidung darüber, auf welche Art und Weise morphologische und syntaktische A+N-Benennungen zustande gekommen sind – als Ergebnis eines genuinen Kompositions- oder Phrasenbildungsprozesses oder beispielsweise durch Autonomisierung/Rückbildung aus komplexen Wortbildungen und Phraseologismen –, kann nicht immer eindeutig getroffen werden. In der Analyse soll so gut wie möglich herausgearbeitet werden, auf welchem Wege die jeweiligen Benennungseinheiten entstanden sind. Zu bedenken ist dabei, dass Bildungen, auch wenn sie aus diachroner Sicht keine Komposita sind, gegenwartssprachlich dennoch als Vorbilder für die analogiegeleitete Bildung neuer Komposita dienen können (vgl. Kap. 6.1).

Entlehnungen und Lehnbildungen wurden hier kaum behandelt, spielen aber bei der Untersuchung der A+N-Verbindungen ebenfalls eine Rolle. Ihre Rolle wird in Kapitel 6.4 bzw. Kapitel 6.5 genauer diskutiert.

2.5 Zusammenfassung

In diesem Kapitel standen sprachliche Zeichen als Benennungseinheiten im Mittelpunkt. Zunächst wurden Benennungseinheiten im Rahmen der Nominationsforschung erläutert und dann einfache und komplexe Benennungen von Beschreibungen abgegrenzt, was jedoch nicht immer ohne Schwierigkeiten möglich ist. Danach wurden Benennungseinheiten der Form nach beschrieben und in verschiedene semantische Klassen eingeordnet. Einige Strategien zur Benennungsbildung wurden besprochen, wobei Autonomisierungsprozessen von Teilkonstituenten innerhalb phraseologischer Wendungen und polymorphemischer Komposita besondere Aufmerksamkeit geschenkt wurde.

Die Benennungsfunktion stellt das *tertium comparationis* für den Vergleich von A+N-Komposita und A+N-Phrasen dar. Im nächsten Kapitel wird diese prinzipielle Vergleichbarkeit beider Strukturen auch sprachtheoretisch begründet und es werden konstruktionsgrammatische Überlegungen zum Aufbau des mentalen Lexikons für die Beschreibung der A+N-Verbindungen im Deutschen und Niederländischen als konkurrierende Benennungseinheiten herangezogen.

3   Theoretische Annahmen

In diesem Kapitel werden die theoretischen Grundannahmen, die der Untersuchung von A+N-Komposition und A+N-Phrasenbildung als zwei gleichberechtigten Verfahren zur Bildung lexikalischer Einheiten mit Benennungsfunktion zugrunde liegen, dargelegt.

Prinzipiell können im Deutschen und Niederländischen sowohl A+N-Phrasen als auch A+N-Komposita als Benennungseinheiten dienen. Dabei kann sich die Nutzungsintensität eines Verfahrens von Sprache zu Sprache unterscheiden. Im Falle des Deutschen ist die A+N-Komposition das dominante Verfahren, im Niederländischen spielen A+N-Phrasen eine wichtige Rolle (vgl. u.a. van Haeringen 1956; Steenbergen 1971; De Caluwe 1990; Booij 2002a, 2010; Hüning 2004, 2010; Schuster 2010; Schlücker 2014).

Bei der Bildung phrasaler Einheiten wie DE *saurer Regen* oder NL *vrije tijd* 'Freizeit' handelt es sich nicht um idiosynkratische Einzelfälle, die durch Lexikalisierung zu Lexikoneinheiten geworden sind. Es sind zwar in der Tat konventionalisierte Verbindungen; gleichzeitig legen aktuelle Forschungsergebnisse nahe, dass sie Instantiierungen eines produktiven Musters zur Bildung lexikalischer Einheiten darstellen (vgl. Booij 2010: Kap. 7; Schlücker/Plag 2011; Schlücker 2014: Kap. 6).

Konstruktionsgrammatische Annahmen bieten für diesen Sachverhalt einen geeigneten theoretischen Rahmen (vgl. u.a. Fillmore/Kay/O'Connor 1988; Langacker 1987, 1991; Goldberg 1995, 2006; Jackendoff 2002; Tomasello 2003; Croft/Cruse 2004; Booij 2010). Im Folgenden werden daher die grundlegenden Annahmen eines solchen Ansatzes erläutert und ihre Relevanz für die A+N-Verbindungen aufgezeigt. In erster Linie stütze ich mich dabei auf Booijs 'Construction Morphology' (im Folgenden CM, 2010).

3.1 Die Konstruktion als grammatische Struktureinheit

Die Konstruktionsgrammatik ist eine lexikonbasierte Sprachtheorie, in der jegliches grammatisches Wissen in Form von sogenannten 'Konstruktionen' im Lexikon repräsentiert wird. Konstruktionen werden nach Goldberg folgendermaßen definiert:

> All levels of grammatical analysis involve constructions: learned pairings of form with semantic or discourse function, including morphemes or words, idioms, partially lexically filled and fully general phrasal patterns. (Goldberg 2006: 5)

Konstruktionen stellen Form-Bedeutungseinheiten dar, die im mentalen Lexikon des Sprechers gespeichert werden. Booij (2010) präzisiert in Anlehnung an die sogenannte *Parallelarchitektur* von Jackendoff (2002) die Beschreibung von Konstruktionen als dreigliedrige Einheiten, die zugleich phonologische, morphosyntaktische und semantische Informationen verbinden. Alle drei Module sind dabei als gleichberechtigte Repräsentationsniveaus zu verstehen, die eigenen Regeln und Prinzipien folgen. Zugleich bestehen Schnittstellen zwischen den Modulen (vgl. Booij 2010: 8–11). Abbildung 3.1 zeigt als Beispiel den Aufbau des englischen Wortes *baker* (vgl. ebd.: 7), d.h. seine phonologische, morphosyntaktische und semantische Struktur.

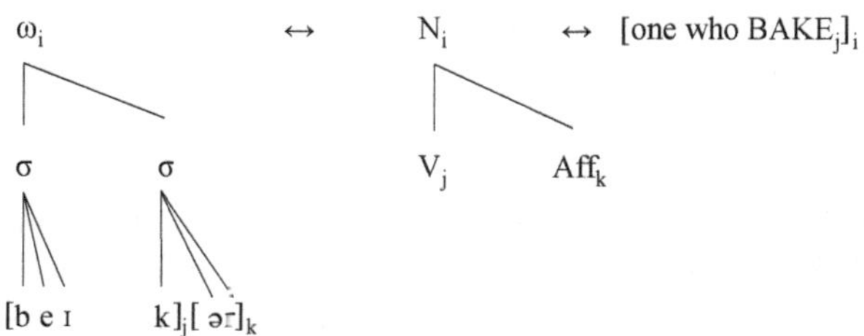

Abb. 3.1: Lexikalische Repräsentation von EN *baker* (Booij 2010: 7)

Ein sprachliches Zeichen gilt als Konstruktion, wenn es formale oder semantische Idiosynkrasien aufweist, d.h. Eigenschaften, die sich nicht aus den formalen Eigenschaften oder der Summe der Bedeutungen ihrer Konstituenten ergeben:

> Any linguistic pattern is recognized as a construction as long as some aspect of its form or function is not strictly predictable from its component parts or from other constructions recognized to exist. (Goldberg 2006: 5)

Demnach ist eine komplexe Verbindung eine Konstruktion, wenn sie nicht kompositional ist. Nicht nur Wörter und Wortbildungsmuster, auch komplexe syntaktische Bildungen können den Konstruktionsstatus erwerben. Das gilt nicht nur für Redewendungen wie die in Kapitel 2.4 behandelten englischen Phraseologismen *kick the bucket* oder *spill the beans* – die gelernt werden müssen, weil ihre Bedeutung nicht kompositional ist – sondern auch für partiell oder vollständig unterspezifizierte Muster, die idiosynkratische Züge aufweisen. Ein typisches Beispiel im Niederländischen ist die Konstruktion in (38a) (vgl. Booij 2010: 12, vgl. auch Verhagen 2005: 202–204).[18]

---

18 Da die phonologische Struktur bei den folgenden Erläuterungen keine Rolle spielt, wird sie weder bei den Abbildungen noch in der Diskussion berücksichtigt.

(38) a. $[[x]_{Ni} [[van]_P [[een]_{Det} [x]_{Nj}]_{NP}]_{PP}]_{N'\,k}$ $\leftrightarrow$ $[SEM_j$ with SEM_i-like property$]_k$
      b. *kast   van   een   huis* $\leftrightarrow$ 'riesiges Haus'
          Schrank von   einem Haus

Diese Konstruktion besteht aus der Abfolge N(omen) – Präp(osition) – Det(erminierer) – N(omen). Nur zwei Slots sind lexikalisch festgelegt, nämlich die Präposition (*van*) und der Determinierer (*een*). Die Slots für die Nomen können von Sprechern mit beliebigen, untereinander semantisch kompatiblen Nomen besetzt werden (wobei beide Nomen allerdings im Numerus übereinstimmen müssen; im Plural fällt zudem der Determinierer *een* weg). Die Konstruktion hat bestimmte idiosynkratische Eigenschaften, die sich nicht aus den einzelnen Konstituenten oder ihrer syntaktischen Struktur ableiten lassen: So ist nicht N_i der semantische Kopf der Phrase, sondern N_j. Das zeigt sich u.a. bei der Kombination mit einem Relativsatz, da nur N_j das Genus des Relativpronomens bestimmt, nicht aber der formale Kopf N_i (vgl. (39), leicht modifiziert nach Booij 2010: 13):

(39) a. *de kast*   –   *de kast die geverfd moet worden*
          'der Schrank'   –   'der Schrank, der gestrichen werden muss'
      b. *het huis*   –   *het huis dat geverfd moet worden*
          'das Haus'   –   'das Haus, das gestrichen werden muss'
      c. *een kast van een huis* [*die/dat*] *geverfd moet worden*
          'ein Schrank von einem Haus, [*der/das] gestrichen werden muss'

Teilspezifizierte syntaktische Konstruktionen wie die in (38a) werden von Booij in Anlehnung an Jackendoff (2002) als *constructional idioms* bezeichnet, „a type of idiom in which not all positions are lexically fixed, and hence some are variable" (2010: 13).

Nach neuerem Theoriestand werden gebundene Morpheme nicht mehr als Konstruktionen betrachtet, da sie nicht als autonome Form-Bedeutungseinheiten gelten (vgl. auch Goldberg 2009).

> However, the category 'morpheme' should not appear on this list because morphemes are not linguistic signs, i.e. independent pairings of form and meaning. [...] bound morphemes form part of morphological schemas, and their meaning contribution is only accessible through the meaning of the morphological construction of which they form a part. (Booij 2010: 15)

Gebundene Morpheme wie das oben besprochene *-er* im Englischen stellen also keine eigenen Konstruktionen dar, da ihr Bedeutungsbeitrag für den Sprecher nur in Verbindung mit anderen sprachlichen Zeichen erschließbar ist. Dementsprechend haben Morpheme keinen eigenen lexikalischen Eintrag im Lexikon, sondern werden als Teil eines Wortes oder Schemas (zu diesem Begriff, vgl. unten) im Lexikon repräsentiert, vgl. Abbildung 3.2. Konstruktionen können demnach in Bezug auf ihre Morphosyntax sehr heterogen sein und sowohl Wörter als auch Phrasen, vollständig lexikalisch spezifizierte ebenso wie lexikalisch unterspezifizierte Einheiten beinhalten. Offene Slots werden erst in der Rede spezifiziert.

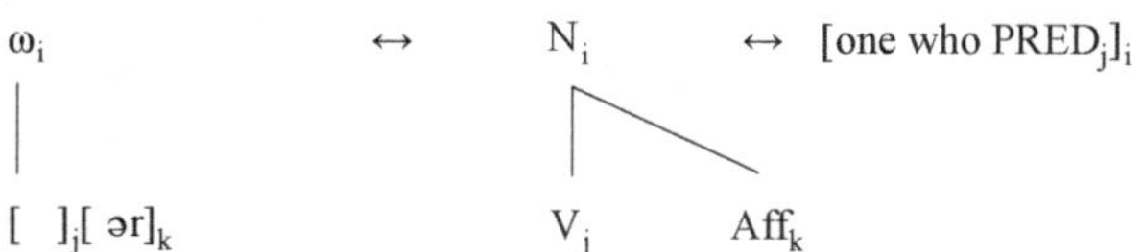

Abb. 3.2: Suffix *-er* als Teil eines deverbalen Wortbildungsschemas im Englischen (Booij 2010: 8)

Nach Goldberg können Konstruktionen das gesamte grammatische Wissen eines Sprechers vollständig abbilden. Sie umfassen nicht nur Lexikoneinheiten und Wortbildungsregeln, sondern auch syntaktische Muster:

> What makes a theory that allows constructions to exist a „construction-based theory" is the idea that the network of constructions captures our grammatical knowledge of language *in toto*, i.e. **it's constructions all the way down.** (Goldberg 2006: 18; Hervorhebungen im Original)

Damit sollen keinesfalls die Unterschiede zwischen morphologischen und syntaktischen Konstruktionen negiert werden: „It is [...] with respect to the domain of linguistic entities that morphology is different from sentence grammar since morphology has the word domain as its focus" (Booij 2010: 10). Es wird jedoch betont, dass syntaktische Konstruktionen aus funktionaler Sicht komplexen Wörtern ähneln können. Phrasale Partikelverben im Deutschen und Niederländischen (z.B. DE *hinsetzen*, *aufstehen*, NL *neerleggen* 'niederlegen', *opbellen* 'anrufen') sind beispielsweise eine produktive Alternative zur in beiden Sprachen kaum produktiven Bildung komplexer Verben durch Präfigierung (vgl. ebd.: 20–22). Auch die in dieser Arbeit zentralen A+N-Verbindungen zeigen, dass syntaktische und morphologische Konstruktionen ähnliche Funktionen erfüllen können.

Eine wichtige Modifikation erfährt die Annahme des nicht-kompositionalen Charakters einer Konstruktion dadurch, dass unter bestimmten Voraussetzungen auch reguläre Ausdrücke, die semantisch und formal transparent sind, als Konstruktionen gewertet werden können: „In addition, patterns are stored as constructions even if they are fully predictable as long as they occur with sufficient frequency" (Goldberg 2006: 5). Der Vorteil einer solch breiten Definition von Konstruktionen ist, dass auch frequente Einheiten erfasst werden, die kompositional sind, aber als etablierte Ausdrücke gelten. Gleichzeitig können auch (schwach-idiomatische) A+N-Kollokationen erfasst werden (vgl. Kap. 2.3.1), die aufgrund ihrer Frequenz eine eigene Repräsentation im Lexikon des Sprechers haben (z.B. *schwarzer Kaffee*), ohne unbedingt als Benennungseinheit gelten zu müssen. Diese Ausweitung des Konstruktionsbegriffs ist jedoch umstritten, vgl. Stefanowitsch (2009: 568–570) für eine kritische Betrachtung sowie Jackendoff (2013: 78 f.) für eine davon abweichende Auslegung.

3.2 Das Lexikon aus konstruktionsgrammatischer Sicht

Konstruktionen unterschiedlichen Abstraktionsgrades werden im Lexikon gespeichert. Nach Engelberg/Holler/Proost (2011) lässt sich die Rolle des Lexikons in einer Grammatiktheorie anhand vier verschiedener Aspekte bestimmen. Erstens: Ist das Lexikon regelfrei, d.h., werden Regeln in einer zusätzlichen Komponente angesiedelt oder sind sie als lexikalische Regeln Teil des Lexikons? Zweitens: Sind lexikalische Regeln ausschließlich als Erzeugungsregeln zur Bildung neuer Ausdrücke konzipiert (idiosynkratische Ausdrücke werden dann als opake Einheiten gespeichert) oder werden auch Redundanzregeln angenommen, die systematische Ausnahmen und Idiosynkrasien abbilden können? Drittens: In welchem Maße werden Idiosynkrasien komplexer Formen aus spezifischen Varianten nicht-komplexer Ausdrücke abgeleitet, z.B. die Bedeutung von DE *den Löffel abgeben* 'sterben' aus einer spezifischen Lesart von *abgeben* hergeleitet? Viertens: Welche Rolle spielen pragmatische Prinzipien bei der Bedeutungskonstitution und welche Folgen hat dies für die Detailliertheit der Einträge im Lexikon? Im Folgenden sollen die ersten drei Punkte in Bezug auf die Konzeption des Lexikons aus konstruktionsgrammatischer Sicht, insbesondere im Rahmen der 'Construction Morphology', besprochen werden. Der vierte Aspekt, die Frage nach dem Verhältnis von kontextinvarianter und kontextabhängiger Bedeutung eines Ausdrucks, wird in der CM nicht behandelt, vgl. jedoch Scholz (2012).

Die erste Frage nach dem Status und der Verortung von Regeln lässt sich schnell beantworten: Die CM ist eine lexikonbasierte Theorie, d.h., alle grammatischen Relationen sind im Lexikon angesiedelt. Während in vielen generativen Modellen die Trennung der einzelnen Module und die Autonomie der Syntax im Mittelpunkt stehen oder (wie in der 'Distributed Morphology') alle morphologischen Prozesse in die Syntax bzw. Phonologie verlagert werden, ist dies bei der Konstruktionsgrammatik grundsätzlich anders: „Wenn überhaupt eine Grammatikkomponente verloren geht, dann wird die Syntax 'lexikalisiert' [...]" (Scholz 2012: 42). Anstelle von Regeln werden im Modell der CM sogenannte *Schemata* zur Bildung neuer Ausdrücke verwendet. Schemata repräsentieren die gemeinsamen Eigenschaften verwandter Konstruktionen. Sie ähneln damit lexikalischen Einträgen, können aber auch Variablen enthalten (vgl. Haspelmath 2002: 47 f.; Booij 2010: 4). Im Gegensatz zu Regeln sind Schemata nicht gerichtet, sondern geben nur Korrespondenzen zwischen verschiedenen Strukturen wieder. Damit eignen sie sich v.a. für die Darstellung nicht-konkatenativer Strukturbildungsprozesse in der Wortbildung (z.B. Konversionen und Rückbildungen) und für Wortbildungen auf paradigmatischer Basis (vgl. EN *alcoholic* und *workaholic*).

In Bezug auf die zweite Frage lässt sich feststellen, dass Schemata sowohl zur Erzeugung neuer sprachlicher Äußerungen als auch als redundante Angaben dienen, d.h., sie spezifizieren, welche der Eigenschaften gespeicherter Ausdrücke vorhersagbar sind. Schemata, die zur Erzeugung neuer Äußerungen eingesetzt werden können, können partiell (vgl. Abb. 3.2) oder vollständig lexikalisch unterspezifiziert sein. Im letzteren Fall legt das Schema nur einige allgemeine „Rahmenbedingungen" fest, wie in Abbildung 3.3 am Beispiel des abstrakten Schemas für rechtsköpfige Komposita im Deutschen und Niederländischen deutlich wird. Komposita bestehen aus zwei Variablen a und b, die zu einem Wort kombiniert werden, wobei b der Kopf ist und das Kompositum als Ganzes alle morphosyntaktischen Eigenschaften von b, nicht aber von a teilt. Durch *Unifikation*, d.h. durch Kombination des Schemas mit lexikalischem Material, werden die Variablen durch lexikalische Einheiten ersetzt und neue Komposita wie beispielsweise *Schreibstuhl* gebildet. Die Variable a wird hier durch den Verbstamm von *schreiben* und b durch das Nomen *Stuhl* ersetzt. Zusammen bilden sie ein V+N-Kompositum, das als Wort alle morphosyntaktischen Eigenschaften des Kopfes trägt (Wortart, Genus etc.).

$$[[a]_{Xk}\,[b]_{Yi} \quad]_{Yj} \quad \leftrightarrow \quad [SEM_i \text{ with relation R to } SEM_k]_j$$

$$[\alpha F] \quad [\alpha F]$$

Abb. 3.3: Allgemeines Schema rechtsköpfiger Komposita (Booij 2010: 51)

Zwischen dem allgemeinen Schema in Abbildung 3.3 und einer im Lexikon gespeicherten, vollständig spezifizierten Konstruktion wie *Schreibtisch* (das im Gegensatz zu *Schreibstuhl* etabliert ist) werden Subschemata als Zwischenstufen angenommen, die im Rahmen der CM besonders produktive Bildungsprozesse abbilden sollen. Subschemata sind im Gegensatz zu den abstrakten allgemeinen Schemata für einige Parameter spezifiziert, z.B. für einige der lexikalischen Slots, in Bezug auf die Wortart der Konstituenten oder besondere semantische Funktionen (vgl. die angenommene Lexikonhierarchie ausgehend von rechtsköpfigen

Komposita bis zu den klassifikatorischen A+N-Komposita in Abb. 3.4). Bei unproduktiven Bildungstypen werden keine unterspezifizierten Subschemata angenommen, sondern es wird davon ausgegangen, dass Einzelbildungen direkt mit dem allgemeinen Schema verbunden sind, so zum Beispiel *babysitten*, ein N+V-Kompositum, das direkt mit dem allgemeinen Schema rechtsköpfiger Komposita verbunden ist (vgl. Booij 2010: 51 f.). Diese Einzelfälle sind damit formal analysierbar, bilden aber keinen produktiven Bildungsprozess ab.

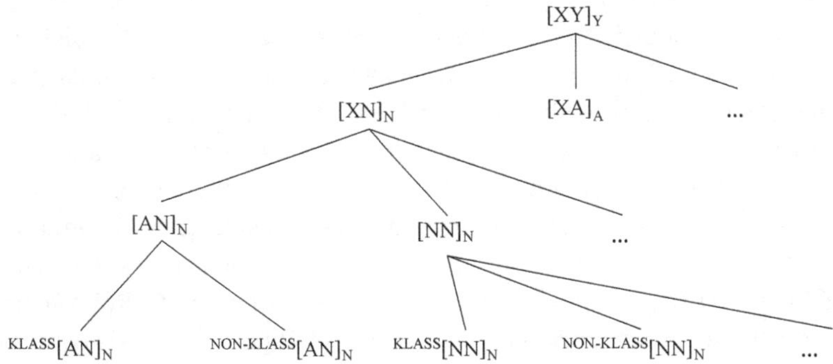

Abb. 3.4: Auszug der Schemahierarchie für rechtsköpfige Komposita (leicht modifiziert nach Schlücker 2014: 94)

Das dritte von Engelberg/Holler/Proost (2011) genannte Kriterium betrifft die Größe und den internen Aufbau des Lexikons. In der CM ist die kleinste Form im Lexikon immer das Wort. Morpheme existieren nur als Bestandteil komplexer Wortschemata. Morphosyntaktisch komplexe Formen werden auch dann als Konstruktionen gespeichert, wenn sie mit einer gewissen Frequenz vorkommen, aber ansonsten keinerlei Idiosynkrasien aufweisen. Diese Annahmen stehen in Übereinstimmung mit Ergebnissen aus *Lexical Decision Tasks*. Diese haben wiederholt nachgewiesen, dass hochfrequente Wörter von Testpersonen schneller erkannt und produziert werden als Wörter mit einer niedrigen Frequenz (vgl. Booij 2007: 233–236), selbst wenn sich beide Gruppen von Wörtern in ihrer formalen Komplexität nicht unterscheiden und damit auch die Latenzzeit nicht signifikant abweichen dürfte. Aus psycholinguistischer Sicht wird dies als Korrelation zwischen erhöhter Frequenz und erhöhter Aktiviertheit des Wortes im mentalen Lexikon gewertet. Dies setzt allerdings voraus, dass das Wort überhaupt in irgendeiner Form im mentalen Lexikon gespeichert ist und schnell verfügbar sein muss. Auf der Grundlage solcher Evidenz ist daher ein Lexikonmodell kognitiv plausibel

> [...] in which the mental lexicon consists of all idiosyncratic words (whether simple or complex) and some regular complex words. For regular words, all we can say is that the less productive the morphological rule is and the more frequent they are, the likelier it is that they are stored in the mental lexicon. This statement implies that we would not be able to make a general decision for the language as a whole, because word frequency is a performance phenomenon that is different for different speakers. (Haspelmath 2002: 44)

Die CM trägt dieser Erkenntnis Rechnung, indem nicht nur Ausdrücke mit idiosynkratischen Merkmalen als Konstruktionen betrachtet werden, sondern Ausdrücke auch dann gespeichert werden, wenn sie semantisch und formal transparent sind, aber ausreichend frequent vorkommen. Zugegebenermaßen bleiben Goldberg (2006) und auch Booij (2010) sehr vage bezüglich der Frage, was „frequent" genau bedeutet. Dennoch kann der Faktor Frequenz Unterschiede im Konstruktionenbestand verschiedener Sprecher zum Teil erklären. Grundlegend ist dabei die Idee, dass das sprachliche Wissen eines Sprechers gebrauchsbasiert ist, also als Folge des Sprachgebrauchs und der allmählichen Abstraktion sprachlichen Inputs entsteht (vgl. Kemmer/Barlow 2000; Tomasello 2003; Behrens 2009; Bybee 2010; Stefanowitsch 2011). Eine entscheidende Rolle beim Spracherwerb (und auch Sprachwandel) spielen dabei Type- und Tokenfrequenzen, weil frequent vorkommende Strukturen früher und schneller als seltene erlernt werden. Zugleich können Sprecher, die unterschiedlichem sprachlichen Input ausgesetzt sind, auch ein unterschiedliches sprachliches Wissen entwickeln.[19] Dieses Wissen bleibt während der ganzen Lebensspanne eines Sprechers flexibel und kann Wandelprozessen unterliegen, wenn sich die Gebrauchsfrequenzen verändern (vgl. hingegen die konträre Position bei Brandner/Ferraresi (Hgg.) 1996). Zusammenfassend lässt sich also feststellen: „[...] usage events play a double role in the system: they both result from, and also shape, the linguistic system [des Individuums, SFS] itself in a kind of feedback loop" (Kemmer/Barlow 2000: 3).

Obwohl die CM Wörter als minimale Analyseeinheiten im Lexikon annimmt und Morphemen einen autonomen Konstruktionsstatus abspricht, sind komplexe Wörter keine holistischen Gebilde, sondern in ihrer internen Struktur analysierbar. Dabei sind Konstruktionen und ihre Konstituenten als Einheiten modelliert, die über taxonomische und paradigmatische Relationen, die auf phonologischen, morphosyntaktischen und semantischen Gemeinsamkeiten beruhen, miteinander verbunden sind.

---

19 Natürlich ist damit nicht gemeint, dass unterschiedlich (frequenter) Input automatisch zu Kommunikationsproblemen unter Sprechern führen muss.

Auch paradigmatische Relationen lassen sich durch psycholinguistische Untersuchungen bestätigen. So können Frequenzeffekte nicht nur für einzelne, hochfrequente Wörter, sondern kumulativ auch für verwandte Bildungen nachgewiesen werden (vgl. Booij 2007: 234 f.). So tragen beispielsweise die Tokenfrequenzen aller Flexionsformen von *calculate* (neben dem Infinitiv auch *calculates*, *calculated* und *calculating*) zur Aktiviertheit jeder einzelnen dieser Formen im mentalen Lexikon bei (was sich durch eine verkürzte Latenzzeit in Experimenten zeigt). Ähnlich beeinflussen auch die addierten Frequenzen aller Wortbildungen mit der gleichen Wurzel (z.B. *calculator, miscalculate, incalculable*) die Latenzzeit einzelner komplexer Wörter positiv (der sogenannte 'cumulative root frequency'). Diese Effekte werden psychologisch als 'activation spreading' interpretiert: Die Aktiviertheit breitet sich innerhalb des mentalen Lexikons zwischen miteinander verbundenen Formen aus.

Ein weiterer Effekt ist der sogenannte 'family size effect' (vgl. Schreuder/ Baayen 1997; Bertram/Baayen/Schreuder 2000; de Jong/Schreuder/Baayen 2000). Die Typefrequenz morphologisch komplexer Bildungen, die eine Konstituente teilen, hat Einfluss auf die Dauer der Verarbeitung individueller Bildungen, d.h., Wörter mit einer großen morphologischen Familie werden schneller erkannt als Wörter mit einer kleinen morphologischen Familie. Die CM berücksichtigt diese Sachverhalte, indem das Lexikon als hierarchische Einheit konzipiert ist, in der Konstruktionen aller Art vielfältig miteinander verbunden und strukturiert eingebunden sind. Die Auffassung des Lexikons widerspricht also entschieden der Konzeption von Di Sciullo/Williams (1987: 3): „The lexicon is like a prison – it contains only the lawless, and the only thing that its inmates have in common is lawlessness."

Diese ausführlichen Erklärungen zum Aufbau des Lexikons aus konstruktionsgrammatischer Sicht werden im nächsten Kapitel auf die hier zentralen A+N-Verbindungen bezogen.

3.3 A+N-Verbindungen als Konstruktionen

In Kapitel 2 wurden benennende A+N-Verbindungen als Einheiten der Wortbildung bzw. Phraseologie beschrieben. Mit dem Begriff der Konstruktion können beide Verbindungsarten nun in einem einheitlichen Strukturformat betrachtet werden. Die Annahme, dass sowohl A+N-Phrasen als auch A+N-Komposita als Konstruktionen analysiert werden können, findet sich bereits in früheren Arbeiten (vgl. u.a. Booij 2002a, 2009b, 2010; Hüning 2004, 2010; Schlücker/Plag 2011 sowie Schlücker 2014).

Zunächst gilt, dass alle etablierten A+N-Verbindungen als vollständig lexikalisch spezifizierte Konstruktionen im Lexikon des Sprechers verzeichnet sind, z.B. DE *saurer Regen* oder *Vollmilch*. Die Anzahl der gespeicherten Konstruktionen kann dabei von Sprecher zu Sprecher variieren. Die komplexen A+N-Konstruktionen sind wiederum mit den Repräsentationen ihrer individuellen Konstituenten, die eigenständige Form-Bedeutungseinheiten darstellen, verbunden. So ist die Annahme, dass *sauer* im Lexikon über Links mit phrasalen Benennungseinheiten wie *saure Sahne* oder *saurer Regen* und morphologischen Verbindungen wie *Sauerkirsche* oder *Sauermilch* verbunden ist. Ferner sind die Benennungseinheiten einer Kategorie (d.h. mit der gleichen Adjektiv- oder Nomenkonstituente) untereinander verbunden. Evidenz für diese Relationen liefert der Familiengrößeneffekt ('family size effect', vgl. oben), wonach die Anzahl der Wörter, die die gleiche Konstituente teilen, die Latenzzeit der Verarbeitung jeder dieser Verbindungen beeinflusst. Die Annahme, dass auch phrasale Familien im Lexikon existieren müssen, wird durch die Ergebnisse einer Produktionsstudie von Schlücker/Plag (2011) zur Benennungsbildung im Deutschen gestützt. Einzelheiten dieser Studie werden in Kapitel. 6.1 in Zusammenhang mit der Frage, welche Rolle Analogie bei der Distribution der A+N-Verbindungen spielt, behandelt.

Das Besondere am Ansatz der CM ist, dass sie über diese lexikalischen Relationen hinaus nicht nur bei morphologischen Bildungen, sondern auch bei syntaktischen Strukturen die Annahme partiell oder vollständig unterspezifizierter Schemata im Lexikon erlaubt. Diese Schemata stellen zum einen die gemeinsamen Eigenschaften lexikalisierter A+N-Verbindungen dar und können zum anderen ähnlich wie Wortbildungsmuster zur Bildung neuer Verbindungen herangezogen werden. Sowohl A+N-Phrasen als auch A+N-Komposita können somit als Output zweier produktiver Konstruktionsschemata zur Bildung lexikalischer Einheiten betrachtet werden. Phrasen sind hier also nicht per se lexikalisierte Einzelfälle, die nur aufgrund idiosynkratischer Eigenschaften Eingang in das Lexikon des Sprechers gefunden haben. Sie können auch den Output eines produktiven syntaktischen Schemas im mentalen Lexikon und damit lexikalische Einheiten darstellen. Hiermit lässt sich auch die Bezeichnung der phrasalen A+N-Einheiten als *lexikalische A+N-Phrasen* begründen.

Diese Überlegungen werden im folgenden Kapitel weiter vertieft. Dort werden beide Muster, A+N-Komposition und A+N-Phrasenbildung, nach einer ausführlichen Diskussion formaler und semantischer Eigenschaften und einiger Sonderfälle unter konstruktionsgrammatischen Vorzeichen als produktive, lexikalisch unterspezifizierte Konstruktionsmuster im Lexikon modelliert.

3.4 Konstruktionen, Phraseologie und Wortbildung

Die getroffenen konstruktionsgrammatischen Annahmen schaffen einen übergreifenden Rahmen für das, was bisher in zwei getrennten Disziplinen, der Phraseologie und der Wortbildung, behandelt wurde (vgl. Kap. 2.3.1). Dabei ist die Entstehung der Konstruktionsgrammatik eng mit der phraseologischen Forschung verbunden. So war die Initialzündung für die Konstruktionsgrammatik in den späten 1980er Jahren die Beschäftigung mit syntaktischen Verbindungen, die lexikalisch unterspezifiziert sind, andererseits aber typischen Idiomen (z.B. *kick the bucket, spill the beans*) ähneln, weil Form und/oder Bedeutung idiosynkratische Eigenschaften aufweisen (vgl. Engelberg/Holler/Proost 2011: 17 f.; ein frühes Beispiel ist die Behandlung der *let alone*-Konstruktion in Fillmore/Kay/O'Connor 1988). Eine Besonderheit dieser lexikalisch teilspezifizierten Ausdrücke ist es, dass sie – im Gegensatz zu „normalen" Idiomen – produktiv zur Bildung neuer sprachlicher Ausdrücke eingesetzt werden können. Lexikalisch unterspezifizierte idiomatische Ausdrücke sind seither ein Hauptschwerpunkt konstruktionsgrammatischer Forschung geblieben.

Phraseologie und Konstruktionsgrammatik sind jedoch nicht identisch (vgl. Dobrovol'skij 2011). Der Konstruktionsbegriff ist weitaus umfassender als der Phrasembegriff der Phraseologie (wobei mit *Phrasem* hier die polylexikalische Grundeinheit in der phraseologischen Forschung gemeint ist) und schließt auch lexikalisch unterspezifizierte Muster wie z.B. Satzbaumuster ein (vgl. die Diskussion zur Argumentstruktur bei Goldberg 1995, 2006). Letztere werden normalerweise nicht im Rahmen der Phraseologie untersucht, sondern sind Gegenstandsbereich der Syntax. Den Mehrwert eines konstruktionsgrammatischen Ansatzes sieht Dobrovol'skij (2011: 114–119) in den Bereichen, die zwar prinzipiell zur Phraseologie zählen, aber in der bisherigen Forschung vernachlässigt wurden. Dies gilt v.a. für die *Phraseoschablonen* (Fleischer 1997: 130–134), d.h. Konstruktionen,

> die als Ganzes eine lexikalische Bedeutung haben, wobei bestimmte Positionen in ihrer syntaktischen Struktur lexikalisch besetzt sind, während andere Slots darstellen, die gefüllt werden müssen, indem ihre Besetzung lexikalisch frei ist und nur bestimmten semantischen Restriktionen unterliegt. (Dobrovol'skij 2011: 114)

Diese werden in der Konstruktionsgrammatik als 'constructional idioms' bezeichnet (vgl. Kap. 3.1 und die folgenden Beispiele):

(40)   [*es/das* IST *zum* N$_{inf}$]
         z.B. *es ist zum Verrücktwerden; es war zum Kotzen*

(41)   [DET N1 *von* (DET~dat~) N2]
         z.B. *ein Betonklotz von einem Hotel*; *diese Kalkhöhle von Wohnung*
         (Dobrovol'skij 2011: 114)

Auch gebe es im Deutschen viele semantisch kompositionale Konstruktionen, die „wegen ihrer lexikalischen Festigkeit und Reproduzierbarkeit wie Quasi-Phraseme" wirkten (z.B. *was X betrifft, die Sache/das Ding ist*) – die traditionelle Phraseologieforschung habe diese nie berücksichtigt (vgl. ebd.: 118). Derlei Konstruktionen seien aber hochfrequent und müssten in einer vollständigen Sprachbeschreibung ebenfalls berücksichtigt werden (was sie mit der Ausweitung des Konstruktionsbegriffs auf hochfrequente, kompositionale Muster werden, vgl. den umfassenden Konsstruktionsbegriff bei Goldberg 2006).

Phraseologie und Konstruktionsgrammatik können aber auch deshalb nicht gleichgesetzt werden, weil die Morphologie ebenfalls zum Gegenstandsbereich der Konstruktionsgrammatik gehört, wohingegen Wortbildungen in der Regel aus der Phraseologie ausgeschlossen werden. Die explizite Untersuchung morphologischer Einheiten im Rahmen der Konstruktionsgrammatik gehört zu den jüngeren Entwicklungen in der Konstruktionsgrammatik und ist maßgeblich durch die Arbeiten von Geert Booij (vgl. u.a. Booij 2002a, 2007, 2009a, 2009b, 2010) bestimmt. Einige in der 'Construction Morphology' vergegenwärtigten Ideen sind keine konstruktionsgrammatischen Innovationen, z.B. die Modellierung von Generalisierungen als wortbasierte, outputorientierte Schemata und nicht als morphembasierte (Produktions-)Regeln (vgl. zur Erläuterung Haspelmath 2002: Kap. 3). Ein Charakteristikum der Konstruktionsmorphologie ist jedoch der Nachdruck auf der potenziellen funktionalen Äquivalenz syntaktischer und morphologischer Bildungen. Diese Äquivalenz betrifft nicht nur die in dieser Arbeit zentralen A+N-Verbindungen, sondern beispielsweise auch Partikelverben in den germanischen Sprachen (DE *hinlegen, anrufen* – NL *neerleggen, opbellen* – EN (*to*) *put down*, (*to*) *phone up*, vgl. Booij 2010: 20). Diese Partikelverben sind phrasal – zwischen Verbform und Partikel können weitere Wörter treten, z.B. DE *ich rufe sie bald an*, NL *leg dit maar neer* – und stellen die hochproduktive Alternative zur wenig produktiven Präfigierung (komplexer) Verben dar. Eine konstruktionsmorphologische Analyse ermöglicht, solche funktional äquivalenten syntaktischen und morphologischen Muster mit einem einheitlichen begrifflichen Inventar zu untersuchen und als potenzielle Konkurrenten bei der Bildung lexikalischer Einheiten zu betrachten.

3.5 Zusammenfassung

In diesem Kapitel wurden die theoretischen Annahmen zum Lexikon und zu sprachlichen Struktureinheiten, die der Arbeit zugrunde liegen, vorgestellt und am Beispiel der A+N-Verbindungen veranschaulicht. Mit der A+N-Komposition und der A+N-Phrasenbildung verfügen Sprecher des Deutschen und Niederländischen über zwei Möglichkeiten, Benennungseinheiten mit einem adjektivischen Modifikator und einem nominalen Kopf zu bilden. Es handelt sich dabei um zwei konkurrierende Konstruktionsmuster im Sinne Goldbergs und Booijs.

Im Folgenden soll eine genauere Beschreibung der A+N-Verbindungen in Bezug auf ihre morphosyntaktischen und semantischen Gemeinsamkeiten, aber auch Unterschiede erfolgen. Beide Verfahren werden als konkurrierende Konstruktionsschemata präsentiert und Faktoren für bestehende Realisierungspräferenzen in beiden Sprachen behandelt.

4 Synchrone Beschreibung der A+N-Verbindungen im Deutschen und Niederländischen

Im Deutschen und Niederländischen stehen im Wesentlichen die gleichen Strategien zur Bildung von Adjektiv-Nomen-Verbindungen mit Benennungsfunktion zur Verfügung. Zum einen können Nominalphrasen mit einem vorangestellten, attributiven Adjektiv gebildet werden:

(42) a. DE *großer Zeh, blinder Passagier, gelber Sack*
      b. NL *vreemd woord* 'Fremdwort', *donkere kamer* 'Dunkelkammer', *rode draad* 'roter Faden'

Zum anderen sind auch Nominalkomposita mit einem Adjektiv als Erstglied möglich:[20]

(43) a. DE *Bittermandel, Freizeit*
      b. NL *sneltrein* 'Schnellzug', *zuurdeeg* 'Sauerteig'

Phrasen und Komposita lassen sich in beiden Sprachen durch zwei Merkmale sehr gut voneinander abgrenzen, nämlich über die Flexion des Erstglieds und das Betonungsmuster der Verbindung. In Phrasen wird das Adjektiv gemäß den Vorgaben des syntaktischen Kontexts flektiert:

(44) a. DE *der gelb-e Sack, des gelb-en Sacks* etc.
      b. NL *het vreemd-e woord, een vreemd-Ø woord* etc.

In Komposita wird das adjektivische Erstglied unabhängig vom syntaktischen Kontext nie flektiert, da es sich um eine Stammform handelt:

(45) a. DE *der Schnellzug, des Schnellzugs, dem Schnellzug, den Schnellzug*
      b. NL *de sneltrein, van de sneltrein, (aan) de sneltrein, de sneltrein*

---

[20] Verbindungen mit nachgestelltem Adjektiv wie *Forelle blau* (vgl. Dürscheid 2002) und auch Bildungen mit zusammengesetzten Adjektiven wie DE *Schwarz-Weiß-Foto*, NL *zwart-wit-foto* werden nicht berücksichtigt.

Zweitens tragen Komposita und Phrasen unterschiedliche Betonungsmuster. Komposita werden in der Regel auf dem Erstglied betont, d.h., es heißt *snéltrein* und nicht *sneltréin* (äquivalent im Deutschen: *Schnéllzug*), in der Phrase liegt die Hauptbetonung auf dem Nomen, vgl. NL *de snelle tréin* (DE *der schnelle Zúg*).

In der niederländischen, synchron orientierten Wortbildungsliteratur wird bisweilen von zwei Möglichkeiten der A+N-Komposition ausgegangen (vgl. u.a. van Santen 1984: 67 f.; Haeseryn et al. 1997: 690), nämlich Bildungen mit nichtflektiertem Adjektiv wie in (46a) und Bildungen mit flektiertem Adjektiv wie in (46b), die in der Regel eine Bedeutungsspezialisierung erfahren haben:

(46) a. *kleinkind* 'Enkel', *sneltrein* 'Schnellzug'
      b. *sterkedrank* 'Spirituosen', *vollemaan* 'Vollmond'

Die Bildungen in (46b) zeichnen sich van Santen zufolge durch die Hauptbetonung auf dem Nomen aus. Damit erfüllen diese Verbindungen aber gerade die zwei formalen Kriterien phrasaler Einheiten, nämlich Flexion des Erstglieds und Hauptbetonung auf dem Nomen, so dass hier trotz der Bedeutungsspezialisierung (die darüber hinaus kein ausschließliches Charakteristikum von Wortbildungen ist, vgl. Kap. 4.3) von lexikalisierten Phrasen ausgegangen werden sollte. Bisweilen wird das Schwa in diesen Verbindungen auch als Fugenelement klassifiziert (vgl. de Haas/Trommelen 1993: 409). Historisch gesehen handelt es sich allerdings um eine Flexionsendung (vgl. Rijpma/Schuringa 1971: 78) und die A+N-Komposition mit Fugenelementen ist – im Gegensatz zur N+N-Komposition – kein produktives Muster im Niederländischen (vgl. Haeseryn et al. 1997: 690).

In diesem Kapitel soll der Bogen von der Synchronie zur Diachronie geschlagen werden. Zunächst werden die wesentlichen Charakteristika der A+N-Komposition und der A+N-Phrasenbildung vorgestellt und beide Verfahren in semantischer Sicht miteinander verglichen. Nach einem Blick auf mögliche Grenzfälle werden Komposition und Phrasenbildung als konkurrierende Konstruktionsmuster modelliert und nach Faktoren für ihre Distribution im Deutschen und Niederländischen gefragt. Abschließend geht es um die Frage, inwiefern diese synchron nur bedingt zufriedenstellende Beschreibung durch eine historische Analyse gewinnbringend ergänzt werden kann. Am Ende dieses Kapitels werden schließlich zu überprüfende Hypothesen für die diachrone Untersuchung formuliert.

4.1 A+N-Komposita

Bei der A+N-Komposition handelt es sich sowohl im Deutschen als auch im Niederländischen um ein produktives Wortbildungsverfahren (vgl. für das Deutsche

Fleischer/Barz 1995; Motsch 2004; Erben 2006; für das Niederländische vgl. de Haas/Trommelen 1993; Booij/van Santen 1998). Für beide Sprachen gilt, dass A+N-Komposita Modifikator-Kopf-Strukturen sind: Das Nomen ist der syntaktische Kopf und bestimmt die morphosyntaktischen Eigenschaften der Bildung, das Adjektiv fungiert als Modifikator des durch das Nomen bezeichneten Konzeptes. Eine Ausnahme bilden einige (aber nicht alle) niederländische Possessivkomposita, z.B. *domoor* 'Dummkopf' (vgl. Booij/van Santen 1998: 155), das in seinem Genus vom nominalen Kern abweicht, vgl. *het oor* 'das Ohr' – aber: *de domoor*.

Die A+N-Komposition unterliegt in beiden Sprachen gewissen Bildungsbeschränkungen, wobei diese im Niederländischen stärker als im Deutschen sind. Es werden nacheinander phonologische, morphologische und semantische Bildungsbeschränkungen besprochen. Formale Beschränkungen betreffen in erster Linie das Adjektiv, das als Erstglied ins Kompositum eingehen soll. Für das Nomen wird im Deutschen angenommen, dass es keine oder nur wenige Beschränkungen gibt (vgl. Barz 1996 bzw. Simoska 1999). Im Niederländischen werden formale Beschränkungen ebenso ausschließlich in Bezug auf das Adjektiv diskutiert.

Zu den phonologischen Kriterien gehört laut Erben (2006: 46 f.) im Deutschen, dass einsilbige Adjektive in der A+N-Komposition deutlich bevorzugt werden (z.B. *klein, blau*) und mehrsilbige Adjektive auf einer betonten Silbe enden müssen, wenn sie als Erstglied in ein Kompositum eingehen sollen:

(47)　a.　*Kleinaktionär, Kleinkind, Kleinstadt*
　　　　b.　*Blaualge, Blaubeere, Blauhelm*

(48)　a.　*Geheimagent, Geheimtreffen*
　　　　b.　*Allgemeinarzt, Allgemeinwissen*

Ferner sind auch mehrsilbige Bildungen möglich, die nicht auf einer betonten Silbe enden. Dies betrifft Adjektive auf *-er, -el, -en*, also Adjektive mit Endsilben, die einen Schwa-Laut enthalten (vgl. Fleischer/Barz 1995; Erben 2006). Diese werden von Motsch (2004: 385) als schwachtonige Silben eingestuft, die das prosodische Muster der Endbetonung nicht verletzen, vgl. die folgenden Beispiele:

(49)　　*Sauerkirsche, Edelmann, Eigenname*

Tatsächlich sind aber auch andere mehrsilbige Adjektive, die auf einer unbetonten Silbe ohne Schwa enden, möglich (vgl. Fleischer/Barz 1995: 104; Motsch 2004: 385):

(50)　　*Billigjob, Fertiggericht, Mehrfachimpfstoff*

Es trifft also nicht zu, dass die Endbetonung tatsächlich eine Bildungsbeschränkung im Deutschen darstellt.

Im Niederländischen gelten im Wesentlichen die gleichen Bedingungen (vgl. de Haas/Trommelen 1993: 377). Das Adjektiv könne ein- oder zweisilbig sein, wobei die zweite Silbe auf einem Schwa-Laut enden müsse:

(51)   a.   *Kleingeld* 'Kleingeld', *kleinkind* 'Enkelkind'
          b.   *blauwhelm* 'Blauhelm', *blauwspecht* 'Blauspecht'

(52)   a.   *bitterkoekje* 'Bittermandelmakrone'
               bittersinaasappel 'Bitterorange, Pomeranze'
          b.   *dubbel-cd* 'Doppel-CD'
               dubbeldrank 'Fruchsaft aus zwei Fruchtsorten'

Es gibt einige Ausnahmen mit Adjektiven, die nicht auf einer Schwa-Silbe enden:

(53)   a.   *speciaalzaak* 'Fachgeschäft', *ideaalbeeld* 'Idealbild'
          b.   *totaalindruk* 'Gesamteindruck', *gemeengoed* 'Gemeingut'
          c.   *geheimschrift* 'Geheimschrift', *geheimboek* 'geheimes Rechnungsbuch'

Allerdings werden die Beispiele in (53a) als Lehnübersetzungen aus dem Deutschen und nicht als endogene Wortbildungen des Niederländischen betrachtet (vgl. WNT: SPECIAALZAAK bzw. IDEAALBEELD, 2001), und bei den Beispielen unter (53b) wird nicht ausgeschlossen, dass es sich um N+N-Komposita handelt (vgl. de Haas/Trommelen 1993: 377). Mehrsilbige Adjektive sind in niederländischen A+N-Komposita normalerweise nicht anzutreffen (eine Ausnahme ist *ideaalbeeld*):

(54)   a.   DE *Allgemeinwissen* – NL *algemene kennis* (**algemeenkennis*)
          b.   DE *Permanentmagnet* – NL *permanente magneet* (**permanentmagneet*)

In morphologischer Hinsicht gelten monomorphemische Adjektive in beiden Sprachen als Kandidaten par excellence für die Komposition, vgl. die Beispiele in (47) sowie (51)–(52). Im Allgemeinen sind adjektivische Derivate als Erstglied ausgeschlossen (aus Gründen der Übersichtlichkeit werden Adjektiv und Nomen in den Beispielen durch Bindestrich getrennt):

(55)   DE
          a.   **Gesellschaftlich-Problem*, **Amtlich-Beschluss*
          b.   **Heilsam-Schock*, **Folgsam-Kind*

(56) NL
> a. **bloemig-aardappelen* 'mehlige Kartoffeln'
>   **ernstig-ziekte* 'ernsthafte Krankheit'
> b. **duurzaam-energie* 'nachhaltige Energie'
>   **spaarzaam-leven* 'sparsames Leben'

Gerade im Deutschen scheint diese Beschränkung aber nur teilweise zu gelten. So existieren viele lexikalisierte Bildungen mit derivierten Adjektiven oder Partizipien (vgl. Motsch 2004: 384):

(57) a. *endlos* in *Endlospapier, Endlosdebatte*
> b. *mehrfach* in *Mehrfachimpfstoff*
> c. *lebend* in *Lebendgewicht*

Außerdem gibt es eine Vielzahl okkasioneller Bildungen, v.a. in Zeitungstexten:

(58) a. Deutschland kriegt die *Grünlich-Card* (SPON)
> b. *Peinlich-TV* statt große Show (SZ)
> c. *Schnörkellos-Sieg* mit Schönheitsfehlern (SPON)
> d. Konnte seine Qualitäten sogar einsetzen, obwohl er Schuhe im warnenden *Giftig-Neongelb* trug. (SZ)

Es ist auffällig, dass es sich bis auf das letzte Beispiel um Artikelüberschriften handelt, also auch stilistisch-pragmatische Faktoren die Bildung solcher Komposita begünstigen können. In jedem Falle ist die Beschränkung auf nicht-derivierte Adjektive bei weitem nicht so stark, wie oftmals angenommen wird. Eine systematische Ausnahme sind im Deutschen zudem Relationsadjektive mit den nichtnativen Suffixen *-iv, -al, -ar*/-är (vgl. Fleischer/Barz 1995: 105). Diese können problemlos als Erstglied fungieren:

(59) a. *Sozialarbeit, Sozialamt*
> b. *Solarenergie, Solarzelle*
> c. *Zivilehe, Zivilrecht*

Hier unterscheiden sich das Deutsche und das Niederländische besonders deutlich, denn im Niederländischen sind Komposita mit entsprechenden Adjektiven als Erstglied nach de Haas/Trommelen (1993: 377) nahezu ausgeschlossen:

(60) a. **sociaalwerk* 'Sozialarbeit', **sociaalbeleid* 'Sozialpolitik'
> b. **civielhuwelijk* 'Zivilehe, Ziviltrauung', **civielproces* 'Zivilprozess'

Einige Ausnahmen finden sich bei Fachtermini, z.B. dem medizinischen *temporaalkwab* 'Temporallappen, Schläfenlappen'. Ferner gibt es die unter (53) genannten Bildungen, die als Lehnübersetzung aus dem Deutschen bzw. als N+N-Kompositum eingestuft werden. Allerdings ist eine Entlehnung nicht immer die wahrscheinlichste Erklärung, da keinesfalls immer deutsche Entsprechungen existieren (vgl. van der Sijs 2005: 266):

(61) a. NL *totaalbedrag* – DE *Gesamtbetrag* (?*Totalbetrag*)
     b. NL *totaalindruk* – DE *Gesamteindruck* (?*Totaleindruck*)

Zusammenfassend lässt sich hinsichtlich der morphologischen und phonologischen Beschränkungen feststellen, dass in beiden Sprachen ein- und mehrsilbige Adjektive im Kompositum auftreten, wobei eine deutliche Präferenz für monomorphemische Adjektive besteht. Im Deutschen sind zusätzlich auch Adjektive mit den Suffixen *-al*, *-ar*/-är, *-iv* zulässig. Zudem scheinen die Restriktionen durch Sprecher weniger streng gehandhabt zu werden (vgl. Bildungen wie *Schnörkellos-Sieg*), so dass die Frage berechtigt ist, ob es gegenwärtig zu einer Aufhebung bestimmter Restriktionen kommt, wie es in der Forschung bisweilen angenommen wird (vgl. z.B. Willems 1990: 73; Ortner/Müller-Bollhagen 1991: 10; Schlücker 2012: 10 f.).

Zu den semantischen Beschränkungen der A+N-Komposition im Deutschen zählt laut Motsch (2004), dass evaluierende Adjektive, die sich auf psychische Zustände beziehen (wie z.B. *gut*, *schlecht* etc.), nicht in A+N-Komposita erlaubt seien. Tatsächlich gibt es nur wenige Bildungen dieser Art wie z.B. *Gutmensch*, das abwertend gebraucht wird: „[naiver] Mensch, der sich in einer als unkritisch, übertrieben, nervtötend o.ä. empfundenen Weise im Sinne der Political Correctness verhält" (Duden Online 2012: GUTMENSCH). Im Niederländischen scheinen solche Fälle ebenfalls sehr selten zu sein. In beiden Sprachen können hingegen Possessivkomposita zur Personenbezeichnung gebildet werden (vgl. Fleischer/Barz 1995: 125; Booij/van Santen 1998: 155):

(62) DE
     a. *Grünschnabel* 'junger, unerfahrener Mensch'
     b. *Dickkopf* 'sture, starrsinnige Person'

(63) NL
     a. *heethoofd* 'Hitzkopf, Heißsporn' (wörtl. 'heiß' + 'Kopf')
     b. *domoor* 'Dummkopf' (wörtl. 'dumm' + 'Ohr')

Daneben dienen viele Possessivkomposita aber auch zur Bezeichnung von Tieren, Pflanzen und Krankheiten (vgl. Haeseryn et al. 1997: 692 bzw. Simoska 1999).

Weiterhin ist nach Fleischer/Barz (1995: 103) die Kompositionsaktivität z.T. „durch die semantische Klasse der substantivischen Zweitglieder mitbestimmt", weil Verbindungen mit einfachen Personenbezeichnungen (z.B. *-dame, -frau, -mann*) stark eingeschränkt seien. Fanselow (1981: 48 f.) geht davon aus, dass Bildungen mit einem Adjektiv, das eine Charaktereigenschaft bezeichnet, und Nomen, die sich auf die Träger dieser Eigenschaft beziehen, ungrammatisch seien (also z.B. **Klugstudent, *Feigsoldat*). Motsch (2004: 384 f.) zufolge handelt es sich jedoch eher um eine Gebrauchspräferenz als um eine Verletzung grammatischer Bedingungen, da einige lexikalisierte Bildungen existierten und somit kaum prinzipielle semantische Beschränkungen bei A+N-Komposita formuliert werden könnten. Auch für das Niederländische werden kaum Einschränkungen semantischer Art genannt. Lediglich Steenbergen (1971: 114) beobachtet, dass einige Nomen grundsätzlich keine A+N-Komposita bilden würden (z.B. *toestand* 'Zustand', *indruk* 'Eindruck'), verzichtet aber auf systematische Schlussfolgerungen.

Wie bereits erläutert hat die Wortbildung grundsätzlich zwei Funktionen: die Benennungsbildung und die Verdichtung syntaktischer Ausdrücke (vgl. Kap. 2.3.1). Im Gegensatz zu den Phrasen (vgl. unten) spielt es jedoch weder im Deutschen noch im Niederländischen eine Rolle, ob ein gegebenes A+N-Kompositum als Benennungseinheit dient oder aus stilistisch-pragmatischen Gründen vom Sprecher gebildet wurde und eine Formverdichtung darstellt (vgl. Schlücker/Hüning 2009). Die morphosyntaktischen Eigenschaften benennender Komposita weichen nicht von denen nicht-benennender Komposita ab, weil ihre Eigenschaften aus der Form und nicht aus einer spezifischen Funktion resultieren. Phrasen mit einer Benennungsfunktion weisen hingegen in der Regel Unterschiede in ihrem morphosyntaktischen Verhalten gegenüber nicht-benennenden Phrasen auf, wie im Folgenden dargelegt wird.

4.2 A+N-Phrasen

Auch A+N-Phrasen können als Modifikator-Kopf-Strukturen beschrieben werden. Das Nomen bestimmt die morphosyntaktischen Eigenschaften der gesamten Bildung, das Adjektiv flektiert entsprechend dieser Vorgaben und in Abhängigkeit vom syntaktischen Kontext. Im Gegensatz zu den Komposita bestehen hier weder für das Adjektiv noch für das Nomen phonologische, morphologische oder semantische Bildungsbeschränkungen. Gleichzeitig existieren aber – im Gegensatz zu freien A+N-Phrasen ohne Benennungsfunktion – morphosyntaktische Verwendungsbeschränkungen, die die Phrasen „worttypischer" machen, also dem Kompositum formal annähern.

Für die Beschreibung dieser Einschränkungen ist es sinnvoll, eine Trennung zwischen qualitativen und Relationsadjektiven zu machen und zunächst nur klassifikatorische Bildungen mit qualitativen Adjektiven (wie *schön, neu, alt*) in den Mittelpunkt zu stellen (auch Phrasen mit einer metaphorischen Interpretation werden zunächst nicht berücksichtigt, vgl. Klassifikation in Kap. 2.3.2). Beispiele für phrasale A+N-Benennungseinheiten mit qualitativen Adjektiven sind die folgenden:

(64)   a.   DE *gelber Sack, kleiner Finger*
       b.   NL *vreemd woord* 'Fremdwort', *rode kool* 'Rotkohl'[21]

Die Adjektive fungieren hier als klassifikatorische Modifikatoren, d.h., sie dienen der Bildung einer relevanten Subklasse:

> Klassifikatorische Modifikation meint, dass der begriffliche Kern einer nominalen, referenzfähigen Einheit, auch Nomination genannt, durch einen Modifikator so spezifiziert wird, dass ein eigenständiger Unterbegriff entsteht. Mit anderen Worten: der komplexe Ausdruck bezeichnet ein Subkonzept des vom Kopf bezeichneten Konzepts, und die zugehörigen Objekte bilden eine Subklasse. (Schlücker 2014: 49)

Klassifikatorische A+N-Phrasen sind unter morphosyntaktischen und semantischen Gesichtspunkten eingehend von Booij (2010) und Schlücker (2014) behandelt worden. Im Folgenden sollen die von Booij herausgestellten typischen Merkmale für klassifikatorische A+N-Phrasen unter Berücksichtigung der Argumentation bei Schlücker kritisch besprochen und mit eigenen Überlegungen ergänzt werden. Dazu sei kurz bemerkt, dass Booij klassifikatorische Bedeutung und Benennungsfunktion gleichzusetzen scheint: „Classifying A + N phrases (i.e. phrasal names) can be coordinated with compounds but not with descriptive phrases [...]" (2010: 185). Die klassifikatorische Bedeutung sollte jedoch deutlich von der Benennungsfunktion abgegrenzt werden, da beispielsweise Relationsadjektive inhärent klassifikatorisch modifizieren (vgl. Rijkhoff 2008: 793 f. und Kap. 2.3.2), aber nicht jede A+N-Phrase mit einem Relationsadjektiv automatisch eine Benennungseinheit darstellt. Zweitens weisen auch nicht alle Benennungseinheiten eine klassifikatorische Lesart auf, vgl. z.B. Simplexe wie DE *Dach* oder metaphorische Phrasen wie *kalter Kaffee* (vgl. auch Schlücker 2014: 195 f.). Für

---

21 Laut offizieller Rechtschreibnorm des Niederländischen wird *rode kool* zusammen geschrieben, d.h. als *rodekool*. Da die Getrenntschreibung aber für Analysezwecke handlicher ist und die Einheit auch klar eine lexikalisierte Phrase darstellt, wird hier immer *rode kool* geschrieben, es sei denn, es geht explizit um orthografische Normen des Niederländischen.

die folgende Diskussion ist diese Unterscheidung allerdings zweitrangig, da klassifikatorische A+N-Phrasen mit qualitativem Adjektiv im Mittelpunkt stehen.

Booij (2010: 178–188) geht es darum, den lexikalischen Status klassifikatorischer A+N-Phrasen nachzuweisen, d.h., er will zeigen, dass sie Lexikoneinheiten darstellen und als Output eines spezifischen Konstruktionsmusters zu beschreiben sind, das ihnen besondere formale Eigenschaften zuweist, die sich nicht aus der syntaktischen Art ihrer Verknüpfung und den Eigenschaften der individuellen Konstituenten ergeben. Demnach zeichnen sich klassifikatorische Phrasen durch folgende Besonderheiten aus:

a) **Modifizier- und Gradierbarkeit**: Adjektive in klassifikatorischen Verbindungen lassen sich nicht modifizieren bzw. gradieren, ohne dass die etablierte Bedeutung der Phrasen verloren geht, vgl. (65)–(66). Demnach ist die Modifikation durch eine Partikel bei DE *kleiner Finger* in der Bedeutung 'digitus minimus' und bei NL *rode kool* 'Rotkohl' ausgeschlossen:

(65)   DE
        a. *kleiner Finger*
        b. *#der sehr kleine Finger*
        c. *#der kleinere Finger*

(66)   NL
        a. *rode kool* 'Rotkohl'
        b. *#de erg rode kool* 'der sehr rote Kohl'
        c. *#de rodere kool* 'der rotere Kohl'

Die Äußerungen in (65b)–(65c) sind nur dann grammatisch, wenn das Adjektiv qualitativ-beschreibend interpretiert wird. Das Adjektiv *klein* bezieht sich dann lediglich auf einen Finger, der erst im Kontext genauer bestimmbar ist. Auch *rode kool* in (66b)–(66c) bezeichnet nicht eine spezifische Unterart des Kopfkohls, sondern einen beliebigen Kohl mit stark rötlicher Färbung. Diese Verwendungen sind nicht erlaubt, wenn *kleiner Finger* in einer Reihe mit den Bezeichnungen *Daumen, Zeige-, Ringfinger* etc. oder *rode kool* in Abgrenzung zu *boerenkool* 'Grünkohl' oder *bloemkool* 'Blumenkohl' verwendet wird.

b) **Blocking**: Es kann zu Blockingeffekten (vgl. Rainer 1988) kommen, wenn eine A+N-Phrase als Benennungseinheit fungiert. In diesem Fall ist die Bildung eines Kompositums meist blockiert.

(67)   a. DE *saurer Regen* – **Sauerregen*
        b. NL *volle melk* – **volmelk* 'Vollmilch'

Blockingeffekte können auch bei A+N-Phrasen mit einem Relationsadjektiv auftreten, allerdings sind hiervon in erster Linie N+N-Komposita betroffen (vgl. Booij 2010: 183):

(68) a. DE *parlamentarischer Ausschuss* – ?*Parlamentsausschuss*
      b. NL *academisch jaar* – ?*academie-jaar* 'Universitätsjahr'[22]

c) **Input für komplexe Wortbildungen**: Klassifikatorische Phrasen können in der Modifikator-Position eines Kompositums auftreten und als Basis für Wortbildungen dienen:

(69) a. *vaste-schijf-module* 'Festplattenmodul'
      b. *jonge-mensen-achtig* 'jungen Menschen ähnlich'

Auch im Deutschen können lexikalische Phrasen Erstglied sein:

(70) a. *Freie-Software-Aktivisten*
      b. *graue-Maus-mäßig*

Allerdings können in beiden Sprachen auch freie Phrasen als Input dienen (vgl. Booij 2002b: 146; Schlücker 2014: 154), so dass dieses Kriterium keine definitorische Aussagekraft besitzt.

d) **Kopf komplexer Wörter**: Klassifikatorische A+N-Phrasen können gelegentlich ganzheitlich durch Präfixe und Nomen modifiziert werden (vgl. Schlücker 2014: 155 bzw. Booij 2010: 185):

(71) DE
      a. *Scheiß-toter-Winkel*
      b. *Ex-rote Socke*

(72) NL
      a. *namaak mobiele telefoon* 'Handy-Imitat'
      b. *pseudo-taalkundig onderzoeker* 'Pseudo-Sprachwissenschaftler'

---

22 Beide Bildungen sind jedoch als Synonyme in Van Dale Online (2012) aufgenommen. Ob ein vollständiges Blocking tatsächlich auftritt, hängt laut Rainer (1988, 2000) u.a. von der Tokenfrequenz des blockierenden Lexems ab. Ist die Frequenz der blockierenden Bildung sehr niedrig bzw. fällt dem Sprecher der Begriff im Moment des Sprechens nicht ein, kann es zur Bildung bedeutungsgleicher Dubletten kommen. So sei die Ko-Existenz von *Demut* und *Demütigkeit* auf die niedrige Vorkommenshäufigkeit von *Demut* zurückzuführen, während neben dem weitaus häufigeren *Fleiß* die Bildung **Fleißigkeit* nicht üblich sei (vgl. Rainer 2000).

Auch dieses Kriterium ist als Nachweis für den lexikalischen Status der A+N-Phrasen nicht geeignet, da zumindest im Deutschen freie Phrasen als Kopf solch einer komplexen Verbindung auftreten können. Die Modifikatoren haben in diesen Beispielen allerdings keine klassifikatorische Funktion, sondern dienen als evaluative Elemente, vgl. z.B. *Scheiß-alter Stuhl* (vgl. Schlücker 2014: 156).

e) **Koordination mit Komposita:** Im Deutschen und Niederländischen können A+N-Phrasen und Komposita mit dem gleichen Grundwort nur unter bestimmten Bedingungen in Koordinationsstrukturen auftreten:

(73) DE

    a. *der kleine und der Ringfinger*

    b. **der dicke und der Ringfinger*

(74) NL

    a. *ijs- en bruine beren* 'Eis-(bären) und Braunbären'

    b. **ijs- en grote beren* 'Eis-(bären) und große Bären'

Qualitative Adjektive sind in solchen Koordinationsstrukturen nur dann möglich, wenn sie eine klassifikatorische Funktion erfüllen. Koordinierte Elemente müssen nämlich die gleichen semantischen und syntaktischen Eigenschaften aufweisen (vgl. Lang 1984). Bei Relationsadjektiven, die immer klassifikatorisch modifizieren, ist die Koordination mit Komposita hingegen grundsätzlich zulässig: *soziale und Lebensstandards*.

f) **Feste Wortfolge:** Werden klassifikatorische Phrasen durch ein weiteres Adjektiv modifiziert, muss dieses vor der gesamten Phrase stehen und kann nicht zwischen die beiden Konstituenten der Phrase, Adjektiv und Nomen, treten:

(75) DE

    a. *freier Markt*

    b. *#freier großer Markt*

    c. *großer freier Markt*

(76) NL

    a. *mobiele telefoon* 'Mobiltelefon'

    b. *#mobiele dure telefoon* 'teures Mobiltelefon'

    c. *dure mobiele telefoon* 'teures Mobiltelefon'

Die strikte Adjazenz von Adjektiv und Nomen ist Kernkriterium für die Abgrenzung lexikalischer und freier Phrasen (vgl. für eine ähnliche Position Schlücker 2014: 156).[23] Adjektiv und Nomen bilden nicht nur konzeptuell eine Einheit zur Bezeichnung einer (relevanten) Subklasse. Sie bilden auch in morphosyntaktischer Hinsicht ein unteilbar Ganzes, weshalb z.B. auch ein prädikativer Gebrauch des Adjektivs ohne Verlust der klassifikatorischen Lesart nicht möglich ist (*die gelbe Karte* – *#die Karte ist gelb*).

Wie aus dem kurzen Überblick hervorgeht, überzeugen die von Booij genannten Kriterien, anhand derer der lexikalische Status benennender A+N-Phrasen nachgewiesen werden soll, nicht vollständig. Auch für zentrale Kriterien wie fehlende Modifizier- und Gradierbarkeit sowie strikte Adjazenz gibt es im täglichen Sprachgebrauch immer wieder Gegenbeispiele, vgl. z.B. die Verwendung des Komparativs bei *schwarzer Humor*:

(77) Das Spektrum seiner Ausdrucksmöglichkeiten reicht von sanfter Zärtlichkeit über burleske Drastik bis zum *schwärzesten Humor*. (ZEIT, 9.12.2004)

Das Adjektiv der Verbindung *schwarzer Humor* wird im Superlativ verwendet, gleichzeitig geht es aber eindeutig um das durch die Verbindung bezeichnete Konzept, nämlich 'Humor, der ernste Themen in satirischer Art darstellt'. Gilt das Kriterium der fehlenden Modifizier- und Gradierbarkeit uneingeschränkt, sollte dies unmöglich sein. Auch für die postulierte nicht-zulässige Trennung von Adjektiv und Nomen lassen sich Gegenbeispiele finden. Beispielsweise können bei *großer Zeh* (medizinischer Fachausdruck: *Hallux*) auch Einschübe zwischen Adjektiv und Nomen treten, wie die folgenden Belege aus Chatforen im Internet zeigen:

(78) a. jeztzt [sic!] ist die schwellung weg aber *mein grosser rechter Zeh* schmerzt sehr und ich kann ihn kaum bewegen laufen kann ich zwar noch aber es schmerzt und ich laufe wie ein krüppel.

---

23 Im Gegensatz zu Booij wertet Schlücker (2014: 178) die fehlende Modifizier- und Gradierbarkeit (vgl. Kriterium a) als unmittelbare Folge der klassifikatorischen Semantik. Bei der klassifikatorischen Modifikation werde die Zugehörigkeit zu einer bestimmten Klasse angegeben, was aber nur absolut und nicht graduell möglich sei.

b. Ich bin in der 24. SSW und seit gestern Nacht ist *mein großer rechter Zeh* taub. Ich habe aber überhaupt nichts gemacht, enge Schuhe oder gestoßen oder ähnliches [...]

c. Hallo, seit Samstag früh schmerzt *mein großer rechter Zeh* sehr. Bin dadurch aufgewacht und konnte erst nach Einnahme einer norm. Schmerztablette (Dolomin Extra) wieder einschalfen [sic!].

d. Hopse nach dem Telefonat auf und will in die Küche und in dem Moment verfängt sich *mein großer rechter Zeh* in der Schlaufe auf Höhe des linken Knies und ich kann nicht mehr laufen [...]

Handelt es sich um die Benennungseinheit *großer Zeh*, sollte hier eigentlich nur vom *rechten großen Zeh* die Rede sein. Trotzdem lassen sich für die Konstruktion *großer rechter Zeh* unzählige Treffer finden, vornehmlich in einer mündlichen Sprachsphäre, wie Blogs, Chats und Forumsdiskussionen im Internet sie darstellen (können).

Diese Auffälligkeiten lassen sich auf zweierlei Art und Weise erklären. Einerseits kann angenommen werden, dass es die (relativ) transparente Semantik von Bildungen wie *großer Zeh* und *schwarzer Humor* – etwa im Gegensatz zu Verbindungen wie *grüner Daumen* (**grüner großer Daumen* 'großes Geschick im Umgang mit Pflanzen') – ist, die solche syntaktischen Abweichungen erlaubt, obwohl sie als konventionelle Benennungen dienen. Je deutlicher die Bedeutung der Bildung spezialisiert bzw. idiomatisiert ist (insbesondere, wenn den einzelnen Konstituenten der Verbindung kein eigenständiger Bedeutungsbeitrag zugeschrieben werden kann, vgl. Diskussion in Kap. 2.4 zur semantischen Teilkompositionalität idiomatischer Strukturen), umso eher gelten die von Booij genannten formalen Kriterien. Dies würde im Rückschluss aber bedeuten, dass in erster Linie die Semantik der Bildung die Eigenschaften bestimmt und es sich bei phrasalen A+N-Benennungseinheiten um keine geschlossene formale Klasse handelt.

Wenn es der Grad an Idiomatizität ist, der über die Zulässigkeit syntaktischer Umformungen und anderer Modifikationen entscheidet, ließen sich graduelle und auch von Bildung zu Bildung unterschiedliche Eigenschaften erklären. Zum Beispiel kann *schwarz* in *schwarzer Humor* zwar gesteigert werden, eine Trennung beider Elemente durch ein weiteres Adjektiv scheint aber meines Erachtens weniger möglich: ??*schwarzer grausamer Humor*. Demgegenüber ist dies bei *großer Zeh* sehr wohl möglich (siehe oben), allerdings würde eine Steigerungsform des Adjektivs wie *größter Zeh* den Benennungscharakter auflösen und die Verbindung zur Beschreibung machen. Die Festigkeit dieser A+N-Verbindungen wäre dann relativ und im Gegensatz zu Komposita immer abhängig von ihrer Semantik. Ein prinzipiell möglicher, aber nicht obligatorischer Strukturverlust, der beispielsweise mit Einschränkungen in der Modifizier- und Gradierbarkeit verbunden ist, könnte sich dann v.a. „durch häufigen Gebrauch, Bevorzugung einer Wortstellung und Stereotypisierung, d.h. Bedeutungsaushöhlung durch hohe Rekurrenz und Assoziation mit konventionalisierten Sprachhandlungen, vollziehen" (Coulmas 1985: 255).

Eine alternative Analyse wird von Schlücker (2014: Kap. 6.5) vorgeschlagen. Demzufolge sind die Adjektive in diesen Fällen keine klassifikatorischen Modifikatoren, sondern besitzen eine rein qualitative Lesart. Treten Modifikationen bei klassifikatorischen Phrasen wie *schwarzer Humor* auf, kann angenommen werden, dass es sich um den Gebrauch einer freien Phrase handelt, die in ihrer Bedeutung der klassifikatorischen Verbindung sehr stark ähnelt. Auch der Ausdruck *großer rechter Zeh* würde als reine Beschreibung interpretiert, wobei der Bezug durch die Verwendung des Possessivpronomens und den Gebrauch von *Zeh* im Singular auf den gleichen Referenten gewährleistet bleibt. Dabei spielt auch das Weltwissen eine Rolle: Da es im Allgemeinen pro Fuß nur einen großen Zeh gibt, interpretiert ein Sprecher die Verbindung *großer rechter Zeh* vermutlich ohne Probleme im Sinne der klassifikatorischen Bedeutung als 'Hallux' des rechten Fußes. Die Unterscheidung zwischen qualitativer (bzw. identifizierender) und klassifikatorischer Lesart ist allerdings kaum möglich und wird allein aus der Verletzung bzw. aus dem Einhalten der Beschränkung der Adjazenz von Adjektiv und Nomen abgeleitet. Die Verwendung als Phrase mit qualitativer oder klassifikatorischer Lesart kann sprecher- und situationsabhängig erfolgen:

> Es ist auch davon auszugehen, dass einzelne Sprecher bei solchen Phrasen flexibel zwischen der qualitativen und der klassifikatorischen Lesart wechseln und beispielsweise die Phrase *grüner Salat* einmal qualitativ und ein anderes Mal klassifikatorisch (d.h. als bestimmte Salatart im Gegensatz beispielsweise zu Nudel- oder Kartoffelsalat) verwenden. Nach der jeweiligen Verwendung richten sich dann auch die Verwendungsbedingungen, d.h. Zulässigkeit von Modifikation und Gradierung des Adjektivs, Trennbarkeit, prädikativer Gebrauch des Adjektivs etc. (Schlücker 2014: 168)

Die klassifikatorische Lesart einer A+N-Phrase ist demnach also prinzipiell möglich, aber nicht immer ohne Weiteres als solche identifizierbar. Treten bei Verbindungen, die auch als klassifikatorische (Benennungs-)Einheit etabliert sind, Modifikation und Gradierbarkeit sowie Nicht-Adjazenz der Konstituenten auf (durch Einschübe etc.), ist davon auszugehen, dass es sich um qualitative Interpretationen handelt. Folgt man der Position von Schlücker, sollten sie nicht als Argumente gegen den lexikalischen Status klassifikatorischer A+N-Phrasen gewertet werden.

Nach diesem sehr ausführlichen Blick auf die klassifikatorischen Einheiten möchte ich kurz auf die metaphorischen Verbindungen eingehen. Bei diesen hängen Eigenschaften wie Modizier- und Gradierbarkeit davon ab, ob eine Verbindung gemäß der Einteilung von Nunberg/Sag/Wasow (1994) zu den „idiomatically combining expressions" gehört (vgl. Kap. 2.4 und die Erläuterungen zu *bittere Pille – bittere pil*). Können den einzelnen Konstituenten der Verbindung Bedeutungsanteile, auch wenn sie nicht der ursprünglichen wörtlichen Bedeutung entsprechen, zugeordnet werden, sind Modifizierbarkeit (*eine ziemlich bittere Pille – een heel bittere pil*) und Gradierbarkeit (*die bitterste Pille – de bitterste pil*) i.d.R. möglich. Gleichzeitig ist aufgrund der konventionalisierten metaphorischen Interpretation immer gewährleistet, dass es um die etablierte Benennungseinheit geht. Die von Booij genannten Kriterien für Benennungseinheiten gelten also nicht ohne Weiteres automatisch auch für metaphorische Bildungen (vgl. hierzu auch Schlücker 2014: 169–170).

Von Booij und Schlücker unerwähnt bleiben orthografische Besonderheiten, die sich aus dem Status klassifikatorischer A+N-Phrasen als lexikalische Einheiten ergeben. Während für A+N-Komposita derlei Besonderheiten nicht auftreten – sie werden in beiden Sprachen i.d.R. normgerecht zusammen geschrieben – sind hier durchaus einige interessante Beobachtungen zu machen. Denn auch wenn der morphosyntaktisch-semantische Einheitscharakter einer lexikalischen A+N-Phrase meist nicht in der offiziellen Rechtschreibung des Deutschen bzw. Niederländischen reflektiert wird, zeigen Sprecher vielfach unbewusst durch inoffizielle Schreibungen an, dass lexikalische Phrasen gegenüber einfachen, beschreibenden Phrasen für sie einen besonderen Status haben:[24]

- Bindestrichschreibung: z.B. *Rote-Paprika, Gelbe-Paprika, Stille-SMS* (vgl. Abb. 4.1, 4.2);
- Großschreibung des Adjektivs: z.B. *Stille SMS* (vgl. Abb. 4.1, 4.2);
- Zusammenschreibung der Phrase: z.B. *hardeschijven* (vgl. Abb. 4.3);
- Verwendung von Anführungszeichen: „Stille SMS" (vgl. Abb. 4.2).

---

24 Die hier vorgestellten Bemerkungen beruhen auf eigenen Beobachtungen, die im Rahmen der empirischen Analyse gemacht wurden (vgl. für verschiedene Textsorten auch Elsen 2007).

Abb. 4.1: Paprikasorten (Angebotsschild, Berlin, 14.11.2011 – Aufnahme SFS)

23.11.2011 13:45   heise mobil « Vorige | Nächste »

NRW-Polizei verschickte 2010 rund 250.000 "Stille SMS"

vorlesen / MP3-Download

Die nordrhein-westfälische Polizei hat im vergangenen Jahr in 778 Ermittlungsverfahren 255.784 Ortungsimpulse an 2644 Mobilfunkteilnehmer verschickt. Das geht aus einer Antwort (PDF-Datei) der NRW-Landesregierung auf eine Kleine Anfrage der Landtagsfraktion der Linken hervor. Diese stellt die Nutzung von "Stillen-SMS" zur Bestimmung des Aufenthaltsorts von Verdächtigen in eine Reihe mit der polizeilichen Funkzellenauswertung anlässlich einer Demonstration in Dresden und den Staatstrojaner. "Mit den Stillen SMS wird endgültig klar, dass die polizeiliche und geheimdienstliche Nutzung der digitalen Spionagewerkzeuge einer gesellschaftlichen Auseinandersetzung bedarf", sagte die Linken-Landtagsabgeordnete Anna Conrads laut einer Mitteilung.

Abb. 4.2: „Stille SMS" (Heise Online, www.heise.de/mobil/meldung/NRW-Polizei-verschickte-2010-rund-250-000-Stille-SMS-1383779.html, Stand: 23.11.2011)

Abb. 4.3: *harde schijven* vs. *hardeschijven* 'Festplatten', Media Markt, Niederlande, 26.4.2012 (www.spatiegebruik.nl/popup.php?id=3263 (Stand: 27.3.2013) – mit Dank an Barbara Schlücker)

Einige Sprecher neigen also dazu, phrasale Verbindungen, die eine semantische Einheit darstellen, auch grafisch zu markieren. Zu diesem Phänomen tragen neben unbewussten Sprecherintuitionen sicherlich auch die Schreibung bestimmter fester Verbindungen im Deutschen und Niederländischen bei. So ist im Deutschen laut Duden[25] die Großschreibung des Adjektivs bei einigen Gruppen von A+N-Verbindungen zulässig, nämlich bei Eigennamen (*Totes Meer*), Titelbezeichnungen (*der Heilige Vater*), Kalendertagen (*der Erste Mai*), fachsprachlichen Bezeichnungen von Arten, Unterarten u.Ä. (*Fleißiges Lieschen*). Zudem ist auch für Verbindungen mit „terminologischem Charakter" die Großschreibung des Adjektivs als Option erlaubt (vgl. *gelbe/Gelbe Karte*; *erste/Erste Hilfe*). Im Niederländischen, wo die Großschreibung generell auf Eigennamen beschränkt ist, wird hingegen oft auf Zusammen- statt Getrenntschreibungen zurückgegriffen; auch hier finden sich eine Anzahl scheinbar willkürlicher, aber offiziell normierter Zusammenschreibungen wie *rodekool* 'Rotkohl' (aber: *groene kool* 'Grünkohl'), *blindedarm* 'Blinddarm', *vollemaan* 'Vollmond', die zweifellos Vorbildcharakter für neue Bildungen und Spontanschreibungen haben.[26] Die

---

25 Vgl. Duden Online – Sprachwissen: *Feste Verbindungen* (www.duden.de/sprachwissen/ sprachratgeber/feste-verbindungen, Stand: 6.12.2014).

26 Onze Taal – *taaladvies: Groenekool/groene kool, rodekool/rode kool, wittekool/witte kool* (https://onzetaal.nl/taaladvies/advies/groenekool-groene-kool-rodekool-rode-kool-wittekool-witte-kool, Stand: 28.2.2013).

Zusammenschreibung von A+N-Phrasen (auch mittels Bindestrich) scheint darüber hinaus in niederländischen Korpora auch für Titel- und Berufsbezeichnungen mit einem Relationsadjektiv wie *sociaal* oder *civiel* gängig zu sein (z.B. *sociaalpsycholoog* 'Sozialpsychologe', *sociaal-geograaf* 'Sozialgeograf'; zur Art dieser Verbindungen vgl. Kap. 4.4.2), wobei die offizielle Lexikografie (v.a. Koenen, Van Dale) erst in neuester Zeit die Getrenntschreibung als normgerecht herausstellt, während ältere Auflagen noch die Bindestrichschreibung favorisieren (vgl. Kap. 5.3).

Nach diesen sehr ausführlichen Bemerkungen sollen die beiden Verfahren, A+N-Komposition und A+N-Phrasenbildung, im folgenden Kapitel aus semantischer Sicht direkt miteinander verglichen werden. Dabei geht es in erster Linie um die Frage, inwiefern sie nicht nur funktionell, sondern auch semantisch tatsächlich als äquivalent zu bezeichnen sind.

4.3 Zur semantischen Äquivalenz der A+N-Verbindungen

Betrachtet man Minimalpaare von Phrasen und Komposita, fällt auf, dass diese oft nicht synonym verwendet werden können:

(79) DE
    a. *Altpapier* vs. *altes Papier*
    b. *Sauerteig* vs. *saurer Teig*

(80) NL
    a. *kleinkind* 'Enkel' vs. *klein kind* 'kleines Kind'
    b. *sneltrein* 'Schnellzug' vs. *snelle trein* 'schneller Zug'

So ist ein *sneltrein* auch dann ein Schnellzug, wenn er aufgrund eines Defekts nicht schnell fahren kann. Ein *snelle trein* hingegen ist rasant unterwegs. Ein *Sauerteig* ist eine spezielle Art von Teig, der nicht unbedingt sauer schmecken muss; bei einem *sauren Teig* ist dies sehr wohl der Fall. Manchmal sind allerdings sowohl Phrase als auch Kompositum etabliert und können sogar innerhalb einer Redesituation nebeneinander auftreten, vgl. die ZEIT-Serie „Stimmt's?" vom 7.6.2000 (meine Hervorhebungen):[27]

---

27 ZEIT-Serie „Stimmt's?": Bittere Wahrheit (www.zeit.de/stimmts/2000/200023_stimmts_bitterma, Stand: 24.2.2012).

[Frage] Was ist dran an dem Gerücht, dass der Verzehr von drei *bitteren Mandeln* bereits tödlich sein kann? [...]

[Antwort] Na ja, drei ist ein bisschen übertrieben. Aber die *Bittermandeln* haben es tatsächlich in sich. [...]

Aus dem Amygdalin einer einzigen *Bittermandel* bildet sich etwa ein Milligramm Blausäure. Also wird sich wohl kaum ein Erwachsener, nachdem er vielleicht aus Versehen in die falsche Tüte gelangt hat, mit *Bittermandeln* vergiften. Wirklich gefährlich werden können [sic!] der Verzehr dagegen für Kleinkinder: Bei denen können drei *bittere Mandeln* bereits zu schweren Vergiftungserscheinungen führen, sieben bis zehn können tödlich sein. [...]

Mit *Bittermandeln* zubereitete gekochte oder gebackene Speisen kann man übrigens bedenkenlos genießen: Die Blausäureverbindungen sind sehr flüchtig und werden durch Erhitzen vernichtet – es bleibt nur das angenehme Aroma.

Die Verbindungen *bittere Mandel* und *Bittermandel* stehen hier problemlos nebeneinander. Die Phrase *bittere Mandel* ist schon seit dem 18. Jahrhundert in deutschen Wörterbüchern etabliert, im 20. Jahrhundert festigt sich daneben auch das Kompositum *Bittermandel*, so dass im Gegenwartsdeutschen zwei Bezeichnungsmöglichkeiten vorhanden sind. *Bittere Mandeln* bzw. *Bittermandeln* bezeichnen keine einfachen Mandeln, die zufällig bitter schmecken, sondern eine besondere Subklasse von Mandeln, die immer einen bitteren Geschmack haben und beispielsweise für die Herstellung von Backzutaten verwendet werden. Es handelt sich also um Benennungen mit einer klassifikatorischen Bedeutung. Andere gegenwartssprachliche Beispiele für solche Konkurrenzen sind DE *schwarzer Markt – Schwarzmarkt* und *grüner Tee – Grüntee*. Im Niederländischen existieren ebenfalls einige Beispiele, so u.a. *zwarte handelaar – zwarthandelaar* 'Schwarzhändler'. In der Synchronie gelten Dubletten als absolute Ausnahmen (vgl. Barz 1996: 131 f.; Donalies 2008: 310).

Tendenziell tragen Komposita im Gegensatz zu Phrasen spezialisierte Bedeutungen, so dass beide zumeist nicht bedeutungsgleich sind. In der puristisch orientierten Diskussion zur A+N-Komposition im Niederländischen wurde der Bedeutungsunterschied zwischen Phrase und Kompositum sogar zum Kernkriterium erhoben, um „gute" von „schlechten" A+N-Komposita abzugrenzen (vgl. Theissen 1975: 138–141; vgl. auch Kap. 6.4). Bedeutungsspezialisierung ist allerdings kein exklusives Merkmal von Wortbildungen, sondern eine Folge von Lexikalisierungsprozessen. Auch Phrasen können eine Bedeutungsspezialisierung aufweisen und Komposita semantisch kompositional sein (vgl. Schlücker 2014: 40 f.):

(81)   a.   *grüner Daumen* 'Geschick in der Pflege von Pflanzen'
       b.   *blauer Fleck* 'Bluterguss'

(82)   a.   *Rotwein = roter Wein*
       b.   *Direktflug = direkter Flug*

In Anlehnung an Coseriu (1977) spricht Willems (1990: 60 f.) deshalb davon, dass die Idiomatizität eines Nominalkompositums niemals „intrinsisches Bedeutungsmerkmal der WBK [=Wortbildungskonstruktion, SFS] (des Lexems überhaupt) sein kann. Sie ist grundsätzlich eine Bezeichnungskomponente der Norm und daher auch veränderlich". Eine Bedeutungsspezialisierung ist also kein distinktives Kriterium, das die A+N-Komposition von der A+N-Phrasenbildung abheben könnte.

Überdies kann Lexikalisierung zwar zur Bedeutungsspezialisierung führen, aber in einem geeigneten Kontext können die ursprünglichen Konstituentenbedeutungen unter Berücksichtigung der Wortbildungsbedeutung wieder aktualisiert werden. Der Kontext, in dem ein Kompositum verwendet wird, spielt deshalb für die richtige Interpretation die entscheidende Rolle (vgl. Partee 1997: 341) und kann auch nicht-lexikalisierte Lesarten fördern. Ein anschauliches Beispiel liefert die folgende Schlagzeile:

(83)   Deutschland hadert mit seinem Groß-Vater (SPON, 25.9.2011)

Das Kompositum *Groß-Vater* bezieht sich auf den ehemaligen Papst Benedikt XVI. während eines Deutschlandbesuchs im September 2011. Die Verwendung des Wortes bringt den Leser hier ins Stolpern: 1. Die orthografisch etablierte Form ist *Großvater* und nicht *Groß-Vater*. 2. Offensichtlich hat das Wort hier nicht seine eigentliche Lesart 'Vater eines Elternteils' oder die umgangssprachlich etablierte Verwendung 'alter Mann', sondern ist in übertragener Bedeutung als 'mächtige (= groß) Autorität (= Vater)' zu verstehen (zudem leitet sich das Wort Papst vom kirchenlateinischen *papa* 'Bischof (von Rom)' < GR *páppa* 'Vater (Kindersprache)' ab, vgl. Duden Online (2012: Papst)). Der Autor markiert die von der lexikalisierten Bedeutung abweichende Verwendung durch die ungewöhnliche Bindestrich-Schreibung. Gleichzeitig wird aber auch die konventionelle Lesart aktiviert, wenn es weiter unten im Text heißt:

(84)   Dann endlich rollte der Papst ein, ein paar riefen „Be-ne-det-to", zündeten Kerzen an und ließen sich anstecken vom Glanz ihres Hirten.
           Der deutsche Papst war wieder „unser liebster Opi", wie auf einem
           Plakat stand, ein alter kleiner Mann mit mildem, wachen [sic!] Lächeln. (SPON, 25.11.2011)

Grundsätzlich können Verbindungen, die eine Bedeutungsspezialisierung erfahren haben, in einem geeigneten Kontext „für den Moment deidiomatisiert und remotiviert bzw. reidiomatisiert werden" (Willems 1990: 63; vgl. auch Fleischer/ Barz 1995: 18). Die Verwendung von *Groß-Vater* in (83) illustriert dies deutlich.

Da eine mögliche Bedeutungsspezialisierung kein gültiges Unterscheidungsmerkmal zwischen Phrasenbildung und Komposition sein kann, müssen die internen Strukturunterschiede genauer untersucht werden. Beide Verfahren bilden Modifikator-Kopf-Strukturen, d.h., der Kopf bestimmt in der Regel die grammatischen Eigenschaften und bildet den semantischen Kern der Verbindung, das Adjektiv modifiziert das Nomen konzeptuell. Allgemein wird die These vertreten, dass im Kompositum unterschiedlichste Modifikationsrelationen zwischen Adjektiv und Nomen möglich sind. Für das Deutsche haben u.a. Fahim Elsayed (1977), Ortner/Müller-Bollhagen (1991), Simoska (1999), Motsch (2004), Bücking (2009) und Schlücker (2014) Klassifikationen der semantischen Relationen in A+N-Komposita erstellt. Schlücker (2014: 120–125) unterscheidet zwischen fünf Typen:

a)   direkte Modifikationsrelation zwischen Adjektiv und Nomen, Typ *Glatteis*;
b)   Possessivkomposita, Typ *Rotbart*;[28]
c)   Modifikation eines impliziten, in der semantischen Struktur des Kopfnomens verankerten Verbs, Typ *Schnellgericht*;
d)   Modifikation eines impliziten, in der semantischen Struktur des Kopfnomens verankerten Nomens, Typ *Kaltmiete*;
e)   Modifikation eines impliziten, in der semantischen Struktur des Kopfnomens verankerten Nomens mit kausaler Bedeutungskomponente, Typ *Gelbfieber*.

Für das Niederländische haben de Haas/Trommelen (1993: 390–392) eine (semantisch basierte) Klassifikation entwickelt, die jedoch in mehreren Aspekten ungenügend ist. Zum einen wird der Grad der Bedeutungsspezialisierung für die Klassifikation herangezogen. Verbindungen wie *grootvader* 'Großvater', *kleinkind* 'Enkel' bilden daher eine eigene Gruppe, da die Adjektive nicht ihre im freien Gebrauch übliche Bedeutung hätten. Eine zweite Gruppe stellen Bildungen dar, die eher als Phrasenderivate einzustufen sind (z.B. *liefhebber* < *lief hebben* 'liebhaben', *openbaarmaking* < *openbaar maken* 'öffentlich machen). Problematisch ist zudem, dass viele der Bildungen, die unter diese Gruppe subsumiert werden, von den Autoren selbst zuvor postulierte Beschränkungen der A+N-Komposition verletzen: Das Adjektiv *openbaar* 'öffentlich' etwa ist weder monomorphemisch

---

28 Hier weicht meine semantische Unterteilung ab. Ich zähle die metonymischen Verbindungen als eigene semantische Subklasse und schließe sie aus dem Kreis der klassifikatorischen Verbindungen aus (vgl. Kap. 2.3.2). Für die Diskussion ist dieser Unterschied hier aber nicht relevant.

noch einsilbig oder endet auf einem Schwa-Laut. Die Klassifikation von de Haas/ Trommelen ist also nicht überzeugend. Schlückers Klassifikation lässt sich aber problemlos auf das Niederländische anwenden, vgl. (85):

(85) a. *sneltrein* 'Schnellzug'
      b. *bleekgezicht* 'Bleichgesicht'
      c. *snelbuffet* 'Schnellbüfett'
      d. *speciaalzaak* 'Fachgeschäft'
      e. *zwartzucht* 'schwere Gelbsucht'

Laut Schlücker (2014: 181) tritt von diesen fünf im Deutschen mit Abstand die direkte Modifikationsrelation am häufigsten in der Phrase auf (vgl. (86)), während phrasale Bildungen mit einem impliziten Referenten selten seien, vgl. (87):

(86) a. DE *freier Markt, kleiner Zeh*
      b. NL *vrije tijd* 'Freizeit', *rode wijn* 'Rotwein'

(87) a. DE *grüner Markt* (veraltet) 'Markt, auf dem grüne Waren (= Gemüse) angeboten werden'
      b. NL *zwarte handelaar* 'Person, die schwarzen Handel betreibt' bzw. 'Person, die mit schwarzen (= illegalen) Waren handelt'

Schlücker (2014: 126) nennt weitere Beispiele für Phrasen mit indirekten Modifikationsrelationen (z.B. *kompletter Preis, depressive Neurose, nervöser Magen*), verweist aber darauf, dass Phrasen mit einer impliziten Modifikationsstruktur insgesamt selten und nicht Ergebnis eines produktiven Schemas, sondern idiosynkratische Einzelbildungen seien. Für einen möglichen Ausnahmecharakter spricht, dass die Phrasen in (87) im Laufe der Zeit durch Komposita ersetzt wurden bzw. in der Gegenwartssprache zunehmend verdrängt werden. Das angenommene unsystematische Auftreten der impliziten Modifikationsrelation könnte eventuell ein Faktor sein, der die Verdrängung von Phrasen durch Komposita fördert. Andererseits stellt sich die Frage, wie Sprachen, in denen die A+N-Komposition weniger als im Deutschen genutzt wird, diese indirekten Modifikationsrelationen formal realisieren (vgl. hierzu auch Kap. 5.6.3).

Ein weiterer, wesentlicher Unterschied zwischen Phrasen und Komposita mit klassifikatorischer Bedeutung besteht Schlücker (2014: 49) zufolge darin, dass letztere per Default eine klassifikatorische Bedeutung haben, die zum Wortbildungsmuster gehört. Das adjektivische Erstglied dient dazu, „ein Subkonzept zu identifizieren und den Kontrast zu alternativen (potentiellen oder existierenden) (Ko-)Subkonzepten zu markieren" (ebd.: 52). Eine klassifikatorische Bedeutung ist zwar auch bei Phrasen möglich (vgl. Kap. 4.2), sie ist aber bei Verbindungen mit einem qualitativen Adjektiv keineswegs die prioritäre Lesart. Die inhärente klassifikatorische Modifikationsrelation bildet somit den entscheidenden Unterschied zwischen einer A+N-Phrase und einem A+N-Kompositum, dessen „syntagma-internes strukturell-semantisches Verhältnis" sich ansonsten nicht von der entsprechenden Relation im Syntagma unterscheidet (vgl. Willems 2001: 148). Für alle argumentativen Einzelheiten sei auf die ausführliche Analyse in Schlücker (2014: Kap. 3 und 4) sowie eine leicht abweichende Analyse bei Bücking (2009, 2010) verwiesen.[29]

Dass Komposita durch den Sprecher als relevant angesehene (Sub-)Klassen sprachlich herausgreifen, gehört zu den gängigen Vorstellungen über Komposita und ist eine Standardannahme in der Forschungsliteratur:

> Es gibt Beispiele in Hülle und Fülle, wo die Zusammensetzungsform den im individuellen Bewußtsein entstandenen und folglich vom breiten gemeinschaftlichen Standpunkt aus zufälligen Verbindungen gegenständlicher Vorstellungen den Wert der bleibenden Typen verleiht. (Pavlov 1972: 62)

> Der Wesensunterschied zwischen ASK [d.h. A+N-Kompositum, SFS] und ASS [d.h. A+N-Phrase, SFS] liegt in ihrer Struktur. Während Komposita ihrem Wesen nach kategorisieren, und zwar unabhängig vom Grad der Lexikalisierung, tun Syntagmen das erst, wenn sie stabil(er) geworden sind. (Barz 1996: 143)

> Hauptaufgabe der Zusammensetzung mit adjektivischem Erstglied ist es offensichtlich, etwas als S o n d e r a r t oder Sonderkategorie abzuheben, wo dies dem Sprecher bzw. einer Sprechergruppe sachlich erforderlich erscheint. (Erben 2006: 48; Hervorhebung im Original)

Schon Downing (1977) leitet aus dem klassifikatorischen Charakter der Komposition eine „naminess" für Komposita, d.h. eine besondere Eignung als Benennungseinheit, ab. Verwendungsbeschränkungen sieht sie dort, wo Komposita temporäre Konzepte versprachlichen und keine über die Sprechsituation hinausgehende Gültigkeit haben. Sie dienen dann in erster Linie der Identifizierung spezifischer Einheiten und haben eine deiktische Funktion (als sogenannte *deictic compounds*):

> In cases where it is not clear that a conventionalizable category is really 'out there', the use of even a novel compound name may seem somewhat odd. Thus, the 'cute' tone often associated with the use of deictic compounds based on temporary relationships may derive from the fact that speakers are aware of the naminess of compound forms, and are slightly uneasy about using them for entities that merit no more than a description. (ebd.: 838)

---

29 Daneben gibt es einzelne Fälle, in denen A+N-Komposita auch eine nicht-klassifikatorische Bedeutung haben können, vgl. Schlücker (2014: 73–76).

Charakteristisch für das Deutsche ist, dass viele A+N-Komposita reine Ad-hoc-Bildungen sind, während im Niederländischen die lexikalisierten Bildungen eine deutlich größere Rolle spielen (vgl. Kap. 5.2). Einiges deutet daraufhin, dass die „Hürde" für die Akzeptanz eines Kompositums im Niederländischen also höher liegt als im Deutschen. Leider hat sich die Diskussion zur A+N-Komposition im Niederländischen lange Zeit ausschließlich auf die Germanismus-Debatte beschränkt (vgl. Theissen 1975 und Kap. 6.4); außerdem existieren keine einschlägigen Studien zum Wortbildungsverfahren. Die Dissertation von Eeckhout (1972) über das Nominalkompositum im Niederländischen ist in erster Linie der Versuch, die generative Transformationsgrammatik auf die Analyse dieser Komposita anzuwenden, und enthält keine bemerkenswerten Details zu A+N-Komposita im Niederländischen. Neuere Arbeiten, v.a. im Rahmen der Beschreibung der niederländischen Wortbildung, behandeln formale und z.T. auch semantische Beschränkungen (so u.a. Steenbergen 1971; De Caluwe 1990; de Haas/Trommelen 1993; Haeseryn et al. 1997; Booij/van Santen 1998); eine detaillierte semantische Analyse ist meines Wissens allerdings noch nicht erfolgt. Anzunehmen ist daher, dass auch hier die klassifikatorische Modifikation prinzipiell zur Wortbildungssemantik der A+N-Komposition gehört. Diese Hypothese wird dadurch gestützt, dass auch für die Komposition im Englischen die (Sub-)Konzeptbildung als Funktion angenommen wird (vgl. Zimmer 1971, 1972; Downing 1977) und im Niederländischen die klassifikatorische Funktion ebenfalls „gefühlt" wird:

> Woorden als *grootgarage*, *volmelk*, *snelwas* druisen tegen ons taalgevoel in; of liever tegen onze beschouwing der dingen. Want de verklaring ligt op psychologisch gebied. Onwillekeurig denken we bij zulke woorden aan de behoefte, die blijkbaar bij onze oostelijke stamverwanten bestaat, om te classificeren; om bijv. garages of melk in soorten te verdelen en die een soort officieel stempel te geven. [...] Dergelijke systematisering is ons vreemd. (Staverman 1939: 33)[30]

Zusammenfassend: Phrasen und Komposita sind funktional äquivalent und können gleichermaßen als Benennungseinheiten dienen. Auch wenn beide Verfahren miteinander konkurrieren, findet bei der Benennungsbildung meist eine eindeutige Festlegung statt: Die neue Einheit wird entweder als Kompositum oder

---

30 „Wörter wie *grootgarage*, *volmelk*, *snelwas* [d.h. *Großgarage*, *Vollmilch*, *Schnellwäsche*] verstoßen gegen unser Sprachgefühl; oder besser gesagt, gegen unsere Sicht der Dinge. Denn die Erklärung ist psychologischer Art. Unwillkürlich denken wir bei solchen Wörtern an das Bedürfnis zu klassifizieren, das anscheinend bei unseren östlichen Stammverwandten besteht; [das Bedürfnis,] beispielsweise Garagen oder Milch in Sorten zu unterteilen und diesen eine Art offiziellen Stempel aufzudrücken. [...] Eine solche Systematisierung ist uns fremd." [Übersetzung: SFS].

als Phrase versprachlicht, nur bisweilen kommt es auch zu unmittelbaren Konkurrenzsituationen (vgl. *bittere Mandel – Bittermandel*). In der Forschungsliteratur werden für Komposita in Abgrenzung zu phrasalen Strukturen zwei Eigenschaften angenommen, die ihre besondere Eignung zur Benennungsbildung betonen: die Vielfalt der semantischen Modifikationsrelationen und die klassifikatorische Bedeutung als Teil des Wortbildungsmusters. Komposita versprachlichen Subklassen demnach auf besonders prägnante Art und Weise und grenzen sie auch formal deutlich ab (vgl. Barz 1988a: 20). Nichtsdestotrotz bleiben auch A+N-Phrasen eine (einzelsprachlich unterschiedlich stark genutzte) Option zur Benennungsbildung.

4.4 Zwischen Phrase und Kompositum

Generell ist die Unterscheidung zwischen Phrase und Kompositum im Deutschen und Niederländischen ohne Probleme möglich. Damit stehen beide Sprachen im Gegensatz zum Englischen, wo die Abgrenzung notorisch schwierig ist (vgl. Bauer 1998; Giegerich 2004). Dennoch gibt es auch im Deutschen und Niederländischen Beispiele, bei denen die Grenzen vager als zunächst vermutet sind und Verbindungen zugleich Eigenschaften von Komposita und Phrasen aufweisen können. Dazu zählen einerseits Phrasen, die im Laufe der Zeit worttypische Eigenschaften erworben haben (z.B. DE *Langeweile*, NL *hogeschool* 'Hochschule'). Andererseits gibt es speziell im Niederländischen eine besondere Klasse von Phrasen, die ohne die reguläre Adjektivflexion auftreten und sich formal den Komposita annähern.

4.4.1 Zusammenrückungen

Einige A+N-Verbindungen waren ursprünglich Phrasen und haben sich erst im Laufe der Zeit zu einer morphosyntaktischen Einheit entwickelt. Dieser Prozess wird traditionell als *Zusammenrückung* bezeichnet (vgl. Heinle 1993), obwohl sich in der neueren Literatur auch der Begriff 'Univerbierung' findet (u.a. bei Gallmann 1999; Motsch 2004; Jacobs 2005). Hier wird ebenfalls der Begriff der Zusammenrückung verwendet, da Univerbierung als ein zentraler Begriff der späteren Analyse bereits in einer abweichenden Bedeutung in Kapitel 6.2 verwendet wird.

Die Frage, ob Zusammenrückung ein Wortbildungsprozess ist, wird unterschiedlich beantwortet. Nach Fuhrhop (2007) ist sie ebenso wie Inkorporation und Rückbildung ein Wortbildungsprozess, weil hierdurch ein Wort entsteht. Jacobs (2005) hingegen verneint dies, da es weder deutliche Bildungsmuster noch eine Reihenbildung gebe. Er unterstreicht lediglich die Gemeinsamkeiten zwischen Zusammenrückungen und Wortbildungen. Typischerweise komme es dabei zu Veränderungen in der prosodischen Struktur der Einheit (Verschiebung der Wortakzentes, phonetische Reduktion der ursprünglichen Flexionsendung etc.) und der Flexionsfähigkeit des Erstglieds.

Der ursprünglich phrasale Charakter von Zusammenrückungen kann oft auch nach langer Zeit noch erkennbar sein. Beispielsweise weisen Bildungen wie *Langeweile* und *wittebrood* 'Weißbrot' noch eine interne Flexionsendung auf. Einige Bildungen werden wie für Komposita typisch auf dem Erstglied hauptbetont (z.B. NL *blíndeman* 'Blinde Kuh (Kinderspiel)'), andere haben noch ein phrasales Betonungsmuster (z.B. *hogeschóol* 'Hochschule'). Manche Ausdrücke variieren auch in ihren Eigenschaften: *Langeweile* kann sowohl auf dem Erst- als auch auf dem Zweitglied betont werden und weist auch bei der Flexion Variation auf, vgl. (88):

(88)   a.   Nein, so wollen wir nicht länger leben. Erlöse uns von der *Lang-en-weile* und ihrem Übel. (ZEIT, 9.8.2001, meine Hervorhebung)

           b.   Die Bilder erzählen von der *Lang-e-weile* und der Leere dort, überall liegt brauner Sand aus der Wüste. (ZEIT, 4.7.2009, meine Hervorhebung)

Im Niederländischen ist die Unterscheidung zwischen lexikalisierter, aber regulär flektierender Phrase und Zusammenrückung mitunter schwieriger als im Deutschen. Hier lässt sich oft nur an der Betonung entscheiden, ob es sich um eine reguläre oder eine zusammengerückte Phrase handelt, da die Flexion des Adjektivs in fast allen syntaktischen Kontexten unverändert bleibt und sich nicht wie im Deutschen je nach Kasus und Numerus des Bezugsnomens wandelt. Als Zusammenrückung in diesem Sinne gilt *blindeman* (flektiertes Erstglied, aber auch Betonung auf dem Erstglied), nicht aber *hogeschool*, bei dem die Hauptbetonung weiter auf dem Zweitglied liegt.

Eine weitere diagnostische Möglichkeit ist die Diminutivbildung im Niederländischen. Normalerweise flektieren attributiv gebrauchte Adjektive in allen syntaktischen Kontexten auf *-e*, wenn ihr Bezugsnomen ein *de*-Nomen ist. Wird das Bezugsnomen jedoch diminuiert, indem ein Diminutivsuffix (*-je* bzw. die Allomorphe *-tje*, *-pje* etc.) hinzugefügt wird, wird das *de*-Nomen zum *het*-Nomen (*de school* > *het schooltje*). Bei *het*-Nomen wird das Adjektiv allerdings in indefiniten Kontexten im Singular nicht flektiert (also z.B. nach *een* 'ein', *geen* 'kein' etc.), was zu Minimalpaaren wie *het mooi-e meisje* 'das schöne Mädchen' – *een mooi-Ø meisje* 'ein schönes Mädchen' führt. Wird das Nomen einer lexikalisierten A+N-Verbindung diminuiert und diese mit dem unbestimmten Artikel *een* kombiniert, bestehen zwei Möglichkeiten. Das Adjektiv flektiert nicht – dann handelt es sich morphosyntaktisch um eine reguläre Phrase. Flektiert das Adjektiv weiterhin, ist davon auszugehen, dass es sich um eine fossilisierte Flexionsendung handelt und die Verbindung als Zusammenrückung zu beschreiben ist, vgl. die folgenden Beispiele und auch Booij/van Santen (1998: 151):

(89)   a.   *de rode kool* 'der Rotkohl'
        b.   *een rode kool* 'ein Rotkohl'
        c.   *een rood-Ø kooltje* 'ein kleiner Rotkohl'
        d.   **een rode kooltje* 'ein kleiner Rotkohl'

(90)   a.   *de hoge school* 'die Hochschule'
        b.   *een hoge school* 'eine Hochschule'
        c.   **een hoog-Ø scholetje* 'eine kleine Hochschule'
        d.   *een hoge scholetje* 'eine kleine Hochschule'

Bei *rode kool* tritt keine Adjektivflexion auf, bei *hoge school*[31] hingegen schon, nur letztere ist tatsächlich als Zusammenrückung zu beschreiben. Die Diminutivbildung ist also ein nützlicher Test, um festzustellen, ob eine lexikalisierte Phrase im Niederländischen bereits worttypische Eigenschaften erworben hat.

Im Vergleich zu regulären Komposita und Phrasen mit Benennungsfunktion stellen Zusammenrückungen eine Minderheit dar. Es handelt sich um lexikalisierte Einzelfälle, die jeweils unterschiedliche formale Eigenschaften aufweisen, und es ist nicht von einem produktiven Konstruktionsmuster zur Bildung von Benennungseinheiten auszugehen. Sie sind allerdings insofern relevant, als dass sie als Modellbildung für neue Verbindungen zur Verfügung stehen und damit langfristig zur Lockerung von Bildungsrestriktionen im Bereich der A+N-Komposition beitragen können (vgl. hierzu Kap. 6.3).

4.4.2 Phrasen mit Schwa-Apokope im Niederländischen

Eine Besonderheit des Niederländischen gegenüber dem Deutschen sind A+N-Phrasen mit Schwa-Apokope, d.h. Phrasen ohne die reguläre Flexionsendung *-e* (vgl. Schuster 2010). Während die Adjektivflexion im Deutschen im Rahmen der Wortgruppenflexion weitgehend syntaktisch bestimmt wird (vgl. Gallmann 2005: 965), entfällt die im Niederländischen den grammatischen Regeln nach eigentlich obligatorische Flexionsendung in einigen Verwendungen. Beispiele hierfür sind:

---

31 Die Verbindung *hogeschool* wird nach der offiziellen Rechtschreibnorm zusammen-, hier und in (90) aus Gründen der Übersichtlichkeit aber getrennt geschrieben.

(91)   a.   *het stoffelijk-Ø overschot* 'die sterblichen Überreste'
       b.   *de wetenschappelijk-Ø medewerker* 'der wissenschaftliche Mitarbeiter'
       c.   *een groot-Ø keizer* 'ein herausragender Kaiser'

In allen drei Verbindungen müsste den allgemeinen Regeln des Niederländischen entsprechend das Adjektiv flektiert werden. Es handelt sich zwar um Phrasen, da die Hauptbetonung auf dem Nomen liegt. Gleichzeitig nähern sie sich aber formal den Komposita an, da das zweite typische Kriterium zur Abgrenzung von Phrase und Kompositum – die Flexion des Adjektivs – keine Anwendung findet. Einerseits lässt dies die Frage zu, ob die Beschreibung der Adjektivflexion im Niederländischen in den Standardgrammatiken nicht überholt ist. Andererseits ist die Menge der relevanten Bildungen in sich sehr heterogen und das Weglassen des Schwa-Lautes ist teilweise auch fakultativ (vgl. unten), so dass der Ausfall des Flexivs nicht auf einen erklärenden Faktor reduziert werden kann (vgl. Tummers 2005).

Es lassen sich im Niederländischen wenigstens drei Typen von Phrasen mit Schwa-Apokope unterscheiden (vgl. Haeseryn et al. 1997: 408–412; Broekhuis 1999: 210–215; Tummers 2005: 55–58):

1.   Typ *het stoffelijk-Ø overschot* 'die sterblichen Überreste': tritt ausschließlich bei Nomen im Neutrum (den *het*-Nomen) auf. Die Verbindungen haben oft eine Bedeutungsspezialisierung erfahren. Im Plural wird das Adjektiv i.d.R. flektiert, es gibt hier allerdings auch Ausnahmen.

2.   Typ *de wetenschappelijk-Ø medewerker* 'wissenschaftlicher Mitarbeiter': tritt nur bei Nomen mit belebten Referenten auf. Es handelt sich dabei um Personen-, Titel-, Berufsbezeichnungen. Das Adjektiv wird im Plural nicht flektiert.

3.   Typ *een groot-Ø keizer* 'ein herausragender Kaiser': betrifft nur Nomen mit belebten Referenten. Die flexionslose Form tritt ausschließlich in indefiniten Kontexten im Singular auf.

Bezogen auf die bereits eingeführte Unterscheidung zwischen klassifikatorischer und qualitativer Lesart lässt sich schnell erkennen, dass bei den ersten beiden Typen eine klassifikatorische Lesart des Adjektivs vorliegt, beim dritten Typ hingegen eine qualitative. Mit *een groot keizer* (Typ 3) wird nicht ein Individuum aus einer Subgruppe von Kaisern bezeichnet, sondern einfach 'ein herausragender Kaiser'. Die Mehrdeutigkeit von *groot* wird hier durch die Schwa-Apokope aufgelöst, da das Adjektiv neben 'herausragend' auch die Bedeutung 'von großer Statur, hoch gewachsen' (= DE *groß*) tragen kann. Es besteht also im Niederländischen die Möglichkeit, durch das Weglassen der Flexionsendung beim Adjektiv gezielt bestimmte Lesarten zu aktivieren. Das gilt nicht nur für semantische

Ambiguitäten, sondern auch für die Unterscheidung zwischen intersektiven und nicht-intersektiven Lesarten:

(92) a. *een knap-Ø taalkundige* 'ein schlauer Sprachwissenschaftler' (Broekhuis 1999: 215)

  b. *een goed-Ø leraar* 'ein guter Lehrer' (De Schutter 1994: 463)

In (92) geht es um Bildungen, die nur nicht-intersektiv interpretiert werden können: ein *knap taalkundige* ist eine Person, die in Bezug auf ihre Tätigkeit als Sprachwissenschaftler besonders schlau ist. Ob diese Person auch in anderen Lebensbereichen brilliert, sei dahingestellt (ähnlich verhält es sich mit *goed leraar*). Demgegenüber können die regulären Bildungen *knappe taalkundige* und *goede leraar* sowohl intersektiv als auch nicht-intersektiv interpretiert werden, also Bezug auf die Person im Allgemeinen als auch auf ihre Qualitäten als Sprachwissenschaftler bzw. Lehrer nehmen.

Honselaar (1980) vertritt die Auffassung, dass die Ø-Varianten als klassifikatorische Modifikatoren interpretiert werden müssen, d.h., dass sie zur Bildung eines „specific subset of the appropriate referents of the noun" führen (ebd.: 198).[32] Dagegen spricht allerdings das syntaktische Verhalten der Adjektive in solchen Verbindungen: Sie sind weiterhin modifizierbar – eine Eigenschaft, die für klassifikatorische Modifikatoren eigentlich ausgeschlossen wird (vgl. Rijkhoff 2008: 793 f. und Kap. 4.2):

(93)   *een erg knap-Ø taalkundige*
   'ein sehr schlauer Sprachwissenschaftler' (Broekhuis 1999: 215)

Geeignetere Kandidaten für eine klassifikatorische Funktion sind die zu den beiden ersten Subtypen gehörenden Verbindungen. Diese Bildungen können als klassifikatorisch beschrieben werden. Dies hat zum einen mit den Adjektiven zu tun, die in diesen Verbindungen oft vorkommen, nämlich Relationsadjektive, die auch bzw. ausschließlich eine klassifikatorische Lesart haben (z.B. *de wetenschappelijk-Ø medewerker*). Ist sowohl eine qualitative als auch klassifikatorische Lesart möglich, können manchmal Minimalpaare gebildet werden (vgl. Haeseryn et al. 1997: 409):

---

32 Genaugenommen spricht Honselaar nicht von *klassifikatorischer* vs. *qualitativer* Modifikation, sondern von *referent modification* und *reference modification*, eine Unterscheidung, die Bolinger (1967) etabliert hat.

(94) a. *Het verkeersslachtoffer was er zo erg aan toe dat zelfs de behandelend-e arts flauw viel.*
'[...] dass sogar dem behandelnden Arzt schlecht wurde' (Übersetzung: SFS)

  b. *Kan ik de behandelend-Ø arts even spreken?*
'Kann ich den behandelnden Arzt kurz sprechen?' (Übersetzung: SFS)

In (94a) geht es um eine Person, die Arzt ist und zufällig vor Ort den Verletzten behandelt. In (94b) hingegen geht es um eine Person, die die Rolle des zuständigen Arztes innehat. Hier steht nicht die individuelle Person, sondern ihre Funktion im Vordergrund. Während man in der flektierten Variante von einer qualitativen Lesart des Adjektivs ausgehen kann, d.h., dem in der Situation anwesenden Arzt wird eine konkrete Eigenschaft zugeschrieben, wird bei der nicht-flektierten Variante die klassifikatorische Lesart aktiviert. Die Übersetzungen zeigen, dass das Deutsche hier nicht die Möglichkeit hat, formal zwischen beiden Lesarten zu differenzieren.

Wie bereits erwähnt, haben die Verbindungen mit Schwa-Apokope oft eine spezialisierte Bedeutung. Das Schwa wird daher von einigen Autoren (vgl. z.B. Booij 2002a) als Marker des klassifikatorischen Charakters dieser Verbindungen gewertet. So stellen Phrasen mit Schwa-Apokope vom Typ 2 (z.B. *de plastisch chirurg, de wetenschappelijk medewerker*) Personen-, Berufs- oder Dienstbezeichnungen dar (vgl. Haeseryn et al. 1997: 409). Die Schwa-Apokope könnte demnach die formale Abgrenzung von völlig freien Phrasen ohne weitere Benennungsfunktion signalisieren.

Gegen eine allgemeine Interpretation der Schwa-Apokope als klassifikatorischer Marker sprechen allerdings Beispiele wie *een groot keizer* und die Tatsache, dass die Wahl zwischen Apokope und flektierter Variante generell auf keinen systematischen, für alle drei Typen klar erkennbaren Bedeutungsunterschied bezogen werden. Zum einen sind die Unterschiede oft idiosynkratischer Natur (vgl. Broekhuis 1999: 215). Zum anderen weisen Honselaar (1980: 197 f.) und Blom (1994: 91 f.) selbst darauf hin, dass in einzelnen Fällen nur ein stilistischer, aber kein semantischer Unterschied zu erkennen sei (vgl. auch Tummers 2005). Beispielsweise kann das Schwa nach Possessivpronomen wie in *mijn ruig haar* 'mein struppiges Haar' ausfallen (Honselaar 1980: 198), dies ist aber nicht obligatorisch und auch regional unterschiedlich (im südlichen Niederländisch, das in Flandern gesprochen wird, ist die Wahrscheinlichkeit eines Weglassens größer, vgl. de Rooij 1980a, b). Auch bei Verbindungen mit einem Adjektiv im Komparativ wie *een uitvoeriger beschrijving* 'eine detailliertere Beschreibung' (Blom 1994: 91) kann das Schwa aus rhythmisch-prosodischen Gründen ausfallen (vgl. Haeseryn et al. 1997: 411 f.).

In der empirischen Analyse in Kapitel 5 werden auch Verbindungen mit Schwa-Apokope analysiert. Eventuell lassen sich hier weitere Rückschlüsse in Bezug darauf ziehen, ob es sich bei A+N-Verbindungen mit Schwa-Apokope um eine eigene Subklasse zur Bildung klassifikatorischer Benennungseinheiten im Niederländischen handelt.

4.5 Komposition und Phrasenbildung als konkurrierende Schemata

Die in Kapitel 4.1–4.4 erfolgte Beschreibung soll im Folgenden konstruktionsgrammatisch modelliert werden, wobei hier der Vergleich zwischen dem Deutschen und dem Niederländischen im Vordergrund steht. Für ausführliche Modellierungen in morphosyntaktischer bzw. semantischer Hinsicht sei auf die Arbeiten von Booij (2010) und Schlücker (2014) verwiesen. Die nachfolgenden Erläuterungen beziehen sich ausschließlich auf klassifikatorische Verbindungen, d.h. Subklassenbezeichnungen wie DE *Gelbfieber* (als eine besondere Art von *Fieber*) oder NL *bittere amandel* ('Bittermandel'), für die ein produktiver Bildungsprozess in beiden Sprachen angenommen wird. Für metaphorische Benennungseinheiten wie DE *schwarzes Gold* 'Erdöl' oder NL *rode draad* 'roter Faden, durchgängige Linie' wird hingegen kein eigenes produktives Konstruktionsschema angenommen. Erstens haben diese Verbindungen keine klassifikatorische Bedeutung, zweitens weisen sie starke idiosynkratische Züge in Bedeutung (Neigung zu starker Bedeutungsspezialisierung) und Form, z.B. in Bezug auf ihre Modifizier- und Gradierbarkeit (vgl. Kap. 4.2), auf. Die Annahme lautet daher, dass metaphorische Verbindungen durch individuelle Lexikalisierungsprozesse entstehen und im Gegensatz zu klassifikatorischen Phrasen nicht als Resultat eines produktiven Bildungsprozesses beschrieben werden können.

Abbildung 4.4 stellt die beiden Schemata dar, mit deren Hilfe Sprecher des Deutschen und Niederländischen produktiv neue klassifikatorische A+N-Benennungseinheiten bilden können.

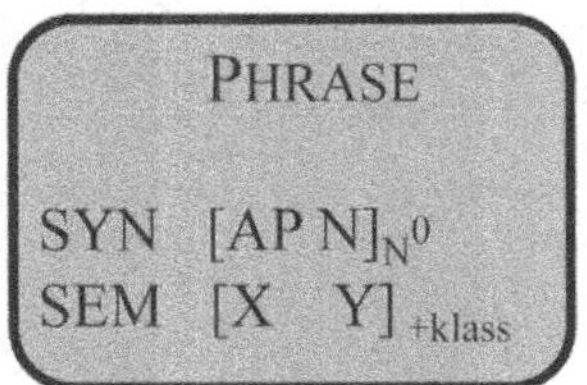

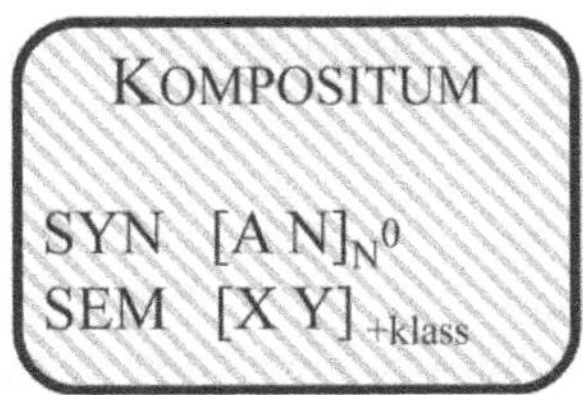

Abb. 4.4: Schemata für die Bildung klassifikatorischer A+N-Benennungseinheiten im Deutschen und Niederländischen

In beiden Sprachen existieren jeweils zwei produktive Konstruktionsmuster, um Adjektiv-Nomen-Verbindungen mit der Funktion, Subklassen zu bezeichnen, zu bilden: die Komposition und die Phrasenbildung. Produktive Verfahren werden in der Konstruktionsgrammatik als Schemata mit offenen Slots modelliert (vgl. Kap. 3). Gemäß der Annahme, dass Konstruktionen „learned pairings of form with semantic or discourse function" (Goldberg 2006: 5) sind, haben beide A+N-Schemata jeweils eine Form- (SYN) und eine Bedeutungsseite (SEM).[33] Auf der Formseite existiert jeweils ein offener Slot für adjektivische Modifikatoren und nominale Köpfe. Die Gesamtbedeutung einer Verbindung ergibt sich kompositional aus den Bedeutungen von Adjektiv und Nomen sowie der syntaktischen Struktur der Verbindung bzw. der Wortbildungsbedeutung. Beide Schemata weisen eine zusätzliche klassifikatorische Bedeutung auf, so dass auf diesen Schemata basierende Verbindungen Subklassenbezeichnungen darstellen.

Für beide Schemata gilt, dass Adjektiv und Nomen zwingend adjazent auftreten müssen, was sich aus dem lexikalischen Status der Verbindungen als N^0 ergibt. Sie unterscheiden sich jedoch bezüglich der Flexion des Erstgliedes: Während in Komposita das Adjektiv in seiner Stammform auftritt und Teil des Wortes ist, bildet das Adjektiv in klassifikatorischen Phrasen eine Adjektivphrase.

Durch Unifikation der Schemata mit lexikalischem Material können Sprecher neue klassifikatorische Einheiten bilden. Für Komposita bestehen morphosyntaktische Inputbeschränkungen beim Adjektiv, da hier im Gegensatz zu den Phrasen nicht alle Adjektive uneingeschränkt erlaubt sind (vgl. Kap. 4.1). Im Niederländischen sind die Inputbeschränkungen für die Komposition wie bereits diskutiert als strikter einzustufen.

Taxonomische und paradigmatische Relationen

In der CM wird das Lexikon in Form von Vererbungshierarchien konzipiert, in der Konstruktionen unterschiedlichster Schematizität über taxonomische und paradigmatische Relationen miteinander verbunden sind. Dabei lassen sich je nach Abstraktionsgrad verschiedene Ebenen von Konstruktionen unterscheiden, in der Terminologie von Traugott/Trousdale (2013: 16) etwa Mikro-Konstruktionen, Subschemata und Schemata. Beispielhaft sei hier die Taxonomie von EN *may*

---

33 Konstruktionen werden bei Booij (2010: 6–8) in Anlehnung an Jackendoff (2002) als dreiteilige Bildungen mit einer phonologischen, einer semantischen und einer syntaktischen Struktur repräsentiert (vgl. auch Abb. 3.1 in Kap. 3); im Folgenden bleibt die phonologische Struktur allerdings unberücksichtigt.

'dürfen', das als Mikro-Konstruktion der Subschema der Modalverben und ferner dem allgemeineren Schema der Hilfsverben untergeordnet ist (vgl. ebd.: 14). Taxonomien können auf unterschiedlichsten Eigenschaften beruhen, so sind laut Booij (2010: 25–26) neben morphosyntaktischen auch semantische Hierarchien möglich.

Auch für die beiden Schemata aus Abbildung 4.4 gilt, dass sie in ein dichtes Netzwerk von unter- und übergeordneten Konstruktionen eingebunden sind. Dabei ererben die Schemata einen Teil ihrer Eigenschaften von übergeordneten Konstruktionsschemata für morphologische und phrasale A+N-Verbindungen, vgl. Abbildung 4.5.

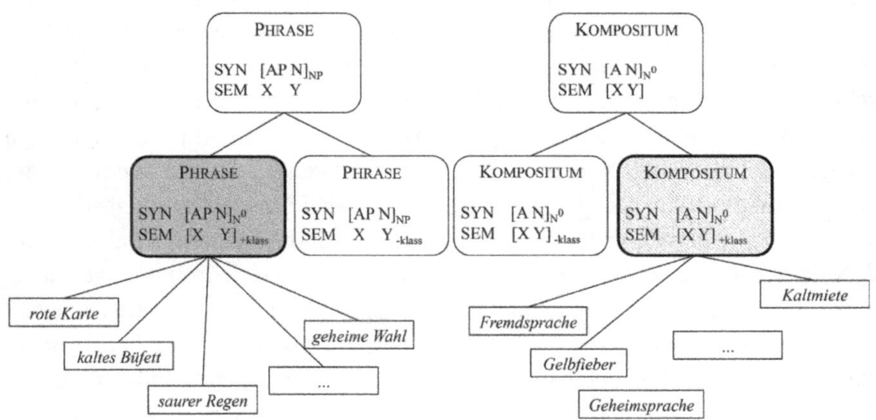

Abb. 4.5: Konstruktionshierarchien bei klassifikatorischen A+N-Verbindungen am Beispiel des Deutschen

Abbildung 4.5 stellt eine mögliche Konstruktionshierarchie für klassifikatorische A+N-Verbindungen am Beispiel des Deutschen dar. Klassifikatorische A+N-Komposita erben ihre gesamten formalen Eigenschaften vom übergeordneten Konstruktionsschema der A+N-Komposition. Dazu gehören die strikte Adjazenz von Adjektiv und Nomen und auch die erwähnten Inputbeschränkungen bezüglich des Adjektivs. Die Abgrenzung zum übergeordneten Schema erfolgt durch die klassifikatorische Bedeutung von A+N-Komposita, wie sie in DE *Gelbfieber* oder NL *sneltrein* anzutreffen ist, nicht aber z.B. in DE *Falschgeld*. So sind *Gelbfieber* und *sneltrein* Benennungen für bestimmte Subklassen von Fieberkrankheiten bzw. Zügen, während *Falschgeld* keine Subklasse von *Geld* darstellt und ein Beispiel für ein nicht-klassifikatorisches A+N-Kompositum ist.

Im Gegensatz hierzu erben klassifikatorische A+N-Phrasen nur einen Teil ihrer formalen Eigenschaften von der übergeordneten Konstruktion. Vielmehr zeichnen sie sich gegenüber dem allgemeinen Schema der A+N-Phrase durch die strikte Adjazenz zwischen Adjektiv und Nomen, die kein allgemeines Merkmal von Adjektiv-Nomen-Phrasen ist (vgl. *saurer Regen – *saurer, kalter Regen* 'Niederschlag, der schweflige Säure enthält'), aus. In semantischer Hinsicht grenzen sie sich ebenfalls durch ihre klassifikatorische Bedeutung ab.

Es stellt sich die Frage, auf welchem Wege die hier zentralen A+N-Phrasen und A+N-Komposita diese klassifikatorische Bedeutung erhalten. Denkbar sind zwei Optionen: Zum einen können Konstruktionen in unterschiedlichste Hierarchien eingebunden sein und dementsprechend Eigenschaften von unterschiedlichen Schemata erben (vgl. Booij 2010: 25–27). Für die A+N-Schemata ist also denkbar, dass sie ihre klassifikatorische Bedeutung von einer anderen Konstruktion im Lexikon erben. Dies setzt allerdings voraus, dass es im Lexikon auch Konstruktionen geben kann, die keine vollständige Einheit von Form (SYN/PHON) und Bedeutung (SEM) darstellen, sondern lediglich eine semantische Struktur (und in diesem Fall genauer: die klassifikatorische Bedeutung) aufweisen, die von den Schemata der klassifikatorischen A+N-Komposition bzw. A+N-Phrasenbildung geerbt wird (ebenso aber auch von anderen nominalen Kompositionsmustern, z.B. N+N- oder V+N-Komposition). Die formalen Eigenschaften erben die A+N-Verbindungen ja bereits jeweils von einem übergeordneten morphologischen bzw. phrasalen Schema.

Eine zweite Option ist, dass die klassifikatorische Bedeutung beider Schemata ursprünglich durch eine Bottom-up-Dynamik entstanden ist, d.h., sie ist das Ergebnis eines Abstraktionsprozesses auf Basis vieler lexikalischer Einheiten, die als Subklassenbezeichnungen verwendet und lexikalisiert wurden. So könnten sich aus einzelnen Mikro-Konstruktionen schrittweise entsprechende klassifikatorische (Sub-)Schemata für die Phrasenbildung und die Komposition entwickelt haben. Diese schrittweise Generalisierung weg von einzelnen lexikalisierten Bildungen hin zur Entstehung eines abstrakteren Schemas könnte z.B. analogiegeleitet erfolgt sein. Diese Idee lässt sich gut an der Entstehung des gegenwärtig produktiven, lexikalisch unterspezifizierten Subschemas [X$_N$-*gate*]$_N$ (vgl. Booij 2010: 90) nachvollziehen, das die Bedeutung 'politischer Skandal in Bezug auf X' trägt und in seinem Ursprung auf das englische Modellwort *Watergate* (die Bezeichnung eines (US-)Politskandals in den 1970er Jahren) und auf nach dessen Vorbild geprägte Einzelbildungen zurückgeht. Gegenwärtig handelt es sich um ein sehr produktives Bildungsverfahren in mehreren Sprachen, vgl. die neueren Bildungen EN *Obama-gate*, NL *kippen-gate*, DE *Schnurr-gate*, FR *Gayet-gate*. Ein ähnlicher Entstehungspfad könnte auch für die klassifikatorischen Schemata der A+N-Verbindungen angenommen werden, wenngleich diese um ein Vielfaches abstrakter als das lexikalisch teilspezifizierte Subschema [X$_N$-*gate*]$_N$ sind.

Diese zweite Option kann allerdings nicht erfassen, dass die klassifikatorische Bedeutung die Default-Bedeutung der nominalen Komposition ist und nicht nur für A+N-Komposita, sondern auch für andere Formen nominaler Komposita gilt (also N+N, V+N etc.; vgl. Kap. 4.3). Stattdessen müsste angenommen werden, dass jede einzelne Subklasse nominaler Komposita die klassifikatorische Bedeutung unabhängig voneinander in einem Bottom-up-Prozess entwickelt hat und diese Parallelität zwischen den verschiedenen Kompositionstypen rein zufälliger Art ist. Daher scheint die erste Option die bessere Wahl zu sein. Allerdings erfordert diese, dass die Goldbergsche Definition einer Konstruktion im Sinne eines sprachlichen Zeichens nach De Saussure (vgl. oben) revidiert wird, da Goldberg ausschließlich von Form-Bedeutungspaaren ausgeht, Konstruktionen also immer zugleich Form *und* Bedeutung haben. Hier bietet eher Jackendoffs 'Parallel Architecture' Anknüpfungspunkte: Er nimmt an, dass Konstruktionen auch „defekt" sein können, also nicht immer zugleich eine semantische, morphosyntaktische und phonologische Struktur haben müssen (vgl. auch Jackendoff 2002: 180):

> [...] meaningful constructions are just one kind of abstract stored structure. The grammar of a language can also contain independent principles of syntactic form [...], as well as independent principles of semantic structure that have no syntactic effect. (Jackendorff 2013: 79)

Unabhängig von dieser Frage handelt es sich bei Abbildung 4.5 zunächst nur um eine erste Annäherung an die anzunehmenden Bildungsschemata für das Deutsche aus synchroner Sicht und auch Besonderheiten des Niederländischen werden ausgeblendet. In Kapitel 5 wird argumentiert, dass aufgrund der historischen Daten eine viel differenziertere Aufgliederung der Schemata erforderlich ist und dass es darüber hinaus plausibel ist, für das Niederländische noch ein weiteres Subschema für klassifikatorische A+N-Phrasen anzunehmen, das sich formal durch eine Schwa-Apokope auszeichnet und eine spezielle Semantik aufweist. Es handelt sich dabei um A+N-Bildungen, die mit einem Relationsadjektiv gebildet werden und eine Berufs-/Personenbezeichnung darstellen.

Neben den taxonomischen Relationen zwischen Schemata, Subschemata und Mikro-Konstruktionen spielen auch paradigmatische Relationen zwischen einfachen und komplexen Verbindungen im Lexikon eine wichtige Rolle. Konventionalisierte, vollständig lexikalische spezifizierte Konstruktionen wie DE *Gelbfieber*, *freier Markt* oder NL *sneltrein*, *zure regen* sind nicht nur mit den übergeordneten schematischen Konstruktionen verbunden. Vielmehr sind sie zum einen auch mit den lexikalischen Einträgen ihrer Einzelkonstituenten (im Falle von *Gelbfieber* beispielsweise *gelb* und *Fieber*) und zum anderen über Teilähnlichkeiten mit anderen lexikalischen Einheiten, die die gleiche Adjektiv- oder Nomenkonstituente teilen (z.B. *Gelbsucht, Wundfieber*), verbunden (vgl. Abbildung 4.6 und 4.7).

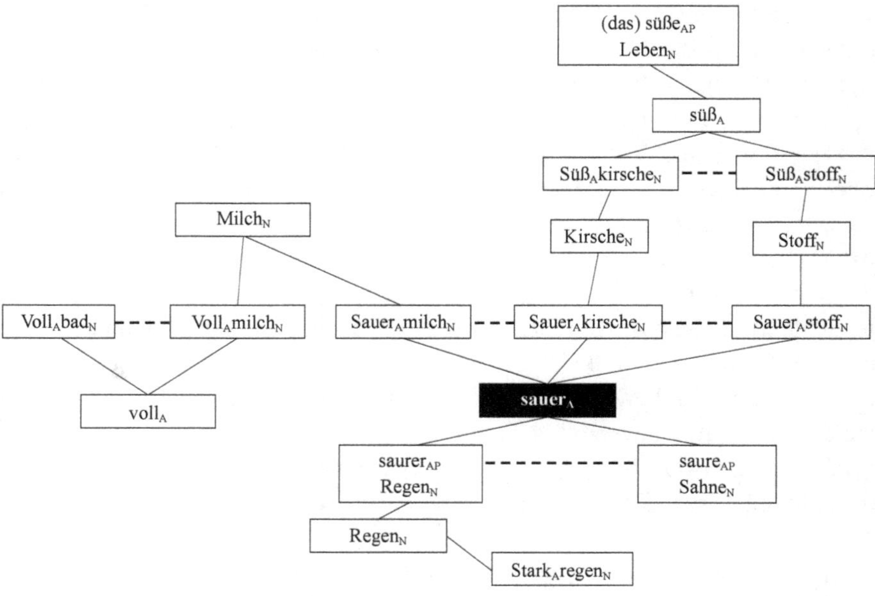

Abb. 4.6: Paradigmatische Relationen am Beispiel von DE *sauer*

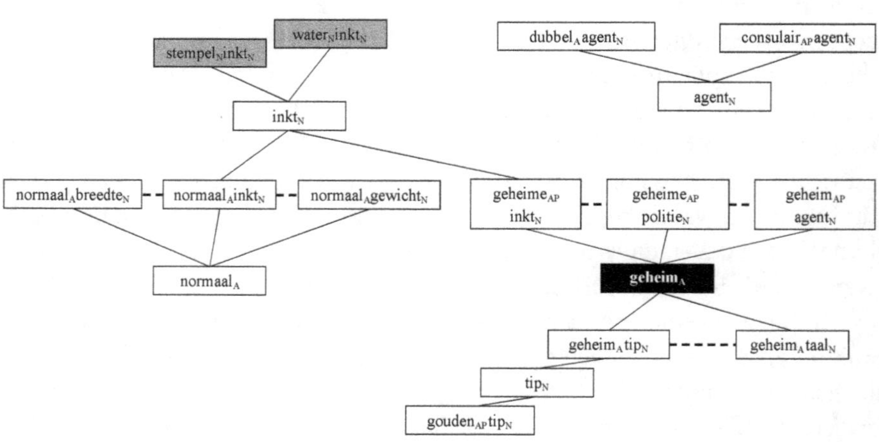

Abb. 4.7: Paradigmatische Relationen am Beispiel von NL *geheim*

Paradigmatische Relationen bestehen sowohl zwischen einfachen als auch komplexen Einheiten, die einzelne Konstituenten teilen. In Abbildung 4.6 bzw. 4.7 sind paradigmatische Relationen zwischen A+N-Verbindungen mit derselben Adjektivkonstituente und der gleichen formalen Realisierung beispielhaft durch gestrichelte Linien dargestellt. Wie bereits in Kapitel 3 beschrieben, gibt es für die Existenz paradigmatischer Relationen im mentalen Lexikon eine Reihe psycholinguistischer Evidenz wie z.B. den 'family size effect', der besagt, dass die Typenfrequenz komplexer Bildungen, die eine Konstituente teilen, Einfluss auf die Dauer der Verarbeitung individueller Bildungen hat. In Kapitel 5 bzw. 6 wird deutlich werden, dass paradigmatische Relationen für die Frage der Distribution von A+N-Komposita und A+N-Phrasen historisch eine wichtige Rolle spielen. Taxonomische Relationen allein können die historische Entwicklung und Distribution der letzten Jahrhunderte nur unzureichend abbilden.

Zusammenfassend lassen sich klassifikatorische Phrasenbildung und Komposition als produktive Schemata beschreiben, mit denen Sprecher produktiv neue Benennungseinheiten bilden können. Die Schemata sind dabei auf vielfältige Art und Weise über taxonomische und paradigmatische Relationen im mentalen Lexikon eingebettet. Beide Schemata konkurrieren im Deutschen und im Niederländischen miteinander. Es ist allerdings bisher immer noch nicht deutlich, wie die in beiden Sprachen vorhandenen Distributionen für den weitaus größten Teil der klassifikatorischen A+N-Verbindungen zustande kommen. Im nächsten Abschnitt werden daher Faktoren vorgestellt, die in der Forschungsliteratur als relevant für die Distribution von Komposition und Phrasenbildung bei der A+N-Benennungsbildung betrachtet wurden.

4.6 Komplementarität und Konkurrenz

Die Verteilung morphologischer und syntaktischer Benennungseinheiten unterscheidet sich je nach Wortart deutlich. Während im Deutschen im Bereich verbaler Ausdrücke die Komposition nur eingeschränkt produktiv ist und komplexe Ausdrücke meist als syntaktische Verbindungen realisiert werden (vgl. Fleischer 1996a, 1997; Barz 2007), stellt die Nominalkomposition bei den Substantiven das dominante Verfahren zur Bildung komplexer Ausdrücke dar (vgl. Burger 2001: 34; Barz 2007). Im Niederländischen scheint diese morphologische Dominanz geringer zu sein: Allein bei den A+N-Verbindungen haben Hüning/Schlücker (2015) zufolge Hunderte von Komposita im Deutschen phrasale Entsprechungen im Niederländischen.

Trotz einiger semantischer Unterschiede zwischen beiden Verfahren, die in Kapitel 4.3 thematisiert wurden (Stichpunkte sind Modifikationsrelation, klassifikatorische Bedeutung als Teil des Wortbildungsmuster), sind Phrasenbildung und Komposition funktional äquivalente Strategien zur Benennungsbildung. Die Realisierung eines neuen Begriffes als Phrase oder als Kompositum erfolgt dabei nicht grundsätzlich wahllos. So existieren verschiedene sprachstrukturelle Bildungsbeschränkungen, aber auch Sprachgebrauchspräferenzen, die eine Vorhersage der Realisierungsform erlauben. Einige dieser Faktoren wurden bereits genannt, sollen aber im Folgenden noch einmal systematisch aufgeführt und ergänzt werden. Mögliche Faktoren wurden in der Forschungsliteratur bisher v.a. in Hinblick auf das Deutsche diskutiert, daher basiert auch die folgende Darstellung im Wesentlichen (aber nicht ausschließlich) auf Beobachtungen zum Deutschen.

4.6.1 Morphologie und Phonologie

Ein wesentlicher Faktor für die Distribution von Phrase und Kompositum stellen die morphologischen Beschränkungen, denen die Erstgliedposition im A+N-Kompositum unterworfen ist, dar (vgl. Kap. 4.1).

Erstglied eines A+N-Kompositums können im Deutschen in erster Linie nur monomorphemische Adjektive sein. Regelhafte Ausnahmen sind komplexe (Relations-)Adjektive mit den nicht-nativen Suffixen *-al*, *-ar*/är, *-iv* und einige Adjektivderivate (u.a. mit den Suffixen *-ig*, *-fach*, *-los* wie in *Billigimport*, *Mehrfachimpfstoff*, *Endlosschleife*). Die Beschränkungen im Niederländischen sind wesentlich stärker, da Adjektive mit nicht-nativen Suffixen nicht zulässig sind (vgl. **sociaalbeleid*, **nationaalgevoelens*). Polymorphemische Adjektive sind in beiden Sprachen weitgehend von der Komposition ausgeschlossen, allerdings wird durch einige Autoren (u.a. Willems 1990; Ortner/Müller-Bollhagen 1991: 10, Schlücker 2012: 10 f.) angenommen, dass es im Deutschen zu einer zunehmenden Lockerung dieser Restriktion kommt, vgl. Ad-hoc-Bildungen wie *Schnörkellos-Sieg* oder *Grünlich-Card*. Aufgrund der geschilderten Bildungsbeschränkungen können Phrasenbildungen und auch andere Wortbildungen in zutreffenden Fällen bevorzugt werden. Kompositionsunfähige Relationsadjektive ohne eines der genannten Suffixe können beispielsweise durch ihre nominale Derivationsbasis ersetzt werden (z.B. *finanzielle Hilfe – Finanzhilfe – *Finanziellhilfe*).

Während Simoska (1999) für das Nomen keinerlei morphologische Beschränkungen annimmt, nennt Barz (1996) die morphologische Struktur des Nomens als einen Faktor, der zu einer geringeren Produktivität der Komposition führe: Viele deverbale Nomenderivate würden zwar Rektionskomposita mit einem Nomen als Erstglied bilden, nicht aber A+N-Komposita (z.B. *Beschreibung*, *Besitzer*). Für das Niederländische wurde ursprünglich angenommen, dass *het*-Nomen besonders produktiv in der A+N-Komposition sein würden (vgl. van der Sijs 2005: 265), was Theissen (1975: 201) nach einer ausführlichen empirischen Untersuchung aber verneint.

Die in der Literatur für das Deutsche mehrmals herausgestellte phonologische Beschränkung, wonach nur einsilbige Adjektive oder Adjektive mit einer unbetonten Endsilbe als Erstglied zulässig seien (vgl. z.B. Erben 2006: 46 f.), entspricht wie oben bereits gezeigt nicht der Realität. Im Niederländischen fällt auf, dass drei- und mehrsilbige Adjektive nicht in A+N-Komposita vorzukommen scheinen (vgl. die Beispiele in (54)). Es ist allerdings nicht deutlich, ob dies eine strukturelle Beschränkung ist oder nur zur Gebrauchsnorm gehört.

4.6.2 Syntax

Barz (1996) zufolge treten Adjektive mit geringem Kollokationspotenzial nicht oder nur selten als Erstglied im Kompositum auf. So komme das Adjektiv *brav* nicht in Komposita vor und bilde auch nur wenige Kollokationen (*braves Mädchen*, *braver Bürger*). Allerdings lasse sich daraus nicht schließen, dass ein Adjektiv kein großes Kollokationspotenzial habe. Beispielsweise sei *hell* selten Erstglied eines A+N-Kompositums, bilde aber viele Kollokationen: *helles Licht, helle Freude, helle Aufregung, helles Holz* etc. Tatsächlich verzeichnet der Duden Online (2012) nur *Hellstrom* (wohl ein Fachterminus der Elektrotechnik) und *Hellsicht*, das diachron durchaus als Rückbildung aus *hellsichtig* entstanden sein könnte (Formen wie *Hellseher* werden hier zu den Phrasenderivaten gezählt und nicht berücksichtigt). Dieser Zusammenhang scheint insofern konsequent, als dass eine theoretische Möglichkeit zur Entstehung morphologischer Benennungseinheiten darin bestehen könnte, dass Kollokationen von Adjektiv und Nomen, die zunehmend eine gesamtheitliche Semantik entwickeln, ab einem bestimmten Moment durch ein Kompositum ersetzt werden können (dieses könnte im Fall von *fremde Sprache – Fremdsprache* geschehen sein, vgl. Kap. 5.7). Unterhalten Adjektive keinerlei Verknüpfungspräferenzen zu Nomen, fällt diese Möglichkeit von vorneherein weg.

4.6.3 Semantik

Neben den morphologischen Beschränkungen, die die Produktivität der A+N-Komposition begrenzen, spielt auch die Semantik eine wesentliche Rolle bei der Distribution von Phrasen und Komposita. In Kapitel 4.3 wurde bereits besprochen, dass indirekte Modifikationsrelationen Schlücker (2014) zufolge bei Phrasen vergleichsweise selten vorkommen. Daneben sind auch andere Aspekte relevant. So können nach Barz (1996) bei polysemen Adjektiven Einzelbedeutungen in unterschiedlichen Distributionen auftreten und damit Einfluss auf die Realisierung als Phrase oder Kompositum nehmen. So trete das deutsche Adjektiv *falsch* in der Bedeutung 'moralisch unangemessen, unangebracht' nur in Phrasen, die Bedeutung 'nicht richtig' jedoch sowohl in Phrase als auch Kompositum auf.

Eine weitere, noch grundlegendere Beschränkung betrifft den semantischen Grundtyp der A+N-Verbindung. Landsbergen (2009: 53–57) zeigt, dass unterschiedliche semantische Klassen von A+N-Verbindungen, die er als endozentrisch, exozentrisch und metonymisch bezeichnet, auch unterschiedliche formale Realisierungspräferenzen haben. Unter endozentrischen Bildungen versteht Landsbergen Verbindungen, bei denen zwar das Nomen als Kopf der Bildung das Konzept bezeichnet, das auch der Verbindung als Ganzes zugrunde liegt, in denen das Adjektiv aber zusätzliche Bedeutungsmerkmale erhalte. So sei ein *sneltrein* 'Schnellzug' nicht nur schnell, sondern habe noch weitere Merkmale (hält nicht an jedem Bahnhof etc.). Zu den endozentrischen Verbindungen rechnet Landsbergen auch Beispiele wie *heilige koe* 'Auto' (wörtl. 'heilige Kuh') und *koude douche* 'Ernüchterung' (wörtl. 'kalte Dusche'), da sie in ihrer wörtlichen Bedeutung endozentrisch seien. Eine formale Präferenz ist laut Landsbergen bei endozentrischen Bildungen nicht ohne Weiteres erkennbar, sowohl Phrasen als auch Komposita würden gebildet. Zu den exozentrischen Bildungen zählt er Verbindungen, deren Bedeutung vollständig undurchsichtig sei. Weder der Bezug zum Gesamtdenotat der Verbindung, noch die Bedeutungsrelation zwischen Adjektiv und Nomen sei transparent. Als Beispiele nennt Landsbergen *linke soep* 'riskante Angelegenheit' (wörtl. 'riskante Suppe') und *blauwe maandag* 'kurze Zeitdauer' (wörtl. 'blauer Montag'). Bei den exozentrischen Verbindungen liege die Präferenz eindeutig bei Phrasen. Metonymisch seien schließlich Verbindungen wie *dwarskop* 'Sturkopf', deren Kopf zwar ebenfalls semantisch opak, deren Bedeutung aber trotzdem nicht völlig unvorhersagbar sei, da die Verbindungen immer auf Personen mit einer spezifischen Eigenschaft, die durch die A+N-Verbindung genannt werde, verweisen würden. Derlei Verbindungen sind laut Landsbergen in der Regel Komposita.

Landsbergen verweist meines Erachtens auf interessante Zusammenhänge, seine Klassifikation wird daher in abgewandelter Form hier weitergeführt. Allerdings ist sie an mehreren Stellen zu kritisieren. Zum einen ist die Terminologie unglücklich, da der Begriff 'exocentric' in der Forschungsliteratur oft (und vielleicht zu Unrecht, vgl. Booij 2002b: 143) auf Bildungen wie *bleekgezicht* 'Bleichgesicht' oder *roodborstje* 'Rotkehlchen' angewandt wird, die er selbst als metonymisch beschreibt. Zum anderen ist auch die Klassifikation einzelner Beispiele nicht nachzuvollziehen. So wird *heilige koe* als endozentrisch eingestuft, weil die Bildung in ihrer wörtlichen Bedeutung endozentrisch sei. Hingegen gelte für *linke soep* oder *blauwe maandag*, dass sie „do not mean anything" (Landsbergen 2009:

53). Diese Bildungen sind für den gegenwartssprachlichen Sprecher sicher stärker idiomatisiert als *heilige koe*, weil die Beziehung zwischen Adjektiv und Nomen undurchsichtig ist. Trotzdem ist ihre Gesamtbedeutung im Gegensatz zu der von *sneltrein* oder *volle melk* 'Vollmilch' nicht ohne Weiteres auf das durch das Nomen bezeichnete Konzept zurückzuführen. Ebenso ist zweifelhaft, ob es in einer Bezeichnung wie *sneltrein* tatsächlich das Adjektiv ist, das eine semantische Spezialisierung aufweist und für weitere Merkmale wie 'hält nicht an jedem Bahnhof' verantwortlich ist (diese Ansicht scheint Landsbergen zu vertreten, vgl. 2009: 53). Es ist eher die gesamte Einheit *sneltrein*, die diese zusätzlichen Bedeutungsmerkmale trägt. Aufgrund dieser Probleme wird der Großteil der von Landsbergen endozentrisch genannten Bildungen hier als klassifikatorische Verbindungen erfasst, wenn sie eine Subklasse des Konzepts bezeichnen, das durch das Nomen genannt wird. Darunter fallen Verbindungen wie *sneltrein* oder *volle melk*, nicht aber *heilige koe* oder *koude douche*. Letztere gehören zusammen mit Bildungen wie *linke soep*, *blauwe maandag* zu den metaphorischen Verbindungen, da sie keine Subklasse des durch das Nomen bezeichneten Konzepts bilden, sondern auf einer metaphorischen Bedeutungsübertragung beruhen. Eine letzte Gruppe stellen die auch von Landsbergen als metonymisch bezeichneten Verbindungen dar, die auf Kontiguitätsrelationen beruhen, vgl. NL *dwarskop* 'Trotzkopf'.

Wesentlich ist nun, dass bei den metaphorischen und metonymischen Verbindungen sehr deutliche Bildungspräferenzen bestehen. Metaphorische Verbindungen werden in der Regel syntaktisch, metonymische Verbindungen als Komposita versprachlicht. Das gilt nicht nur für das Deutsche, sondern auch für das Niederländische (vgl. Landsbergen 2009: 55–57). Zwar können gelegentlich auch Komposita eine metaphorische Bedeutung haben, z.B. NL *geelbal* 'Kartoffelsorte' (wörtl. 'gelb'+'Ball'), oder etablierte Phrasen eine metonymische Interpretation wie etwa DE *heller Kopf* 'schlaue Person' tragen. Dabei handelt es sich aber nicht um ein produktives Muster.

Die Abgrenzung dieser drei Typen ist für die Frage nach Konkurrenz und Komplementarität beider Benennungsstrategien essenziell. Andernfalls entsteht schnell der Eindruck des Unsystematischen. So nennt Donalies (2008: 315) als Beispiel für benennende A+N-Phrasen *süßes Leben*, *freie Wahl*, *flüssiges Brot* und stellt fest, dass die entsprechenden Komposita *Süßleben*, *Freiwahl*, *Flüssigbrot* nicht existierten, „selbst wenn es durchaus etablierte Komposita mit genau denselben Adjektiven gibt: *Süßkartoffel*, *Freistunde*, *Flüssiggas*". Zumindest aber für *flüssiges Brot* erscheint die Realisierung als Phrase nach den obigen Erläuterungen selbstverständlich, da es sich um eine metaphorische Verbindung (mit der Bedeutung 'Bier') handelt.

4.6.4 Andere konkurrierende Verfahren

Die Konkurrenz anderer Wortbildungsverfahren im Deutschen und Niederländischen soll ebenfalls relevant sein. Barz (1996) nennt die Konversion von Adjektiven wie *klug* zu Nomen (*der Kluge*) als einen Faktor, der Komposita wie *Klugstudent* überflüssig mache. Auch die Möglichkeit der Bildung komplexer Wortbildungen mit Konfixen (z.B. DE *sozio-* bzw. NL *socio-*) könnte eine Alternative zur Komposition bzw. Phrasenbildung darstellen. Die in Kapitel 4.4.2 besprochenen Phrasen mit Schwa-Apokope im Niederländischen wie *sociaal werker* ‘Sozialarbeiter’ sind möglicherweise eine Alternative zur Komposition im Bereich der Berufs- und Personenbezeichnungen (vgl. Booij 2002a und Kap. 5.3).

Bei den Relationsadjektiven ist die N+N-Komposition als konkurrierendes Verfahren denkbar (DE *Nationalstaat* – ?*Nationsstaat*, NL *academisch jaar* – ?*academiejaar*). Barz (1996) zufolge ist die Distribution jedoch relativ unsystematisch. So gebe es zwar *ärztliche Untersuchung, Verordnung* und *ärztliches Attest*, aber dafür *Arztpraxis* und *Arztrechnung*. Sie vermutet hier einen Einfluss analogischer Beziehungen. Analogie als Erklärungsansatz zur Strukturbildung bei den A+N-Verbindungen wird in Kapitel 6.1 näher diskutiert.

4.6.5 Stilistik und Pragmatik

Phraseologischen Einheiten wird bisweilen eine besondere Funktion zugeordnet: „Anders als die Wortbildung dient die Phraseologisierung in besonderem Maße der Expressivitätssteigerung“ (Fleischer 1996b: 336). Expressivität meint hier, dass die Einheiten subjektiv-wertend und stilistisch markiert seien, wobei sich dies aus der Doppelung der wörtlichen und übertragenen Bedeutung sowie stilistischen Besonderheiten wie Reim, Alliteration etc. ergebe (vgl. Hümmer 2007: 89). Bei der Mehrheit der A+N-Verbindungen – zumindest jenen ohne metaphorische Interpretation wie *kalter Kaffee* – scheint meines Erachtens jedoch kein Gewinn an Expressivität gegenüber der entsprechenden Wortbildung erkennbar, weshalb eine mögliche Begründung der Distribution von Komposita und Phrasen auf Grundlage dieses Kriteriums eher fragwürdig scheint.

In die Stilistik fallen mögliche Realisierungsunterschiede zwischen Gemein- und Fachsprache (vgl. Kap. 2.1). Einigen Autoren zufolge (u.a. Möhn 1986; Wiese 1988; Elsen 2007) ist der Anteil syntaktischer Benennungseinheiten, auch ‘Mehrwortbenennungen’ genannt, höher als in der Gemeinsprache:

Eine Durchsicht einschlägiger zusammenfassender Darstellungen zur Fachlexik zeigt insofern ein deutlich abweichendes Ergebnis gegenüber entsprechenden Arbeiten zur „Allgemeinlexik" (vgl. die genannten Arbeiten zur Wortbildung), als der Typ Mehrwortbenennung als offensichtlich zum charakteristischen Inventar von Fachwortschätzen gehörend registriert wird. (Möhn 1986: 119)

Möhn macht die weitgehende Beschränkung auf die „sogenannte Gemeinsprache" (vgl. ebd.: 111) dafür verantwortlich, dass in modernen Wortbildungslehren kaum auf Mehrwortbenennungen eingegangen werde. Er verweist u.a. auf die Arbeit von Spiegel (1977), der die Wortbildung in der Terminologie des Bereiches Information und Dokumentation untersucht und mehr als ein Drittel Mehrwortbenennungen zählt. Barz (1996) zufolge ist vor allem in Fachsprachen die Alternation zwischen Syntagma und Kompositum stärker ausgeprägt, weil Syntagmen hier explizit als Termini definiert werden könnten. Roelcke (2005: 73) geht wiederum davon aus, dass „Fachsprachen [...] eine im Vergleich [zur nichtfachlichen Bildungs- oder Standardsprache] höhere Ausprägung an synthetischer Bauweise zeigen", d.h. die Komposition besonders präferieren. Es werden in der Forschungsliteratur also unterschiedliche Meinungen vertreten. Eventuell besteht fachsprachlich eine deutlichere Tendenz zur Phrasenbildung. Dies bedeutet jedoch nicht, dass Mehrwortbenennungen die Komposition auch quantitativ überwiegen. Möglicherweise ist lediglich der vermutete Anteil syntaktischer Benennungen in Fachsprachen höher als in der Gemeinsprache.

Für das Niederländische muss schließlich eine deutlich ausgeprägte puristisch-abweisende Haltung gegenüber den A+N-Komposita genannt werden, die ab dem 19. Jahrhundert und dann vor allem in der Zeit der zwei Weltkriege und danach auf dem Höhepunkt ist (vgl. Theissen 1975: 138–141; van der Sijs 2005: 262 und Kap. 6.4). Inzwischen ist zwar aus sprachwissenschaftlicher Sicht der Status der A+N-Komposition als jahrhundertealtes, endogenes Wortbildungsverfahren des Niederländischen etabliert. Trotzdem könnte die verbreitete kompositionsfeindliche Haltung Sprechergewohnheiten langfristig beeinflusst haben (vgl. De Caluwe 1990: 16). Der Einfluss solch eines Faktors auf die Produktivität der A+N-Komposition im Niederländischen ist schwer einzuschätzen. Es handelt sich hier um Gebrauchsnormen, die manchmal relativ willkürlich sind und einige Bildungen zulassen, andere aber kategorisch ablehnen. Theissen (1975: 597–599) nennt eine Reihe von Gründen, die die Etablierung von Germanismen im Allgemeinen und A+N-Komposita im Besonderen gefördert haben könnten, allerdings betont er immer wieder, dass kein einziger dieser Gründe immer hundertprozentig wirksam war.

4.6.6 Fazit

Die Distribution von A+N-Phrasen und A+N-Komposita beruht auf unterschiedlichsten Faktoren, wobei sowohl einzelsprachliche Unterschiede (z.B. bei den morphologischen Beschränkungen) als auch übereinzelsprachliche Gemeinsamkeiten (z.B. die strukturellen Präferenzen bei metaphorischen und metonymischen Verbindungen) eine Rolle spielen. Neben die systematisch erfassbaren Faktoren treten aber auch normbasierte und stilistisch-pragmatische Präferenzen. A+N-Komposita und A+N-Phrasen konkurrieren am stärksten bei Verbindungen mit einem monomorphemischen Adjektiv als Erstglied und einer klassifikatorischen Bedeutung. Hier können prinzipiell das morphologische als auch das phrasale Konstruktionsmuster zur Bildung von A+N-Benennungseinheiten eingesetzt werden.

4.7 Von der Variation zum Wandel

Im Bereich der klassifikatorischen Verbindungen mit monomorphemischem Adjektiv und direkter Modifikationsrelation stellen Phrasenbildung und Komposition zwei gleichermaßen zulässige, vom Sprecher wählbare Varianten dar, mit denen aus Adjektiv und Nomen formal komplexe Benennungen gebildet werden können. Wenn man zwei Einheiten A und B als Varianten voneinander begreifen will, setzt dies voraus, dass sie einen gemeinsamen Bezugsrahmen teilen (vgl. von Polenz 2000: 59). Die Bezugsvariable bildet dabei ihre Benennungsfunktion.

Bei den A+N-Verbindungen lässt sich zwischen Variation auf der schematischen Ebene einerseits und Variation auf der lexikalischen Ebene andererseits unterscheiden. Auf der schematischen Ebene existieren (wenigstens) zwei abstrakte schematische Konstruktionsmuster, die produktiv zur Benennungsbildung eingesetzt werden (vgl. Kap. 4.5). Auf der lexikalischen Ebene kommt es bisweilen zu unmittelbar konkurrierenden Konstruktionen, vgl. das Dublettenpaar *Schwarzmarkt* vs. *schwarzer Markt*:

(95)   a. Laut *New York Post* wurden die Tickets auf dem *Schwarzmarkt* für bis zu 25 000 Dollar (17 800 Euro) angeboten. (ZEIT, 7.7.2009)

       b. Doch auf dem *schwarzen Markt* gibt es Möglichkeiten wie Passwörter, um diese Hürden zu umgehen. (ZEIT, 24.1.2008)

Hier lassen sich keine Bedingungen für die vorliegende Distribution von Kompositum und Phrase identifizieren (vgl. auch Fleischer 1997: 18); sie sind austauschbar:

(96) a. Laut *New York Post* wurden die Tickets auf dem *schwarzen Markt* für
          bis zu 25 000 Dollar (17 800 Euro) angeboten. (eigene Umformung)
      b. Doch auf dem *Schwarzmarkt* gibt es Möglichkeiten wie Passwörter, um
          diese Hürden zu umgehen. (eigene Umformung)

In Kapitel 4.6 wurde deutlich gezeigt, dass synchron nur einige Einflussfaktoren
bestimmt werden können, die die Distribution von Phrasen und Komposita erklären. Im Sprachvergleich fällt zudem der große Unterschied zwischen dem Deutschen und dem Niederländischen auf, der sich nur unzureichend erklären lässt.

In den folgenden Kapiteln 5 und 6 wird daher eine neue Perspektive auf die
A+N-Verbindungen eingenommen: Die Untersuchung der historischen Entwicklung der A+N-Verbindungen seit 1700 (zur Begrenzung des Untersuchungszeitraums, vgl. Kap. 5.1.) soll einen neuen Blick auf die Entwicklung beider Verfahren
als solche sowie auf den auffälligen Unterschied zwischen dem Deutschen und
dem Niederländischen ermöglichen. Dabei geht es insbesondere um die Frage, ob
die synchron nur partiell funktionalisierte Variation von Komposition und Phrasenbildung im Bereich der klassifikatorischen A+N-Verbindungen Anzeichen
eines grundlegenden Sprachwandelprozesses sein könnte, der zur Unproduktivität eines der beiden Verfahren führt. Außerdem wirft dies die Frage auf, ob dieser
Prozess angesichts der divergierenden Präferenzen im Deutschen und im Niederländischen unterschiedlich verläuft. Es ist gängig, Variation als Voraussetzung
für Sprachwandel anzusehen: „Not all variability and heterogeneity in language
structure involves change; but all change involves variability and heterogeneity"
(Weinreich/Labov/Herzog 1968: 188). Dies gilt v.a. dann, wenn Variation nicht
oder kaum auf inner- und außersprachliche Faktoren zurückgeführt werden kann.
Ist das Auftreten von Variation auf derlei Faktoren zurückzuführen, können Varianten langfristig nebeneinander bestehen bleiben: „[...] variation does not only
need to be a transitional phase leading from one variant to another one but it may
itself be functional and thus 'adaptive', too" (Rosenbach 2008: 41). Eine funktionalisierte Variation liegt bei den A+N-Verbindungen aber – wie ausführlich
beschrieben wurde – nur teilweise vor.

Der enge Zusammenhang zwischen Variation und Wandel wird in der funktionalen Tradition mit unterschiedlichen Prinzipien begründet, wobei sich die
zugrunde liegende Dynamik innerhalb der Sprache aus unterschiedlichen Spre-
cherbedürfnissen, aus der „ständige[n] Antinomie zwischen den Kommunika-
tionsbedürfnissen des Menschen und seiner Tendenz, seine geistige und körper-
liche Tätigkeit auf ein Minimum zu beschränken", ergibt (Martinet 1963: 134; vgl.
auch von der Gabelentz 1901; Ronneberger-Sibold 1980: 4 f.; Wurzel 2001: 385;
Newmeyer 2003: 29 f.). Der Sprecher wolle möglichst ökonomisch, dabei aber
gleichzeitig maximal deutlich in seinen Aussagen sein. Aus diesen Tendenzen

heraus wird beispielsweise oft das seltene Vorkommen von Synonymen in natürlichen Sprachen erklärt:

> [...] the existence of more than one word with the same meaning, that is, synonymy. It is not iconically motivated [...] nor is it economically motivated – the synonymy is superfluous for communication. And in fact true synonyms are extremely rare, if they exist at all: there is almost always some subtle difference in denotation, connotation, stylistic register, dialect, etc. that distinguishes two words [...]. (Croft 2003: 105)[34]

Ökonomie wird dabei verstanden als „das Streben nach einem Sprachsystem, das eine unter den gegebenen Umständen optimale Verteilung der Belastungen auf die verschiedenen Performanzbedürfnisse herbeiführt" (Ronneberger-Sibold 1980: 236), während Ikonizität sich wiederum auf die „Ähnlichkeit zwischen sprachlichen Zeichen bzw. Zeichenfolgen und außersprachlichen Referenten und Strukturen [bzw. mentale Konzepte, SFS], die durch diese Zeichen abgebildet werden" (Pusch 2001: 371) bezieht. Hier spielt insbesondere das ikonische Subprinzip der Isomorphie eine Rolle:

> [...] a one-to-one correspondence between the signans and the signatum, whether this be a single word or a grammatical construction. [...] I will refer to this relationship as the iconicity of ISOMORPHISM. (Haiman 1980: 515 f.; Hervorhebung im Original)[35]

Unter der Annahme, dass Ökonomie und Isomorphie Grundprinzipien sprachlicher Strukturbildung sind, sind bestimmte Relationen zwischen Form-Bedeutungseinheiten auf der Ebene des Lexikons „motivierter" und damit auch stabiler als andere (vgl. Croft 2003: 105 f.). So gelten etwa im Gegensatz zu Homonymen Synonyme insofern als unökonomische Belastung des Sprachsystems, als dass sie redundant sind und keinen kommunikativen Vorteil bieten (vgl. Wurzel 2001: 389). Sie werden zudem als nicht-ikonisch bewertet, weil sie im Widerspruch zum Prinzip der eineindeutigen Zuordnung von Form und Bedeutung stehen. Eine geläufige Annahme ist daher, dass wahre Synonyme, d.h. zwei oder mehr Bildungen, die vollständig in ihrer Semantik und Pragmatik übereinstimmen, nicht existieren (vgl. Haiman 1980: 515; Waugh/Newfield 1995: 197). Auch in konstruktionsgrammatischen Ansätzen wird dies angenommen, vgl. etwa Goldbergs (1995: 67) 'Principle of No Synonymy': „If two constructions are syntactically distinct, they must be semantically or pragmatically distinct [...]".

---

34 Aufgrund der hier vertretenen theoretischen Position sollte dies gleichermaßen für morphologische und syntaktische Konstruktionen, die synonym sind, gelten.
35 Einige Autoren bezweifeln, dass Isomorphie ein Subtyp von Ikonizität darstellt, vgl. u.a. De Cuypere (2008: 92–94) und Itkonen (2004). Ich gehe auf diese Frage nicht ein.

Isomorphie und Ökonomie bieten einen universellen Erklärungsrahmen für die Entwicklung sprachlicher Variation. Demnach wird Variation zugunsten einer Variante abgebaut, sofern es nicht zu einer funktionalen Differenzierung zwischen den Varianten kommt. Synonyme Ausdrücke wie *schwarzer Markt* und *Schwarzmarkt* gelten als Ausnahmeerscheinung in natürlichen Sprachen, wahlweise auch als „Luxus" (Lyons 1968: 447; von Polenz 2000: 62) oder „historischer Zufall" (Hümmer 2007: 21), der nur von kurzer Dauer ist. Solche Erklärungen bieten allerdings auch Anlass zur Kritik, da hier die Tendenz besteht, die Instabilität synonymer Strukturen mit Synonymievermeidung seitens des Sprachsystems zu erklären, dem eine eigene, vom Sprecher unabhängige Wandeldynamik zugeschrieben und der Sprachwandel mit dem Ziel des Wandels, der Synonymie- oder Homonymievermeidung, „erklärt" wird. Dies ist allerdings lediglich eine Beschreibung des Wandels *post festum* (vgl. Hüning 1993: 287). Die eigentliche Quelle des Sprachwandels, die Sprecher und ihr Sprachgebrauch, wird vernachlässigt, obwohl die kommunikativen Intentionen der Sprecher wesentlich für den Wandelprozess sind. Synonymievermeidung scheint auf Seiten der Sprecher jedoch kein Motiv zu sein. Ihnen geht es nicht darum, Verletzungen des Isomorphieprinzips oder der Ökonomie durch einen veränderten Sprachgebrauch aufzuheben, indem sie sich dafür entscheiden, nunmehr nur noch ein Lexem zu gebrauchen. Für Sprecher spielt einzig und allein das Gelingen ihrer kommunikativen Handlungen eine Rolle. Verschwindet also ein Synonym aus der Sprache, so haben sich Sprecher nicht dagegen entschieden, um sich im Sinne des Gesamtsystems ökonomisch zu verhalten. Sie entscheiden sich für eine Form, nicht gegen die andere (vgl. Paul 1920b: 251; Coseriu 1983: 149). Das Verschwinden eines Synonyms lässt sich als eine Art *invisible hand*-Prozess, wie Keller ihn beschrieben hat, fassen: „Die Ergebnisse [...] intentionaler Handlungen kumulieren unter bestimmten Bedingungen und lassen Strukturen entstehen, die nicht im Bereich der Finalität der einzelnen Handlungen der Individuen liegen" (Keller 1990: 108). Kein einziger Sprecher zielt darauf ab, Variante A aus dem Fundus der Sprachgemeinschaft verschwinden zu lassen, indem er bewusst Variante B gebraucht. Das Verschwinden von A ergibt sich vielmehr als Folge aus den kumulierten Handlungen vieler Sprecher (nämlich dem Gebrauch von B). Die zu klärende Frage ist dann aber, warum viele Sprecher die gleiche Form bevorzugen und ihr Sprachgebrauch somit zum Verschwinden der konkurrierenden Bildung führt. Zeichnet sich eine Variante durch besondere strukturelle Vorteile aus? Hat sie mehr Prestige? Hier müssen Erklärungsversuche ansetzen. Dies gilt auch für die Frage nach der Entwicklung der Konkurrenz von A+N-Komposition und A+N-Phrasenbildung. Wenn sich im Zuge der historischen Untersuchung herausstellt, dass eines der beiden Konstruktionsmuster tatsächlich zunehmend unproduktiv wird, sollte versucht werden, die Faktoren zu bestimmen, die Sprecher zunehmend dazu veranlasst haben, nunmehr eine einzige Variante zu verwenden.

Zu beleuchten ist hier auch das Verhältnis von Variation und Wandel bei konkreten lexikalischen Einheiten einerseits und schematischeren Konstruktionen andererseits. Haiman (1980: 515 f.; vgl. oben) nimmt an, dass die Annahme der 1:1-Entsprechung nicht nur für Wörter, sondern auch für grammatische Konstruktionen gilt. Muss aber die Idee, dass die Äquivalenz zweier Einheiten auf der Lexemebene immer instabil ist, dazu führen, dass auf der Ebene (partiell) abstrakter Schemata Wandel stattfindet und ein Verfahren unproduktiv wird? Es gibt Beispiele dafür, dass Sprachwandel nicht nur bei individuellen lexikalischen Einheiten, sondern auch bei grammatischen Mustern zur Variantenreduktion führen kann, vgl. zum Beispiel die englische Pluralflexion, wo das ursprüngliche differenzierte Inventar auf eine Variante, nämlich -s und seine Allomorphe, reduziert wurde (vgl. McMahon 1994: 71 f.). Es ist allerdings nicht klar, ob dies auch bei abstrakteren Mustern der Benennungsbildung zu einem gerichteten Sprachwandel im Sinne einer Variantenreduktion (oder funktionalen Differenzierung) führen muss. Mit Blick auf die A+N-Verbindungen könnte die gegenwärtig vorliegende Konkurrenz zwischen Phrasenbildung und Komposition dauerhafter als gedacht sein und kein systematischer Wandelprozess vorliegen.

Diese grundlegenden Überlegungen werden in den beiden folgenden Kapiteln anhand des empirischen Materials überprüft und diskutiert. Da beide klassifikatorischen Konstruktionsmuster für A+N-Komposition und A+N-Phrasenbildung bereits seit dem Althochdeutschen bzw. Altniederländischen und damit lange vor dem Beginn des Untersuchungszeitraums etabliert sind, spielt die Frage der 'constructionalization', d.h. „the formation of new units (constructions) out of hitherto independent material" (Bergs/Diewald 2008: 4), nur auf der Ebene individueller lexikalischer Neubildungen eine Rolle. Daraus sind allerdings Schlussfolgerungen bezüglich der (sich wandelnden) Nutzung der Schemata für die Benennungsbildung ableitbar. Darunter fallen zum einen Wandelprozesse bei den Schemata selbst, so bei den Input- und Outputbedingungen (vgl. Rainer 2000), die in Kapitel 4.6 als relevant für die Distribution von Phrasen und Komposita diskutiert wurden (z.B. die morphologische Struktur des adjektivischen Erstglieds). Zum anderen ist die Verwendungshäufigkeit beider Verfahren, d.h. die steigende bzw. sinkende Produktivität der Phrasenbildung und der Komposition, relevant.

Sehr vereinfachend gesagt ist ein Verfahren produktiv, wenn Sprecher mit seiner Hilfe neue sprachliche Einheiten bilden: „Any process is said to be productive to the extent that it can be used in the production of new forms in the language" (Bauer 2003: 70). Wird Produktivität als Entweder-Oder-Angelegenheit definiert, spielt allein die Frage eine Rolle, ob mit einem Verfahren prinzipiell neue Formen gebildet werden können – oder nicht. Die Anwendungsdomäne des Verfahrens wird dann durch die strukturellen Restriktionen bestimmt, denen das Verfahren unterliegt: „In a qualitative sense, the productivity of a [...] rule can be said to be inversely proportional to the number of conditioning factors in force (Booij 1977)" (Baayen 1992: 110). Je mehr Bildungsbeschränkungen bestehen, desto eingeschränkter ist die Produktivität einer Regel. Solch eine Sichtweise bedarf allerdings einiger Ergänzungen, weil so nicht ohne Weiteres der tatsächliche Gebrauch einer Regel erfasst werden kann. Dieser hängt nicht nur von den strukturellen Bildungsbeschränkungen ab (vgl. auch Plag 1999: 37 f.):

> [...] productivity can be understood as resulting from a great many factors such as the individual language user's experience with the words of her language, her phenomenal memory capacities, her conversational skills, her command of the stylistic registers available in her language community, her knowledge of other languages, her communicative needs, her personal language habits and those of the people with which she interacts. (Baayen 2009: 901)

Produktivität ist demnach graduell und nicht absolut (vgl. Bauer 2003: 70). Eine reine Beschreibung sprachstruktureller Beschränkungen reicht nicht aus, um die Produktivität eines Verfahrens adäquat zu erfassen. Außerdem wird nicht zwischen prinzipiell möglichen und tatsächlich existierenden Bildungen unterschieden, da die zu definierenden Bildungsbeschränkungen lediglich die Menge der potenziellen Bildungen beschreiben. Eine Unterscheidung zwischen potenziellen und tatsächlich realisierten Bildungen ist aber durchaus sinnvoll, da bestimmte Prozesse paradigmatischer Wortbildung und auch bestimmte Wandelprozesse nur unter Bezugnahme auf bestehende Wörter zu erklären sind (vgl. Plag 1999: 9). Produktivitätsuntersuchungen müssen also vom attestierten Sprachgebrauch ausgehen, indem mit Hilfe von Textkorpora der tatsächliche Gebrauch in Form von Type- und Tokenfrequenzen und Unterschiede in der Produktivität einzelner Verfahren ermittelt werden. Besondere Bedeutung haben hier die Forschungsarbeiten von Harald Baayen zur quantitativen Messung von Produktivität (vgl. u.a. Baayen 1992, 1993, 2009; Baayen/Renouf 1996). Die Rolle quantitativer Produktivitätsmaße wird in Kapitel 5.2 diskutiert; allerdings können diese Maße trotz ihrer Relevanz für eine akkurate Erfassung der Produktivität der A+N-Komposition bzw. A+N-Phrasenbildung hier nur bedingt angewendet werden. Das liegt nicht nur an der Verfügbarkeit historischen Korpusmaterials, sondern auch am Gegenstandsbereich dieser Arbeit, der Benennungsbildung (vgl. auch Kap. 5.1.3).

Für die Untersuchung eines Wandelprozesses bei den A+N-Verbindungen sind die attestierten Neubildungen im historischen Material relevant. Darunter fallen

a) Versprachlichungen von Konzepten, die bereits als Idee etabliert, aber ohne feste Bezeichnung waren, sowie von Konzepten, die erst zusammen mit der Versprachlichung etabliert wurden;

b) Neubenennungen etablierter Konzepte, z.B. *schwarzer Markt* für *Schleichhandel*.

Der Umfang und die Art der Neubildungen geben Auskunft darüber, wie stark ein Verfahren genutzt wird, und welche Bildungsbeschränkungen dem jeweiligen Verfahren zugrunde liegen. Eine besondere Untergruppe der Neubildungen stellen Konkurrenzbildungen dar. Dabei handelt es sich um Bildungen, die neben bereits etablierte Ausdrücke treten und das gleiche Konzept bezeichnen, aber formal leicht abweichend realisiert werden, z.B. DE *Schwarzmarkt – schwarzer Markt* und NL *zwarthandelaar – zwarte handelaar* 'Schwarzmarkthändler'. Im Zusammenhang mit der Thematik von Variation und Wandel verdienen Konkurrenzbildungen besondere Aufmerksamkeit und geben Anlass zu folgenden Fragen: Löst sich die Konkurrenzsituation der Dubletten auf? Kommt es eher zur Bedeutungsdifferenzierung oder zum Verschwinden einer Variante? Lässt sich eine prinzipielle Richtung des Wandels erkennen, d.h., werden Phrasen eher durch Komposita oder Komposita eher durch Phrasen ersetzt?

4.8 Untersuchungshypothesen

Vor dem Hintergrund dieser Überlegungen soll empirisch überprüft werden, ob die gegenwärtig unterschiedlichen A+N-Realisierungspräferenzen im Deutschen und im Niederländischen auf einen systematischen Sprachwandelprozess schließen lassen. Dies kann dazu beitragen, auch die synchronen Unterschiede zwischen beiden Sprachen besser zu verstehen und ggf. historische Einflussfaktoren zu identifizieren.

Die in Kapitel 5 erfolgende Analyse konzentriert sich v.a. auf die Untersuchung von Wandeltendenzen in der Nutzungsfrequenz. Das Deutsche und das Niederländische zeichnen sich gegenwärtig bei den A+N-Benennungseinheiten in erster Linie durch eine unterschiedlich starke Nutzung der Komposition aus, obwohl beide Sprachen für die Komposition und auch die Phrasenbildung weitgehend gleiche Input- und Outputbedingungen haben (vgl. Kap. 4.1 und 4.2).

Im Sprachvergleich können mit Blick auf die Produktivität von Komposition und Phrasenbildung bei der A+N-Benennungsbildung drei Szenarien entwickelt werden:

1. **Konvergenz:** Das Deutsche und das Niederländische entwickeln sich bezüglich der Nutzung beider Verfahren in die gleiche Richtung. Denkbar ist, dass eine Sprache der anderen mit zeitlichem Abstand folgt, d.h., der gegenwärtige Unterschied ist nur temporär und wird auf Dauer verschwinden.
2. **Divergenz:** Das Deutsche und das Niederländische entwickeln sich zunehmend auseinander. Dabei kann diese Divergenz einseitig (d.h. in nur eine Sprache) oder auch beidseitig auftreten. Aufgrund der gegenwärtigen Tendenzen wäre beispielsweise die Vermutung annehmbar, dass sich im Deutschen die Komposition langfristig als Benennungsverfahren durchsetzt.

3. **Konstante Entwicklung:** Beide Verfahren bleiben unter der Annahme konstanter Input- und Outputbedingungen langfristig in beiden Sprachen produktiv. Der synchron feststellbare Unterschied zwischen dem Deutschen und dem Niederländischen ist kein Anzeichen für einen systematischen Sprachwandelprozess.

Sowohl im Konvergenz- als auch im Divergenz-Szenario kommt es zum Abbau von Variation. Bei einem Konvergenz-Szenario müssen Faktoren identifiziert werden, die das Deutsche und das Niederländische wieder annähern. Ein Divergenz-Szenario verlangt hingegen nach der Identifizierung der inner- und außersprachlichen Faktoren, die für die unterschiedliche Entwicklung relevant sind. Die dritte Option, die der konstanten Entwicklung, scheint zunächst wenig wahrscheinlich, wenn Ökonomie und Isomorphie wichtige, sprach- und wandelgestaltende Prinzipien darstellen. Wie bereits diskutiert, ist aber noch zu zeigen, dass diese Prinzipien nicht nur für individuelle lexikalische Einheiten, sondern auch auf der Ebene abstrakter Schemata gelten sollen.

In der Forschungsliteratur finden sich unterschiedliche Hypothesen zur historischen Entwicklung der A+N-Verbindungen im Deutschen und Niederländischen, wobei jeweils der Unterschied zwischen beiden Sprachen hervorgehoben wird. Hüning (2010) vertritt die Hypothese, dass der Unterschied zwischen dem Deutschen und dem Niederländischen zum Teil auf der unterschiedlichen Entwicklung der Adjektivflexion beruhe (vgl. Kap. 6.3). Im Deutschen hätten Komposita gegenüber Phrasen den Vorteil, formstabil zu bleiben und damit auch ikonisch die Einheit von Form und Bedeutung widerzuspiegeln, während das attributiv gebrauchte Adjektiv in der Phrase durch Flexion immer wieder seine Form verändere. Dadurch würde in der Benennungsbildung die Komposition favorisiert, während im Niederländischen Komposita bedingt durch den stärkeren Deflexionsprozess keinen ikonischen Vorteil mehr gegenüber den Phrasen hätten. Eine mögliche konvergierende Entwicklung nimmt hingegen Willems (1990: 73) an, demzufolge das Deutsche eine Vorreiterrolle innehat und die „Beliebtheit des Kompositionsmodells Adjektiv + Substantiv [...] sich mittlerweile auch immer mehr in anderen germanischen Sprachen (wie dem Niederländischen und Schwedischen) andeutet". Diese Annahme beruht allerdings weder auf einer detaillierten Untersuchung des Niederländischen noch ist jedes A+N-Kompositum eine Benennungseinheit. Auch Hünings Divergenz-Hypothese bedarf der empirischen Überprüfung (vgl. Hüning 2010: 205). Die vorliegende Arbeit schließt diese Lücke und dient der empirischen Überprüfung der verschiedenen Hypothesen zur historischen Entwicklung der A+N-Verbindungen im Deutschen und Niederländischen.

4.9 Zusammenfassung

In diesem Kapitel wurden alle wesentlichen Eigenschaften von A+N-Komposita und A+N-Phrasen mit einer Benennungsfunktion im Deutschen und Niederländischen vorgestellt und eine konstruktionsgrammatische Interpretation beider Verfahren weiter detailliert. Beide Verfahren sind funktional äquivalent, auch wenn mit der Komposition die Versprachlichung eines (Sub-)Konzeptes direkt über einen formativ-strukturellen Prozess möglich ist, während Phrasen in ihrer morphosyntaktischen Struktur zunächst ambig sind und sowohl qualitative als auch klassifikatorische Lesarten zulassen. Es wurde weiterhin gezeigt, dass verschiedene sprachstrukturelle und auch außersprachliche Faktoren die Distribution von A+N-Phrasen und A+N-Komposita aus synchroner Sicht steuern. Allerdings handelt es sich hier vielmals nur um Tendenzen und Präferenzen. Zudem bleibt die Vorhersage der formalen Realisierung als Phrase oder Kompositum für einen Teilbereich, nämlich für die klassifikatorischen Verbindungen mit einem monomorphemischen Adjektiv gegenwärtig unmöglich.

In den nächsten zwei Kapiteln steht daher die historische Entwicklung der A+N-Verbindungen seit 1700 im Mittelpunkt. Vor dem Hintergrund gängiger Annahmen zu Variation und Wandel geht es um die Frage, ob die unzureichende Funktionalisierung der derzeitigen Distribution auf einen Wandelprozess schließen lässt, der in einer oder in beiden Sprachen abläuft und zur weitgehenden Unproduktivität von A+N-Komposition und/oder A+N-Phrasenbildung in der Benennungsbildung führt. Anhand von Fallstudien werden die Entwicklungspfade der A+N-Verbindungen im Deutschen und Niederländischen seit 1700 dargestellt und auf Grundlage dieser Ergebnisse Sprachwandel und Sprachvariation steuernde Faktoren diskutiert.

5 Historische Entwicklung der A+N-Verbindungen
   seit 1700

In diesem Kapitel wird die historische Entwicklung der A+N-Verbindungen im Deutschen und Niederländischen seit 1700 behandelt. In Kapitel 4 wurde bereits gezeigt, dass im Bereich klassifikatorischer A+N-Verbindungen eine interessante Variationskonstellation vorliegt, die sich nur zum Teil durch sprachstrukturelle Bildungsbeschränkungen erklären lässt. Im Folgenden soll daher detailliert untersucht werden, wie sich die A+N-Verbindungen in den letzten drei Jahrhunderten entwickelt haben und ob die inner- und zwischensprachliche Variation auf einen grundlegenden Wandelprozess bezüglich des Gebrauchs morphologischer und syntaktischer A+N-Benennungseinheiten im Deutschen und Niederländischen hinweist. Zunächst werden Materialgrundlage und Analyseprinzipien vorgestellt (vgl. Kap. 5.1), danach werden die Ergebnisse der Untersuchung präsentiert (vgl. Kap. 5.2–5.7).

5.1 Materialgrundlage und methodisches Vorgehen

Die empirische Untersuchung basiert auf Fallstudien zu einzelnen Adjektiven und ihrer Verwendung in morphologischen und syntaktischen Benennungseinheiten. Hierfür wurden historisches Wörterbuchmaterial sowie diachrone Korpora und Textsammlungen analysiert. Es folgen einige grundsätzliche Bemerkungen zur Auswahl der Adjektive und zu Problemen bei der Unterscheidung von Phrasen und Komposita, danach steht das verwendete historische Material im Mittelpunkt.

5.1.1 Adjektive als Ausgangspunkt

Adjektive sind der Ausgangspunkt der Untersuchung, weil ihr formaler Aufbau gegenwärtig die wichtigste strukturelle Voraussetzung für die Konkurrenz von Phrase und Kompositum darstellt. Während Phrasen prinzipiell mit Adjektiven jeglicher morphologischer Struktur gebildet werden können, muss das Adjektiv als Erstglied eines Kompositums in der Regel monomorphemisch sein, wobei eine deutliche Präferenz bei einsilbigen Adjektiven wie DE *neu*, *alt* bzw. NL *klein*, *zoet* liegt. Ferner sind im Deutschen auch zweisilbige Adjektive auf *-er*, *-el*, *-en* (wie in *Sauerkirsche*, *Edelmann*, *Eigenname*) und endbetonte mehrsilbige Adjektive (wie in *Direktbank, Mobiltelefon*) zulässig. Eine endbetonte Silbe tritt in der Regel bei Adjektiven auf, die entweder vollständig entlehnt wurden, oder bei adjektivischen Bildungen mit Lehnsuffixen wie -(*i*)*al*, -*iv*, -*il*, z.T. auch bei Bildungen mit nativen Adjektiven wie (*all*)*gemein, geheim* (wie in *Allgemeinwissen, Geheimagent* etc.). Außerdem gibt es auch A+N-Komposita mit formal komplexen Adjektiven ohne Endbetonung (z.B. *Mehrfachbelastung, Endlosdebatte*). Im Niederländischen gelten im Wesentlichen die gleichen Beschränkungen: A+N-Komposita werden fast ausschließlich mit monomorphemischen, ein- oder zweisilbigen Adjektiven germanischen Ursprungs gebildet. Entlehnte, mehrsilbige Adjektive als Erstglied bilden die Ausnahme (vgl. *speciaalzaak, ideaalbeeld*), lediglich Bildungen mit *totaal* (wie *totaalbedrag, totaalbeeld, totaalindruk*) gelten als produktiv (vgl. van der Sijs 2005: 266). In den Fallstudien werden Adjektive unterschiedlicher Form (d.h. mit unterschiedlicher Silbenstruktur und mit bzw. ohne Endbetonung) berücksichtigt.

Relationsadjektive stellen eine besondere Adjektivklasse dar. Im Gegensatz zu qualitativen Adjektiven wie *neu, alt, bitter* spezifizieren sie keine Eigenschaft ihres Bezugsnomens. Sie sind von einem Substantiv abgeleitet, d.h. morphologisch komplex, und stellen einen Bezug zwischen dem Nomen, das diesen Adjektiven zugrunde liegt, und dem Bezugsnomen in einer A+N-Verbindung her (vgl. Bally 1965: 97; Frevel/Knobloch 2005). Denominale Relationsadjektive mit nativem Suffix wie -*lich* in *häuslich* treten im Deutschen normalerweise nicht in Komposita auf, vgl. **Häuslich-gewalt*, (entlehnte) Relationsadjektive mit endbetonten, gräko-lateinischen Lehnsuffixen wie -*al* in *national* hingegen schon (vgl. Fleischer/Barz 1995; Zifonun 2011). Bei der Verwendung solcher Relationsadjektive als Erstglied in Komposita unterscheiden sich das Deutsche und das Niederländische deutlich. Während das Deutsche Bildungen wie *Sozialstruktur, Nationalflagge* erlaubt, gelten diese im gegenwartssprachlichen Niederländisch als unzulässig (**sociaalstructuur, *nationaalvlag*). Um das Bindungsverhalten solcher Adjektive historisch-vergleichend zu überprüfen, wurden zwei Relationsadjektive ebenfalls in der Analyse berücksichtigt.

Aus diesen Vorüberlegungen heraus wurde mit Hilfe von CELEX (Baayen/Piepenbrock/Gulikers 1995) eine Liste mit Adjektiven für das Deutsche und Niederländische erstellt und aus ihnen zehn qualitative und zwei Relationsadjektive ausgewählt. Bei CELEX handelt es sich um eine lexikalische Datenbank, die Informationen zu Wortfrequenz, Wortform und morphologischer Struktur des Wortschatzes im Deutschen, Niederländischen und Englischen enthält. Alle ausgewählten Adjektive haben in der jeweils anderen Sprache ein stammverwandtes Kognat mit den gleichen morphologischen Eigenschaften und ein über weite Strecken ähnliches Bedeutungsspektrum. Voneinander unterscheiden sich die

Adjektive zum Teil in ihrem phonologischen Aufbau (Silbenstruktur, Endbetonung), während ihre Vorkommenshäufigkeit relativ konstant ist. Dadurch soll vermieden werden, dass Unterschiede bei der Produktivität einzelner Adjektive – einzelsprachlich und sprachvergleichend – auf stark unterschiedliche Frequenzen zurückgeführt werden können. Die in Tabelle 5.1 aufgeführten Adjektive werden im Rahmen der Arbeit für das Deutsche und das Niederländische untersucht.

Tab. 5.1: Adjektivauswahl für Fallstudien

Einsilbig	Zweisilbig	Mehrsilbig
fremd – vreemd	*Ohne Endbetonung*:	negativ – negatief
gelb – geel	bitter – bitter	
kalt – koud		
rot – rood	*Mit Endbetonung*:	
schwarz – zwart	geheim – geheim	
still – stil	sozial – sociaal	
tief – diep	zivil – civiel	

5.1.2 Zur Unterscheidung von Komposita und Phrasen

A+N-Phrasen und A+N-Komposita können im Niederländischen und Deutschen in der Regel deutlich voneinander differenziert werden. A+N-Komposita werden in der Regel auf dem Erstglied betont, das Adjektiv wird nicht flektiert. Bei Phrasen liegt die Hauptbetonung auf dem Nomen, das Adjektiv wird flektiert.

Diese allgemeine Regel wird zum einen durch die Existenz von Phrasen mit Schwa-Apokope im Niederländischen wie *het centraal-Ø station* 'Hauptbahnhof' oder *de geheim-Ø agent* 'Geheimagent' verkompliziert (vgl. Kap. 4.4.2). Hier entfällt mit der Flexion des Adjektivs ein typisches phrasales Merkmal und es kann nur aufgrund der Betonung davon ausgegangen werden, dass es sich um Phrasen handelt. Da in schriftlichen Quellen allerdings selten Angaben zur Betonung zu finden sind (eine Ausnahme bilden neuere Wörterbücher, die das Betonungsmuster im Lemmaeintrag angeben), wird als Hilfskriterium für die Klassifizierung einer Bildung als Phrase oder Kompositum die Zusammen- oder Getrenntschreibung einer Verbindung herangezogen. Die Zusammenschreibung gilt demnach als Indiz für den morphologischen Charakter einer Verbindung, wenn das Adjektiv nicht flektiert wird.

Hilfreich ist dieses Kriterium beispielsweise im Deutschen, wo sich die obligatorische Flexion attributiver, pränominaler Adjektive erst im 19. Jahrhundert auch im Schriftlichen endgültig durchgesetzt hat (vgl. Kap. 6.3). Bis dahin war die Verwendung flexionsloser Formen zeitweise auch im Deutschen zulässig (vgl. Pounder 2001: 312f.): Stark flektierende, attributiv verwendete Adjektive im Nominativ (und ggf. auch im Akkusativ bei nicht-maskulinen Bezugsnomen) konnten seit dem Althochdeutschen optional auch ohne Flexionsendung auftreten (vgl. Beispiele wie „ein *sandig* und *salpetrig* Erdreich" (Amaranthes 1715, zitiert nach Pounder 2001: 313; Hervorhebung im Original)). Auch bei den A+N-Verbindungen sind in Wörterbüchern des 18. Jahrhunderts noch Beispiele mit einem Nomen im Neutrum und unflektiertem Adjektiv zu finden (z.B. *schwartz brod* anstelle von *schwarzes Brot*, *schwartz meel* anstelle von *schwarzes Mehl*). Diese werden getrennt geschrieben, während andere Verbindungen mit nicht-flektiertem Adjektiv zusammen geschrieben werden, z.B. *Schwartz-beer*, *Schwartz-kunst*, *Schwartz-mantel*. Da die Flexion als Unterscheidungskriterium ausfällt und Angaben zur Betonung fehlen, ist hier das orthografische Kriterium ausschlaggebend. Sobald eine Verbindung getrennt geschrieben wird, gilt sie als Phrase, in der die gegenwartssprachlich obligatorische Flexion noch fehlt. Die Zusammenschreibung kann allerdings täuschen: So würde NL *roodkoper* 'Rotkupfer', das seit 1870 in allen untersuchten niederländischen Wörterbüchern verzeichnet ist, als Kompositum gewertet. Betonungsangaben in neueren Wörterbüchern (z.B. in Van Dale 2005: ROODKOPER) weisen die Verbindung jedoch als zusammen geschriebene Phrase aus: *roodkóper*. Daraus ergibt sich die folgende Bewertungsskala für die Kategorisierung von Komposita und Phrasen:

i.   Flexion des Adjektivs; wenn keine Flexion vorhanden;

ii. Betonungsstruktur der Verbindung; wenn keine Angaben zur Betonung vorhanden;

iii. Zusammen-/Getrenntschreibung der Verbindung.

Auf diese Weise wurden alle relevanten A+N-Verbindungen im Material entweder als morphologische oder syntaktische Bildung klassifiziert.

Die Verwendung des Kriteriums Zusammen-/Getrenntschreibung setzt voraus, dass die Zusammenschreibung von Komposita zu Beginn des Untersuchungszeitraums bereits allgemein verbreitet ist. Für die verwendeten Wörterbücher ist dies von 1700 an sicher der Fall. Eindeutige Phrasen werden in der Regel getrennt, Komposita zusammen geschrieben (wobei Adjektiv und Nomen z.T. auch durch Bindestrich oder Gleichheitszeichen verbunden sind). Ausnahmen sind einige lexikalisierte Phrasen. Hier tendieren Wörterbücher oftmals zur Zusammenschreibung, vgl. DE *Langeweile*, *Hohepriester*, NL *rodekool*, *zwartehandelaar*, *hogeschool*, *wittebrood* (wobei diese aber zum Teil bereits worttypi-

sche Eigenschaften aufweisen, vgl. Kap. 4.4.1).[36] Dass auch in der Gegenwartssprache Sprecher zur Zusammenschreibung tendieren können, illustriert das
Beispiel der *stillen SMS* (geschrieben als „Stille-SMS", vgl. Kap. 4.2).

5.1.3 Materialgrundlage

Das Material für die historische Analyse stammt aus zwei Quellen. Als Grundlage
für die Identifizierung relevanter Benennungseinheiten dienen Einträge in historischen Wörterbüchern ab 1700. Die Wörterbücher bilden die Basis für eine qualitative Analyse deutscher und niederländischer A+N-Verbindungen. Kleinere Korpusstudien sollen vermutete Trends bestätigen oder widerlegen und die Entwicklung
einzelner Konkurrenzen zwischen Phrase und Kompositum nachzeichnen.

5.1.3.1 Wörterbücher

Der zeitliche Beginn der Untersuchung ergibt sich aus der Annahme, dass erst
mit dem Ausgang des 17. Jahrhunderts von einer richtigen Lexikografie des Deutschen gesprochen werden kann (vgl. Kühn/Püschel 1990: 2051). Es sind allerdings
auch praktische Erwägungen, die hier eine Rolle spielen. Für beide Sprachen ist
erst nach 1700 ausreichendes lexikografisches, z.T. auch digital verfügbares Material vorhanden. Mit dieser Eingrenzung des Untersuchungsbeginns auf den
Beginn des 18. Jahrhunderts ist es zwar nicht möglich, die Verwendung beider
Konstruktionsmuster seit dem Althochdeutschen (ab 800) bzw. Altniederländischen (ab 850) nachzuzeichnen. Ältere lexikografische Quellen verzeichnen
allerdings oft nur wenige Phrasen und die Identifikation von Benennungseinheiten in Textkorpora geht über das im Rahmen dieser Arbeit Leistbare hinaus (vgl.
aber Friedrich 2006 und weiter unten). Für beide Sprachen existieren zwar zwei
detaillierte historische Wörterbücher, deren Materialsammlung weit vor 1700
zurückreicht (das „Deutsche Wörterbuch" der Gebrüder Grimm bzw. das *Woordenboek* der „Nederlandsche Taal", kurz WNT), allerdings sind beide nicht als
synchrone Sammlungen der jeweiligen Epoche gedacht und sie verzeichnen auch
auffällige, jedoch jeweils nur einmalig belegte Bildungen, denen nicht zwingend
ein etablierter Benennungscharakter zukommt.

---

36 Die Zeitschrift „Onze Taal" verzeichnet eine ganze Reihe solcher Schreibungen im Niederländischen. Diese sind zu finden unter: www.onzetaal.nl/taaladvies/advies/groenekool-groene-
kool-rodekool-rode-kool-wittekool-witte-kool (Stand: 28.2.2013).

Aufgrund dieser Überlegungen stellt daher Kramers „Teutsch-Italiänisches Dictionarium" (1700–1702) den Ausgangspunkt für das Deutsche dar. Die lexikografisch basierte Beschreibung des Niederländischen beginnt mit Hoogstratens „Nieuw Woordenboek der Nederlantsche en Latynsche Tale" (1704). Der Anfang des Untersuchungszeitraums fällt für das Deutsche in die letzte Phase eines vom 16. bis zum 18. Jahrhundert dauernden Prozesses, in dem regionale Sprachunterschiede zunehmend zugunsten überregionaler Normen verschwinden (von Polenz 2000: 16). Der Standardisierungsprozess im Niederländischen ist ebenfalls seit dem späten 16. Jahrhundert im Gange und verlagert sich in Folge politisch-kultureller Umwalzungen schnell vom südlichen Brabant ins nördliche Holland (Willemyns 2003). Es kommt allerdings erst im 19. Jahrhundert zur Entwicklung einer gemeinsamen (Schrift-)Standardsprache für die Niederlande und Flandern.

Wörterbücher dienen als Ausgangspunkt, weil in der Arbeit lexikalische Einheiten im Mittelpunkt stehen und nur historische Dokumente einen Zugriff auf die muttersprachliche Kompetenz der jeweiligen Epoche ermöglichen, d.h. nur so die Frage, welche Bildungen zum jeweiligen Zeitpunkt als Benennungen etabliert sind, annähernd beantwortet werden kann. Wie in Kapitel 2 diskutiert sind die Begriffe lexikalische Einheit und Benennung nicht deckungsgleich. Um aber die spezifischen Probleme historischer Phraseologieforschung zu lösen – wie sich nämlich Wortverbindungen als Phraseologismen identifizieren lassen, wenn keine Muttersprachler mehr über die Natur einer Verbindung entscheiden können und die Quellenauswahl beschränkt ist (vgl. Burger/Linke 1998) – bieten historische Wörterbücher und die in ihnen enthaltenen Beschreibungen des zeitgenössischen Wortschatzes die beste Annäherung.

Das lexikografische Material dieser Arbeit wurde wie folgt ermittelt: Für jedes Adjektiv wurde der jeweilige Lemmaeintrag auf A+N-Verbindungen überprüft und alle mit dem Adjektiv als Erstglied gebildeten und als Lemma verzeichneten Komposita als Beleg aufgenommen. Nachdem so alle für die jeweilige Sprache ausgewählten Wörterbücher ausgewertet waren, wurden noch einmal in jedem Wörterbuch die Lemmaeinträge aller ermittelten nominalen Konstituenten daraufhin kontrolliert, ob dort eventuell eine entsprechende (in der Regel phrasale) Verbindung notiert war, die noch nicht im Lemmaeintrag des Adjektivs vermerkt war. Verbindungen, bei denen das Nomen kein freies Lexem darstellt (z.B. *Rotflosser* 'Fischart') oder eine Derivation der wahrscheinlichere Wortbildungsprozess ist (z.B. *Schwarzmalerei*), wurden nicht berücksichtigt.

Die so gewonnene Datenmenge für den Zeitraum seit 1700 stellt das Ausgangsmaterial für die folgenden Fragen dar: 1. Gibt es im 18., 19. bzw. 20. Jahrhundert sowohl Phrasen als auch Komposita, die als Benennungen gebraucht werden, oder wird ein Verfahren erst später produktiv? 2. Gleichen sich Adjektive ähnlicher Struktur (z.B. einsilbig oder mit Endbetonung) in ihrem Bindungsverhalten? 3. Gibt es spezifische Form-Bedeutungskorrelationen (z.B. die Korrelation von Metapher – Phrase oder bei einzelnen Adjektivbedeutungen)? 4. Kommt es zur Dublettenbildung, d.h. zur Koexistenz funktional äquivalenter bzw. bedeutungsidentischer Phrasen und Komposita? Wenn dies der Fall ist: Welche Bildung wurde zunächst verwendet? Verschwindet eine Variante langfristig? Anhand der Antworten auf diese Fragen soll die Entwicklung der A+N-Verbindungen in beiden Sprachen beschrieben werden.

Die Arbeit mit Wörterbüchern birgt bekanntermaßen einige Probleme. Wörterbücher sind nicht immer deskriptiv, d.h., sie stellen nicht zwangsläufig eine Beschreibung des realen Sprachgebrauchs dar, sondern enthalten auch normative Vorstellungen des Verfassers. Der aufgenommene Wortschatz ist bisweilen sehr heterogen, ohne dass dies explizit markiert wird. Zum Teil handelt es sich um regionale Ausdrücke, die zusätzliche dialektale Variation ins Spiel bringen. Zum Teil handelt es sich um fachsprachliche Termini, wobei eine eindeutige Trennung von Fachterminologie und Allgemeinsprache sehr schwierig ist, da „sich heute weniger denn je auch nur einigermaßen sicher sagen [lässt], wo die Gemeinsprache aufhört und die Fachsprache beginnt" (Wilss 1998: 144 f.; vgl. auch Kap. 2.1). Viele Wörterbücher enthalten veraltete Wörter und Wendungen, die nicht mehr gebraucht werden. Wörterbücher können grundsätzlich nie vollständig sein und insbesondere im Zusammenhang mit der Problematik dieser Arbeit kann davon ausgegangen werden, dass in den meisten Werken tendenziell eher Komposita als phrasale Benennungseinheiten verzeichnet sind, weil letztere nun einmal keine Wortbildungen darstellen oder es zum Teil um nur gering idiomatische phraseologische Einheiten geht.

Die Abgrenzung zwischen Kollokation und tatsächlicher Benennungseinheit ist oftmals problematisch und die Entscheidung, ob es sich nur um eine reguläre, häufig vorkommende Verbindung wie *blondes Haar* oder eine feste Benennungseinheit handelt, ist oft schwer zu treffen. Eine Arbeit, in der phraseologische Einheiten des Mittelhochdeutschen allein auf Basis von Texten entschlüsselt werden, stellt die Studie von Friedrich (2006: 16–20) dar, der seine Kriterien ausführlich erläutert. Phraseologische Einheiten sind zwar nicht immer deckungsgleich mit den hier zentralen Benennungseinheiten, aber einige der von Friedrich verwendeten Kriterien scheinen auch in dieser Arbeit nützlich, um relevante Einheiten im Wörterbuch zu identifizieren. Vgl. die folgende Übersicht angewendeter Kriterien zur Identifizierung von Benennungseinheiten:

a) Relevante Phrasen bzw. Komposita werden als autonome Einträge präsentiert, d.h., sie sind nicht ausschließlich Teil eines Phraseologismus wie z.B. *schwarze Zahlen* in *schwarze Zahlen schreiben*.

b) Im Wörterbuch wird eine Verbindung als *Name, Begriff* etc. bezeichnet. In der Regel kann dies als ein verlässlicher Hinweis auf den Benennungscharakter einer Verbindung gelten.

c) Es gibt neuhochdeutsche Entsprechungen, die durch Muttersprachler intuitiv als Benennung eingestuft werden. Wenn dies zutrifft, wird die Verbindung als Benennungseinheit aufgenommen.

d) Die Bedeutung der Verbindung wird im Wörterbuch erklärt, es wird also angezeigt, dass die Konzeptbedeutung nicht kompositional ist.

e) Bei zweisprachigen Wörterbüchern: Die Verbindungen werden nicht eins zu eins übersetzt (wie z.B. *schwarzes Haar – capegli* (= 'Haar') *neri* (= 'schwarz'), Kramer 1700–1702), sondern offenbaren Bedeutungsspezialisierungen (z.B. wird bei Frisch 1741 *schwartz Geblüt* mit *melancholia* übersetzt).

Traf im Material zumindest a) sowie ein weiteres Kriterium auf die jeweilige A+N-Verbindung zu, wurde die Verbindung in der Regel als (mögliche) Benennungseinheit kategorisiert und in der Analyse berücksichtigt. Wie in Kapitel 2 bereits besprochen, ist es möglich, dass die Menge der Benennungen einer Sprache von Sprecher zu Sprecher variiert. Die Kategorisierung der Verbindungen kann in einzelnen Fällen also durchaus diskutiert werden, insbesondere wenn Kriterium c), d.h. die eigene Einschätzung, relevant wird.

Weitere methodische Probleme sind die Vergleichbarkeit zwischen einzelnen Wörterbüchern, weil Umfang und Qualität der Einträge von Wörterbuch zu Wörterbuch stark schwanken können. Auch müssen in einem Wörterbuch erstmals verzeichnete Verbindungen nicht automatisch auf neue bzw. neu benannte Konzepte zurückgeführt werden. Zum Beispiel werden *stille vrijdag* 'Karfreitag' bzw. *stille week* 'Karwoche' in den hier zentralen Wörterbüchern (das sogenannte „Primärmaterial", vgl. unten) erstmalig im 19. Jahrhundert genannt, obwohl die Verbindungen bereits für das 16. Jahrhundert belegt sind (z.B. in Kiliaans *Etymologicum Teutonicae Linguae* von 1599). Auch der Umfang älterer Wörterbücher ist im Vergleich zu moderneren Werken oft geringer und für das Deutsche werden mehr Verbindungen als für das Niederländische verzeichnet. Dies kann ebenso gut lexikografischen Gründen wie dem realen Sprachgebrauch geschuldet sein, zeigt aber vor allem, dass eine quantitative Analyse von Wörterbüchern problematisch ist und nur eine qualitative Annäherung an tatsächliche Verhältnisse erlaubt.

Schließlich stellt sich die Frage, wie Produktivität und Produktivitätsveränderungen aufgrund von Wörterbuchdaten gemessen werden können, d.h., wie festgestellt werden kann, ob die syntaktische oder morphologische Benennungsbildung an Produktivität zu- bzw. abnimmt. Allgemeiner Forschungskonsens ist, dass dies mit Wörterbuchdaten unmöglich sei (vgl. Baayen/Renouf 1996; Bauer

2003: 76 f.). Tatsächlich ist dies methodisch höchst problematisch. Denn abgesehen von der Heterogenität der Daten und der schwierigen Vergleichbarkeit von Wörterbüchern untereinander bleiben Wörterbuchdaten prinzipiell unvollständig. Die Angaben zur Entwicklung der Nutzungsfrequenz beider A+N-Verfahren sind deshalb bewusst vorsichtig formuliert und meist nur als Tendenzen zu verstehen. Qualitative Aussagen zur Produktivität eines Verfahrens sind demgegenüber einfacher. Die Wörterbuchdaten belegen zumindest für die beschriebenen Sprachvarietäten, ob für das jeweilige Adjektiv sowohl Phrasenbildung als auch Komposition zu einem gegebenen Zeitpunkt durch entsprechende Bildungen vertreten sind, und sie ermöglichen einen Rückschluss auf bestehende Input- und Outputbeschränkungen beider Verfahren (auftretende Bedeutungen des Adjektivs, Korrelation von Phrase und Kompositum mit metaphorischer und metonymischer/possessiver Interpretation etc.). Auf diese Weise können erste Eindrücke bezüglich der Dominanz eines Musters in der Benennungsbildung gewonnen werden, die durch Korpusuntersuchungen bestätigt werden müssen (vgl. unten). In Tabelle 5.2 und 5.3 sind die für beide Sprachen verwendeten Wörterbücher aufgelistet, sie stellen das Primärmaterial dar. Zu Ergänzungszwecken wurden das „Deutsche Wörterbuch" (DWB, 1854–1971) und das „Woordenboek der Nederlandsche Taal" (WNT, 1851–1998) verwendet. Beide gehören allerdings nicht zu den Primärquellen, da sie in erster Linie – wie bereits erwähnt – den gesamten historischen Wortschatz wiedergeben und nicht als synchrone Sammlung der jeweiligen Epoche gedacht sind. Zusätzlich sind in beiden Wörterbüchern auch seltene, aber auffällige Bildungen aufgenommen, die nicht zwingend etablierte Benennungen darstellen müssen.

Tab. 5.2: Verwendete Wörterbücher des Deutschen (Primärmaterial)

Jahr	Titel
1700–1702	Kramer: „Das herrlich-Grosse Teutsch-Italiänische Dictionarium"
1741	Frisch: „Teutsch-Lateinisches Wörter-Buch"
1787	Kramer/Moerbeek: „Neues Deutsch-Holländisches Wörterbuch"
1793–1801	Adelung: „Grammatisch-kritisches Wörterbuch der hochdeutschen Mundart"
1807–1811	Campe: „Wörterbuch der Deutschen Sprache"
1890–1895	Heyne: „Deutsches Wörterbuch"
1967–1982	„Wörterbuch der deutschen Gegenwartssprache" (Teilbände mit verschiedenen Aufl.)
1980–1984	Brockhaus Wahrig: „Deutsches Wörterbuch"
1999	Duden: „Das große Wörterbuch der deutschen Sprache"
2012	Duden Online: „Online-Duden auf Basis des Dudenkorpus"

Für die synchrone Analyse wurden in Einzelfällen das online verfügbare „Van Dale Woordenboek Duits – Nederlands" (Version von 2012) und die deutsche und niederländische Version der Wikipedia herangezogen.

Tab. 5.3: Verwendete Wörterbücher des Niederländischen (Primärmaterial)

Jahr	Titel
1704	Hoogstraten: „Nieuw Woordenboek der Nederlantsche en Latynsche Tale"
1771	Verheyk: „Nederduitsch en Latynsch Woordenboek"
1786	Des Roches: „Nieuw Nederduytsch en Fransch Woorden-Boek"
1799–1811	Weiland: „Nederduitsch taalkundig woordenboek"
1870	Sicherer/Akveld: „Nederlandsch-Hoogduitsch en Hoogduitsch-Nederlandsch Woordenboek"
1909	Koenen: „Verklarend Handwoordenboek"
1924	Van Dale: „Groot woordenboek der Nederlandsche taal"
1937	Koenen: „Verklarend Handwoordenboek"
1961	Van Dale: „Groot woordenboek der Nederlandse taal"
1966	Koenen: „Verklarend Handwoordenboek"
1984	Van Dale: „Groot woordenboek der Nederlandse taal"
1986	„Wolter's woordenboek eigentijds Nederlands: Grote Koenen"
2005	Van Dale: „Groot woordenboek der Nederlandse taal"

5.1.3.2 Korpora und andere Textsammlungen

Der zweite Teil der Analyse basiert auf diachronen Korpora und Textsammlungen. Hier werden im Wörterbuch angedeutete Trends und Entwicklungsprozesse für einzelne Lexeme im günstigsten Falle nachgezeichnet und es kann gezeigt werden, ob konkurrierende Bildungen einander verdrängen oder stabil nebeneinander bestehen bleiben.

Die meisten historischen Korpora im Deutschen und Niederländischen sind zu klein für eine Untersuchung lexikalischer Einheiten. Korpora der Gegenwartssprache umfassen inzwischen mindestens 100 Mio. Tokens (z.B. das „DWDS-Kernkorpus" für das Deutsche des 20. Jahrhunderts), viele historische Korpora jedoch weniger als 1 Mio. (z.B. „GerManC-Korpus" 1650–1800,[37] „Compilatiecorpus Historisch Nederlands" 1285–2000[38]). Für das Deutsche hat das Institut für Deutsche

---

37 www.llc.manchester.ac.uk/research/projects/germanc/.
38 www.diachronie.nl/corpora/.

Sprache u.a. das „Historische Korpus"[39] erstellt, das Texte des Zeitraums 1700–1918 umfasst und immerhin einen Umfang von etwa 45 Millionen laufenden Wörtern hat (Stand: November 2012), öffentlich aber nur beschränkt zugänglich ist. Daher wird in erster Linie mit dem ZEIT-Korpus gearbeitet, das alle Ausgaben der Wochenzeitung „Die ZEIT" seit 1946 enthält und etwa 460 Millionen Tokens zählt. Das ZEIT-Korpus scheint für eine historische Untersuchung eigentlich zu aktuell zu sein, allerdings bietet es für einige der gewählten Adjektive sehr viele Treffer und ermöglicht aufgrund der Größe die Beobachtung der Entwicklung von Benennungsdubletten innerhalb einer Textsorte über immerhin mehr als sechs Jahrzehnte hinweg. Als ergänzende historische Textsammlungen für das 18. und 19. Jahrhundert sowie für den Beginn des 20. Jahrhunderts wurde die Datenbank „Deutsche Literatur von Lessing bis Kafka" ausgewählt. Sie enthält Auszüge und Volltexte von mehr als 100 Autoren zwischen dem 18. und dem Beginn des 20. Jahrhunderts. Außerdem steht eine kleine Auswahl historischer Lexika zur Verfügung (vgl. Tab. 5.4). (Digitalisierte) Lexika bieten einen idealen Rahmen für die Untersuchung von Benennungseinheiten, da sie auf die Definition und Beschreibung relevanter Konzepte (die benannt werden müssen!) ausgerichtet und durch längere Textpassagen auch für Volltextsuchen geeignet sind. Teilweise ermöglichen sie auch einen Blick auf fachsprachliche Besonderheiten.

Tab. 5.4: Verwendete Enzyklopädien des Deutschen (DELEX; 1809–1906)

Jahr	Titel
1809–1811	„Conversations-Lexikon oder kurzgefaßtes Handwörterbuch" (1. Aufl.)
1834–1838	„Damen-Conversations-Lexikon"
1837–1841	„Bilder-Conversations-Lexikon" (1. Aufl.)
1854–1857	„Herders Conversations-Lexikon" (1. Aufl.)
1857–1865	„Pierer's Universal-Lexikon" (4. Aufl.)
1905–1909	„Meyers Großes Konversationslexikon" (6. Aufl.)
1906	„Brockhaus Kleines Konversations-Lexikon" (5. Aufl.)

Das niederländische Pendant zum ZEIT-Korpus ist das LCA, das Zeitungsarchiv des „Leeuwarder Courant", einer im Norden der Niederlande erscheinenden Zeitung. Alle Jahrgänge sind ab 1752 elektronisch verfügbar und durchsuchbar. Innerhalb einer Textsorte können also für fast zweieinhalb Jahrhunderte durchgängig

---

39 www1.ids-mannheim.de/lexik/HistorischesKorpus/.

Texte durchsucht werden. Eine Herausforderung war, dass das Archiv nicht für linguistische Untersuchungen ausgelegt und die Funktionalitäten dementsprechend eingeschränkt sind. So kann zwar auch nach Wortgruppen gesucht werden, allerdings erhält man keine zusammenfassenden Statistiken, sondern nur eine Übersicht mit Links zu allen Artikeln, in denen die gesuchte Verbindung vorkommen kann. Diese Einzeltreffer müssen manuell überprüft und gezählt werden. Ähnlich wie das ZEIT-Korpus enthält es viele Wiederholungen, die manuell entfernt werden müssen. Als ergänzende Quellen stehen die Zitatsammlung des „Woordenboek der Nederlandsche Taal", die für den Zeitraum 1500–1976 etwa 1,7 Mio. Tokens umfasst und für die Datierung von Erstbelegen verwendet werden kann, zur Verfügung sowie die niederländische „Digitale Bibliotheek voor de Nederlandse letteren", eine Online-Bibliothek der niederländischen Belletristik und Sachliteratur seit ca. 1200, in der alle aufgenommenen Texte durchsucht werden können. Auch hier sind die Suchoptionen nicht für linguistische Analysen ausgelegt und ist eine Recherche dementsprechend beschwerlich. Zudem unterscheidet die DBNL nicht zwischen Originalausgaben und in späteren Editionen hinzugefügtem Kommentartext. Auch tragen neu aufgelegte Werke oftmals die Datierung ihrer Neuausgabe, nicht der Erstauflage. Die DBNL enthält auch einige historische Enzyklopädien und Lexika, die als Äquivalent zu den gewählten Enzyklopädien im Deutschen verwendet werden können. Die digital verfügbare Auswahl ist allerdings deutlich kleiner als im Deutschen und auf den Zeitraum 1894–1918 beschränkt, vgl. Tabelle 5.5.

Tab. 5.5: Verwendete Enzyklopädien des Niederländischen (NLLEX; 1894–1918)

Jahr	Titel
1894	Brouwer: „Geïllustreerde Encyclopaedie" (2. Aufl.)
1899–1908	Kramer: „Vivat's geïllustreerde encyclopedie"
1912–1918	Kuiper: „Encyclopaedisch woordenboek"

Für die deutsche Gegenwartssprache wird das ZEIT-Korpus (1989–2009) und für das Niederländische das selbst zusammengestellte LEXNEX-Korpus verwendet. Letzteres umfasst alle Ausgaben der drei niederländischen Tageszeitungen „Leeuwarder Courant", „NRC", „Volkskrant" und der Wochenzeitschrift „De Groene Amsterdammer" (Zeitraum 1997–2011; ein mit dem ZEIT-Korpus identischer Zeitraum ist leider nicht verfügbar). Diese Sammlung basiert auf „Lexis Nexis", einer Volltextdatenbank, die u.a. Zeitungsmaterial aus zahlreichen Ländern archiviert und für Suchanfragen bereitstellt. Beide Sammlungen erlauben u.a. eine Annäherung an die quantitative Produktivität der A+N-Komposition mit verschiedenen Adjektiven und damit eine weitere Perspektive auf die morphologische und syntaktische Benennungsbildung im Deutschen und Niederländischen. Tabelle 5.6 fasst die verwendeten Korpora und Textsammlungen zusammen.

Tab. 5.6: Korpora und Textsammlungen

Deutsch	
ZEIT-Korpus	Text-Korpus, das alle Ausgaben der Wochenzeitung „Die ZEIT" seit 1946 umfasst (460 Mio. Tokens)
DBLK	Datenbank „Deutsche Literatur von Lessing bis Kafka" umfasst Volltexte, Auszüge, Zitate der deutschsprachigen Literatur von der Mitte des 18. Jahrhunderts bis in die 1920er Jahre
DELEX	verschiedene Enzyklopädien des Deutschen, vgl. Tab. 5.4
Niederländisch	
LEXNEX-Korpus	Korpus mit Volltexten der Tageszeitungen „Volkskrant", „NRC", „Leeuwarder Courant" und der Wochenzeitschrift „De Groene Amsterdammer" (1997–2011)
LCA	„Leeuwarder Courant Archief", Archiv des „Leeuwarder Courant", Tageszeitung im Norden der Niederlande (alle Ausgaben ab 1752)
DBNL	„Digitale bibliotheek voor de Nederlandse letteren", Volltextdatenbank niederländischer Literatur seit 1200
NLLEX	verschiedene Enzyklopädien des Niederländischen; vgl. Tab. 5.5
WNT-Zitate	„Woordenboek der Nederlandsche Taal", Zitatsammlung mit ca. 1.7 Mio. Tokens (Zeitraum 1500–1976)

5.2 Benennungsbildung bei qualitativen Adjektiven seit 1700

Im Folgenden wird für die ausgewählten qualitativen Adjektive die Entwicklung der Konkurrenz zwischen Phrasen und Komposita seit 1700 im Sprachvergleich nachgezeichnet.

Aufgrund des Wörterbuchmaterials des 20. Jahrhunderts lassen sich erste Präferenzen in der Gegenwartssprache erkennen (vgl. Abb. 5.1 und 5.2). Diese Einteilung beruht auf einer Einschätzung der Realisierungspräferenzen aufgrund der Anzahl verzeichneter A+N-Benennungseinheiten. In beiden Sprachen gibt es Adjektive, die gleichermaßen in syntaktischen und morphologischen Benennungseinheiten auftreten, dazu gehören u.a. die drei untersuchten Farbadjektive *schwarz – zwart*, *rot – rood* und *gelb – geel*. Andere Adjektive zeigen in ihrem

Bindungsverhalten eine deutliche Formpräferenz. Vier Adjektive im Deutschen haben eine deutliche Präferenz zur Komposition, jedoch nur eines einen ausgeprägten Bias zur Phrasenbildung (nämlich *still*). Im Niederländischen verhält es sich umgekehrt, hier tendieren nur *diep* und – mit Abstrichen – *bitter* eindeutig zur Komposition, während *stil*, *vreemd* und *negatief* i.d.R. nur in phrasalen Benennungseinheiten auftreten.

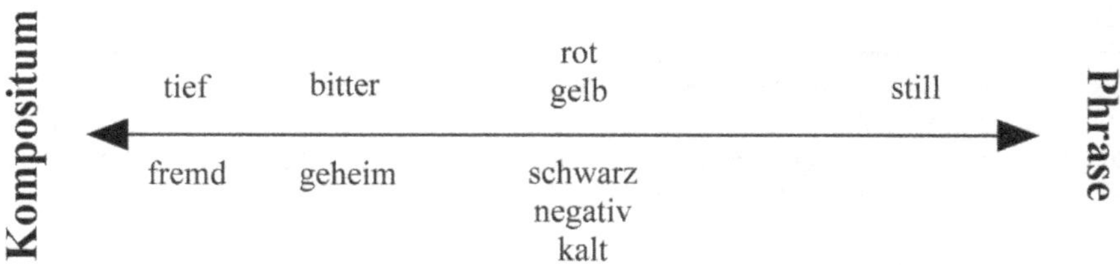

Abb. 5.1: Bias einzelner Adjektive im Deutschen

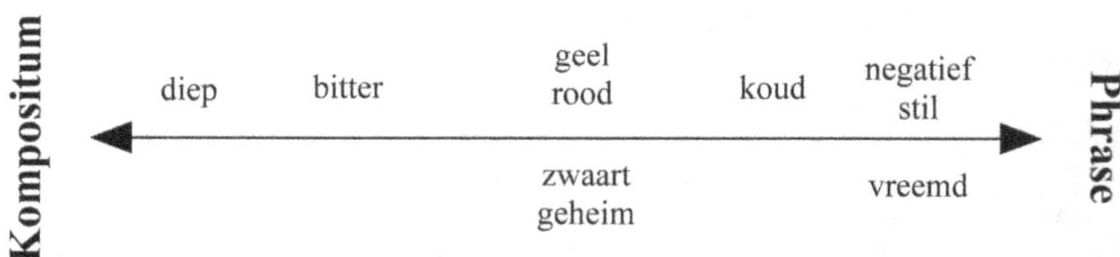

Abb. 5.2: Bias einzelner Adjektive im Niederländischen

Diese Einschätzung wird bei der A+N-Komposition indirekt durch die unterschiedliche Anzahl an Hapaxen, die ein wichtiger Indikator für die Produktivität eines Verfahrens sein können (als Teil der sogenannten 'expanding productivity' und 'potential productivity', vgl. Baayen 2009), bestätigt. Hapaxe sind Worteinheiten, die in einem gegebenen Korpus nur ein einziges Mal vorkommen, und dienen als statistische Maßeinheit, um darzustellen, wie produktiv ein Verfahren, d.h., wie hoch der Anteil eines Verfahrens an der Expansion des Wortschatzes durch die Bildung von Neologismen ist. Grundlegend dafür ist die Annahme, dass Neologismen „are found primarily among the hapax legomena, and to a lesser extent among the words occurring twice, three times" (vgl. Baayen 2009: 905).[40]

---

40 Es ist zwar nicht ausgeschlossen, dass unter den Hapaxen auch lexikalisierte, seit Jahrhunderten etablierte Bildungen zu finden sind. Solange Hapaxe allerdings nur als Mittel zur statisti-

Die Tabellen 5.7 und 5.8 verzeichnen die Anzahl gefundener Hapaxe für alle ausgewählten Adjektive im Deutschen und Niederländischen auf Basis des ZEIT-Korpus (eingeschränkt auf 1989–2009) bzw. des LEXNEX-Korpus (1997–2011). Eine weitergehende Berechnung der Produktivität, hier in erster Linie der 'expanding productivity' (EP), d.h. des Maßes, mit dem sich eine neue Kategorie ausbreitet und neue Einheiten im Wortschatz ausbildet, kann aus technischen Gründen nicht geleistet werden. Die EP ist der Quotient aus der Anzahl der Hapaxe einer morphologischen Kategorie (also z.B. Anzahl der Hapaxe mit *still*) geteilt durch die Anzahl aller Hapaxe im Korpus (unabhängig von ihrer Kategorie). Da die verwendeten Korpora aber keine Ermittlung aller Hapaxe zulassen, können die Hapaxzahlen in Tabelle 5.7 bzw. 5.8 nur als Produktivitätsindikator dienen.[41]

Tab. 5.7: Hapaxe im Deutschen (ZEIT-Korpus, 1989–2009)

A+N-Komposita mit	Types	Hapaxe
geheim	279	141
fremd	225	135
negativ	144	77
schwarz	113	53
rot	76	36
tief	71	32
bitter	28	21
kalt	31	14
gelb	29	13
still	3	1

---

schen Annäherung dienen und ihnen kein eigener Wert unterstellt wird, sind sie eine geeignete Einheit, um die Expansion einer morphologischen Kategorie zu messen (vgl. Baayen/Renouf 1996; Plag 2003; Baayen 2009).

41 Die Berechnung der 'potential productivity' (PP), d.h. das Wachstum einer bestimmten morphologischen Kategorie selbst (ohne Blick auf die Gesamtentwicklung des Wortschatzes), ließe sich sehr wohl berechnen. Die PP wird definiert als Quotient der Anzahl von Hapaxen einer Kategorie geteilt durch die Gesamtzahl aller Tokens dieser Kategorie im Korpus (vgl. Baayen 2009). Das Problem hierbei ist allerdings, dass nicht die Gesamtgröße des Korpus berücksichtigt wird. So würde sich mit diesem Maß die höchstmögliche Produktivität von 1 für Komposita mit *vreemd* ergeben, weil die Tokenanzahl der Hapaxanzahl entspricht. Allerdings kann die PP nicht abbilden, dass Neubildungen mit *vreemd* nur in sehr großen Korpora zu finden sind, während Hapaxe mit *zwart* oder *bitter* schon in viel kleineren Korpora wahrscheinlich sind (Baayen: pers. Komm.).

Tab. 5.8: Hapaxe im Niederländischen (LEXNEX-Korpus, 1997–2011)

A+N-Komposita mit	Types	Hapaxe
rood	55	25
zwart	51	22
geel	32	17
diep	21	11
bitter	20	8
geheim	16	6
koud	7	4
vreemd	3	3
stil	3	2
negatief	2	1

Die deutschen und niederländischen Werte erlauben aufgrund der unterschiedlichen Korpusgröße keinen Vergleich. Die Maße sind zudem textsortenspezifisch (vgl. Plag/Dalton-Puffer/Baayen 1999), d.h., die Rangordnung kann nur bedingt auf andere Register übertragen werden.

Zum Teil werden die auf den Wörterbuchdaten basierenden Intuitionen bestätigt: Wortbildungen mit *still* im Deutschen und mit *stil* und *negatief* im Niederländischen sind sehr selten. Abweichungen ergeben sich z.B. mit Bezug auf die Position der Farbadjektive. So scheinen im Niederländischen laut Tabelle 5.8 die drei Farbadjektive bezüglich der A+N-Komposition im Niederländischen am produktivsten zu sein, obwohl sie gleichermaßen phrasale und morphologische Benennungseinheiten ausbilden. Diese Abweichungen lassen sich allerdings erklären. Sie haben erstens methodische Ursachen. Die in Abbildung 5.1 und 5.2 verdeutlichten Präferenzen basieren auf anderem Quellenmaterial als die Angaben in Tabelle 5.7 und 5.8. Zweitens sagen absolute Präferenzen nichts darüber aus, wie häufig ein Verfahren gebraucht wird. So taucht *diep* zwar fast ausschließlich in morphologischen Benennungseinheiten auf, Neubildungen mit *diep* scheinen aufgrund unterschiedlicher Benennungsbedürfnisse aber eine viel geringere Rolle zu spielen als etwa Bildungen mit Farbadjektiven. Drittens ist die Bildung von Komposita nicht mit der Benennungsbildung gleichzusetzen. Im Wörterbuch werden ausschließlich etablierte Benennungseinheiten beschrieben. Unter die Hapaxe fallen aber nicht nur (neue) Benennungseinheiten, sondern auch Wortbildungen, die aus stilistischen oder syntaktischen Gründen entstanden sind (vgl. Schlücker/Hüning 2009). Eine hohe Anzahl von Hapaxen bei der Komposition muss also nicht zwangsläufig mit einer ausgeprägten morphologischen Benennungsbildung einhergehen. Zudem muss die phrasale Benennungsbildung auch nicht automatisch unmöglich sein. Bei *fremd* und *geheim* korreliert im Deutschen eine hohe Anzahl von Hapaxen zwar mit einer zu vernachlässigenden phrasalen Benennungsbildung, aber schon bei *negativ*, das ebenfalls viele Hapaxe ausbildet, aber auch in phrasalen Benennungseinheiten häufig vorkommt, ist dieser Zusammenhang nicht mehr gegeben (vgl. die entsprechenden Abschnitte in diesem Kapitel). Die Anzahl der Hapaxe eines Wortbildungsverfahrens ist also nur ein indirekter Indikator, zeigt aber an, ob ein Bildungsmuster für die Benennungsbildung überhaupt zur Verfügung steht und genutzt werden kann. So ist es sehr unwahrscheinlich, dass eine neue Benennungseinheit mit *still/stil* als Kompositum realisiert wird (wenn auch nicht unmöglich), die Bildung einer phrasalen Einheit wie DE *stille SMS* hingegen naheliegend. Zudem führt eine geringe Produktivität der Komposition nicht automatisch zu einer verstärkten phrasalen Benennungsbildung – das Adjektiv kann prinzipiell relativ wenig Anteil an der Benennungsbildung haben (wie z.B. NL *vreemd*).

In den folgenden Abschnitten wird die historische Entwicklung der Konkurrenz zwischen Komposition und Phrasenbildung anhand von Fallstudien für einzelne Adjektive dargestellt. Die Untersuchung konzentriert sich zunächst vornehmlich auf klassifikatorische Verbindungen, da diese den Hauptbereich der Konkurrenz zwischen beiden Verfahren darstellen. In Kapitel 5.2.1 werden alle Adjektive vorgestellt, die in beiden Sprachen eine ähnliche Entwicklung aufweisen. Danach geht es um jene Adjektive, bei denen sich das Deutsche und das Niederländische am deutlichsten auseinander entwickelt haben (vgl. 5.2.2). Als Ausgangspunkt jeder Beschreibung wird die Entwicklung im Deutschen geschildert und dann mit dem Niederländischen kontrastiert. Für einen schnellen Überblick über die wesentlichen Entwicklungstrends bei den qualitativen Adjektiven sei auf das Zwischenfazit in Kapitel 5.2.3 verwiesen. In Kapitel 5.3 werden dann die Relationsadjektive behandelt und in Kapitel 5.4 geht es um die Entwicklung von Phrasen mit Schwa-Apokope.

5.2.1 Adjektive mit ähnlicher Entwicklung im Deutschen und Niederländischen

Die Adjektive *gelb/geel*, *rot/rood*, *schwarz/zwart*, *bitter/bitter*, *still/stil* und *tief/diep* haben in beiden Sprachen ähnliche Bildungspräferenzen entwickelt.

5.2.1.1 *gelb – geel, rot – rood, schwarz – zwart*
Für die Farbadjektive ist in beiden Sprachen charakteristisch, dass
a) Verbindungen mit diesen Adjektiven, insbesondere mit *schwarz/zwart* und *rot/rood*, in beiden Sprachen sehr häufig sind;

b) über den gesamten Untersuchungszeitraum sowohl phrasale als auch morphologische Benennungseinheiten mit klassifikatorischer Bedeutung belegt sind (dies gilt nur in geringerem Umfang auch für andere Adjektive);
c) Possessivkomposita eine wichtige Rolle spielen.

Zu a): Verbindungen mit Farbadjektiven bieten die Möglichkeit, einen Referenten anhand einer visuell auffälligen Eigenschaft sprachlich genauer zu kategorisieren. Ein frequenter Gebrauch von Farbadjektiven in Benennungseinheiten verwundert daher nicht. Das Referenzkonzept selbst muss dabei nicht die durch das Adjektiv bezeichnete Eigenschaft tragen, vgl. *Gelbfieber* bzw. *gele koorts*.

Tab. 5.9: Verbindungen mit *gelb/geel* im Primärmaterial

Jh.	DE		NL	
18.	*gelbe Wurzel*	'Mohrrübe'	*gele wortel*	'Mohrrübe'
	Gelbfink	'Vogelart'	*geelgieter*	'Messingschmied'
19.	*gelber Spat*	'Gestein'	*gele koorts*	'Gelbfieber'
	Gelbharz	'Harzsorte'	*geelbes*	'Beerenart'
20.	*gelber Fleck*	'best. Stelle auf der Augennetzhaut'	*geel briefje*	'gelbfarbener Gulden-Geldschein'
	Gelberde	'Erde in subtropischen Gebieten'	*geelslang*	'Schlangenart'

Tab. 5.10: Verbindungen mit *rot/rood* im Primärmaterial

Jh.	DE		NL	
18.	*rotes Wild*	'Hirsche, Rehe'	*rode kool*	'Rotkohl'
	Rotweide	'Gewächs'	*roodgloeihitte*	'Wärmegrad eines rotglühenden Metalls'
19.	*rote Rüster*	'Gewächs'	*rode bessen*	'Johannisbeeren'
	Rotgold	'mit Kupfer legiertes Gold'	*roodschimmel*	'Rotschimmel'
20.	*rotes Blutkörperchen*	'Blutbestandteil'	*rode steen*	'Ziegelsteinsorte'
	Rotalge	'Pflanze'	*roodwild*	'Rotwild'

Tab. 5.11: Verbindungen mit *schwarz/zwart* im Primärmaterial

Jh.	DE		NL	
18.	*schwarzer Pfeffer*	'Gewürz'	*zwarte gal*	'schwarze Galle'
	Schwarzamsel	'Vogel'	–	–
19.	*schwarzer Tee*	'Pflanze; Getränk'	*zwarte staar*	'Augenkrankheit'
	Schwarzbrot	'Brotsorte'	*zwartvos*	'Pferdeart'
20.	*schwarzer Markt*	'illegaler Warenaustausch'	*zwarte lijst*	'Liste unerwünschter Personen o.Ä.'
	Schwarzpulver	'Schießpulver'	*zwartbaars*	'Fischart'

Zu b): Für alle Jahrhunderte lassen sich im Primärmaterial Beispiele für neue, klassifikatorische Benennungseinheiten finden (vgl. Tab. 5.9–5.11), die sowohl phrasal als auch morphologisch realisiert werden.[42] Bei *zwart* ist im Primärmaterial für das 18. Jahrhundert kein klassifikatorisches Kompositum verzeichnet; allerdings lässt sich die Konstruktion in diesem Zeitraum im WNT belegen (z.B. *zwarterts* 'Gesteinsart'; vgl. WNT: ZWARTERTS, 1997).

Die prinzipielle Ko-Existenz von Phrasenbildung und Komposition im Untersuchungszeitraum wird durch Daten in historischen Lexika und Enzyklopädien des Deutschen und Niederländischen (DELEX- bzw. NLLEX-Lexika) für das 19. Jahrhundert bestätigt, vgl. (97)–(99):[43]

(97) a. DE

Phrasen: *gelbe Bachstelze* 'Vogel', *gelbes Sandelholz* 'Holzsorte'
Komposita: *Gelbkraut* 'Pflanze', *Gelbsucht* 'Krankheit'

 b. NL

Phrase: *gele koorts* 'Gelbfieber'
Kompositum: *geelzucht* 'Gelbsucht'

---

42 Wie bereits erwähnt beruht die zeitliche Einteilung darauf, ob eine Verbindung im jeweiligen Zeitraum neu in einem Wörterbuch des Primärmaterials erscheint. Dies bedeutet aber nicht notwendigerweise immer, dass sie im jeweiligen Zeitraum auch neu entstanden ist.

43 Vor allem bei den deutschen Beispielen fällt auf, dass die phrasalen Benennungseinheiten oft ein formal komplexes Nomen haben. Es stellt sich die Frage, ob dies ein die phrasale Realisierung begünstigender Faktor ist (Schlücker, pers. Komm.).

(98) a. DE
Phrasen: *rote Republik* 'notfalls durch Gewalt zu schaffende republikanische Staatsform mit absoluter Gleichstellung',
roter Schnee 'rot gefärbter Schnee in bestimmten Gegenden'
Komposita: *Rotbeize* 'Mineral', *Rotware* 'aus Ton und Lehm gebrannte Steine'

b. NL
Phrasen: *rood bloedloogzout* 'Kaliumferricyanid', *rode veenwortel* 'Pflanzenart'
Kompositum: *roodwier* 'Rotalge'

(99) a. DE
Phrasen: *schwarze Glasur* 'best. Mischung für das Glasieren von Töpferwaren', *schwarze Harnwinde* 'Krankheit'
Komposita: *Schwarzespe* 'Baum', *Schwarzkohle* 'Mineral'

b. NL
Phrasen: *zwarte mees* 'Vogelart', *zwarte staar* 'schwarzer Star'
Komposita: *zwartkoren* 'Wachtelweizen', *zwartspecht* 'Schwarzspecht'

Im Übrigen treten neben Komposita und regulären Phrasen auch klassifikatorische Phrasen mit Schwa-Apokope auf: *het geel-Ø bloedloogzout* 'Kaliumferrocyanid, gelbes Blutlaugensalz', *het rood-Ø weeskind* 'Schmetterlingsart' (wörtl. 'rotes Waisenkind'), *het zwart-Ø krijt* (im Wörterbuch als *zwartkrijt* aufgenommen) 'schwarze Zeichenkreide' (für Einzelheiten vgl. Kap. 5.4).

Zu c): Morphologische Verbindungen mit einer possessiven Interpretation, die sogenannten Possessiv- oder Bahuvrihi-Bildungen, spielen in beiden Sprachen bei Farbadjektiven eine große Rolle (vgl. *Rotkehlchen – roodborstje, Schwarzrock – zwartrok, Gelbschnabel – geelbek*). Es handelt sich dabei durchgehend um Personen-, Tier- und Pflanzen-, manchmal auch Krankheitsbezeichnungen, also um für Possessivbildungen typische Bezeichnungsbereiche (vgl. Brekle 1966; Simoska 1999). Auch diese lassen sich im Primärmaterial fast durchgängig belegen (die Schreibweise wurde ggf. modernisiert; die Bedeutung wird nur dann angegeben, wenn es sich nicht um eine Personen-, Tier-, Krankheitsbezeichnung etc. handelt):

(100) a. DE
18. Jh.: *Gelbbein, Gelbfuß*
19. Jh.: *Gelbflügel, Gelbkehle*
20. Jh.: *Gelbstrieme, Gelbkreuz* 'Senfgas'

b. NL
   18. Jh.: –
   19. Jh.: *geelbek, geelborstje*
   20. Jh.: *geelbuikje, geelgatje*

(101) a. DE
   18. Jh.: *Rotauge, Rotfeder*
   19. Jh.: *Rothaut, Rotlinie*
   20. Jh.: *Rotarsch, Rotschopf*

   b. NL
   18. Jh.: *roodbol, roodsteertje*
   19. Jh.: *roodhuid, roodkorst* 'Edamer Käse'
   20. Jh.: *roodblaar, roodhemd*

(102) a. DE
   18. Jh.: *Schwarzkamm, Schwarzmantel*
   19. Jh.: *Schwarzflügel, Schwarzwolle*
   20. Jh.: *Schwarzhemd, Schwarzkittel*

   b. NL
   18. Jh.: *zwartkopje*
   19. Jh.: *zwarthoofd, zwartkeeltje*
   20. Jh.: *zwartblaar, zwartstip*

Die Bildung von Komposita mit einer possessiven Interpretation ist bis heute produktiv, wobei die Unterschiede zwischen dem Deutschen und dem Niederländischen jedoch vernachlässigt werden können. In der Gegenwartssprache scheinen im Sprachvergleich ausschließlich klassifikatorische A+N-Verbindungen unterschiedliche Realisierungspräferenzen aufzuweisen. So zeigt eine Gegenüberstellung von A+N-Bildungen mit *schwarz – zwart* in Van Dale (2005) und Duden (1999), dass es ausschließlich klassifikatorische Verbindungen sind, die in beiden Sprachen unterschiedlich realisiert werden (vgl. Tab. 5.12). Es gibt allerdings auch Gemeinsamkeiten in der Realisierung, entweder als Phrase (z.B. *schwarze Kunst – zwarte kunst* 'Zauberei') oder als Kompositum (z.B. *Schwarzbuch – zwartboek*). Ähnliches gilt im Übrigen auch für *gelb/geel* und *rot/rood*.

Tab. 5.12: Äquivalente mit *schwarz/zwart* (Duden 1999; Van Dale 2005)

Kompositum	Phrase
Schwarzdrossel	zwarte lijster
Schwarzerde	zwarte aarde
Schwarzgeld	zwart geld
Schwarzhandel	zwarte handel
Schwarzkiefer	zwarte den
Schwarzkunst	zwarte kunst ('Schabkunst')
Schwarzpappel	zwarte populier
Schwarzspecht	zwarte specht
Schwarzstorch	zwarte ooievaar

Phrase	Phrase
schwarze Johannisbeere	zwarte bes
schwarzes Loch	zwart gat
schwarzer Humor	zwarte humor
schwarze Kunst	zwarte kunst ('Zauberei')
schwarze Liste	zwarte lijst
schwarze Schwertlilie	zwarte lis
schwarze Messe	zwarte mis
schwarzer Pfeffer	zwarte peper
schwarzer Freitag	zwarte vrijdag

Kompositum	Kompositum
Schwarzbuch	zwartboek
Schwarzschimmel	zwartschimmel
Schwarztorf	zwartveen
Schwarzwild	zwartwild

Ein Blick auf die übrigen Komposita in beiden Wörterbüchern, d.h. auf jene Bildungen, die kein passendes Äquivalent in der jeweils anderen Sprache haben und deshalb nicht verglichen werden können, zeigt zudem Folgendes: Für das Deutsche werden 18 Komposita (z.B. *Schwarzfilter, Schwarzpulver*) verzeichnet, davon sind nur zwei Possessivbildungen (*Schwarzdorn, Schwarzplättchen*). Die klassifikatorische Komposition ist also sehr stark vertreten. Im Niederländischen sind von 23 Komposita nur 13 klassifikatorisch (z.B. *zwartgras* 'Gewächs', *zwartmaskerduif* 'Vogelart'). Die anderen Bildungen basieren auf einer possessiven Interpretation, so z.B. *zwartkop* (wörtl. 'schwarz' + 'Kopf'), d.h. 'Person mit schwarzem Haar; verschiedene Vögel mit schwarzem Kopf'. Diese Daten suggerieren, dass der Anteil von Possessivkomposita an der Gesamtzahl von A+N-Komposita im Niederländischen höher als im Deutschen ist, was sich aus der geringeren Nutzung der klassifikatorischen Komposition ergibt. Allerdings muss hier auch berücksichtigt werden, dass beide Wörterbücher nicht ohne Weiteres vergleichbar sind. Im Duden werden veraltete Ausdrücke schneller gestrichen als in Van Dale, das nicht mehr gebrauchte Ausdrücke in der Regel mit dem Label *verouderd* 'veraltet' versieht und nur im Ausnahmefall löscht.

Einige niederländische Possessivkomposita können auch als Resultat eines Autonomisierungsprozesses des Erstglieds komplexer (A+N)+N-Komposita interpretiert werden (vgl. Kap. 2.4). So könnte das im LEXNEX-Korpus belegte *roodwang* 'Rotwangenschmuckschildkröte' als verkürzte Form aus *roodwang(sier)-schildpad* entstanden sein, vgl. (103).

(103)   Maar dr. Rinus Hoogmoed van het Nationaal Natuurhistorisch Museum in Leiden denkt niet dat *roodwangsierschildpadden* uit het noorden van de VS [...] hier wel tot voortplanting zouden komen. Daarvoor is het landklimaat van de VS te verschillend van ons zeeklimaat.
Wel zijn er onbevestigde berichten dat *roodwangen* in Spanje wel jonkies krijgen.[44] (Volkskrant, 6.11.1999)

Im LEXNEX-Korpus kommt *roodwang(sier)schildpad* 58-mal vor (teilweise auch in Koordinationsstrukturen mit *geelwangschildpad* oder getrennt geschrieben als *roodwang schildpad*). Die Variante *roodwang* wird 16-mal (davon zweimal als Diminutiv) verwendet. Diese kann wie in (103) als Variante der komplexeren Form im selben Text gebraucht werden, manchmal ist *roodwang* aber auch die einzige Bezeichnung:

(104)   Zijn eerste schildpad, dat was behoorlijk schrikken. Karel Op de Beke hees hem met zijn hengel uit een visvijver. Toen er iets bewoog onder het kroos dacht hij nog met een botervette paling van doen te hebben. Maar nee, het was een kleine *roodwang*, hartstikke zielig.[45] (Volkskrant, 9.8.2002)

---

44 „Aber Dr. Rinus Hoogmoed vom Nationalen Naturhistorischen Museum in Leiden glaubt nicht, dass die Rotwangenschmuckschildkröten aus dem Norden der USA [...] sich hier fortpflanzen würden. Dafür unterscheide sich das Landklima der USA zu sehr von unserem maritimen Klima. Allerdings gibt es unbestätigte Meldungen, wonach Rotwangen in Spanien doch Junge bekommen" [Übersetzung: SFS].

45 „Seine erste Schildkröte, die jagte ihm schon einen ordentlichen Schreck ein. Karel Op de Beke holte sie mit seiner Angel aus einem Fischteich. Als sich unter der Entengrütze etwas rührte, dachte er, dass er es mit einem richtig fetten Aal zu tun habe. Aber nein, es war eine kleine Rotwange, wirklich jämmerlich" [Übersetzung: SFS].

Die Einheit *roodwang* erscheint hier als autonomes Lexem, dessen Verwendung durch die komplexe Wortbildung *roodwang(sier)schildpad* gefördert worden sein könnte. Aus synchroner Perspektive ist der Einfluss der komplexen Wortbildung vielleicht irrelevant, da *roodwang* den strukturellen Bildungsmöglichkeiten des Niederländischen entspricht und damit als reguläres A+N-Kompositum gezählt werden kann. Diachron kann die zunehmende Autonomisierung der Erstkonstituente komplexer (A+N)+N-Bildungen aber dennoch relevant sein, wenn sie zu einer unterschiedlich starken Nutzung possessiver Komposita im Deutschen und Niederländischen führt. So sind in beiden Sprachen (A+N)+N-Komposita gängig, aber nur im Niederländischen scheinen die Erstkonstituenten z.T. als äquivalente Bezeichnungen verwendet zu werden. So sind neben den komplexen Bildungen auch die folgenden Bezeichnungen möglich:

(105) a. *geelvintonijn – geelvin* 'Gelbflossenthunfisch'
  b. 'Sushi<u>tonijn</u>, echt waar.' 'Ja, maar is het blauwvin of *geelvin* of skip-jack...' 'Oh, dat weet ik niet hoor [...].' (VK, 12.7.2011)

(106) a. *geelwangschildpad – geelwang* 'Gelbwangenschmuckschildkröte'
  b. „De roodwang<u>schildpad</u> is gewend aan een watertemperatuur van 20 tot 22 graden. De *geelwang* zelfs nog enkele graden hoger." (LC, 17.8.2005)

(107) a. *zwartvoet-Indiaan – zwartvoet* 'Schwarzfußindianer'
  b. „Zij waren van groot belang als tolken in het contact met de <u>indianen</u>: de vredelievende Mandans en Minnetarees, de vechtlustige Sioux, de kalme Nez Percs en de opstandige Blackfeet. Met de laatsten kwam het later tot het enige zware incident, waarbij twee *Zwartvoeten* werden gedood." (VK, 11.1.2003)

In den niederländischen Beispielen wird das Referenzkonzept im unmittelbaren sprachlichen Kontext genannt (in den Beispielen unterstrichen) und so die Interpretation der kürzeren Varianten vereinfacht. Die dem Niederländischen entsprechende Bezeichnung für *zwartvoet*, nämlich *Schwarzfuß*, ist auch im Deutschen gängig. Eine Überprüfung von A+N-Komposita mit *gelb/rot/schwarz* im ZEIT-Korpus zeigt jedoch, dass in anderen vergleichbaren Fällen fast ausnahmslos die komplexen Bezeichnungen verwendet werden: *Gelbflossenthunfisch, Rotbauchunke, Schwarzhalstaucher* und nicht **Gelbflosse, *Rotbauch, *Schwarzhals* (eine Ausnahme ist *Schwarznase* für *Schwarznasenschaf*). Eventuell liegt hier tatsächlich ein Unterschied zwischen beiden Sprachen vor, der genauer untersucht werden müsste. Allerdings ist er gradueller und nicht kategorischer Art.

Zusammenfassend gesehen zeugt die Entwicklung der A+N-Verbindungen mit den drei genannten Farbadjektiven seit 1700 nicht von einschneidenden Veränderungen. Im gesamten Untersuchungszeitraum werden phrasale und morphologische A+N-Benennungseinheiten gebildet, wobei nur wenige nennenswerte Unterschiede im Sprachvergleich konstatiert werden können. Im Gegensatz zu Verbindungen mit den anderen, noch zu besprechenden Adjektiven wird eine große Anzahl von Bildungen in beiden Sprachen übereinstimmend versprachlicht, d.h. mit dem jeweiligen Adjektiv, einem bedeutungsentsprechenden Nomen und oft auch entweder als Phrase oder als Kompositum. Dies kann auf Sprachkontakt und Entlehnungsprozesse deuten (vgl. Kap. 6.5). Bisweilen konkurrieren Phrasen und Komposita auch bei der Benennung desselben Konzepts miteinander, v.a. im Deutschen (vgl. *gelbes Fieber – Gelbfieber*). Diese Konkurrenz tritt bei verschiedensten Adjektiven auf und wird deshalb in Kapitel 5.7 noch ausführlicher behandelt.

5.2.1.2 *bitter – bitter*

Die Bildungspräferenzen bei *bitter – bitter* sind weitaus deutlicher. Beispiele für morphologische Benennungen sind im Deutschen schon mit Beginn des 18. Jahrhunderts zu finden. Die Komposition ist in der Benennungsbildung bis zum heutigen Tage durchgängig sehr produktiv, fast alle klassifikatorischen Benennungseinheiten sind Komposita, vgl. Tabelle 5.13. Die wenigen syntaktischen Benennungen sind entweder metaphorischer Art oder erhalten Konkurrenz durch Komposita, z.B. das im 20. Jahrhundert aufkommende *Bittermandel* neben der bereits im 18. Jahrhundert verwendeten Phrase *bittere Mandel* (NL weiterhin *bittere amandel*).

Tab. 5.13: Verbindungen mit *bitter* im deutschen Primärmaterial

18. Jahrhundert	
Phrase	
bittere Mandel	'Bittermandel'
Kompositum	
Bitterbier	'durch Hopfen o.Ä. bitter gemachtes Bier'
Bitterdistel	'anderer Name für Benediktendistel'
Bitterholz	'Holz des Bitterholzbaumes'
Bitterkalk	'aus Kalksteinen gebrannter Kalk'
Bitterklee	'best. Pflanzenart'
Bitterkraut	'best. Pflanzenart'

Bitterkresse	'best. Pflanzenart'
Bittersalz	'best. Mineral'
Bittersohle	'Lauge, aus der ein Bittersalz gewonnen wird'
Bittertrank	'bitter schmeckendes Getränk'
Bitterwasser	'mit Bittersalz versetztes Wasser'
Bitterweide	'best. Pflanzenart'
Bitterwein	'Wermutwein'

19. Jahrhundert

Phrase

bitteres Bier	= 'Bitterbier'

Kompositum

Bitterbaum	'Bitterholzbaum'
Bittererde	'Kalkerde, Magnesia'
Bitterstein	'best. Steinsorte'

20. Jahrhundert

Phrase

–

Kompositum

Bitterfäule	'Fruchtfäule, die bitteren Geschmack verursacht'
Bitterkäse	'Sauermilchkäse'
Bittermandel	'Samenkern des Bittermandelbaums'
Bittermittel	'Arzneimittel'
Bitterorange	'best. Frucht'
Bitterpilz	'Gallenröhrling'
Bitterschwamm	'Gallenröhrling'
Bitterspat	'Magnesitmineral'
Bitterstoff	'pflanzlicher Stoff zur Herstellung von Bittermitteln'

Auch im Niederländischen spielt die morphologische Benennungsbildung eine wichtige Rolle, vgl. Tabelle 5.14. Allerdings ist die Aussagekraft der Daten im Primärmaterial aufgrund der geringen Anzahl an Verbindungen zunächst begrenzt. In den verschiedenen historischen Textsammlungen (DBNL, LCA, Zitatsammlung des WNT) sind vor 1800 nur vereinzelt A+N-Komposita mit *bitter* belegt: in der DBNL nur *bitterzout* 'Bittersalz' (1791) und *bitterkoekjens* 'Bittermandelplätzchen' (1793), im LCA lediglich *bitterzout* (1782). Wirklich durchgesetzt hat sich die morphologische Benennungsbildung wohl erst nach 1800, wobei im 20. Jahrhundert auch klassifikatorische (eventuell fachsprachliche?) Phrasen als Benennungseinheiten auftreten. Ansonsten ist die Komposition ähnlich wie im Deutschen das dominante Benennungsverfahren.

Tab. 5.14: Verbindungen mit *bitter* im niederländischen Primärmaterial

18. Jahrhundert	
Phrase	
bittere amandel	'Bittermandel'
Kompositum	
–	
19. Jahrhundert	
Phrase	
–	
Kompositum	
bitterkers	'best. Pflanzenart'
bitterkoekje	'Bittermandelplätzchen'
bitterzout	'Bittersalz'
20. Jahrhundert	
Phrase	
bitter barbarakruid	'best. Pflanzenart'
bittere boleet	'best. Pflanzenart'
bittere kers	'best. Kressenart'
bittere scheefbloem	'best. Pflanzenart'
bittere veldkers	'best. Kressenart'
bittere vleugeltjesbloem	'best. Pflanzenart'
Kompositum	
bitteraarde	'Magnesia'
bitterbloem	'best. Pflanzenart'
bitterhout	'Bitterholz'
bitterkalk	'Dolomitmineral/-gestein'
bitterklaver	'best. Kleesorte'
bitterkruid	'best. Pflanzenart'
bitterspaat	'Bitterspat'
bitterstof	'Bitterstoff'
bittervoorn	'Fischart'
bitterwater	'Bitterwasser'
bitterwijn	'bitterer, medizinischer Wein'
bitterwilg	'Baumart'

In der Gegenwart kommen in beiden Sprachen neue Benennungseinheiten hinzu. Im Niederländischen beispielsweise hat das Referenzwörterbuch Van Dale das Wort *bittersinaasappel* 'Bitterorange' 2008 neu aufgenommen (mit dem Vermerk *voorlopig* 'vorläufig'). Im ZEIT-Korpus lässt sich für das Deutsche in den letzten zwei Jahrzehnten eine zunehmende Etablierung des Wortes *Bitterschokolade* erkennen, während der Gebrauch der Phrase marginal bleibt. Die starke Position der Komposition zeigt sich in beiden Sprachen auch daran, dass sie auch zur Bildung von Ad-hoc-Konzepten oder aus stilistischen Gründen verwendet wird. Während dies im Deutschen für die meisten untersuchten Adjektive gilt, ist dies im Niederländischen insgesamt seltener der Fall (vgl. Tab. 5.7–5.8). Für *bitter* liefert das LEXNEX-Korpus jedoch zwei schöne Beispiele:

(108) „We hebben ook getest hoe gevoelig die mensen überhaupt zijn voor bitter." Sommige mensen zijn echte 'bitterproevers', andere niet – dat is genetisch bepaald. „Misschien ondergaan bitterproevers ook eerder een smaakverandering. En zo niet, dan is dit toch de eerste keer dat het *bittereffect* in een lab bij proefpersonen wordt getest." (VK, 12.2.2011)[46]

(109) Lof, spruiten, andijvie, ik haatte ze toen ik klein was. Maar ergens in mijn tienerjaren overschreed ik de *bittergrens*. Met koffie, omdat een meisje waarop ik verliefd was dat dronk.[47] (VK, 7.12.2011)

Prinzipiell weisen das Deutsche und das Niederländische in Bezug auf *bitter – bitter* also die gleichen Tendenzen auf.

5.2.1.3 *still – stil*

Weitgehend identisch verhalten sich das Deutsche und das Niederländische auch in Bezug auf Verbindungen mit *still – stil*. Beide Sprachen zeigen ein ähnliches Bedeutungsspektrum mit den drei Hauptbedeutungen 1. 'reglos, unbewegt' (wie in *stille Luft*), 2. 'leise' (wie in *stilles Gebet*) und 3. 'geheim' (wie in *stille Hoffnung*) sowie daran anschließende Bedeutungen wie 'ruhig, frei von Anspannung; wortlos'. Unabhängig von der jeweils realisierten Bedeutung wird die Benennungsbildung bei *still – stil* fast ausschließlich über Phrasen geleistet.

---

46 „Wir haben auch geprüft, wie empfindlich diese Menschen überhaupt für das Bittere sind." Einige sind wahre 'Bitterschmecker', andere nicht – das ist genetisch festgelegt. „Vielleicht durchleben Bitterschmecker auch eher eine Geschmacksveränderung. Und wenn nicht, dann ist es doch das erste Mal, dass der Bittereffekt in einem Labor bei Testpersonen überprüft wird" [Übersetzung: SFS]. Die Form *bitterproever* 'Bitterschmecker' interpretiere ich hier als synthetisches Kompositum und zähle es somit nicht zu meinem Gegenstandsbereich.
47 „Chicorée, Rosenkohl, Endivien – ich hasste sie, als ich klein war. Aber irgendwann in meinen Teenagerjahren übertrat ich die Bittergrenze. Mit Kaffee, weil ein Mädchen, in das ich verliebt war, das trank" [Übersetzung: SFS].

Im deutschen Primärmaterial sind Komposita von Beginn an weitgehend marginalisiert, im Niederländischen sind sie – zumindest im Primärmaterial – gar nicht vorhanden. Es gibt nur eine Ausnahme, *stilleven* 'bildliche Darstellung von Dingen des alltäglichen Lebens', das in seiner Betonung allerdings durch die Wörterbücher als variabel beschrieben wird (vgl. u.a. Van Dale 1984, Koenen 1986) und daher sowohl als Phrase als auch als (metonymisch zu interpretierendes) Kompositum eingestuft werden kann. Die Tabellen 5.15 und 5.16 enthalten alle im Primärmaterial gefundenen Verbindungen. Für das Niederländische sind im Primärmaterial des 18. Jahrhunderts keine Benennungseinheiten verzeichnet. Es werden lediglich Verbindungen wie *stilleveger* 'Person, die Toilettenhäuschen etc. reinigt' genannt, die eher als N+N-Verbindungen zu klassifizieren sind (vgl. WNT: STIL[I], 1938; mit *stille* als nominalisiertes Adjektiv bzw. Abkürzung des mittelniederländischen *stillecamere* 'Toilette, Toilettenzimmer'). Im Primärmaterial des 19. Jahrhunderts tauchen erste Verbindungen auf. Eine Analyse weiterer Wörterbücher zeigt aber, dass diese z.T. bereits Ende des 16. Jahrhunderts verwendet wurden, so u.a. *stille mes* 'stille Messe' sowie *stille week* 'Karwoche' und *stille vrijdag* 'Karfreitag' (vgl. Kiliaan 1599). Die (phrasale) Benennungsbildung mit *stil* war also bereits vor 1800 möglich.

Tab. 5.15: Verbindungen mit *still* im deutschen Primärmaterial

18. Jahrhundert	
Phrase	
stilles Alter	'Greisenalter'
stille Beichte	'Einzelbeichte'
stiller Freitag	'Karfreitag'
stille Messe	'Messe ohne Gesang und Ansprache'
stille Woche	'Karwoche'
Kompositum	
Stilllager	'Lager eines pausierenden Heeres'
Stillmesse	= 'stille Messe'
Stillpulver	'Pulver, das beim Abbrennen nicht losknallt'
19. Jahrhundert	
Phrase	
stilles Gericht	'(hist.) geheimes Gericht in Westfalen bzw. Belgien'
stille Jagd	'Jagd ohne Schießen, nur mit Fallen, Netzen etc.'
stiller Mann	'tote Person'
stille Pfeifen	'(Orgelbau) Pfeifen, die nur sanft tönen'
stilles Pulver	= 'Stillpulver'
stiller Teilhaber	'Geschäftspartner ohne aktive Mitarbeit'

stiller Wein	'Wein ohne Kohlensäure'
stille Zeit	'umsatzschwache Zeit im Geschäft'
stille Zinken	'sanft tönendes Musikinstrument'

Kompositum

Stillflöte	'(Orgelbau) Flötenzug mit sanften Tönen'
Stillkampf	'ein im Stillen vor sich gehender Kampf'
Stillleben	'zurückgezogenes Leben'

20. Jahrhundert

Phrase

stille Beteiligung	'geschäftliche Beteiligung ohne aktive Mitarbeit'
stille Brunft	'best. Brunft beim Rotwild'
stiller Gesellschafter	'Geschäftspartner ohne aktive Mitarbeit'
stille Gesellschaft	'Gesellschaft, bei der jemand stiller Teilhaber ist'
stilles Örtchen	'Toilette'
stille Reserven	'Bestandteil des Eigenkapitals, der nicht in der Bilanz erscheint'
stille Rücklage	= 'stille Reserven'
stille Teilhaberschaft	'Teilhaberschaft ohne aktive Mitarbeit'
stille Verbrennung	'ohne Flamme ablaufende Oxidation'
stilles Wasser	'Wasser ohne Kohlensäure; stehendes Gewässer'

Kompositum

Stillarbeit	'best. pädagogische Unterrichtsmethode'
Stillwein	= 'stiller Wein'

Tab. 5.16: Verbindungen mit *stil* im niederländischen Primärmaterial

18. Jahrhundert

–

19. Jahrhundert

Phrase

stil compagnon	'stiller Teilhaber'
stille knip	'geheimes Bordell'
stille mis	'stille Messe'
stille tijd	'umsatzschwache Zeit im Geschäft'
stil(le) vennoot	'stiller Teilhaber'
stille verklikker	'Geheimspion'
stille vrijdag	'Karfreitag'
stille week	'Karwoche'

Kompositum

–

20. Jahrhundert

Phrase

stille aanbidder	'stiller Verehrer'
stille agent	'Agent, der in Zivil arbeitet'
stil alarm	'Alarminstallation, die nicht vor Ort, sondern bei der Polizei ausgelöst wird'
stille dood	'Euthanasie'
stille getuige	'zurückgebliebener Gegenstand o.Ä., der einen Vorfall etc. belegt'
stille markt	'Marktsituation ohne Handel'
stil nummer	'Geheimnummer'
stille omgang	'Bezeichnung für diverse Gedenkumzüge'
stille reserve	'stille Reserver, Rücklage'
stil spel	'Schauspiel ohne Sprache'
stille spion	'Geheimspion'
stille strand	'Strandabschnitt außerhalb der normalen Badeplätze'
stille tocht	'schweigender Gedenkumzug am 4. Mai'
stille uitslag	'zusätzliches Gewicht beim Wiegen im Geschäft (veraltet)'
stille vennootschap	'stille Teilhaberschaft'
stil( )water	'Übergang zwischen Ebbe und Flut; Wasser ohne Kohlensäure'
stille wijn	'Wein ohne Kohlensäure'
stille zaterdag	'Karsamstag'

Kompositum

–

Dieser erste Eindruck einer relativ starken Marginalisierung der Komposition wird durch Text- und Korpusuntersuchungen für beide Sprachen bestätigt. Im Deutschen ist die Komposition mit *still* im gesamten Beobachtungszeitraum kaum produktiv. Die DBLK verzeichnet im Zeitraum 1739–1920 lediglich zwei Bildungen, *Stillager* (Erstbeleg 1804–1805) und *Stilleben* (Erstbeleg 1795). Auch die DELEX-Lexika zeigen eine eindeutige Präferenz für phrasale Benennungseinheiten: Im Zeitraum 1806–1906 stehen 32 syntaktischen Benennungen nur zehn Komposita gegenüber. Diese sind zudem meist nur (temporäre) Konkurrenzvarianten zu etablierten Phrasen, vgl. z.B. *stilles Gebet – Stillgebet, stilles Gericht – Stillgericht, stille Wut – Stillwut* 'Wutkrankheit bei Tieren und Menschen (ähnlich wie *Tollwut*)'. Für *Stillwasser* und *Stillwein* finden sich im Primärmaterial ebenfalls phrasale Konkurrenten (*stilles Wasser* 'stehendes Gewässer' bzw. *stiller Wein*). Somit sind lediglich für *Stillflöte* 'Orgelpfeife', *Stillprinzipiale* 'Registerzug in der Orgel' und *Stilllager* 'Zwischenlager von Briefen' (vgl. Pierer: Post) unabhängige Bildungen anzunehmen, die nicht im Zusammenhang mit etablierten Phrasen stehen. Auch im gegenwärtigen Deutsch lässt sich eine schwache Produktivität des Musters belegen, wie die geringe Anzahl an Hapaxen in Tabelle 5.7 zeigt. Nicht nur die Benennungsbildung im Speziellen, die Komposition mit *still* ist im Allgemeinen zu vernachlässigen. Gleichzeitig ist die phrasale Benennungsbildung produktiv.

Für das Niederländische gilt dasselbe: Die Komposition mit *stil* kann nicht als produktiv bezeichnet werden. Einige Treffer im MNW, dem *Middelnederlandsch Woordenboek*, weisen daraufhin, dass die Komposition im begrenzten Umfang im Mittelniederländischen (ca. 1150–1500) genutzt wurde (es gibt Einträge zu *stilmes* 'stille Messe/Stillmesse' und *stilwaarheid* 'stille, unausgesprochene Wahrheit'). Keine dieser Bildungen ist jedoch heutzutage etabliert. Für das Neuniederländische finden sich in der DBNL nur vereinzelte A+N-Komposita wie *stilgebed* 'Stillgebet; Gabengebet, das früher vom Priester still gebetet wurde' (1897). Kuiper (1914) verzeichnet *stilkruid* 'Mittel, das weder Gutes noch Schlechtes bewirkt' (wörtl. 'still' + 'Kraut'), es handelt sich hier allerdings um Ausnahmen. Zahlreich sind hingegen Bildungen, die als Derivate zu analysieren sind, vgl. *stilstand* 'Stillstand', *stilzitter* 'Person, die still sitzen bleibt'. Sofern ein Benennungsbedarf für Verbindungen mit *still/stil* vorliegt, wird dieser gegenwärtig in beiden Sprachen phrasal realisiert. Dies ist aber bereits in den letzten 300 Jahren eher die Regel gewesen, so dass auch hier kein grundlegender Wandel bei den Realisierungspräferenzen erfolgt ist.

5.2.1.4 *tief – diep*

Dem Primärmaterial nach zu urteilen, ist die Benennungsbildung mit *tief* für das Deutsche erst langsam in Gang gekommen und umfasst für das 18. Jahrhundert noch relativ wenige A+N-Verbindungen. Erst im 19. und vor allem im 20. Jahrhundert werden A+N-Benennungseinheiten mit *tief* verstärkt gebraucht (vgl. Tab. 5.17). Im Niederländischen sind für das 18. Jahrhundert gar keine, für das 19. Jahrhundert ist nur eine Verbindung verzeichnet (*diepe borden* 'Suppenteller', wobei der Benennungscharakter diskutiert werden kann). Erst im 20. Jahrhundert kommt es zu einer Reihe von Bildungen, fast ausschließlich Komposita, die z.T. Konzepte aus dem Bauwesen bezeichnen (vgl. Tab. 5.18). In beiden Sprachen scheinen Phrasen von der Benennungsbildung nahezu ausgeschlossen.

Tab. 5.17: Verbindungen mit *tief* im deutschen Primärmaterial (20. Jh.)

20. Jahrhundert	
Phrase	
tiefer Boden	'Boden, der so aufgeweicht ist, dass man darin einsinkt'
tiefer Vokal	'(Linguistik) Vokal, bei dem der Zungenrücken verhältnismäßig weit gesenkt ist'

Kompositum

Tiefangriff	'Luftangriff im Tiefflug'
Tiefbahnhof	'unterirdischer Bahnhof'
Tiefbunker	'unterirdischer Luftschutzbunker'
Tiefdruck	'besonderes Druckverfahren'
Tiefebene	'Flachland'
Tiefflug	'Flug in geringer Höhe'
Tiefgarage	'unterirdische Garage'
Tiefgeschoss	'unterirdisches Geschoss'
Tiefgrab	'Grabstätte mit zwei übereinanderliegenden Bestattungs- plätzen'
Tiefkraton	'(Geologie) bestimmter Teil der Erdkruste, der ozeanische Becken bildet'
Tiefland	= 'Tiefebene'
Tiefofen	'best. Art von Industrieofen'
Tiefparterre	'Parterre, das eine halbe Treppe unterhalb des normalen Parterres liegt'
Tiefpumpe	'Ölpumpe für große Tiefen'
Tiefpunkt	'tiefster Punkt auf einer Skala; negativer Höhepunkt'
Tiefschlag	'verbotener Schlag unterhalb der Gürtellinie im Boxen; unfaires Verhalten'
Tiefschnee	'tiefer, pulvriger Schnee'
Tiefschutz	'Schutz für Unterleib und Geschlechtsteile im Boxen'
Tiefsee	'Teil der Ozeane, der besonders tief liegt'
Tiefstand	'besonders tiefer Stand in einer Entwicklung'
Tiefstart	'(Leichtathletik) Start aus hockender Haltung'
Tiefstufe	'(Linguistik) Stufe des Ablautes bei nicht betonten Vokalen'

Tab. 5.18: Verbindungen mit *diep* im niederländischen Primärmaterial (20. Jh.)

20. Jahrhundert

Phrase

diepe drive	'best. Schlag im Golf'

Kompositum

diepbouw	'Tiefbau'
diepdruk	'best. Druckverfahren'
dieplepel	'Tieflöffel (Aufsatz am Bagger)'
diepploeg	'besonders tief arbeitender Pflug'
diepsneeuw	'Tiefschnee'
dieptank	'best. Art von Panzer'
diepwand	'Schlitzwand'
diepzee	'Tiefsee'

Es gibt zwei Besonderheiten bei den Verbindungen mit *tief – diep*. Erstens werden viele Bildungen im Niederländischen, v.a. in den Wörterbüchern von Van Dale, als Entlehnungen aus dem Deutschen eingestuft:

(110)   *diepbouw* 'Tiefbau'
          dieplepel 'Tieflöffel'
          diepwand 'Schlitzwand'
          diepzee 'Tiefsee'

Tatsächlich ist dies aber nicht für alle Bildungen im gleichen Maße wahrscheinlich: Laut Wikipedia ist das Äquivalent zur niederländischen *diepwand* die deutsche Schlitzwand, also ein N+N-Kompositum (Wikipedia: SCHLITZWAND[48]). Die Verbindung *diepzee* ist dem WNT zufolge kein Germanismus, sondern auf das Englische zurückzuführen (vgl. WNT: DIEPZEE, 2001). Dass ein A+N-Kompositum nicht als endogene niederländische Bildung, sondern (oft pauschal) als Folge eines Sprachkontakts mit dem Deutschen gesehen wird, ist typisch für die Lexikografie des Niederländischen im 20. Jahrhundert und dient zum Teil der deutlichen Stigmatisierung des betroffenen Wortes. In Kapitel 6.4 wird auf gegen Germanismen gerichtete Tendenzen in der niederländischen Lexikografie und Sprachpflege genauer eingegangen.

Zweitens haben sich im Deutschen des 20. Jahrhunderts Komposita mit dem Superlativ *tiefst* als Erstglied etabliert, z.B. *Tiefsttemperatur, Tiefstwert, Tiefstangebot, Tiefstkurs, Tiefstnotierung, Tiefstpreis, Tiefststand*. Die Adjektive *tief* und *diep* weichen hier in ihrer Semantik voneinander ab: Das deutsche Adjektiv trägt die Bedeutung 'niedrig', während das niederländische Äquivalent in solchen Kontexten nicht *diep*, sondern *laag* 'niedrig' ist. Dementsprechend müsste *tiefst-* im Niederländischen durch *laagst-* ersetzt werden. Aber für *laagst-* als Erstglied (ebenso wie auch für *diepst-*) finden sich weder im LEXNEX-Korpus, in der DBNL noch in den WNT-Zitaten A+N-Komposita. Dem deutschen *Tiefstpreis* entspricht vielmehr die niederländische Phrase *laagste prijs* (oder das N+N-Kompositum *bodemprijs*, wörtl. 'Boden' + 'Preis'). Da in der Literatur davon ausgegangen wird, dass im Niederländischen nur monomorphemische Adjektive Erstglied eines A+N-Kompositums sein können und damit Superlative unzulässig sind (vgl. de Haas/Trommelen 1993: 377), handelt es sich hier wohl um eine generelle Bildungsrestriktion im Niederländischen: Adjektive im Superlativ bleiben von der Erstgliedposition im A+N-Kompositum ausgeschlossen.

------

48 http://nl.wikipedia.org/wiki/Diepwand, http://de.wikipedia.org/wiki/Schlitzwand (Stand: 1.3.2013).

Die Verbindungspräferenzen mit den Adjektiven *tief* bzw. *diep* zeigen bis heute eine ähnliche Entwicklung. Die Komposition ist sehr stark vertreten, die Phrasenbildung hingegen kaum. Metakommentare in niederländischen Wörterbüchern legen nahe, dass Sprachkontakt mit dem Deutschen eine Rolle bei dieser Konvergenz gespielt haben könnte, allerdings unterstützen nicht alle genannten Belege diese These.

5.2.2 Adjektive mit abweichender Entwicklung im Deutschen und Niederländischen

Andere Adjektive weisen im Sprachvergleich unterschiedliche Verbindungspräferenzen auf, wobei diese sich z.T. erst im Laufe des Untersuchungszeitraums herausgebildet haben. Im Folgenden wird nacheinander die Entwicklung der Benennungsbildung bei *geheim – geheim, kalt – koud, negativ – negatief* und *fremd – vreemd* besprochen.

5.2.2.1 *geheim – geheim*

Zu Beginn des Untersuchungszeitraums sind in beiden Sprachen sowohl morphologische als auch syntaktische Benennungseinheiten etabliert:

(111)   a.   DE *Geheimsiegel* 'Herrschersiegel auf geheimen Dokumenten'
                geheimes Archiv 'Ort, an dem geheime Urkunden und Schriften aufbewahrt werden'
        b.   NL *geheimkamer* 'Raum für geheime, vertrauliche Beratungen'
                geheime raad 'geheimer Rat'

Während sich im Niederländischen diese Balance bis ins 20. Jahrhundert hält, findet im Deutschen ein deutlicher Wandel hin zur Komposition statt. Im Niederländischen werden auch phrasale Benennungseinheiten gebildet, die Äquivalente dazu entsprechen im Deutschen aber durchgehend Komposita, vgl. die folgenden Beispiele:

(112)   a.   DE *Geheimpolizei* – NL *geheime politie* (19. Jh.)
        b.   DE *Geheimdienst* – NL *geheime dienst* (20. Jh.)
        c.   DE *Geheimagent* – NL *geheim agent* (20. Jh.)

Im deutschen Primärmaterial sind für das 20. Jahrhundert nur vier eindeutige phrasale Benennungseinheiten verzeichnet:

(113) a. *geheime Polizei*: wird (nur) im Duden (1999) als seltenes Synonym zu Geheimpolizei genannt; es scheint allerdings im 19. Jahrhundert die gängige Bezeichnung gewesen zu sein, vgl. Anmerkungen in den Lexika von Pierer (1857–1865), Meyer (1905–1909), Brockhaus (1906);

      b. *geheime Staatspolizei*: 'politische Polizei zum Schutz der Einrichtungen u. leitenden Persönlichkeiten eines (bes. autoritär regierten) Staates' (Duden 1999: GEHEIM); wird allerdings mehrheitlich als Eigenname für die Geheime Staatspolizei des Nazi-Regimes verwendet;

      c. *geheimer Vorbehalt*: rechtssprachlicher Terminus, 'stillschweigend abweichende Auslegung oder Umdeutung einer Aussage durch den Sprechenden, die Sprechende' (Brockhaus Wahrig 1980–1984: GEHEIM);

      d. *geheime Wahl*: 'Wahl, bei der geheim bleibt, wie jede[r] einzelne Wählende gestimmt hat' (Duden Online 2012: GEHEIM) (als Kollokation bereits bei Heyne 1890–1895).

Die morphologische Benennungsbildung ist bereits seit dem 18. Jahrhundert produktiv und hat sich zunehmend ausgebreitet:

(114) a. 18. Jahrhundert
           Geheimdeutung 'Hellseherei'
           Geheimkammer 'Raum für geheime, vertrauliche Beratungen'
           Geheimschreiber 'Sekretär'
      b. 19. Jahrhundert
           Geheimbote 'Bote, der vertrauliche Nachrichten überbringt'
           Geheimkästchen 'Kästchen mit geheimen Fächern für Geld etc.'
           Geheimkunst 'auf geheime Art, mit geheimen Kräften wirkende Kunst'
           Geheimlehre 'nur Eingeweihten bekannte Lehre'
           Geheimmittel '(Arznei-)Mittel mit geheimer Zusammensetzung'
           Geheimsprache 'nur Eingeweihten verständliche Sprache'
      c. 20. Jahrhundert
           Geheimagent 'Agent eines Geheimdienstes'
           Geheimakte 'Akte mit geheimen Inhalt'
           Geheimdienst 'staatliche Organisation zur Beschaffung geheimgehaltenen Materials des Gegners'
           Geheiminstruktion 'vertrauliche, nicht öffentliche Instruktion'
           Geheimnummer 'nicht im Telefonbuch veröffentlichte Nummer'
           Geheimtinte 'unsichtbare Tinte'
           Geheimvertrag 'Vertrag, dessen Abschluss/Inhalt geheimgehalten wird'
           Geheimwaffe 'in ihrer Existenz oder Wirkkraft geheime Waffe'

Benennungen mit *geheim* werden im Deutschen i.d.R. als Komposita realisiert. Damit korreliert auch eine allgemein sehr hohe Produktivität der A+N-Komposition mit *geheim* (vgl. auch Tab. 5.7). Beinahe die Hälfte aller 414 Types im ZEIT-Korpus (Zeitraum 1946–2009) sind Hapaxe (189 Einheiten, z.B. *Geheimidiom, Geheimschatulle, Geheimkonzentrat*). Bei den im Primärmaterial verzeichneten Komposita ist auch auffällig, dass in vielen Fällen kaum ein Bedeutungsunterschied zwischen Kompositum und einer entsprechenden Phrase festzustellen ist. So kommt im Duden (1999) bzw. Duden Online (2012) neben *Geheimsitzung* auch *geheime Sitzung*, neben *Geheimabkommen* auch *geheimes Abkommen* vor. Beide Komposita werden dabei explizit mit den Phrasen paraphrasiert:

(115) a. *Geheimsitzung* – geheime (a) Sitzung
           (Duden Online 2012: Geheimsitzung)
       b. *Geheimabkommen* – geheimes (a) Abkommen
           (Duden Online 2012: Geheimabkommen)
       c. *geheim* (a) = 'vor anderen, vor der Öffentlichkeit absichtlich verborgen
           gehalten; bewusst nicht bekannt gegeben, nicht für andere bestimmt'
           (Duden Online 2012: geheim)

Der Unterschied zwischen Kompositum und Phrase besteht lediglich darin, dass das Kompositum die Bedeutung (a) von *geheim* realisiert, während die zweite vom Duden genannte Bedeutung (b) 'in seiner Art ein Geheimnis [d.h. etwas Unerforschtes] bleibend, in einer mit dem Verstand nicht erklärbaren Weise wirksam' (Duden Online 2012: geheim) unberücksichtigt bleibt.

Eine recht produktive phrasale Benennungsinsel bilden im 18. und 19. Jahrhundert Bezeichnungen für Staatsämter mit der Kernphrase *Geheimer Rat*, z.B. *geheimer Justizrat, geheimer Kammerrat, geheimer Staatsrat* sowie die Abwandlungen *geheimer Ratgeber* und *geheimes Ratskollegium* (vgl. für viele ähnliche Bezeichnungen die verschiedenen DELEX-Lexika des 19. Jahrhunderts). Die Phrase *geheimer Rat* geht auf die ursprüngliche Bezeichnung *heimlicher Rat* zurück. Das Adjektiv *geheim* wird vom DWB (Geheim, 1897) als „jüngere Schwesterbildung" zu *heimlich* gesehen, das bereits im Althochdeutschen belegt ist, während *geheim* erst gegen Ende der mittelhochdeutschen Periode entsteht. Die Ersetzung der Phrase *heimlicher Rat* durch *geheimer Rat* vollzieht sich bereits vor 1700. Auch bei anderen Verbindungen, die zunächst noch mit *heimlich* gebildet werden, kommt es im Laufe der Zeit zur Verdrängung durch *geheim*, vgl. z.B. *heimliche Wahl* bei Kramer (1700–1702) > *geheime Wahl* bei Duden Online (2012). Neben die Phrase *geheimer Rat* tritt im Laufe der Zeit das Kompositum *Geheimrat* (erstmalig bei Campe 1807–1811 verzeichnet). In allen folgenden untersuchten Wörterbüchern des Primärmaterials (und auch im Duden Online 2012) werden beide Verbindungen als Synonyme geführt.

Im Niederländischen ist das Verhältnis von phrasaler und morphologischer Benennung wie bereits erwähnt deutlich ausgeglichener. Für beide Verfahren finden sich in allen Jahrhunderten Beispiele, auch wenn die Wörterbücher insgesamt deutlich weniger Belege als im Deutschen angeben:

(116) 18. Jahrhundert
    a. *geheime raad* 'geheimer Rat/Geheimrat'
    b. *geheimkoor* 'Innenraum eines Tempels, der nicht von Laien betreten werden darf' *geheimschrijver* 'Sekretär'

(117) 19. Jahrhundert
    a. *geheime inkt* 'unsichtbare Tinte'
       geheime politie 'Geheimpolizei'
    c. *geheimschrift* 'Geheimschrift'
       geheimraad 'in Deutschland gebrauchter Titel'

(118) 20. Jahrhundert
    a. *geheim agent* 'Geheimagent'
       geheim testament 'best. Form des Testaments'
    b. *geheimboek* 'geheimes Rechnungsbuch'
       geheimtaal 'Geheimsprache'

Im Gegensatz zum Deutschen kann *geheim* nicht nur Adjektiv, sondern auch Nomen (*het geheim* 'das Geheimnis') sein. Die adjektivische Verwendung ist die ältere, wobei *geheim* als Entlehnung aus dem Deutschen gilt und im Niederländischen ebenfalls ältere Verbindungen mit *heym* und *heymelick* (wie *heym-raed* und *heymelick ghemack* bei Kiliaan 1599) ersetzt hat (> *geheime raad*; *geheim gemak*). Entlehnungen scheinen eine gewisse Rolle zu spielen, so wird das niederländische *geheimschrijver* (Hoogstraten 1704) als Übersetzung des lateinischen *secretarius* geführt. Ähnliches gilt für das erstmals in Van Dale (2005) aufgenommene *geheimtip*, das als Entlehnung bzw. Lehnübersetzung aus dem Deutschen bewertet wird. Bei vielen Sprechern muss *geheimtip* noch einen deutlich „fremden" Charakter haben, wie sich aus Belegen im LEXNEX-Korpus ableiten lässt. Das Wort wird in der Regel durch für das Deutsche typische Großschreibung, den Gebrauch von Anführungszeichen oder explizite Referenz auf das Deutsche markiert, vgl. (119):

(119) a. 'Geen bijen, geen fruit' geldt sinds enkele dagen als de *Geheimtipp* van het festival. (LC, 19.6.2008)

   b. De andere was het Balos-strand bij Gramvoessa; een ongerept, verlaten paradijs, waar bijna geen toerist komt. Een echte '*geheimtip*'. (LC, 17.9.2005)

   c. *Geheimtip*, zoals de Duitsers dat zo mooi noemen ['wie die Deutschen das so schön nennen', SFS], is Langenargen, even voorbij Friedrichshafen. (LC, 3.7.2010)

Das Adjektiv *geheim* steht auch im Niederländischen für die Bildung neuer Komposita zur Verfügung. Im LEXNEX-Korpus (1997–2011) sind zehn Komposita verzeichnet, die nicht in Van Dale Online (2012) aufgenommen sind. Davon sind wiederum sechs Hapaxe: *geheimafluisterprogramma* 'geheimes Abhörprogramm', *geheimcultus* 'Geheimkult', *geheimdiscipline* 'Geheimdisziplin', *geheimgast* 'Geheimgast', *geheimnummer* 'Geheimnummer', *geheimwet* 'Geheimgesetz'. Dies deutet also auf eine gewisse Produktivität des Wortbildungsverfahrens, die sich auch in der Zunahme morphologischer Benennungseinheiten im 20. Jahrhundert widerspiegelt. Allerdings ist der Trend bei weitem nicht so deutlich ausgeprägt wie im Deutschen: Dort ist die Komposition das dominierende Benennungsmuster geworden, während die phrasale Benennungsbildung im Niederländischen deutlich stärker einzuschätzen ist.

5.2.2.2 *kalt – koud*

Prinzipiell scheint die Ausgangslage zu Beginn des 18. Jahrhunderts in beiden Sprachen ähnlich zu sein. Sowohl bei *kalt* als auch bei *koud* werden syntaktische und morphologische Benennungseinheiten gebildet, vgl. (120).

(120) a. DE *Kaltmeißel* 'Meißel, mit dem Eisen kalt bearbeitet werden kann'
           kalter Brand 'Gangrän (Krankheit)'

        b. NL *koudschaal* 'Kaltschale', *koude keuken* 'kalte Speisen'
           (mit *keuken* 'Küche' in der lexikalisierten Bedeutung 'Essen')

Im 18. Jahrhundert wirken die Präferenzen relativ ausgeglichen, während für das 19. Jahrhundert aufgrund der geringen Datenmenge keine klare Tendenz erkennbar ist bzw. von keinem grundlegenden Unterschied zwischen beiden Sprachen ausgegangen werden kann. Eine größere Menge Benennungen verzeichnen die Wörterbücher beider Sprachen erst für das 20. Jahrhundert (vgl. Tab. 5.19 und 5.20), wobei im Deutschen morphologische und im Niederländischen phrasale Benennungseinheiten überwiegen, beide Sprachen hier also divergieren.

Tab. 5.19: Verbindungen mit *kalt* im deutschen Primärmaterial (20. Jh.)

Phrase	
kalter Abszess	'Abszess ohne Entzündung'
kalter Blitz	'beim Einschlag sich nicht entzündender Blitz'
kaltes Büfett	'kalte Speisen zur Selbstbedienung'
kalter Krieg	'feindselige politische Auseinandersetzung zwischen Staaten o.Ä., jedoch ohne Waffengewalt'
kalter Krieger	'Politiker, der die Methoden des kalten Krieges befürwortet, unterstützt'
kaltes Licht	'(Physik) Licht, das nicht durch hohe Temperaturen ausgelöst wird'
kalte Mamsell	'Angestellte, die sich um die kalten Speisen im Restaurant kümmert'
kalte Miete	'Miete ohne Neben- und sonstige Kosten'
kalte Pracht	'etwas Prachtvolles, das aber kalt, unbehaglich, ungemütlich wirkt'
kalte Progression	'(Steuer) unverhältnismäßige Zunahme des Steuersatzes bei geringfügig steigendem Einkommen'
kalter Schweiß	'Angstschweiß'
kalte Spur	'(Jagd) Spur, die älter als zwei Stunden ist'
kalter Staatsstreich	'Staatsumsturz ohne Blutvergießen'
kalte Verpflegung	'Verpflegung mit Brot, Aufschnitt etc.'

Kompositum	
Kaltakquise	'Kundenakquise ohne vorherige (telefonische) Kontaktaufnahme'
Kaltanruf	'ohne Aufforderung erfolgender Telefonanruf zur Werbung von Kunden'
Kaltasphalt	'Emulsion von Bitumen in Wasser'
Kaltaushärtung	'Erzielung harter, fester Metalllegierungen durch Lagerung bei Raumtemperatur'
Kaltbrand	'kaltgewalzter Bandstahl'
Kaltbrüter	'Tier, das sich nur während der kalten Jahreszeit fortpflanzt'
Kaltfirnis	'best. Art von Firnis, der ohne Erwärmung gewonnen wird'
Kaltformgebung	= 'Kaltformung'
Kaltformung	'Umformen von Metallen bei Raumtemperatur'
Kaltfront	'(Meteorologie) Linie, die vordringende Kaltluft begrenzt'
Kaltgas	'(Technik) gereinigstes, meist abgekühltes Generatorgas'
Kaltgetränk	'Getränk, das kalt getrunken wird'
Kaltglasur	'glänzender Überzug, der nicht durch Einbrennen erzeugt wird'
Kalthärtung	'(Technik) Härten von Kunststoffen unter Zusatz von Säuren bei Raumtemperatur'
Kaltkaustik	'medizinisches Verfahren zur Zerstörung krankhafter Gewebswucherungen'

Kaltkreissäge	'best. Kreissäge, deren Sägeblätter meist mit Kühlmitteln vor Überhitzung geschützt werden'
Kaltleim	'Leim, der bei Zimmertemperatur abbindet'
Kaltleiter	'elektrischer Leiter mit größerer Leitfähigkeit im kalten Zustand'
Kaltluft	'(Meteorologie) kalte Luftmassen'
Kaltmamsell	= 'kalte Mamsell'
Kaltmetall	'Legierung von geringer Wärmeleitfähigkeit'
Kaltmiete	= 'kalte Miete'
Kaltnadel	'Stahl-, Radiernadel zur Herstellung von Kaltnadelradierungen'
Kaltphase	'durch niedrige Durchschnittstemperatur gekennzeichnete Phase in der Entwicklung des Klimas'
Kaltreserve	'abgeschaltetes, aber nicht stillgelegtes Kraftwerk'
Kaltsatz	'(Druck) Satzarten, die nicht aus einer flüssigen Metalllegierung hergestellt werden'
Kaltstart	'1. (KFZ) Start mit kaltem Motor bei niedrigen Temperaturen; 2. (EDV) das Booten'
Kaltteer	'best. Sorte Teer, die auch im kalten Zustand verarbeitet werden kann'
Kaltverfestigung	'(Technik) bei der Kaltformung metallischer Werkstoffe eintretende Verfestigung'
Kaltverformung	= 'Kaltformung'
Kaltverpflegung	= 'kalte Verpflegung'
Kaltwachs	'Wachs, das im kalten Zustand verwendet wird'
Kaltwasser	'kaltes Wasser (aus der Wasserleitung)'
Kaltwelle	'Dauerwelle mit chemischen Mitteln'
Kaltzeit	'1. Eiszeit; 2. Zeitabschnitt mit unterdurchschnittlichen Jahrestemperaturen'

Die Recherche in diachronen Textsammlungen legt nahe, dass die Komposition und damit indirekt auch die morphologische Benennungsbildung mit *kalt* im Deutschen noch in der ersten Hälfte des 19. Jahrhunderts wenig verbreitet ist. Die DBLK liefert für den Zeitraum 1739–1920 nur drei Treffer (*Kalthaus, Kaltsinn, Kaltwasser*), von denen zwei bereits im 18. Jahrhundert lexikografisch fixiert sind (zudem kann *Kaltsinn* als Rückbildung zu *kaltsinnig* analysiert werden). Auch in den DELEX-Lexika sind neue Bildungen erst ab Mitte des 19. Jahrhunderts anzutreffen, u.a. in Pierer (1857–1865; z.B. *Kaltbruch, Kaltmeißel, Kaltnadel, Kaltschlächter, Kaltschmied*). Ein weiteres Indiz für die geringere Produktivität sind zeitweilige Konkurrenzen zwischen Phrase und Kompositum, bei denen sich untypischerweise (vgl. Kap. 5.7) nicht die Komposita durchsetzen (vgl. die Erläuterungen zu *Kaltbrand, Kaltfieber, Kaltschweiß, Kaltpiss* im DWB: Kaltbrand, 1873). Auch im 20. Jahrhundert konkurrieren Phrase und Kompositum oftmals miteinander, u.a. *kalte Miete – Kaltmiete, kalte Mamsell – Kaltmamsell*.

Tab. 5.20: Verbindungen mit *koud* im niederländischen Primärmaterial (20. Jh.)

Phrase	
koude bakker	'Verkäufer nicht selbst gebackener Backwaren'
koude bouw	'(Bienenzucht) best. Ausrichtung der Waben im Bienenstock'
koud buffet	'kaltes Büfett'
koud dak	'Dach mit Wärmeisolation'
koude drukte	'Brimborium, Theater'
koude feiten	'sachliche, neutrale Gegebenheiten'
koude fusie	'(Physik) kalte Fusion'
koude gewassen	'Pflanzen, die in nicht erwärmten Treibhäusern wachsen'
koud geweer	'Gewehr ohne identifizierbare Seriennummer'
koud gezwel	'Wucherung, die sich ohne Anzeichen eines Fiebers ausbreitet'
koude grond	'(Landwirtschaft) Boden, der nicht künstlich erwärmt wird'
kouwe kak	'Hochnäsigkeit'
koude kassen	'Kalthäuser, nicht erwärmte Treibhäuser'
koude kernfusie	'(Physik) kalte Kernfusion'
koude lichtstraal	'ultraviolette Strahlen'
koude lunch	'Lunch mit kalten Speisen'
koude oorlog	'kalter Krieg'
koude smid	'Schmied der ohne Feuer oder Hitze arbeitet'
koud vuur	'kalter Brand (Krankheit), Gangrän'

Kompositum	
koudbeitel	'Kaltmeißel'
koudbewerking	'Kaltformung'
koudemail	'kalt aufgetragene Emaille, Glasur'
koudlak	'kalt aufgetragener Lack'

Im Niederländischen ist eine stärkere Nutzung morphologischer Benennungseinheiten ausgeblieben. Zwar sind in den diachronen Korpus- und Textsammlungen einige weitere Verbindungen belegt, vgl. das im LCA 1929 belegte *koudasfalt* 'Kaltasphalt' und das im LCA und LEXNEX-Korpus mehrfach belegte *koudschuim* 'Kaltschaum' (erstmals 1976 im LCA, v.a. in Werbeanzeigen). *Koudasfalt* kann allerdings auch als Phrase interpretiert werden, da es in anderen Quellen auseinandergeschrieben wird, so z.B. im LEXNEX-Korpus, wo keine Belege für die Schreibungen *koudasfalt* bzw. *koud-asfalt* existieren, sondern lediglich 22 Treffer für *koud asfalt* verzeichnet sind. *Koudschuim* scheint in erster Linie durch die Verwendung in komplexen Bildungen wie *koudschuimvulling* 'Kaltschaumfüllung', *-matrassen* '-matratzen', *koudschuimgevulde* 'mit Kaltschaum gefüllte' in Gebrauch gekommen zu sein. Die meisten Treffer mit *koudschuim* im LCA ab den 1970er Jahren sind tatsächlich komplexe Wortbildungen, erst in den 1990er Jahren wird das Wort verstärkt ohne weitere Zusätze verwendet. Es handelt sich möglicherweise um einen Beispielfall der in Kapitel 2.4 beschriebenen Autonomisierung von Erstgliedkonstituenten in polymorphemischen Komposita. Zwei andere in den WNT-Zitaten belegte Bildungen sind *koud-front* 'Kaltfront' und *koudkleum* 'etwa: Frostbeule' (wörtlich 'kalt' + 'Person, die friert'), die inzwischen jedoch durch *koufront* bzw. *koukleum* ersetzt wurden (Van Dale 2005), d.h. Formen, die zumindest formal N+N-Komposita entsprechen (mit dem Nomen *de kou* 'die Kälte').

Vereinzelt ist es wie im Deutschen zu Konkurrenzen zwischen Phrasen und Komposita gekommen, z.B. *koude schaal – koudschaal, koude bakker – koudbakker, koud vuur – koudvuur*. Bis auf *koudvuur* sind beide Formen aber entweder nahezu gleichzeitig aus dem Wortschatz verschwunden oder die Phrase hat sich langfristig durchgesetzt (vgl. Kap. 5.7).

Insgesamt scheinen sich das Deutsche und das Niederländische in Hinblick auf Verbindungen mit *kalt – koud* also v.a. im Verlauf der letzten 150 Jahre auseinander entwickelt zu haben.

5.2.2.3 *negativ – negatief*

Das Adjektiv *negativ – negatief* gehört nicht zum Erbwortschatz des Deutschen oder Niederländischen, sondern ist aus dem Französischen entlehnt. Im Deutschen ist die Betonung variabel (entweder auf der ersten oder der letzten Silbe); im Niederländischen wird immer die letzte Silbe betont.

In den hier untersuchten deutschsprachigen Wörterbüchern ist *negativ* erstmalig im WDG (1967–1982) verzeichnet, obwohl es bereits in deutschen Quellen des ausgehenden 18. Jahrhundert belegt werden kann, z.B. bei Lessing (1780; DBLK). Einige morphologische Bildungen mit *negativ* stammen aus der Zeit vor 1900, z.B. *Negativlehre* (1780; DBLK), wohl ein philosophischer Fachbegriff bei Kant, oder *Negativpartikel* ('Negationspartikel') bei Pierer (TSCHEREMISSISCHE SPRACHE, 1857–1865). Um die Jahrhundertwende tauchen eine ganze Reihe von Bildungen mit Benennungsfunktion auf, allerdings sind diese als N+N-Komposita einzustufen (z.B. *Negativfilm*) mit *Negativ* in der Bedeutung 'negatives Bild eines belichteten Fotofilms'. Später wird die A+N-Komposition aber sehr produktiv, vor allem mit *negativ* in der Bedeutung 'ungünstig, nachteilig; schlecht', vgl. die Beispiele in (121):

(121)   *Negativbeispiel, Negativbilanz, Negativimage, Negativpresse, Negativrekord, Negativschlagzeile, Negativserie, Negativtrend* etc.

Es scheint sich hierbei um eine Innovation des 20. Jahrhunderts zu handeln, da aktuellere Wörterbücher sehr viele entsprechende Verbindungen verzeichnen, während in keiner der Quellen des 18. oder 19. Jahrhunderts Bildungen dieses Typs belegt sind.

Einen zweiten Trend bei Benennungseinheiten mit *negativ* offenbaren die deutschen Lexika des 19. und frühen 20. Jahrhunderts, nämlich die Bildung fachsprachlicher Ausdrücke, darunter die folgenden Beispiele (vgl. die Lexika von Herder 1854–1857, Pierer 1857–1865 und Meyer 1905–1909):

(122) a. *negative Elektrizität* 'Elektrizität mit wenigen positiv geladenen Elementarteilchen'
       b. *negative Feststellungsklage* 'best. Klageart, um das Nichtbestehen eines Rechtsverhältnisses nachzuweisen'
       c. *negative Philosophie* 'eine den Wahrheiten der geoffenbarten Religion widersprechende Philosophie'
       d. *negativer Pol* '(Elektrophysik) Minuspol'
       e. *negative Zahlen* 'alle Zahlen unter Null'

Diese Bildungen werden in der Regel phrasal realisiert. Dies gilt auch für die meisten erst im 20. Jahrhundert entstandenen Fachbegriffe. Nur wenige sind als Komposita versprachlicht, u.a. *Negativtestament* (Rechtswesen) und *Negativsteuer* (Wirtschaft). Im Deutschen herrscht bei *negativ* also über weite Strecken eine Komplementarität zwischen Phrase und Kompositum vor, die zum einen mit dem Status der Verbindung (gemein- vs. fachsprachlich) und zum anderen mit dem Bedeutungsspektrum von *negativ* in Verbindung gebracht werden kann. Nur im Falle der Adjektivbedeutung 'ungünstig, nachteilig; schlecht' sind überhaupt Dubletten im Wörterbuch verzeichnet (z.B. *negativer Rekord – Negativrekord*).

Im Niederländischen ist die Phrasenbildung ebenfalls bereits im 19. Jahrhundert und frühen 20. Jahrhundert vertreten, wie die folgenden Beispiele zeigen (vgl. Kuipers 1912–1918; WNT: NEGATIEF, 1911).

(123) a. *negatieve electriciteit* 'negative Elektrizität'
       b. *negatieve getallen* 'negative Zahlen'
       c. *negatieve grootheden* 'negative Größen'
       d. *negatieve katalysator* 'Stoff, der eine Reaktion verlangsamt'

Die gewählten niederländischen Wörterbücher des 20. Jahrhunderts verzeichnen ausschließlich phrasale Benennungseinheiten mit einem intuitiv fachsprachlichen Charakter (*negatieve arbeid* '(Physik) negative Arbeit'; *negatieve bestandsdelen* '(Wirtschaft) Passiva'). Im Gegensatz dazu etablieren sich keine morphologischen Benennungseinheiten im Niederländischen, die eindeutig als A+N-Verbindungen zu charakterisieren sind. So sind beispielsweise *negatief-retouche* 'Retuschieren von Negativen' (WNT: NEGATIEF, 1911) und *negatiefdruk* 'Druckmethode, bei dem helle Bilder auf dunklem Untergrund gefertigt werden' (Van Dale 1961) wohl als N+N-Komposita zu analysieren. Die einzige Ausnahme ist das 2009 in Van Dale Online aufgenommene und als vorläufig markierte *negatieflijst* 'Liste von Tieren, die nicht ohne Genehmigung von Privatpersonen gehalten werden dürfen'.

Im Gegensatz zum Deutschen sind Verbindungen mit *negatief* in der Bedeutung 'ungünstig, nachteilig; schlecht' nicht gängig. Prinzipiell kann das Adjektiv zwar in dieser Bedeutung verwendet werden, vgl. (124). Die Verbindungen sind aber nicht lexikalisiert bzw. kann die zugrundeliegende Bedeutung auch anders versprachlicht werden, vgl. (125)–(126) (Beispiele aus dem EUROPARL-Korpus, vgl. Koehn 2005).

(124) a. DE [...] so dass wir den Fehler, den wir mit diesem Gebäude gemacht haben und der für zahlreiche *Negativschlagzeilen* gesorgt und dem Ansehen des Parlaments sehr geschadet hat, nicht wiederholen.

     b. NL [...] dat we niet dezelfde fouten maken als bij dit gebouw, dat veel *negatieve publiciteit* heeft opgeleverd en het Parlement in diskrediet heeft gebracht.

(125) a. DE Ich denke, wenn der Hof so viele Spielräume bei der Auslegung seines Berichtes lässt, dann bekommen wir immer *Negativschlagzeilen.*

     b. NL Als het verslag van de Rekenkamer zoveel ruimte voor interpretatie laat, denk ik dat wij altijd *slechte publiciteit* zullen krijgen.

(126) a. DE Wir wissen auch, daß es ständig *Negativschlagzeilen* über dieses Parlament gibt [...].

     b. NL We zijn er ons echter ook van bewust dat dit Parlement constant wordt achtervolgd en ondermijnd door *afbrekende publiciteit* [...].

Im Deutschen hat sich also ein besonders produktives morphologisches Verfahren mit einer spezifischen Bedeutung gebildet, die im Niederländischen zwar prinzipiell möglich ist, aber bisher nicht in A+N-Verbindungen lexikalisiert wurde. Dadurch hat sich im Laufe des Untersuchungszeitraums nur im Deutschen ein weitgehend komplementäres Benennungsmuster ausgebildet: fachsprachlich syntaktische und gemeinsprachlich morphologische Benennungsbildung.

5.2.2.4 *fremd – vreemd*

Für das deutsche *fremd* gilt nicht nur, dass für das gesamte 18. Jahrhundert keinerlei morphologische Benennungseinheiten im Primärmaterial zu finden sind. Die A+N-Komposition mit *fremd* als Erstglied ist überhaupt bis ins 19. Jahrhundert hinein unproduktiv, d.h., auch textbedingte Verkürzungen komplexer syntaktischer Ausdrücke sind nicht anzutreffen. Erst zur Mitte des 19. Jahrhunderts verzeichnen Wörterbücher erste morphologische Benennungseinheiten und tauchen Komposita in den Korpora und diachronen Textsammlungen auf, z.B. *Fremdwort* (Erstbeleg DBLK: 1832), *Fremdherrschaft* (Erstbeleg DBLK: 1835). Es handelt sich dabei noch um vereinzelte Bildungen. Richtig produktiv wird das Muster in der Benennungsbildung erst im 20. Jahrhundert und es kommt zu einer Vielzahl von Bildungen, u.a.:

(127) *Fremdsprache, Fremdkörper, Fremdkapital, Fremdeinwirkung, Fremdleistung, Fremdverschulden* etc.

Dass nicht nur die morphologische Benennungsbildung, sondern die gesamte A+N-Komposition mit *fremd* hochproduktiv geworden ist, zeigt sich an der großen Anzahl von Hapaxen im ZEIT-Korpus im Zeitraum 1946–2009. Mehr als die Hälfte aller Types sind Hapaxe (192 von 328), d.h. Bildungen, die nur ein einziges Mal im Korpus auftauchen, vgl. einige Beispiele in (128):

(128) *Fremdanzeige, Fremdäußerung, Fremdberuf, Fremdereignis, Fremdgarantie, Fremdinformation, Fremdklischee, Fremdkomponente, Fremdlärm, Fremdpersonal, Fremdprovision, Fremdschuld, Fremdstudie, Fremdursache*

Diese Produktivität betrifft dabei oftmals eine bestimmte Bedeutung von *fremd*, nämlich 'einem anderen gehörend; einen anderen, nicht die eigene Person, den eigenen Besitz betreffend'. Bildungen wie in (128) sind natürlich bei weitem nicht alle als Benennungseinheiten einzustufen. Auffällig ist vielmehr, dass viele Bildungen oftmals ad hoc durch etablierte Ausdrücke mit *eigen* (wie in *Eigenkapital*) und *selbst* (wie in *Selbstbild*) motiviert sind. Vgl. die folgenden Beispiele aus dem ZEIT-Korpus, wo der Zusammenhang sogar im unmittelbaren sprachlichen Kontext gegeben wird:

(129) a. Möglicherweise ist es dies, was die (im *Eigen-* und *Fremdversuch* erprobte) mesmerisierende Wirkung dieser Erzählung ausmacht [...]. (ZEIT, 29.9.1995)

b. Die plötzlich aufflackernde, ziemlich hysterische Debatte [...] hat doch krasse Züge der *Selbstbespiegelung* und *Fremdbezichtigung*: Jeder, der dabei war, erzählt dem anderen, dass entweder er selber oder dass sogar alles anders gewesen war. (ZEIT, 23.1.2001)

Oder das Hapax ist eine Analogiebildung zu einem etablierten Kompositum:

(130)   Die Haute Couture ist in Deutschland ein *Fremdwort* und eine *Fremdsache*. „Großschneider?" O weh! „Modeschöpfer?" Da wären wir schon wieder mitten im Schöpferischen, auf den Spuren des Prometheus. (ZEIT, 18.10.1963)

Vergleicht man die Anzahl morphologischer und syntaktischer Benennungseinheiten im Deutschen, fällt auf, dass es praktisch kaum zur Bildung phrasaler Benennungseinheiten mit *fremd* gekommen ist. Das *fremde Wort* 'Fremdwort' ist laut DWB (WORT, 1960) Mitte des 17. Jahrhunderts als Fachterminus bei Sprachtheoretikern etabliert, inzwischen in dieser Bedeutung aber durch *Fremdwort* ersetzt (die Phrase ist nicht im Primärmaterial verzeichnet; vgl. aber NL *vreemd woord*, eine Phrase!). Adelung (1793–1801), Campe (1807–1811) und Heyne (1890–1895) verweisen auf die Phrase *fremdes Licht*, das folgendermaßen definiert wird: '[Licht] bey den Mahlern, welches noch von dem Hauptlichte verschieden ist' (Adelung, FREMD). Es handelt sich jedoch um Einzelfälle.

Das Niederländische unterscheidet sich demgegenüber in zweierlei Hinsicht. Zum einen ist die morphologische Benennungsbildung im Niederländischen nie produktiv geworden. Im Primärmaterial ist kein einziges Kompositum mit *vreemd* verzeichnet. Lediglich das WNT verzeichnet drei Bildungen als Lemmata: *vreemdmeester* (ohne Bedeutungserklärung; belegt als *freemtmeesters* (1519)) und die beiden Regionalismen *vreemdgoed* 'fremde, schlechte Leute' (vor 1899) und *vreemdhaar* 'jemand mit sonderbaren Manieren' (1955) (hier allerdings mit einer possessiven Interpretation!). Es ist jedoch unklar, ob es sich hier um verbreitete Benennungen oder um Ad-hoc-Bildungen handelt. Die im Deutschen besonders häufige Bedeutung von *fremd* 'einem anderen gehörend; einen anderen, nicht die eigene Person, den eigenen Besitz betreffend' existiert zwar auch im Niederländischen (z.B. *vreemde bestanddelen* 'Fremdstoff'). Nichtsdestoweniger werden i.d.R. A+N-Phrasen mit *vreemd* oder sogar anderen Modifikatoren gebildet, da auch die phrasale Benennungsbildung mit *vreemd* nur eingeschränkt produktiv ist. Im Primärmaterial sind für den gesamten Untersuchungszeitraum nur wenige Phrasen (so z.B. *vreemd woord*, *vremde bestanddelen*) verzeichnet.

(131) a. DE *Fremdkörper* – NL *vreemd lichaam, vreemd voorwerp*
       b. DE *Fremdstoff* – NL *vreemde bestanddelen*

(132) a. DE *Fremdbestäubung* – NL *kruisbestuiving, xenogamie*
       b. DE *Fremdfinanzierung* – NL *externe financiering*

Dass die Komposition mit *vreemd* im heutigen Niederländisch nicht völlig ausgeschlossen ist, zeigen Gelegenheitsbildungen im LEXNEX-Korpus, vgl. *vreemdparkeerder* 'nicht-ortsansässige Person, die ihr Auto in einer fremden Parkzone parkt':

(133)   B. en w. willen de parkeerschijf voortaan ook verplicht stellen in de
            Oranjewijk ten westen van het Emmaplein [...]. Bewoners mogen voor
            f25 een ontheffing kopen. Zij hebben over de *vreemdparkeerders* veelvuldig geklaagd bij de gemeente.[49] (LC, 26.11.1998)

Eine DBNL-Volltextsuche belegt sporadische Bildungen (*vreemdwoord*, 1888;
vreemdlanden, 1893; *vreemdlachje*, 1894; *vreemdlichaam*, 1920[50]), *vreemdwezen*,
1933). Ein (seltenes) Beispiel für eine durch den Kontext initiierte Bildung ist
vreemdbeoordeling in (134):

(134)   Ongeveer een week na deze *zelfbeoordeling* werd iedere pp. gekonfronteerd met dezelfde lijst, nu zogenaamd door een ander ingevuld
            [...]. De helft van de 40 aanduidingen op deze *vreemdbeoordeling* was
            in overeenstemming met de *zelfbeoordeling*, de andere helft dus niet.[51]
            (DBNL, 1978)

Keine dieser Bildungen wird allerdings als lexikalische Einheit im Wörterbuch
aufgeführt, so dass hinsichtlich der morphologischen Benennungsbildung von

---

49 „B[ürgermeister] und G[esetzgeber] wollen die Parkscheibe im Oranje-Viertel westlich des
Emma-Platzes zur Pflicht machen. [...] Anwohner dürfen für 25 Gulden eine Befreiung kaufen.
Sie haben sich vielfach bei der Gemeinde über die Fremdparker beklagt" [Übersetzung: SFS].
50 Das Wort *vreemdlichaam* 'Fremdkörper' tritt mehrmals, aber ausschließlich bei dem flämischen Autor Paul Van Ostaijen auf, der längere Zeit in Berlin gelebt hat, u.a. auch zur Zeit des
Erstbelegs für *vreemdlichaam*. Eventuell handelt es sich also um eine vom Deutschen beeinflusste
Individualbildung.
51 „Ungefähr eine Woche nach dieser Selbsteinschätzung wurde jede Testperson mit derselben
Liste konfrontiert, nun angeblich durch eine andere Person ausgefüllt [...]. Die Hälfte der 40 Bemerkungen auf dieser Fremdeinschätzung stimmte mit der Selbsteinschätzung überein, die andere Hälfte also nicht" [Übersetzung: SFS].

einer großen Divergenz zwischen dem Deutschen und dem Niederländischen ausgegangen werden muss. Obwohl morphologische Benennungen mit *vreemd* im Niederländischen prinzipiell möglich sind, kommen diese sehr selten vor und sind langfristig – und wenn überhaupt – phrasale Benennungseinheiten die Regel (z.B. *vreemd woord* 'Fremdwort'). Im Deutschen hat sich hingegen eine produktive morphologische Benennungsbildung mit *fremd* sowie ein generell hochproduktives A+N-Kompositionsmuster entwickelt.

5.2.3 Vorläufiges Fazit

Die historisch-vergleichende Analyse der Benennungsbildung bei zehn qualitativen Adjektiven hat gezeigt, dass die Unterschiede zwischen dem Deutschen und dem Niederländischen in der klassifikatorischen Benennungsbildung je nach Adjektiv unterschiedlich stark ausgeprägt sind. Die Ergebnisse lassen sich folgendermaßen zusammenfassen:

1. Das Adjektiv hat einen deutlichen Einfluss auf die Realisierung einer Verbindung als Phrase oder Kompositum. Einige Adjektive bevorzugen eindeutig die Phrasenbildung (z.B. DE *still*, NL *stil*, *vreemd*), andere Adjektive in erster Linie die Komposition (z.B. DE *bitter*, *fremd*, NL *bitter*). Bei einer dritten Gruppe von Adjektiven lässt sich zeigen, dass sie häufig sowohl in Phrasen als auch Komposita auftreten, dies gilt v.a. für die Farbadjektive.
2. Für den Großteil der Adjektive sind die Präferenzen von Beginn des Untersuchungszeitraums an relativ stabil (z.B. *gelb* – *geel*, *bitter* – *bitter*, *still* – *stil*). Nur bei DE *kalt* und *geheim* gibt es Anzeichen dafür, dass die Komposition die Phrasenbildung im Laufe der Zeit zunehmend verdrängt. Andere Adjektive treten wiederum zu Beginn des Untersuchungszeitraums kaum in Benennungseinheiten auf (z.B. *fremd* – *vreemd*, NL *diep*, *negatief*). Wenn diese aber im Laufe der Jahrhunderte verstärkt gebraucht werden, entwickeln sie in der Regel sehr schnell stabile Präferenzen. So werden mit DE *fremd* fast ausschließlich morphologische, mit NL *negatief* hingegen phrasale Benennungseinheiten gebildet. Keinesfalls lässt sich aber für alle Adjektive ein gemeinsamer systematisch verlaufender Entwicklungstrend erkennen. Jedes Adjektiv scheint eine eigene Entwicklung zu verfolgen.
3. Die formale Realisierung von Benennungen unterscheidet sich im Deutschen und Niederländischen sowohl qualitativ als auch quantitativ. So sind im Deutschen deutlich mehr Adjektive mit einem eindeutigen Kompositumsbias zu finden. Im Niederländischen ist die Phrasenbildung bei den meisten Adjektiven hingegen zumindest eine gleichwertig genutzte Alternative oder sogar dominant. Darüber hinaus sind im Deutschen einzelne Adjektive in einer

spezifischen Bedeutung in der morphologischen Benennungsbildung besonders produktiv geworden (z.B. DE *fremd* 'einen anderen, nicht die eigene Person, den eigenen Besitz betreffend'). Diese sind zwar auch im Niederländischen zu finden, oft aber nicht in A+N-Verbindungen lexikalisiert. Konzeptuelle Entsprechungen werden formal anders realisiert (vgl. DE *Fremdbestäubung* – NL *kruisbestuiving*, wörtl. 'Kreuz'+'Bestäubung').

4. Die Stärke der morphologischen Benennungsbildung korreliert mit der allgemeinen Produktivität der A+N-Komposition. Ist die Komposition mit einem bestimmten Adjektiv als solche kaum produktiv, sind auch morphologische Benennungseinheiten sehr selten (vgl. *still – stil*, das fast ausschließlich in phrasalen Benennungseinheiten realisiert wird). Allerdings muss dies nicht mit der intensiveren Nutzung des syntaktischen Benennungsverfahrens einhergehen, wie am Beispiel von NL *vreemd* deutlich wurde. In den Wörterbüchern sind zwar keine morphologischen Einheiten zu finden, es existieren allerdings nur wenige phrasale Benennungseinheiten. Der Bedarf an Benennungen mit *vreemd* ist demnach offensichtlich im Niederländischen nicht in derselben Weise wie im Deutschen vorhanden.

5. Die Bildungen mit DE *negativ* zeigen, dass hier fachsprachlich eine eindeutige Präferenz für Phrasenrealisierungen besteht. Dies deutet darauf hin, dass sich Beobachtungen aus der Allgemeinsprache nicht immer nahtlos auf die Fachsprache übertragen lassen (vgl. zu Bildungstendenzen in Fachsprachen noch einmal Kap. 4.6), sondern einer eingehenden Untersuchung bedürfen. Bei anderen Adjektiven kommt es teils zur Phrasenbildung (vgl. DE *kalte Progression, geheimer Vorbehalt*, NL *bitter barbarakruid, bittere scheefbloem*), teils zur Komposition (vgl. DE *Kaltkaustik, Kaltkreissäge*, NL *diepdak, dieplepel*), so dass fraglich scheint, ob fachsprachliche Benennungsbildung immer eine besondere Präferenz zur Phrasenbildung hat.

6. Es kommt zu Konkurrenz- und Verdrängungsprozessen, die im Deutschen wesentlich stärker ausgeprägt sind als im Niederländischen. Morphologische Benennungseinheiten treten neben phrasale Verbindungen (vgl. DE *geheimer Rat – Geheimrat*) oder ersetzen diese langfristig (z.B. DE *gelbes Fieber* > *Gelbfieber*; vgl. Kap. 5.7).

5.3 Benennungsbildung bei Relationsadjektiven seit 1700

Relationsadjektive unterscheiden sich von qualitativen Adjektiven dadurch, dass sie inhärent klassifikatorisch modifizieren (vgl. Kap. 2.3.2). Demnach besteht kein grundsätzlicher semantischer Unterschied zwischen Bildungen wie *nationaler*

Staat und *Nationalstaat*, so lange keine der beiden Verbindungen eine Bedeutungsveränderung/-spezialisierung erfahren hat. Der einzige Unterschied ist eine möglicherweise variierende Gebrauchsfrequenz (im Deutschen ist *Nationalstaat* konventionalisiert). Relationsadjektive mit endbetontem (nicht-nativem) Suffix können im Deutschen die Modifikatorposition eines Kompositums besetzen, während dies im Niederländischen die Ausnahme darstellt. Es stellt sich die Frage, wie stark diese Beschränkung tatsächlich ist und ob sie nur für die unmittelbare Gegenwartssprache oder darüber hinaus auch für die Vergangenheit gilt. Im Folgenden soll daher die Entwicklung von Bildungen mit *sozial – sociaal* und *zivil – civiel* beschrieben werden.

Beide Adjektive wurden über das Französische ins Deutsche bzw. Niederländische entlehnt. Das französische *social* geht wiederum auf das Lateinische *socialis* 'kameradschaftlich, von den Bundesgenossen' zurück, das eine Derivation des Nomens *socius* 'Bundesgenosse, Kamerad, Geschäftspartner' darstellt (vgl. EWN: SOCIAAL). Das Adjektiv *zivil – civiel* hat über das Französische seine Ursprünge im lateinischen *civilis* 'bürgerlich, Staats-' und ist von *civis* 'Bürger' (vgl. EWN: CIVIEL) abgeleitet. Da sich die Entwicklung bei beiden Adjektiven weitgehend ähnelt, werden sie zusammen behandelt.

Im Deutschen ist *sozial* laut Kluge (1995: 773) vor dem 18. Jahrhundert aus dem Französischen entlehnt worden. Im deutschen Primärmaterial ist das Adjektiv dennoch erst im WDG (1967–1982) verzeichnet. Daher lohnt sich zunächst ein Blick in das DWB (1905), in dem *sozial* folgendermaßen definiert wird:

(135)   SOZIAL, *adj. was die menschliche gesellschaft, das zusammenleben der menschen und seine staatlich-rechtliche ordnung wie die wirtschaftlichen verhältnisse betrifft*: der soziale zustand eines landes, volkes, die soziale lage eines standes *u. ähnl.* (DWB: SOZIAL, 1905; Hervorhebung im Original)

Bereits zu Beginn des 20. Jahrhunderts sind eine Reihe von morphologischen und syntaktischen Verbindungen etabliert. Das DWB nennt die folgenden:

(136) a. die soziale Frage, *der complex von problemen, der die wirtschaftlichen und politischen zustände, namentlich die lage der unteren schichten, der lohnarbeiterklasse, betrifft* (Hervorhebung im Original)

       b. die soziale Bewegung, *bewegung zur besserung der wirtschaftlich-politischen zustände, zur verwirklichung der gerechtigkeit in der ordnung der gesellschaft, speciell zur hebung der arbeiterklasse* (Hervorhebung im Original)

(137) a. s o z i a l d e m o k r a t i e, *die politische partei, die eine umgestaltung der gesellschaftsordnung und productionsweise im sinne des sozialismus (s. das.) anstrebt* (Hervorhebung im Original)

b. s o z i a l p o l i t i k, *der theil der politik, der die wirtschaftlichen verhältnisse zum gegenstande und ihre besserung zum zweck hat* (DWB: SOZIAL, 1905; Hervorhebung im Original)

Benennungen können also phrasal und morphologisch realisiert werden. Beide Optionen sind schon seit etwa Mitte des 19. Jahrhunderts anhand von Beispielen aus den DELEX-Lexika belegbar, vgl. in Herder (1854–1857) die drei Verbindungen *Socialpolitik*, *Socialroman* und *sociale Revolution* 'die Vernichtung alles Rechts, aller Einrichtungen, welche durch Familie, Gemeinde, Staat und Kirche begründet worden sind' (Herder: ARMENWESEN). Diese Entwicklung setzt sich auch im 20. Jahrhundert fort, vgl. einige Beispiele im Primärmaterial:

(138) Brockhaus Wahrig (1980–1984)
   a. *sozialer Wohnungsbau*
   b. *Sozialplan*

(139) Duden (1999)
   a. *soziale Einrichtungen*
   b. *Sozialstatistik*

(140) Duden Online (2012)
   a. *soziale Sicherheit*
   b. *Sozialsystem*

Allerdings sind zumindest in den Wörterbüchern deutlich mehr Komposita als Phrasen verzeichnet. Auch das ZEIT-Korpus (1946–2009) verzeichnet mehrere hunderte morphologische Types mit *sozial* als Erstglied.

Im Niederländischen taucht das Adjektiv *sociaal* im Primärmaterial erstmals bei Sicherer/Akveld (1870) auf (zusammen mit den Bildungen *socialisme*, *socialismus*, *socialist*). Im WNT, dem niederländischen Äquivalent des DWB, werden in einem Eintrag von 1932 die folgenden Verbindungen genannt:

(141) a. DE (EEN) SOCIALE REVOLUTIE, de (een) revolutie die niet slechts de politieke, maar ook de maatschappelijke verhoudingen omwentelt[52]

---

52 „DIE (EINE) SOZIALE REVOLUTION, die (eine) Revolution, die nicht nur die politischen, sondern auch die gesellschaftlichen Verhältnisse umwälzt" [Übersetzung: SFS].

b. DE SOCIALE QUAESTIE, [...] het vraagstuk van de eischen en rechten der onderliggende klassen, inzonderheid der arbeidersklasse.[53]
(WNT: SOCIAAL, 1932; Hervorhebung im Original)

In zwei gesonderten Einträgen verzeichnet das WNT parallel die Wortbildungen *sociaaldemocratie* 'Sozialdemokratie' und *sociaaldemocraat* 'Sozialdemokrat', die als Lehnwörter aus dem Deutschen klassifiziert werden. In der Tat haben beide Verbindungen einen weitgehenden Ausnahmecharakter: Abgesehen von ihnen werden alle in den Wörterbüchern des 20. Jahrhunderts verzeichneten A+N-Benennungen mit *sociaal* phrasal realisiert, z.B. *sociale beweging* 'soziale Bewegung', *sociale partners* 'soziale Partner/Sozialpartner', *sociale politiek* 'Sozialpolitik', *sociale woningsbouw* 'sozialer Wohnungsbau'.

Die Befunde zu *zivil* – *civiel* zeigen ein ähnliches Bild. Für das Deutsche sind im Primärmaterial sowohl Phrasen als auch Komposita zu finden, im Niederländischen ausschließlich Phrasen (vgl. die folgenden Beispiele):

(142) a. *ziviler Ungehorsam* 'Widerstand gegen eine als ungerecht empfundene Politik, der zwar gesetzeswidrig, aber gewaltlos erfolgt' (Duden Online 2012: ZIVIL)
ziviler Notstand 'Naturkatastrophe'
    b. *Zivildienst* 'Ersatzdienst für Wehrdienstverweigerer'
Zivilehe 'Ehe, die im Standesamt geschlossen wurde'

(143) a. *civiele staat* 'Familien-, Personenstand'
civiele verdediging 'Gesamtheit der nichtmilitärischen Aufgaben zum Schutz der Bevölkerung im Verteidigungsfall'
civiele luchtvaart 'zivile (d.h. nicht zu militärischen Zwecken gebrauchte) Luftfahrt/Zivilluftfahrt'
    b. (keine Bildungen im Gebrauch)

Die Daten der gegenwartssprachlichen Korpora des Deutschen (ZEIT, LEXNEX) bestätigen diese Divergenz. Komposita mit *zivil* als Erstglied sind im ZEIT-Korpus sehr häufig, unter ihnen auch eine Reihe von Hapaxen, z.B. *Zivilbüro, Zivilkarriere, Zivilneurose*. Im Niederländischen gibt es hingegen kaum Belege für die A+N-Komposition mit *civiel*.

---

53 „DIE SOZIALE FRAGE, [...] die Frage nach den Forderungen und Rechten der unteren Klassen, vor allem der Arbeiterklasse" [Übersetzung: SFS].

Laut DWB ist die Komposition mit *zivil* als Erstglied im Deutschen erst im 19. und 20. Jahrhundert intensiviert worden:

> [...] *dem 19. und 20. jh. gehört die mehrzahl der im 16. und 17. jh. vereinzelten, im 18. jh. immer noch spärlichen zivil-zss. an (s. d.); insbesondere das neuzeitliche heereswesen und die groszen kriege des 19./20. jhs. haben zahlreiche dieser bildungen in umlauf gesetzt* [...] (DWB: ZIVIL, 1956; Hervorhebung im Original)

Es handelt sich also ähnlich wie bei Komposita mit *sozial* im Deutschen um eine Entwicklung des 19. und 20. Jahrhunderts, wobei Bildungen mit *zivil* schon etwas früher belegt sind: Im Bilder-Conversations-Lexikon (1837–1841) ist erstmals ein Lemma mit einem Kompositum mit *zivil* (nämlich *Civilrecht*) verzeichnet. Davor sind im Conversations-Lexikon (1809–1811) bereits eine Reihe von Wortbildungen im Volltext zu finden (u.a. *Civilangelegenheiten, Civilbehörde, Civilpersonen* etc.). Im Gegensatz dazu kennt weder das WNT eindeutige Beispiele für niederländische A+N-Komposita mit *civiel* noch sind in den NLLEX-Lexika des ausgehenden 19. und beginnenden 20. Jahrhunderts entsprechende Bildungen verzeichnet.

Diese eindeutige Situation – das Deutsche erlaubt Komposition und Phrasenbildung, im Niederländischen sind ausschließlich Phrasen zulässig – wird durch einen nicht geringen Teil an phrasalen Benennungseinheiten mit Schwa-Apokope verkompliziert, vgl. die im Primärmaterial zu findenden Verbindungen in (144)–(145):

(144) a. *het sociaal fonds* 'Sozialfonds', *het sociaal kapitaal* 'Sozialkapital'
       b. *de sociaal geneeskundige* 'Sozialarzt', *de sociaal geograaf* 'Sozialgeograph', *de sociaal psycholoog* 'Sozialpsychologe', *de sociaal raadsman* 'Sozialberater', *de sociaal rechercheur* 'Sozialdetektiv', *de sociaal werker* 'Sozialarbeiter'

(145) a. *het civiel bestuur* 'Zivilverwaltung'
       b. *de civiel ingenieur* 'Zivilingenieur', *de civiel technicus* 'Ziviltechniker'

Die Beispiele in (144a) bzw. (145a) entsprechen Typ 1, die Beispiele in (144b) bzw. (145b) Typ 2 der in Kapitel 4.4.2 aufgeführten Klassifikation von Phrasen mit Schwa-Apokope. Fälle des Typs 2 (Titel- und Berufsbezeichnungen) sind bereits Mitte des 20. Jahrhunderts verzeichnet und insofern ein verkomplizierender Faktor, da sie in einigen Wörterbüchern analog zu den Entlehnungen *sociaaldemocrat* bzw. *sociaaldemocratie* als (mit Bindestrich) zusammen geschriebene Verbindungen aufgenommen wurden.

(146) a. Koenen (1966); Van Dale (1984); Koenen (1986):
      sociaal-directeur, sociaal-geneeskundige, sociaal-geograaf, sociaal-psycholoog
   b. Koenen (1909) – Koenen (1986):
      civiel-ingenieur
   c. Koenen (1986):
      civiel-technicus

Erst in Van Dale (2005) werden all diese Verbindungen getrennt geschrieben (außer *sociaal-directeur*, das nicht mehr verzeichnet wird).[54] Zwar handelt es sich um Phrasen mit Schwa-Apokope, dennoch neigen Sprecher manchmal zur Zusammenschreibung solcher Bildungen, vgl. die folgenden Belege mit *sociaal* aus dem LEXNEX-Korpus in (147):[55]

(147)   *sociaalantropoloog* '-anthropologe', *sociaalassistent* '-arbeiter', *sociaal-darwinist* '-darwinist', *sociaalfilosoof* '-philosoph', *sociaalgeograaf* '-geograph', *sociaalgeriaters* '-geriater', *sociaalgeneeskundige* '-arzt', *sociaalhistoricus* '-historiker', *sociaalpsycholoog* (-*loge*) '-psychologe', *sociaal-pedagoog* '-pädagoge', *sociaaltherapeute* '-therapeut', *sociaalver-pleegkundige* '-pfleger', *sociaalwetenschapper* '-wissenschaftler', *sociaal-werker* '-arbeiter' (daneben sind im Korpus auch entsprechende Bezeich-nungsformen mit Suffix für die weibliche Berufsbezeichnung zu finden)

Solche Korpusbelege vermitteln den Eindruck, dass das Niederländische doch über eine Reihe von Komposita mit *sociaal* als Erstglied verfüge, da die Betonung als überprüfbares Kriterium ausfällt (und sicher untersuchenswert ist) und beide Wörter zusammen oder mit Bindestrich geschrieben werden. Die Zusammen-schreibung gilt im Übrigen auch für eine Reihe von Bildungen, die keine Berufs-bezeichnungen darstellen:

(148) a. [...] en bovendien in kringen waar *sociaalcontact* ['soziale Kontakte', SFS] met Duitsers iemand automatisch 'fout" maakte. (NRC, 27.3.2003)
   b. 'Na ons de zondvloed' heeft niets van doen met *sociaalliberalisme* ['Sozialliberalismus', SFS], niets met liberalisme, niets met conservatis-me, niets met groenrechts en niets met rentmeesterschap. (LC, 14.9.2010)

---

54 Die Getrenntschreibung entspricht der offiziellen Rechtschreibung des Niederländischen, festgelegt im *Groene Boekje* (einsehbar im Internet unter www.woordenlijst.org).
55 Der einzige relevante Treffer für *civiel* war *civieltechnici*.

c. Het gonst van de geruchten dat Skype zou gaan samenwerken met *sociaalnetwerk* ['soziales Netzwerk', SFS] Facebook (500 miljoen gebruikers). (NRC, 7.10.2010)

d. Ik heb ze gezegd: ik respecteer het *sociaalplan* ['Sozialplan', SFS] dat tot 2011 van kracht is. (NRC, 29.1.2007)

e. Al jaren is hij teamleider en coördinator van een *sociaalpension* ['Pensionsunterkunft für sozial benachteiligte Personen', SFS] van het Leger in Amsterdam-Zuid, een tehuis voor vijftig voormaligdak- en thuislozen [...]. (VK, 22.12.2005)

f. In de jaren vijftig nam hij ook afstand van het *sociaalrealisme* ['Sozial-realismus', SFS] en ontwikkelde een lyrische en fantastische toon [...]. (VK, 8.8.2001)

Auch diese Belege bleiben formal mehrdeutig. Die Zusammenschreibung sugge-riert einen möglichen Kompositionsstatus. Der syntaktische Kontext ist aber nicht immer eindeutig (in einigen Fällen würde die Flexionsendung regulär ausfallen, z.B. bei *sociaalcontact*) bzw. es kann nicht ausgeschlossen werden, dass es sich lediglich um Phrasen mit Schwa-Apokope (des Typs 1, also A+N-Verbindungen mit *het*-Nomen, die ggf. eine Bedeutungsspezialisierung erfahren haben) han-delt, die entgegen der geltenden Norm zusammen geschrieben werden. Nur die Fälle in (149), ebenfalls Suchresultate im LEXNEX-Korpus, sind dann tatsächlich potenzielle Komposita, da sie weder Bildungen des Typs 1 (es sind keine *het*-Nomen) noch des Typs 2 (es handelt sich nicht um Personen-/Berufsbezeichnun-gen) sind:

(149)   *de sociaaldienst* 'sozialer Dienst', *de sociaaleconomie* 'Sozialwirtschaft', *de sociaalpedagogie* 'Sozialpädagogik', *de sociaalpolitiek* 'Sozialpolitik'

Dies sind allerdings Einzelfälle, eventuell gefördert durch die Existenz etablierter komplexer Adjektive wie *sociaal-economisch* 'sozialökonomisch', *sociaal-politiek* 'sozialpolitisch' etc. (vgl. auch *civiel-rechtelijk* und *civiel-technisch*). Es kann also weiterhin angenommen werden, dass die Komposition mit Relationsadjektiven im Niederländischen nahezu ausgeschlossen ist. Funktionsbezeichnungen mit Schwa-Apokope wie in (144b) und (145b) sind allerdings sehr frequent – in der Tat sogar frequenter als Verbindungen mit den untersuchten qualitativen Adjektiven (vgl. hierzu Kap. 5.4).

Die historische Entwicklung von Verbindungen mit *sozial – sociaal* und *zivil – civiel* bestätigt den gegenwartssprachlichen Zustand im Deutschen und Nieder-ländischen. Im Deutschen sind von Beginn an (also etwa Anfang bis Mitte des 19. Jahrhunderts) sowohl phrasale als auch morphologische Benennungseinheiten möglich. Im Niederländischen ist allein die phrasale Realisierung üblich, wobei hier Phrasen mit Schwa-Apokope eine besondere Rolle spielen. Sobald es sich um eine Berufs- bzw. Titelbezeichnung handelt, weisen entsprechende A+N-Verbindungen eine Schwa-Apokope auf. Hier ist die Annahme eines eigenen (Sub-)Konstruktionsschemas plausibel (vgl. dazu Kap. 5.5).

5.4 Phrasen mit Schwa-Apokope als dritter Weg?

Wie im letzten Abschnitt deutlich wurde, sind im historischen Primärmaterial des Niederländischen neben Komposita und regulären Phrasen auch eine Reihe von Phrasen mit Schwa-Apokope belegt. Problematisch ist bisweilen, dass es sich zwar um Phrasen handelt, diese aber aufgrund des Flexionsausfalls und der in Wörterbüchern häufigen Zusammenschreibung Wortbildungen zu sein scheinen. Dies legt zunächst nahe, dass es sich um reguläre Konkurrenzsituationen zwischen Phrase und Kompositum handelt, vgl. die folgenden Beispiele:

(150) a. *het rode weeskind* (Van Dale 1961, 1984, 2005)
           het roodweeskind (Van Dale 2005)
       b. *rood koper* (Hoogstraten 1704 bis Van Dale 2005)
           roodkoper (Sicherer/Akveld 1870 bis Van Dale 2005)
       c. *stil water* (Van Dale 1924, 1961, 1984, 2005)
           stilwater (Van Dale 1924, 1961, 1984, 2005)
       d. *geel bloedloogzout* (Van Dale 1924, 1961, 1984, 2005)
           geelbloedloogzout (Van Dale 1961, 1984)

Angaben zur Betonung in neueren Wörterbüchern zeigen allerdings, dass in all diesen Beispielen die Hauptbetonung auf dem Nomen liegt, d.h., es handelt sich hier um die phrasalen Benennungseinheiten (der Deutlichkeit halber getrennt geschrieben) *rood wéeskind, rood kóper, stil wáter, geel blóedloogzout*. Auffällig ist, dass fast alle Phrasen mit Schwa-Apokope im Primärmaterial ein *het*-Nomen als Kopf haben, also nur Verbindungen des Typs 1 darstellen (vgl. Kap. 4.4.2). Die einzige systematische Ausnahme stellen Personen-/Berufsbezeichnungen mit den Relationsadjektiven dar, die bereits in Kapitel 5.3 behandelt wurden (z.B. *de sociaal geograaf*).

Bei einigen Bildungen lässt sich zeigen, dass die Schwa-Apokope nicht von Beginn an die etablierte Form war, sondern dass sie zunächst mit der regulären Phrase konkurrierte. Ein Beispiel hierfür ist die Entwicklung von *geheim agent* 'Geheimagent' (mit Schwa-Apokope), das erstmalig in Van Dale (1924) verzeichnet ist. Die Verbindung konnte offenbar zunächst auch in regulärer Form verwendet werden. So ist die Titelübersetzung eines Romans von Joseph Conrad, *The Secret Agent*, in der Übersetzung aus dem Jahre 1979 noch *De geheime agent*, in der Version aus dem Jahre 1997 aber *De geheim agent*. Auch eine Recherche in verschiedenen niederländischen Tages- und Wochenzeitungen seit 1994 zeigt, dass trotz der inzwischen deutlichen Präferenz für die Variante mit Schwa-Apokope die reguläre Form noch bis zu einem gewissen Grad verwendet wird, vgl. Tabelle 5.21 (*agente* ist das Femininum zu *agent*; Recherche am 12.9.2012).

Tab. 5.21: Verbindungen mit *geheim* und *agent(e)* in niederländischen Zeitungen seit 1994 (VK, NRC, LC, GA)

Status	Singular	Frequenz	Plural	Frequenz
P regulär	*geheim agent(e)*	47	*geheime agenten*	268
P mit Schwa-Apokope	*geheim-Ø agent(e)*	1381	*geheim-Ø agenten*	638

Auch bei *sociaal werker* 'Sozialarbeiter' legen Wörterbücher eine Entwicklung von der regulären Phrase zur Phrase mit Schwa-Apokope nahe. Erstmalig in Van Dale (1961) wird auch in den folgenden Wörterbüchern im Primärmaterial – Koenen (1966), Van Dale (1984) und Koenen (1986) – nur die Phrase *sociale werker* bzw. *sociale werkster* ('Sozialarbeiterin') verzeichnet. In Van Dale (2005) wird erstmals vom *sociaal werker*, *sociaal werkster* (neben der geschlechtsneutralen Form *sociaal werkende*) gesprochen. Bei allen anderen Verbindungen mit *sociaal* scheint die Realisierung mit Schwa-Apokope aber von Beginn an die Norm gewesen zu sein.

Die Konkurrenz zwischen regulären Phrasen bzw. Komposita und Phrasen mit Schwa-Apokope ist – bei qualitativen Adjektiven – ein relativ seltenes Phänomen im Primärmaterial, wenn man dazu die Menge an regulären phrasalen Bildungen ins Verhältnis setzt. Vereinzelte Beispiele finden sich für Verbindungen mit *zwart*, *rood*, *geel*, *stil*, *geheim*, für die daher angenommen wird, dass es sich um Einzelfälle handelt, die durch Lexikalisierung eine klassifikatorische Bedeutung erhalten bzw. eine Schwa-Apokope erworben haben. Lediglich für *sociaal* ergibt sich ein produktiver Subtyp. Bei *civiel* sind im Primärmaterial nur zwei Verbindungen mit Schwa-Apokope belegt, die allerdings ebenfalls als Berufsbezeichnungen verwendet werden. Eventuell ist der Benennungsbedarf einfach geringer als für Bildungen mit *sociaal*. Mit Ausnahme der Relationsadjektive scheinen Phrasen mit Schwa-Apokope also keine dritte, systematisch genutzte Option für die Benennungsbildung im Niederländischen geworden zu sein (vgl. auch die Diskussion in 6.3.2).

5.5 Konstruktionalisierungs- und Schematisierungsprozesse seit 1700

In diesem Abschnitt sollen die Ergebnisse der vorgestellten Fallstudien in Beziehung zu den in Kapitel 4.5 angenommenen Konstruktionsschemata für die klassifikatorische A+N-Benennungsbildung im Deutschen und Niederländischen gesetzt werden. Dort war die Annahme, dass für beide Sprachen jeweils zwei lexikalisch unterspezifizierte Schemata für die klassifikatorische A+N-Benennungsbildung angenommen werden können. Außerdem wurde von einer großen Anzahl Mikro-Konstruktionen ausgegangen, die lexikalisch vollständig spezifizierte Benennungseinheiten darstellen und taxonomisch mit den höhergestellten Schemata verbunden sind (vgl. Abb. 4.5 am Beispiel des Deutschen). In den Abbildungen 5.3 und 5.4 wird dies um die Erkenntnisse ergänzt, die sich aus der historischen Untersuchung der A+N-Verbindungen für die klassifikatorische Benennungsbildung seit 1700 ergeben haben. Dadurch ergibt sich ein wesentlich differenzierteres Bild.

Die historischen Daten zeigen, dass in der linguistischen Beschreibung für einige der untersuchten Adjektive lexikalisch teilspezifizierte Subschemata angenommen werden können, die sich zu unterschiedlichen Zeitpunkten vor oder während des Untersuchungszeitraums entwickelt haben. Die Subschemata (z.B. NL $[stil_{AP}\ N]_N{}^0$) sollen besonders produktive Bildungsprozesse abbilden (vgl. Booij 2010: 51–52), denn die vorliegenden Daten zeigen, dass für einige Adjektive die Frage einer Konkurrenz von Phrase und Kompositum überhaupt nicht zu stellen ist. Vielmehr zeichnen sie sich durch sehr klare Präferenzen zugunsten der einen oder anderen Strategie aus, wobei diese Präferenzen z.T. auch durch semantische oder pragmatische Beschränkungen charakterisiert werden können (bei DE *negativ* liegt beispielsweise eine komplementäre Verteilung zwischen fachsprachlichem und gemeinsprachlichem Gebrauch sowie ein besonders produktives Subschema in der Bedeutung 'nachteilig, schlecht' vor). Subschemata werden nur dann angenommen, wenn die untersuchten Daten sehr deutlich auf eine Präferenz hinweisen (indem etwa 80% der Bildungen entweder morphologisch oder syntaktisch realisiert werden). Zudem ist zu unterscheiden zwischen Adjektiven, die schon vor der Annahme eines produktiven Subschemas in A+N-Benennungseinheiten auftreten, zunächst aber noch keine deutlichen Präferenzen zeigen (dies gilt z.B. für DE *geheim*, für das bereits im 17. Jahrhundert Verbindungen belegt sind), und solchen Adjektiven, die erst im Laufe der Zeit überhaupt in A+N-Verbindungen in Erscheinung treten, dann aber umgehend und nahezu ausschließlich in einem bestimmten Konstruktionsmuster auftreten (vgl. DE *fremd*, NL *diep*).

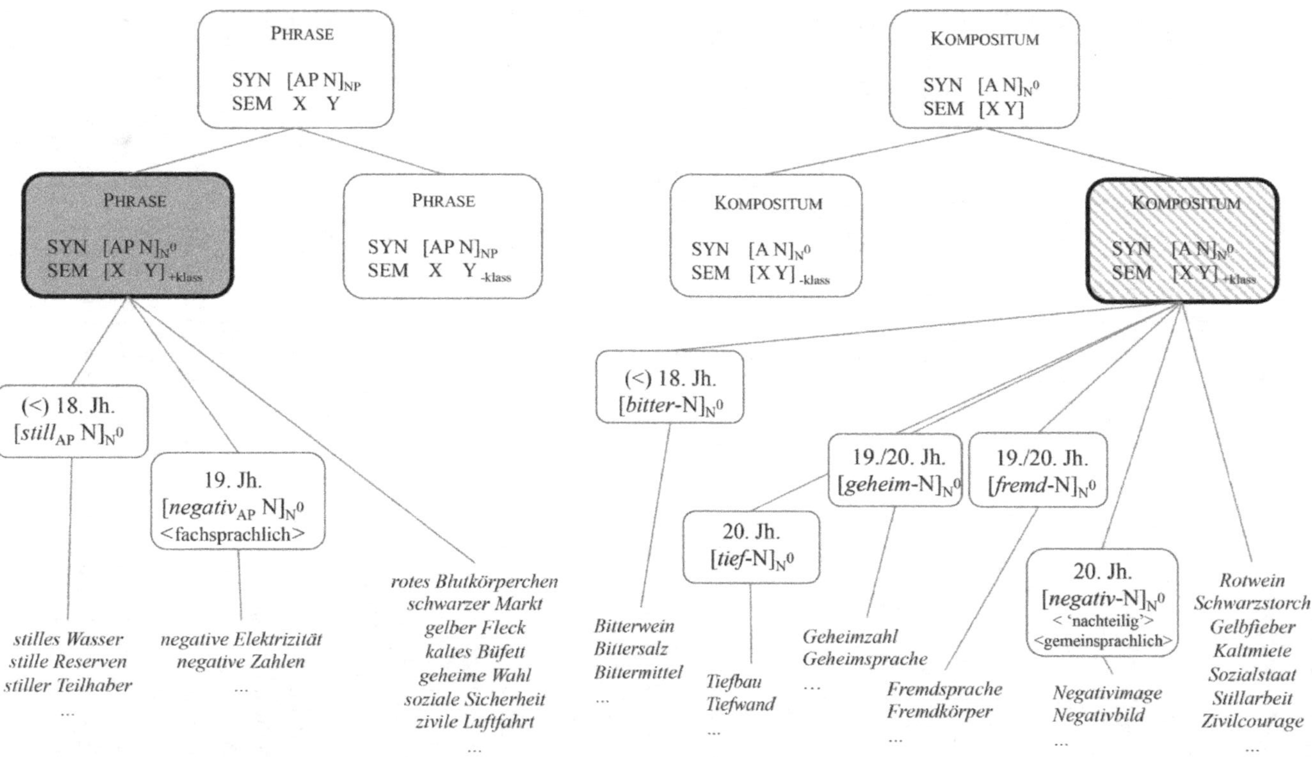

Abb. 5.3: Schemahierarchien im Deutschen

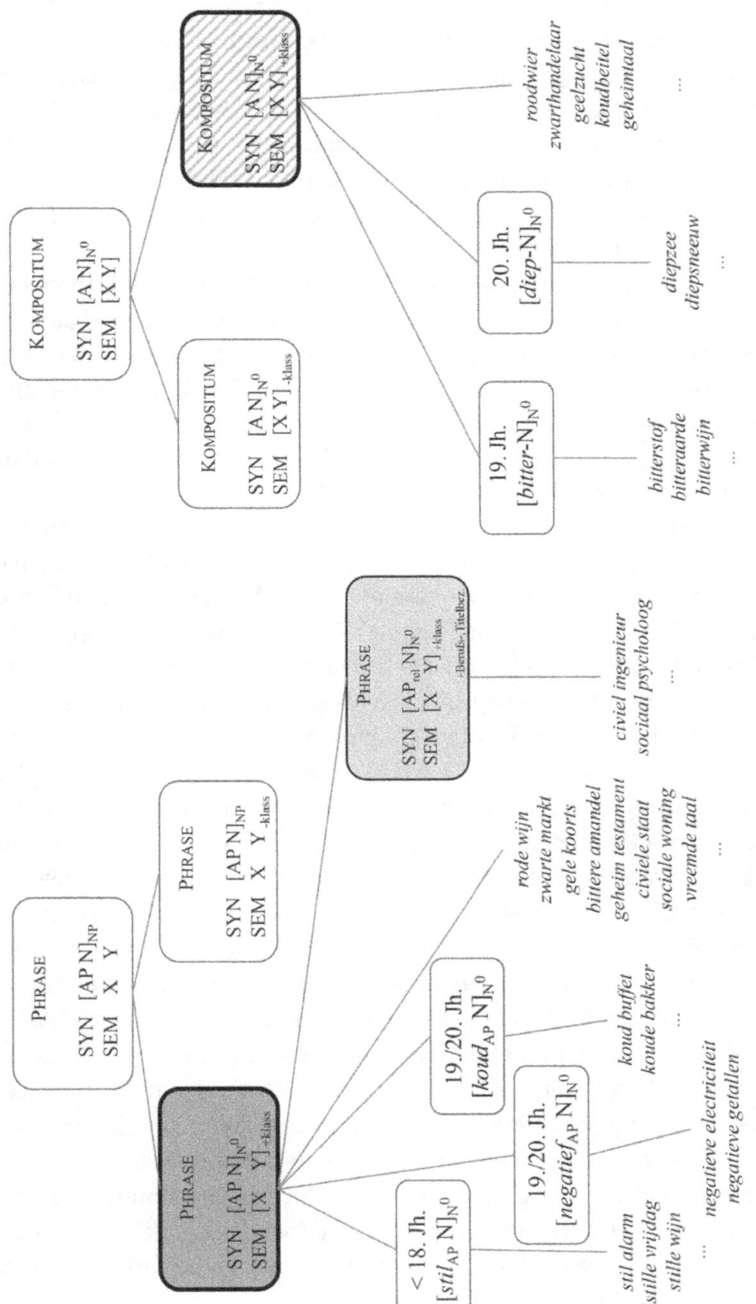

Abb. 5.4: Schemahierarchien im Niederländischen

Die Entstehung dieser Subschemata kann als *schematization* bezeichnet werden, d.h. als „one kind of a more general phenomenon one could dub *constructionalization*, i.e. the kind through which partially or fully schematic constructions arise" (Noël 2006: 17; Hervorhebung im Original). Die Schemata stellen Verallgemeinerungen über Sets von Mikro-Konstruktionen dar, die im Laufe der Zeit gebildet und lexikalisiert wurden und die Sprecher aufgrund von morphologischen und/oder semantischen Parallelen unbewusst als ähnlich empfinden (vgl. Bybee 1995: 430; Traugott 2014: 6).

In den Abbildungen 5.3 und 5.4 ist die Entstehung der angenommenen Subschemata unterschiedlich datiert. Für *still – stil* gilt z.B. die Annahme, dass bereits vor 1700 deutliche Realisierungspräferenzen bestehen, während sich diese für andere Adjektive erst in der Folge herausbilden. Da die Daten nur auf einer qualitativen Analyse beruhen, ist sicherlich Vorsicht geboten. Beispielsweise ist die Annahme von Subschemata für NL *bitter* und *koud* weniger naheliegend als für *stil* oder *diep*, da phrasale Verbindungen mit *bitter* bzw. Komposita mit *koud* durchaus im Niederländischen existieren. Nur eine genaue quantitative Analyse könnte diese Annahmen untermauern. Meines Erachtens stellen die angenommenen Subschemata jedoch eine brauchbare erste Annäherung an die komplexe Realität der diachronen Entwicklung der A+N-Verbindungen und ihrer gegenwärtigen Distribution dar. Darüber hinaus bedeutet die Annahme von Subschemata nicht, dass Ausnahmen nicht möglich seien (vgl. z.B. DE *Stillarbeit* oder NL *negatieflijst*). Diese werden im Modell aber direkt auf die allgemeinen Konstruktionsmuster für klassifikatorische A+N-Komposition bzw. A+N-Phrasenbildung zurückgeführt. Gleiches gilt auch für Adjektive, für die bezüglich ihrer Bildungspräferenzen keine eindeutigen Aussagen getroffen werden können (d.h. für die untersuchten Farbadjektive *schwarz – zwart, rot – rood, gelb – geel* sowie für DE *kalt, sozial, zivil* und NL *geheim*). Hier sind Komposition und Phrasenbildung weiterhin gleichberechtigte Bildungsverfahren. Einige Adjektive spielen kaum eine Rolle, z.B. NL *vreemd*, das im Niederländischen lediglich in wenigen phrasalen Benennungseinheiten auftritt. Für die Relationsadjektive gilt, dass sie im Niederländischen zwar eindeutig phrasale Bildungspräferenzen zeigen (zur Annahme eines zusätzlichen Subschemas, vgl. unten). Allerdings werden die Präferenzen als Inputbeschränkung des allgemeinen Schemas der klassifikatorischen A+N-Komposition im Niederländischen interpretiert, so dass keine eigenen phrasalen Subschemata für *sociaal* und *civiel*, die durchweg phrasale Benennungseinheiten ausbilden, angenommen werden. Für NL *negatief* wird hingegen ein eigenes phrasales Subschema angenommen, da – wie in Kapitel 4.6 besprochen – nicht klar ist, ob die Tatsache, dass mehrsilbige Adjektive i.d.R. nicht in niederländischen Komposita auftreten, nur eine Gebrauchsnorm oder eine strukturelle Beschränkung des Wortbildungsmusters widerspiegelt.

Im Sprachvergleich fällt auf, dass sich die für die Gegenwart festgestellten divergierenden Präferenzen zwischen dem Deutschen und dem Niederländischen auch in der historischen Entwicklung widerspiegeln. Im Untersuchungszeitraum kann für das Deutsche von der Entwicklung einer Reihe von Subschemata für die A+N-Komposition ausgegangen werden, während die Entwicklung im Niederländischen insgesamt ausgeglichener ist. Während auf der Ebene allgemeiner Schemata nicht von einem grundlegenden Wandel gesprochen werden kann – beide Konstruktionsmuster bleiben in beiden Sprachen über die Jahrhunderte hinweg produktiv – zeigen sich auf der Ebene lexikalisch teilspezifizierter Schemata einige Unterschiede. Ein weiterer Kontrast ist die Annahme eines zusätzlichen Subschemas für phrasale A+N-Verbindungen im Niederländischen, die sich durch drei Besonderheiten auszeichnen: 1. Der adjektivische Slot wird durch morphologisch komplexe Relationsadjektive wie die untersuchten *sociaal* oder *civiel* besetzt (daher die Markierung A_{rel}); 2. Am Adjektiv entfällt die Flexionsendung *-e* (Schwa-Apokope); 3. Die Verbindungen sind Berufs- bzw. Titelbezeichnungen. Wie in Kapitel 5.3 argumentiert, kann hier von einem produktiven Konstruktionsschema ausgegangen werden, aus denen Bildungen wie *sociaal psycholoog* oder *civiel ingenieur* hervorgegangen sind. Für Verbindungen mit monomorphemischem, qualitativem Adjektiv und Schwa-Apokope wird hingegen angenommen, dass diese nicht Resultat eines produktiven Musters zur Bildung klassifikatorischer Einheiten sind. Vielmehr handelt es sich bei diesen Verbindungen meines Erachtens um lexikalisierte Einzelfälle (vgl. Kap. 5.4). Ob dieses Schema bereits zu Beginn des Untersuchungszeitraums oder erst für das letzte Jahrhundert angenommen werden kann, kann nicht eindeutig entschieden werden; daher ist die Entstehung des Schemas in Abbildung 5.4 nicht zeitlich bestimmt. Fast alle Berufs-/Titelbezeichnungen mit *sociaal* und *civiel* und Schwa-Apokope stammen zwar aus dem 20. Jahrhundert, aber es ist nicht klar, ob eine Untersuchung der Bildungspräferenzen am Beispiel anderer Relationsadjektive hier zu zeitlich abweichenden Ergebnissen führen würde.

In den vorliegenden Übersichten steht die Entwicklung klassifikatorischer A+N-Verbindungen im Mittelpunkt. In den folgenden Abschnitten soll die Diskussion um die historische Entwicklung der A+N-Verbindungen ergänzt und anhand des Materials Thesen zu Korrelationen zwischen Form und Bedeutung, die in Kapitel 4.6 erläutert wurden, auf ihre historische Richtigkeit überprüft werden. Außerdem werden die erwähnten Univerbierungsprozesse genauer betrachtet. Wandel äußert sich nämlich nicht nur in Form von (Sub-)Schematisierungsprozessen, sondern findet auch auf der Ebene der Mikro-Konstruktionen statt.

5.6 Entwicklung der A+N-Verbindungen unter semantischen Gesichtspunkten

In diesem Abschnitt wird die historische Entwicklung der A+N-Verbindungen aus semantischer Sicht behandelt. In Kapitel 4.6 wurden einige gegenwärtig stabile Korrelationen zwischen Form und Bedeutung vorgestellt. Die Validität dieser Korrelationen wird in diesem Abschnitt anhand der erhobenen Daten überprüft. Es geht dabei erstens um die Korrelation zwischen metaphorischer Bedeutung und phrasaler Struktur bzw. possessiver Bedeutung und morphologischer Struktur, zweitens um die Korrelation zwischen der Form und den einzelnen Bedeutungen polysemer Adjektive und drittens um die internen Modifikationsrelationen in Phrasen und Komposita.

5.6.1 Metaphorische und metonymische Verbindungen

Die vorliegenden Daten zeigen, dass die gegenwärtig vorhandene Korrelation zwischen metaphorischen bzw. metonymischen Verbindungen und einer syntaktischen bzw. morphologischen Struktur bereits im 18. Jahrhundert etabliert und seitdem stabil geblieben ist. Vgl. einige Beispiele in (151)–(152):

(151) Phrasen mit metaphorischer Interpretation
   a. DE *bittere Pille* 'etwas sehr Unangenehmes', *gelber Engel* 'Mitarbeiter der Straßenwacht des ADAC', *kalte Dusche* 'Ernüchterung', *rote Laterne* '(Sport) Letzter in der Tabelle, Rangfolge etc.'
   b. NL *bittere pil* 'bittere Pille', *koude douche* 'kalte Dusche', *rode draad* 'roter Faden', *zwart goud* 'Kohle; Mineralöl' (wörtl. 'schwarzes Gold')

(152) Komposita mit metonymischer/possessiver Interpretation
   a. DE B*itterwurzel* 'gelber Enzian', *Gelbkreuz* 'Senfgas', *Kaltblut* 'als Zug- und Lastpferd geeignetes schweres, starkes Pferd mit ruhigem Temperament', *Rothaut* '(abwertend; scherzhaft) nordamerikanischer Ureinwohner', *Schwarzhemd* 'italienischer Faschist'
   b. NL *bitterblad* 'Stumpfblättriger Ampfer' (wörtl. 'bitter'+'Blatt'), *geelbek* 'Vogel mit gelbem Schnabel' (wörtl. 'gelb'+'Schnabel'), *koudschaal* 'Kaltschale', *roodkorst* 'Edamer Käse mit rotgefärbter Rinde' (wörtl. 'rot'+'Rinde'), *zwartstip* 'Pflanzenkrankheit, die zu schwarzen Tupfen führt' (wörtl. 'schwarz'+'Tupfen')

Phrasen mit einer metonymischen bzw. possessiven Interpretation sind sehr selten. (153) enthält alle im Material gefundenen eindeutig interpretierbaren Belege:

(153) a. DE *gelber Schnabel* 'junger unerfahrener Mensch' (gegenwartssprach-
lich: *Gelbschnabel*), *kalte Schale* 'kalte Wein-, Biersuppe, die in
Schalen serviert wurde' (gegenwartssprachlich: *Kaltschale*), *schwarze
Zunge* 'Krankheit, bei der die Zunge schwarz wird' (Brockhaus Wahrig:
SCHWARZ)

  b. NL *rode baard* 'Mann mit rotem Bart' (ausschließlich in Des Roches
1786), *koude schaal* 'Kaltschale', *zwartemantel* 'Seidenschwanz (Sing-
vogel)' (wörtl. 'schwarzer Mantel')[56]

Auch für diese Phrasen gelten die Bezeichnungsbereiche, die für Possessivkomposita typisch sind: Personen, Pflanzen, Tiere oder auch Krankheiten.

Komposita mit einer rein metaphorischen Bedeutung sind im Material ähnlich selten:

(154) a. DE *Rotmaus* 'Lemming'

  b. NL *zwartjoekel* '(Schimpfwort für) Menschen von dunkler Hautfarbe'
(wörtl. 'schwarz'+'Köter'); *bitterappel* 'Koloquinte, Kürbisgewächs,
das einem Apfel gleicht' (wörtl. 'bitter'+'Apfel'); *geelbal* 'gelb-rund-
liche Kartoffelsorte' (wörtl. 'gelb'+'Ball'); *roodtijger* 'rotgetigertes Pferd'
(wörtl. 'rot'+'Tiger')

Etwas häufiger im Material sind Possessivkomposita, denen zugleich eine metaphorische Bedeutungsrelation zugrunde liegt, z.B. *Gelbschnabel* 'junger unerfahrener Mensch' nach dem Bild eines jungen Vogels, der einen gelben Schnabel hat
(vgl. auch NL *geelbek*), *Rotkugel* 'Pilzsorte mit roter, kugeliger Kappe' etc. Zusammenfassend kann nichtsdestoweniger von einer stabilen Korrelation von metaphorischer Bedeutung und Phrase einerseits sowie metonymischer/possessiver
Bedeutung und Wortbildung in beiden Sprachen über die Jahrhunderte hinweg
gesprochen werden.

Eine Besonderheit bei der Entwicklung der Possessivkomposita scheinen auf
dem ersten Blick Angaben in Campes „Wörterbuch der deutschen Sprache" (1807–
1811) nahezulegen, die in Widerspruch zu einer u.a. von Simoska (1999: 168)
genannten Verknüpfungspräferenz im Deutschen stehen. Diese Verknüpfungspräferenz besagt, dass ein A+N-Possessivkompositum, das auf Personen verweist
und bei dem das Nomen einen Körperteil o.Ä. bezeichnet, keine (zusätzliche)
klassifikatorische Interpretation hat. Im Widerspruch hierzu werden bei Campe

---

56 *Zwartemantel* wird offiziell zusammen geschrieben, das Adjektiv ist allerdings flektiert und
auch die Betonung entspricht einem phrasalen Muster.

vielfach Komposita mit einer possessiven Lesart zusätzlich auch mit einer klassifikatorischen Lesart aufgeführt, vgl. (155)–(156):

(155) *Schwarzauge* (Campe 1807–1811)
    a. 'schwarzes Auge'
    b. 'Geschöpf mit schwarzen Augen; Name für verschiedene Vogel- und Schneckenarten'

(156) *Schwarzbart* (Campe 1807–1811)
    a. 'schwarzer Bart'
    b. 'eine Person mit schwarzem Barte'
    c. 'eine Art Papageien'
    d. '[als Schwarzbärtchen] Name des Bluthänfling, Rothänfling, Flachsfinks'

Die rein klassifikatorische Lesart der Komposita in (155)–(156) kommt fast ausschließlich in Campes Wörterbuch vor (manchmal auch bei Heyne 1890–1895, der Angaben aus Campe übernimmt). Es ist deshalb nicht deutlich, ob diese Verwendungsweise eine (zeitweise gültige) systematische Möglichkeit im Deutschen war bzw. eine (zunehmende) Auflösung der von Simoska genannten Verknüpfungspräferenz darstellt. Heutzutage gibt es tatsächlich einige Komposita wie *Langhaar* '(bei Hunden und Katzen) Fell mit langen Haaren; (selten) lange Kopfhaare, Frisur mit langen Haaren' (Duden Online 2012: LANGHAAR), die possessiv und klassifikatorisch interpretiert werden können. Im Primärmaterial finden sich allerdings – abgesehen von den Daten bei Campe und vereinzelten Beispielen bei Heyne – kaum Beispiele, die auf eine systematische Auflösung dieser Präferenz hinweisen. Ausnahmen sind:

(157) *Schwarzmantel* (Kramer 1700–1702)
    a. 'Mantel nero, Casacca nera'(= 'Schwarzer Mantel, schwarze Uniform')
    b. 'Uno che lo porta'(= 'eine Person, die ihn [d.h. den Schwarzmantel, SFS] trägt')

(158) *Schwarzhemd* (Duden Online 2012)
    a. 'schwarzes Hemd als Teil der Uniform faschistischer Organisationen, bes. in Italien'
    b. '(meist Pl.) Träger des Schwarzhemds'

Weitere Beispiele sind *Rotnase* 'rote Nase, u.a. gerötet von der Wärme etc.' bei Kramer (1700–1702) und *Rotkopf* 'Kopf eines rothaarigen Menschen' im Duden (1999) bzw. Duden Online (2012). Insgesamt handelt es sich aber zumindest bei Benennungseinheiten um Einzelfälle. Da die Zuschreibung von klassifikatorischer und possessiver Lesart bei Campe so regelmäßig ist und praktisch jedes Kompositum mit einer possessiven Lesart betrifft, wird hier davon ausgegangen, dass es sich entweder um eine nicht verallgemeinerbare Wahrnehmung des Verfassers oder um eine aus unbekannten Gründen getroffene lexikografische Konvention handelt. Nur bei Komposita, die – abgesehen von Campe und Heyne – in mindestens einem weiteren Wörterbuch auch eine klassifikatorische Lesart aufweisen, ist die Annahme beider Lesarten plausibel. Dies kommt allerdings wie bereits erwähnt selten vor.

Im kreativen Sprachgebrauch ist die Verwendung von A+N-Komposita, in denen das Nomen einen Körperteil etc. bezeichnet, mit einer klassifikatorischen Interpretation häufiger. So verweist Simoska (1999: 168–169) auf Beispiele aus der Werbesprache wie *Rotnase* (siehe oben) und *Blaßgesicht*. Sie nennt auch historische Beispiele, die die zumindest zeitweilig mögliche klassifikatorische Interpretation solcher der Form nach typischen Possessivkomposita stützen, z.B. *Dickbein* aus dem DWB ('Oberschenkel'; das Wort ist allerdings weder im DWDS-Kernkorpus noch im ZEIT-Korpus belegt):

(159)   DICKBEIN, n.
    1.   *das bein von der hüfte bis zum knie, diech, schenkel femur* [...] *auch* das dicke bein, eine musketenkugel hatte mich am dicken bein gestreift CHR. WEISE *Erznarren* 70.
    2.   *eine münze* [...] (DWB: DICKBEIN, 1860; Hervorhebung im Original)

Tatsächlich ist *dick* in *Dickbein* eine volksetymologische Umdeutung des mittelhochdeutschen Nomens *diech* 'Schenkel' und damit ursprünglich kein Adjektiv (vgl. Duden Online 2012: DICKBEIN). Es ist demnach nur aus synchroner Sicht als A+N-Kompositum mit klassifikatorischer Lesart einzustufen. Interessanterweise wird im DWB-Eintrag als Formvariante auch die Phrase *das dicke Bein* geführt, die gemäß der oben genannten Verknüpfungspräferenz als normkonformer gelten müsste. *Dickbein* ist also kein überzeugender Beleg für eine klassifikatorische Interpretation. Auch die anderen von Simoska genannten Bildungen, nämlich *Breitschädel*, *Fettbauch*, *Schiefhals*, *Spitzkopf* und *Stumpfnase*, stützen ihre These nur zum Teil. Für *Breitschädel* habe ich gar keinen Eintrag im DWB, für *Fettbauch* und *Schiefhals* nur Einträge mit eindeutig possessiver Lesart oder mehrdeutigen Belegen gefunden. Lediglich *Spitzkopf* und *Stumpfnase* lassen laut DWB eine klassifikatorische Lesart zu. Im Übrigen existieren auch im Niederländischen zumindest im Primärmaterial keine lexikalisierten Komposita mit possessiver und gleichzeitig klassifikatorischer Lesart. Das Kompositum *zwarthemd* 'Schwarzhemd' (erstmals in Van Dale 1961) beispielsweise wird nur als Bezeichnung für italienische Faschisten geführt, nicht aber für ihre Uniformhemden (vgl. hingegen (158)).

Die Korrelation zwischen possessiver Bedeutung und morphologischer Form war und ist in beiden Sprachen also ebenso stabil wie die Korrelation zwischen metaphorischer Bedeutung und phrasaler Form. Eine zusätzliche klassifikatorische Lesart bei den Possessivkomposita ist prinzipiell möglich, aber nicht verbreitet. Damit bestätigt sich, dass der Bereich der klassifikatorischen Verbindungen für die Frage nach dem Verhältnis von Variation und Wandel auch in den letzten drei Jahrhunderten am relevantesten war und immer noch ist.

5.6.2 Formkorrelationen bei polysemen Adjektiven

Die meisten der untersuchten Adjektive tragen mehrere, voneinander abgrenzbare Bedeutungen. Zumeist sind diese Bedeutungen in beiden Sprachen identisch, in Einzelfällen können sie allerdings auch abweichen wie bei DE *fremd* – NL *vreemd*: Im Niederländischen hat das Adjektiv neben den auch im Deutschen gängigen Bedeutungen (1. 'nicht dem eigenen Land oder Volk angehörend'; 2. 'einem anderen gehörend; einen anderen, nicht die eigene Person, den eigenen Besitz betreffend'; 3. 'unbekannt; nicht vertraut; ungewohnt', vgl. Duden Online 2012: FREMD) ebenfalls die Bedeutung 'komisch, sonderbar, wunderlich', die im Deutschen jedoch veraltet ist.

Im vorliegenden Primärmaterial sollte genauer analysiert werden, ob einzelne Adjektivbedeutungen mit einer Präferenz für die morphologische oder syntaktische Benennungsbildung korrelieren und ob sich dieses Verhältnis seit 1700 gewandelt hat. Dabei hat sich schnell gezeigt, dass eine solche Analyse mit dem vorliegenden Material schwierig ist, da die Belegmenge hierfür zu klein ist. Aufgrund dessen werden im Folgenden nur einige besonders auffällige Beispiele besprochen.

Generell lässt sich sagen, dass die Distribution von Kompositum und Phrase in einigen Aspekten durchaus regelmäßig ist und zwar so, wie es von Barz (1996) bereits vorausgesagt wurde: Metaphorische Verwendungsweisen von Adjektiven korrelieren durchweg mit phrasaler Form. Die metaphorische Bedeutung 'unheilvoll, düster, böse' ist bei *schwarz* bzw. *zwart* fast ausnahmslos in phrasalen Benennungseinheiten anzutreffen, vgl. die Beispiele in (160):

(160) a. DE *schwarzer Humor, schwarze Magie, schwarzer Freitag*
      b. NL *zwarte humor, zwarte magie, zwarte vrijdag*

Die einzige Ausnahme ist das Kompositum *Schwarzkunst*, das zeitweilig in der gleichen Bedeutung wie *schwarze Kunst, schwarze Magie* verwendet wurde,

heutzutage aber zumindest in Wörterbüchern nur mit der Bedeutung 'Kupfer-
stech-' bzw. 'Schabkunst' geführt wird. Im ZEIT-Korpus gibt es noch einige wenige
Belege für die Lesart als 'schwarze Magie':

(161)   Die Produktionsweise erinnert an *Schwarzkunst* und Goldmacherei.
          Es glüht und qualmt, dann zischt es und knallt, und am Ende hält der
          Meister ein Stück Metall ans Licht. (ZEIT, 18.11.2004)

Im Niederländischen existiert im Primärmaterial kein Beispiel für eine solche Verwendungsweise, wobei allerdings auch weniger morphologische Benennungseinheiten belegt sind. Bei einigen Verbindungen ist die genaue Bedeutung von
schwarz – zwart nicht eindeutig bestimmbar, z.B. bei *schwarzer Kasten – zwarte
doos* (Lehnübersetzungen von EN *black box*, d.h. Flugschreibern, die jedoch
i.d.R. nicht schwarz sind).

Auch Verbindungen mit *bitter* bieten interessante Beobachtungen. In beiden
Sprachen hat *bitter* die folgenden vier Bedeutungen (vgl. Duden Online 2012 bzw.
Van Dale Online 2012, leicht modifiziert):

(162) a. 'einen sehr herben (bis ins Unangenehme gehenden) Geschmack auf-
           weisend'
       b. 'schmerzlich; als verletzend, kränkend empfunden, z.B. eine bittere
           Enttäuschung'
       c. i. 'verbittert, z.B. die Erfahrung hat ihn bitter gemacht';
           ii. 'beißend, scharf, z.B. bittere Ironie'
       d. i. 'stark, groß, schwer, z.B. bittere Kälte';
           ii. 'sehr (bei Verben), z.B. etw. bitter bereuen'

Die erste Bedeutung kann ohne Weiteres in etablierten Phrasen und Komposita
mit Benennungsfunktion auftreten. Alle anderen Bedeutungen sind fast ausschließlich in Phrasen, meist Kollokationen, zu finden. Nur in Einzelfällen existieren im Deutschen Komposita, in denen *bitter* als Erstglied auftritt und eine
andere Bedeutung als die in (162a) hat, vgl. (163)–(164) (wobei beide Verbindungen – gemessen an den hohen Trefferzahlen bei einer Googlesuche, 3.4.2013 –
allerdings nicht völlig unüblich sind).

(163)   Sogar die Sowjetunion erstrebte nach dem Zweiten Weltkrieg die An-
          erkennung ihrer Eroberungen in Osteuropa und erhielt sie 1975 auf der
          KSZE-Konferenz in Helsinki. Damals nahm Moskau mit *Bittermiene*
          den so genannten Korb drei entgegen, der die Achtung der Menschen-
          rechte in Europa einforderte. (ZEIT, 2.12.1999)

(164)   [...] diese Brusttöne, die manchmal von so tief unten kamen, daß man
          sich fragte, warum sie nicht den kürzeren Weg wählten, die spitzen
          Schreie der Betroffenheit, die Zähren des *Bittersinns*, und dann das
          satte Grinsen. (ZEIT, 8.4.1994)

Selbst wenn es sich bei *Bittermiene* und *Bittersinn* um lexikalisierte Bildungen
handeln sollte, betrifft dies nur zwei von 48 Types mit *bitter* als Erstglied im
ZEIT-Korpus. Mit anderen Worten: Die hauptsächlich in Komposita realisierte
Bedeutung ist 'herber Geschmack'. Im Niederländischen scheint der Zusammenhang zwischen Adjektivbedeutung und Form noch stärker zu sein. Unter allen
im LEXNEX-Korpus und LCA gefundenen Komposita (lexikalisierte und okkasionelle Verbindungen) sind ausschließlich Komposita mit *bitter* in der Bedeutung
'herber Geschmack' zu finden (vgl. die Beispiele (108)–(109) in Kap 5.2.1) Auch
bei neuen Benennungseinheiten wie *bittersinaasappel* 'Bitterorange' hat *bitter*
diese Bedeutung. Das Niederländische ist hier also weniger permissiv als das
Deutsche.

Das niederländische Adjektiv *rood* in der Bedeutung 'politisch, ideologisch
links' scheint nur in phrasalen Benennungseinheiten vorzukommen, vgl. *rooie
rakker* 'überzeugter, militanter Sozialist' (*rooie* ist eine Aussprachevariante von
rode, der flektierten Form von *rood*), *rode jeugd* 'in sozialistischen/kommunis-
tischen Verbänden organisierte Jugendliche'. Dies zeigt sich auch bei Eigennamen wie *het Rode Leger* 'Rote Armee' oder *het Rode Plein* 'der Rote Platz' (in
Moskau). Diese sind zwar nicht unmittelbar Gegenstand dieser Untersuchung,
verdeutlichen aber einen weiteren Einflussfaktor, nämlich die Rolle des Sprachkontakts für die Bildung von Benennungseinheiten. Im Russischen, das als
Quelle für die Bezeichnung in anderen Sprachen gedient haben dürfte, wird die
A+N-Phrase *Krasnaja Ploščcad'* verwendet. Im Deutschen, Englischen und Französischen wird die Bezeichnung (analog zum Niederländischen) ebenfalls phrasal als *Roter Platz*, *Red Square* und *Place Rouge* realisiert. Sprachkontakt und
Lehneinflüsse sind bei der Frage nach der Korrelation von Form und Adjektivbedeutung, genau genommen sogar bei der allgemeineren Frage nach der Distribution von Phrase und Kompositum, also nicht zu vernachlässigen (vgl. hierzu
auch Kap. 6.5).

5.6.3 Indirekte Modifikationsrelationen bei Phrasen und Komposita

Wie in Kapitel 4.3 bereits dargestellt, kann in der semantischen Struktur einer
Adjektiv-Nomen-Verbindung zwischen fünf verschiedenen Modifikationsrelationen unterschieden werden. Von diesen fünf Relationen wird laut Schlücker (2014)

nur die direkte Modifikationsrelation systematisch in A+N-Phrasen realisiert, in Komposita hingegen seien auch indirekte Modikationsrelationen systematisch zulässig, vgl. (165).[57]

(165) a. direkte Modifikationsrelation: *Kleinkind, saure Sahne*
      b. indirekte Modifikationsrelation:
         Rundbrief 'Brief, der rundgeschickt wird'
         Schnellgericht 'Gericht, das schnell zubereitet werden kann'
         Scharfschütze 'Schütze, der scharf schießt'

Einige Ausnahmen zu dieser Regel sind laut Schlücker (2014: 126) die Phrasen *kompletter Preis, depressive Neurose, nervöser Magen, möblierter Herr* (vgl. auch Zifonun/Hoffmann/Strecker 1997: 1996). Auch im vorliegenden Primärmaterial weisen einige Komposita indirekte Modifikationsrelationen auf:

(166) DE
      a. *Bitterfäule* 'Fruchtfäule mit runden, braunen, zuletzt eintrocknenden Faulstellen, die den Früchten einen bitteren Geschmack geben' (Brockhaus Wahrig 1980–1984)
      b. *Fremdbesitz* '(Rechtsspr.) Besitz, den jmd. für sich nutzen kann, ohne Eigentümer zu sein (z.B. Mietwohnung)' (Duden 1999)

(167) NL
      a. *koudslachter* 'Abdecker; der tote (und damit auch kalte) Tiere häutet' (wörtl. 'kalt'+'Schlachter')
      b. *roodgieter* 'Kupfergießer' (wörtl. 'rot'+'Gießer')

Allerdings gibt es auch eine ganze Reihe von Phrasen im historischen Primärmaterial, für die eine implizite Modifikationsstruktur angenommen werden kann:

(168) a. DE *gelbes Fieber* 'Gelbfieber'
         gelbe Sucht 'Gelbsucht'
         kaltes Büfett 'Büfett mit zur Selbstbedienung angerichteten kalten Speisen'
         kalte Mamsell 'für Zubereitung und Ausgabe der kalten Speisen zuständige Angestellte in einem Restaurant o.Ä.'
         kalte Platte 'Platte mit kalt angerichteten Speisen'

---

57 Der fünfte, von Schlücker (2014) aufgeführte semantische Typ (Possessivkomposita) wird hier nicht berücksichtigt.

   b. NL *geheim testament* 'Testament, das dem Notar versiegelt übergeben wird und dessen Inhalt daher nicht bekannt ist'
gele koorts 'Gelbfieber'
koude bakker 'Verkäufer von nicht selbst gebackenen Backwaren'
koud buffet 'kaltes Büffet'
koude (kern)fusie 'kalte Kernfusion'
koude smid 'Schmied, der ohne Feuer arbeitet'

Indirekte Modifikationsrelationen sind bei Phrasen also auf den ersten Blick keine absoluten Ausnahmen. Im Primärmaterial weisen vor allem Verbindungen mit *gelb/geel* und *kalt/koud* indirekte Modifikationsrelationen auf. Einige andere Beispiele, die neben einer direkten zumindest auch eine indirekte Interpretation zulassen, sind DE *geheime Polizei* (nicht die Polizei, sondern ihre Tätigkeiten bleiben geheim) oder NL *geheim agent* 'Geheimagent' (wenn nicht die Tätigkeit, aber einzelne Aktionen geheim bleiben).

Interessanterweise lässt sich für einen Teil dieser Verbindungen nachweisen, dass sie im Laufe der Zeit durch Komposita verdrängt werden – ein Wandel, der in erster Linie für das Deutsche gilt: *gelbes Fieber > Gelbfieber, kalte Miete > Kaltmiete*. Indirekte Modifikationsrelationen kommen also durchaus bei Phrasen vor, werden aber oftmals durch Komposita mit der gleichen Bedeutung verdrängt, so dass aus gegenwärtiger Sicht der Eindruck entstehen kann, dass es sich um ein seltenes Phänomen (v.a. im Deutschen) handele. Allerdings müssen hier auch andere Faktoren eine Rolle spielen, da einige Phrasen wie DE *kaltes Büfett* oder NL *gele koorts* durchaus stabil sind. Außerdem kann die Annahme, dass indirekte Modifikationsrelationen bei Phrasen nur unsystematisch vorkommen, nur einzelsprachlich gültig sein. Da im Niederländischen trotz der prinzipiellen Möglichkeit zur Komposition weitaus mehr Phrasen als im Deutschen vorkommen, scheint es logisch, dass die indirekte Modifikationsrelation dort häufiger in Phrasen anzutreffen und prinzipiell stabiler ist.

Schließlich ist auch der Verdrängungsprozess durch Komposita nicht nur bei Phrasen mit indirekter Modifikationsrelation zu beobachten, sondern betrifft ebenso Phrasen mit einer direkten Modifikationsrelation (wie *rotes Wild > Rotwild*). Die Ersetzung phrasaler durch morphologische Benennungseinheiten stellt also ein allgemeineres Phänomen dar und wird im folgenden Abschnitt ausführlich behandelt.

5.7 Konkurrierende Benennungseinheiten

Die auffälligste Veränderung bei der Entwicklung der A+N-Verbindungen seit dem 18. Jahrhundert bezieht sich auf die Konkurrenz syntaktischer und morphologischer Einheiten bei der Benennung gleicher Konzepte. Für eine ganze Reihe von Konzepten können im Primärmaterial Dubletten belegt werden, d.h. Phrasen und Komposita mit identischem Adjektiv und Nomen, die die gleiche Bedeutung haben bzw. hatten und als Benennungseinheiten fungier(t)en, vgl. z.B.:

(169) DE
gelbes Fieber – Gelbfieber
schwarzer Tee – Schwarztee

(170) NL
koude schaal – koudschaal 'Kaltschale'
zwarte handelaar – zwarthandelaar 'Schwarzhändler'[58]

Die Ko-Existenz beider Formen ist meist von begrenzter Dauer, langfristig verdrängt eine die andere Form. Dies gilt insbesondere dann, wenn die Benennungseinheiten eine deutliche Bedeutungsspezialisierung erfahren haben. In der Mehrheit der Fälle verdrängt die morphologische Benennungseinheit die syntaktische. Dies gilt insbesondere für das Deutsche und bestätigt Erbens These, wonach im Deutschen eine „strukturelle Tendenz zur U n i v e r b i e r u n g [...], d.h. das Bestreben, statt einer umständlichen, mehrgliedrigen Zeichenkette ein einziges komplexes Wort als grammatischen Baustein im Satz und als Benennung der bezeichneten Sache zu gewinnen" (Erben 2006: 25; Hervorhebung im Original) bestehe. Das Deutsche wird immer wieder im Lichte starker Univerbierungstendenzen beschrieben (vgl. auch Fleischer 1997). Im begrenzteren Umfang scheint dies auch für das Niederländische zu gelten (siehe unten). Univerbierung ist ein zentrales Konzept dieser Arbeit und wird in Bezug auf die Unterschiede zwischen dem Deutschen und dem Niederländischen in Kapitel 6.2 detaillierter behandelt. An dieser Stelle werden zunächst die Entwicklung der Dubletten im Primärmaterial und Unterschiede zwischen dem Deutschen und dem Niederländischen beschrieben.

---

58 NL *koude schaal* und *zwarte handelaar* werden in den verwendeten Wörterbüchern zusammen geschrieben. Aus Gründen der Einheitlichkeit werden sie hier ebenso wie andere Phrasen getrennt geschrieben.

Vorsicht ist bei der Analyse angebracht, da sich einige potenzielle Beispiele für Univerbierungstendenzen im Wortschatz bei genauerer Untersuchung nicht als Verdrängung einer Phrase durch ein Kompositum erweisen, sondern es im Zuge der Neubildung eines Kompositums zu einer Bedeutungsspezialisierung kommt. Ein Beispiel für einen solchen Prozess ist die Entwicklung von *fremde Sprache* und *Fremdsprache* im Deutschen. Beide Verbindungen sind im Duden Online (2012) verzeichnet, wobei *fremde Sprache* als Kollokation eingestuft werden kann (mit *fremd* in der Bedeutung 'nicht dem eigenen Land oder Volk angehörend; eine andere Herkunft aufweisend'), aber bereits in Kramer (1700–1702) belegt ist. *Fremdsprache*, eine Neubildung des ausgehenden 19., frühen 20. Jahrhunderts, wird hingegen als 'fremde Sprache, die sich jemand nur durch bewusstes Lernen aneignet; Sprache, die nicht jemandes Muttersprache ist' beschrieben (Duden Online 2012: FREMDSPRACHE). Da die Phrase in ihrer Bedeutung allgemein bleibt, sind trotz der spezialisierten Bedeutung beide Verbindungen in vielen Kontexten austauschbar:

(171) a. Sprachgrenzen sind letztlich nur zu überwinden, wenn die Leute *fremde Sprachen* lernen. Die bisher nur kläglichen Leistungen der automatischen Übersetzung stellen kein Versprechen dar, daß ihnen der Computer diese Mühe je abnehmen könnte. (ZEIT, 6.5.1999)

   b. Sprachgrenzen sind letztlich nur zu überwinden, wenn die Leute *Fremdsprachen* lernen. [...] (eigene Umformung)

Eine Ersetzung durch *Fremdsprache* ist hier ohne Probleme möglich; vgl. hingegen die folgende Gegenüberstellung beider Verbindungen:

(172)   Für den Dichter, von dem hier die Rede sein soll, ist Deutsch eine *fremde Sprache*, jedoch keine *Fremdsprache*. Es war seine Muttersprache, doch heute ist Hebräisch die Sprache seiner Gedichte und Träume. (ZEIT, 1.2.1991)

Phrase und Kompositum sind also nicht prinzipiell bedeutungsgleich; vielmehr hängt ihre Interpretation vom Kontext ab, so dass sie sogar in Opposition zueinander treten können. Die Phrase *fremde Sprache*, so zeigt sich, ist viel flexibler in ihrer Bedeutung und kann neben der Bedeutung von *Fremdsprache* auch andere Bedeutungen von *fremd* ausdrücken. Nicht immer lassen sich also zwei formale Dubletten als Konkurrenten betrachten.

5.7.1 Globale Entwicklung von A+N-Konkurrenzen

In diesem Abschnitt sind in zwei Tabellen alle Dublettenpaare im deutschen und niederländischen Primärmaterial aufgeführt. Dubletten müssen zwei Bedingungen erfüllen: 1. Auf Grundlage der Bedeutungsbeschreibung ist anzunehmen, dass sie die gleiche Bedeutung haben; 2. Der Benennungsstatus als solcher ist zumindest in einem Teil der Quellen zweifelsfrei anzunehmen (vgl. die genannten Kriterien in Kap. 5.1).[59]

Sofern eine Form die andere verdrängt (d.h., ausschließlich die dominante Form wird in wenigstens zwei folgenden Wörterbüchern verzeichnet oder ein Metakommentar legt eine entsprechende Entwicklung nahe), wird sie typografisch durch Fettdruck hervorgehoben. In allen anderen Fällen handelt es sich entweder um aktuelle Konkurrenzsituationen oder beide Begriffe sind kurz nacheinander aus dem Gebrauch verschwunden (hier annäherungsweise gemessen am Vorkommen in etablierten Wörterbüchern). Bei weniger geläufigen Verbindungen wird die Bedeutung kurz umschrieben. Der weitere Kommentar dient der groben Orientierung bei der Entwicklung der Konkurrenz.[60]

5.7.1.1 Konkurrierende Bildungen im Deutschen

Im Deutschen sind konkurrierende A+N-Verbindungen im gesamten Zeitraum sehr häufig und treten bei fast allen untersuchten Adjektiven auf, vgl. Tabelle 5.22.

Die Wörterbuchanalyse legt nahe, dass im Normalfall Phrasen durch Komposita verdrängt werden. Dies gilt im Deutschen für etwa ⅘ aller Fälle, in denen es zu einer Entscheidung gekommen ist. Bei fünf Paaren setzt sich die Phrase langfristig durch und zwar bei *geheimer Vorbehalt*, *kaltes Fieber*, *kalte Pisse*, *rote Ruhr*, *stille Messe*, wobei für jede Phrase unterschiedliche Ursachen angenommen werden könnten. Die Phrase *geheimer Vorbehalt* ist fachsprachlich; auf die (allerdings nicht unumstrittene) Annahme, dass Fachsprachen verstärkt zu phrasaler Realisierung tendieren, wurde in Kapitel 4.6 hingewiesen. Die Komposita *Kaltfieber* und *Kaltpisse* konkurrieren mit entsprechenden Phrasen zu einem Zeitpunkt, als die Komposition mit *kalt* noch wenig verbreitet ist. Außerdem scheint bei klassifikatorischen Krankheitsbezeichnungen eine Tendenz zur Phrasenbil-

---

59 Aufgrund dieser Kriterien konnte eine ganze Reihe von Bildungen nicht in die folgenden Tabellen aufgenommen werden, da meines Erachtens nicht immer beide Bedingungen erfüllt waren. Sie sind im Anhang aufgeführt.

60 Für eine visuelle, chronologische Übersicht nach Wörterbüchern vgl. ebenfalls den Anhang.

dung zu bestehen (vgl. auch die *rote Ruhr*). Die morphologische Benennungsbildung mit *still* schließlich ist stets marginal geblieben, insofern erklärt sich die dauerhafte Nicht-Etablierung von *Stillmesse* scheinbar von selbst. Es handelt sich hier allerdings um reine Ad-hoc-Erklärungen, ein systematischer Trend ist nicht erkennbar. Bedeutungsdifferenzierungen scheinen kaum relevant zu sein, lediglich für *schwarze Kunst – Schwarzkunst* kommt es laut Primärmaterial zur Differenzierung.

Tab. 5.22: Dubletten im deutschen Primärmaterial seit 1700[61]

Phrase	Kompositum	Kommentar
bittere Mandel	Bittermandel	P seit 18. Jh, K erst im 20. Jh.; noch nicht entschieden
geheime Polizei	**Geheimpolizei**	P zu Beginn des 20. Jh. noch gängig; im PM nur im Duden (1999) mit der Bemerkung „selten" verzeichnet
geheimer Rat	Geheimrat	beide seit 200 Jahren etabliert, weitgehend synonym
geheime Tinte	**Geheimtinte**	P nur bei Campe, K ab BH Wahrig durchgängig
geheimer Vorbehalt	Geheimvorbehalt	K nur in BH Wahrig, P durchgängig ab BH Wahrig
gelbes Fieber	**Gelbfieber**	P von Heyne bis BH Wahrig; K ab WDG durchgängig
gelbes Holz	**Gelbholz**	'Holzsorte', die gelb färbt; allerdings nicht klar, ob heutiges K noch dieselbe Holzsorte bezeichnet
gelber Körper	**Gelbkörper**	(Medizin) *corpus luteum*; P nur bei Campe; K erstmals bei BH Wahrig
gelbe Rübe	Gelbrübe	'Möhre'; Gebrauch inzwischen regional
gelber Schnabel	**Gelbschnabel**	'Grünschnabel'; P nur bei Heyne erwähnt
gelbe Sucht	**Gelbsucht**	'Krankheit'; von Adelung bis Heyne (= 19. Jh.) auch P im PM, K bereits um 1700 belegt
kaltes Fieber	Kaltfieber	P dominiert, inzwischen sind beide Bezeichnungen veraltet
kaltes Lager	Kaltlager	beide Formen kurz nacheinander veraltet
kalte Mamsell	Kaltmamsell	im PM noch nicht entschieden
kalte Miete	Kaltmiete	im PM noch nicht entschieden
kalte Pisse	Kaltpisse	P setzt sich durch, inzwischen aber veraltet
kalte Schale	**Kaltschale**	K setzt sich im 20. Jh. durch
kaltes Silber	Kaltsilber	beide Formen kurz nacheinander verschwunden

---

61 In Tabelle 5.22 und 5.24 werden in der Spalte *Kommentar* folgende Abkürzungen verwendet: P = Phrase, K = Kompositum, PM = Primärmaterial, BH Wahrig = Brockhaus Wahrig. Die Wörterbücher werden nach Titel bzw. Verfasser verzeichnet. Vgl. Tabelle 5.2 bzw. 5.3 in Kapitel 5.1 für eine chronologische Übersicht der Wörterbücher.

Phrase	Kompositum	Kommentar
negativer Rekord	**Negativrekord**	P und K in BH Wahrig; sonst nur K verzeichnet
rotes Gold	**Rotgold**	'Gold-Kupferlegierung'; nur kurzzeitige Konkurrenz im 20. Jh.
roter Kohl	**Rotkohl**	'Gemüsesorte'; P in der 1. Hälfte 18. Jh., dann abgelöst von K
rotes Kupfererz	**Rotkupfererz**	'Mineral'; P nur bei Campe, K bei Campe, danach erst wieder ab BH Wahrig
roter Milan	Rotmilan	'Vogelart'; Konkurrenz im PM noch nicht entschieden
rote Ruhr	Rotruhr	'Krankheit'; Konkurrenz im 18. Jh., danach ausschließlich P
roter Wein	Rotwein	'Weinsorte'; beide Verbindungen bis heute im WB; P nur (noch) Kollokation?
rotes Wild	**Rotwild**	'Hirsche, Rehe'; ab 1800 P langsam durch K abgelöst
rotes Wildbret	Rotwildbret	'Rotwild'; Formen verschwinden kurz nacheinander
schwarzes Blech	**Schwarzblech**	'unverzinntes Blech'; ab 1800 P langsam durch K abgelöst
schwarzes Brot	Schwarzbrot	'Roggenbrot'; Konkurrenz im PM noch nicht entschieden; unklar, ob P im 20. Jh. nur noch Kollokation
schwarze Ente	Schwarzente	'Entenart'; beide Begriffe nur bei Campe verzeichnet
schwarzes Erz	**Schwarzerz**	'Mineral'; Konkurrenz bis Beginn 19. Jh., danach K noch einmal bei BH Wahrig
schwarzer Falke	Schwarzfalke	'Vogelart'; beide Begriffe nur bei Campe verzeichnet
schwarzes Geld	Schwarzgeld	'illegales Geld'; noch nicht entschieden: P und K im Duden (1999), nur K im Duden Online (2012)
schwarzes Holz	Schwarzholz	'Nadelholz'; in der gleichen Bedeutung verschwinden beide Formen zeitgleich; K später in anderer Bedeutung ('Ebenholz')
schwarzes Konto	Schwarzkonto	'illegales Konto'; beide neu in Duden Online (2012)
schwarzer Kümmel	**Schwarzkümmel**	'Gewürzpflanze'; K allerdings auch noch mit anderer Bedeutung
schwarze Kunst	Schwarzkunst	Konkurrenz in der Bedeutung 'schwarze Magie' bis Beginn 19. Jh.; danach Bedeutungsdifferenzierung laut PM: P = 'schwarze Magie', K = 'Kupferstechkunst; Schabkunst'
schwarzes Kupfer	Schwarzkupfer	'ungereinigtes Kupfer'; Formen verschwinden kurz nacheinander
schwarzer Markt	Schwarzmarkt	Konkurrenz ab WDG bis einschl. Duden Online (2012)

Phrase	Kompositum	Kommentar
schwarze Pappel	**Schwarzpappel**	'Baumart'; ab 1800 P zunehmend durch K verdrängt
schwarzer Tee	Schwarztee	'Teesorte/-getränk'; P seit 19. Jh., K erstmals in Duden Online (2012)
schwarzes Wild	**Schwarzwild**	'Wildschweine'; Konkurrenz im 19. Jh., danach nur noch K
schwarzes Wildbret	Schwarzwildbret	'Schwarzwild'; beide Formen verschwinden kurz nacheinander
schwarze Wurzel	**Schwarzwurzel**	'Gemüsesorte'; P nur bei Heyne verzeichnet, ansonsten immer K
stille Messe	Stillmesse	P fast durchgängig ab 1700 verzeichnet; K nur temporär bei Kramer und Campe
stilles Pulver	Stillpulver	K nur bei Kramer, P nur bei Campe verzeichnet
sozialer Beruf	Sozialberuf	'Beruf ausgerichtet auf Unterstützung hilfsbedürftiger Menschen'; bei BH Wahrig bis Duden Online (2012) beide Formen verzeichnet
soziale Leistung	Sozialleistung	'unterstützende Leistungen für Arbeitnehmer'; konkurrieren im 20. Jh.
zivile Bevölkerung	Zivilbevölkerung	'nicht-militärischer Teil der Bevölkerung'; Konkurrenz im Duden (1999) und Duden Online (2012)
zivile Ehe	Zivilehe	K ab WDG, Konkurrenz mit P im Duden (1999), Duden Online (2012)
zivile Luftfahrt	Zivilluftfahrt	'nicht-militärische Luftfahrt'; erst nur P, Konkurrenz mit K im Duden (1999) und Duden Online (2012)
ziviles Recht	Zivilrecht	'Privatrecht'; Konkurrenz im WDG, Duden (1999), Duden Online (2012)
zivile Verteidigung	Zivilverteidigung	'Maßnahmen zum Schutz der Bevölkerung'; P nur in BH Wahrig, K durchgängig im 20. Jh.

Aus methodischer Sicht besteht der Einwand, dass einige der in den Wörterbüchern verzeichneten Varianten im Gebrauch eher marginal waren, d.h., die angenommene Konkurrenz zwischen Phrase und Kompositum ist eher eine Fiktion bzw. war nur sehr eingeschränkt vorhanden. Hieraus ergibt sich die Relevanz von Korpusstudien, die Aufschluss über den tatsächlichen Gebrauch von Phrase und Kompositum geben können. In Kapitel 5.7.2 erfolgt dies für Verbindungen mit *schwarz – zwart*. Leider handelt es sich dabei um die einzige (wenn auch exemplarische) Fallstudie, da die Tokenfrequenzen in den verwendeten Korpora und Textsammlungen bei vielen anderen Verbindungen (wie z.B. bei *kalte Mamsell/Kaltmamsell* oder *kalte Miete/Kaltmiete*) für aussagekräftige Resultate zu niedrig sind. Lediglich für Bildungen mit *zivil* kann das ZEIT-Korpus aussagekräftige Tokenfrequenzen liefern:[62] Bei *zivil + Bevölkerung/Ehe/Recht* sind (fast) ausschließlich Komposita im Korpus belegt. Bei *zivil+Verteidigung* wird in etwa einem Drittel der Fälle auch die Phrase verwendet. Nur bei *zivil+Luftfahrt* geht der Trend zumindest in den letzten zwei Jahrzehnten zur Phrase (vgl. Tab. 5.23). Der allgemeine Trend zur Komposition ist also auch bei den Relationsadjektiven präsent.

Tab. 5.23: Tokenfrequenzen *zivile Luftfahrt – Zivilluftfahrt* (ZEIT-Korpus, 1946–2009)

	zivile Luftfahrt	*Zivilluftfahrt*
1946–1949	0	0
1950–1959	11	16
1960–1969	15	19
1970–1979	16	22
1980–1989	12	25
1990–1999	23	14
2000–2009	27	10

5.7.1.2 Konkurrierende Bildungen im Niederländischen

Gegenüber dem Deutschen sind Konkurrenzen zwischen Phrase und Kompositum im Niederländischen seltener, wenngleich nicht ausgeschlossen. Tabelle 5.24 umfasst alle Dubletten im Primärmaterial für das Niederländische:

Tab. 5.24: Dubletten im niederländischen Primärmaterial seit 1700[63]

Phrase	Kompositum	Kommentar
bittere kers	**bitterkers**	'best. Sorte Kresse'; P nur bei Koenen (1909)
geel koper	geelkoper	'Messing'; 18. Jh. nur P, dann ab 19. Jh. auch K
gele oker	geeloker	'Mineral'; P im 20. Jh. nur in Van Dale (2005), K in Koenen (1937, 1966, 1986)
geheime middelen	**geheimmiddelen**	'Geheimmittel', P nur bei Sicherer/Akveld

---

62 Aufgrund der immens hohen Trefferzahlen für Bildungen mit *sozial* und der notwendigen manuellen Überprüfung jedes einzelnen Beispiels hinsichtlich der Semantik (potenziell mögliche qualitative Lesarten!) wurde von einer Korpusanalyse der Dubletten mit *sozial* abgesehen.
63 Vgl. Fußnote 61.

Phrase	Kompositum	Kommentar
koude bakker	koudbakker	'Verkäufer nicht-selbstgefertigter Backwaren'; K nur bei Sicherer/Akveld, ansonsten P
koude schaal	koudschaal	'Kaltschale'; bis Sicherer/Akveld beide Formen verzeichnet, in Van Dale (1924) noch einmal P; beide inzwischen veraltet
koudvuur	**koudvuur**	'Gangrän'; Konkurrenz im 18. Jh., P da bereits mit Schwa-Apokope
rode aarde	roodaarde	'Kreidesorte'; im 20. Jh. beide Formen nebeneinander im PM
rode baard	**roodbaard**	'Mann mit rotem Bart'; P nur bei Weiland
rode gloeihitte	roodgloeihitte	'best. Wärmegrad von Eisen'; in allen Van Dale des 20. Jh. P und K in Konkurrenz
rood ijzersteen	roodijzersteen	'Mineral'; K bei Sicherer/Akveld, ansonsten P und K in allen Van Dale
rode vos	roodvos	'rothaarige Person'; nur bei Des Roches (K) und Weiland (P)
rood wild	roodwild	'Rotwild'; Sicherer/Akveld bis Van Dale (1961) nur P; Van Dale (1984) und Koenen (1986) P und K; Van Dale (2005) K
zwarte handelaar	zwarthandelaar	'Schwarzhändler'; nur P in Van Dale (1961); ab Koenen (1966) P und K
zwart snot	zwartsnot	'Pflanzenkrankheit'; P erstmals in Van Dale (1924); P und K in Van Dale (1961, 1984, 2005)
zwart wild	zwartwild	'Schwarzwild'; P von Sicherer/Akveld bis Koenen (1986); K ab Koenen (1986)

Allein auf Grundlage der Wörterbücher lassen sich für das Niederländische nur wenige Tendenzen bei der Entwicklung der A+N-Konkurrenzen ableiten. Nur bei drei Paaren kann eine eindeutige Entwicklung zugunsten des Kompositums festgestellt werden, nämlich bei *bitterkers*, *geheimmiddel* und *koudvuur*. Allerdings sind die phrasalen Einheiten jeweils nur in einem Wörterbuch belegt. Dies könnte ein Hinweis darauf sein, dass sie entweder wenig etabliert oder bereits deutlich vor 1700 verbreitet waren. Die Phrase *koud vuur* wird zudem nur mit Schwa-Apokope geführt, so dass nicht ganz ausgeschlossen werden kann, dass es als (getrennt geschriebenes) Kompositum aufgefasst wurde. Die einzige Phrase, die sich im Primärmaterial eindeutig durchgesetzt hat, ist *koude bakker*. Aber auch hier ist das Kompositum überhaupt nur in einem Wörterbuch, nämlich in Sicherer/ Akveld (1870), verzeichnet.

Für alle anderen Dublettenpaare ist eine Prognose schwierig, da entweder beide Begriffe relativ schnell nacheinander verschwinden oder auch in den aktuellen Wörterbüchern immer noch als Varianten geführt werden (vgl. beispielsweise die sehr stabile lexikografische Konkurrenz von *geel koper – geelkoper*). Zum Teil hängt dies mit der stärkeren Neigung der Redaktion der Wörterbücher von Van Dale (etwa im Vergleich zu den Koenen-Wörterbüchern oder zum Duden) zusammen, lexikalische Einheiten nicht zu streichen, sondern weiter zu verzeichnen und ggf. mit einer Markierung (*veraltet*) zu versehen. Mehr noch als im Deutschen ist hier also eine Korpusanalyse unverzichtbar, um tatsächliche Trends zu identifizieren. Für diejenigen Verbindungen, die noch in Wörterbüchern des späten 20. Jahrhunderts verzeichnet sind, wurden daher die Tokenfrequenzen im LEXNEX-Korpus überprüft, vgl. Tabelle 5.25. Bis auf *zwarte( )handelaar – zwarthandelaar* 'Schwarzhändler' sind die Trefferzahlen aber sehr niedrig, so dass die Frequenzen bestenfalls als Indikatoren dienen können. Demnach kann bei einigen Paaren vorsichtig von einer Tendenz zum Kompositum gesprochen werden (bei *rode aarde, roodwild, zwarthandelaar, zwartwild*). Andere Dublettenpaare wie *rode gloeihitte – roodgloeihitte, rood ijzersteen – roodijzersteen, rode olm – roodolm, zwart snot – zwartsnot* sind jedoch kaum bzw. gar nicht im Korpus belegt. Für *gele oker – geeloker* gibt es nur vier Treffer im Korpus (davon drei Phrasen und ein Kompositum), für die die Zuordnung einer konkreten Bedeutung aus dem Kontext heraus aber nicht möglich ist.

Tab. 5.25: Ausgewählte Dubletten im Niederländischen
(LEXNEX-Korpus, 1997–2011; * = Schätzung)

Dubletten	LEXNEX	Kommentar
geel koper	11 Treffer	Tendenz unklar
geelkoper	7 Treffer	
rode aarde	150 Treffer*	Phrase etabliert; genaue Bedeutung bei
roodaarde	0 Treffer	vielen Belegen aber unklar
rood wild	0 Treffer	Tendenz zum Kompositum
roodwild	9 Treffer	
zwarte handelaar	10 Treffer	Kompositum etabliert
zwarthandelaar	270 Treffer*	
zwart wild	1 Treffer	Tendenz zum Kompositum
zwartwild	7 Treffer	

5.7.1.3 Konkurrenzen im Vergleich

Konkurrenzsituationen im Deutschen sind deutlich häufiger als im Niederländischen. Außerdem treten Dubletten im Deutschen bei fast jedem Adjektiv auf (außer bei *tief* und *fremd*), während im Niederländischen nur die Hälfte aller Adjektive Konkurrenzpaare aufweist. Konkurrenzsituationen führen im Deutschen mehrheitlich zur Verdrängung der phrasalen durch die morphologische Benennungseinheit. Es ist hingegen wesentlich seltener der Fall, dass sich eine phrasale Verbindung langfristig gegen ein Kompositum durchsetzt. Hierbei müssen genaugenommen zwei Szenarien unterschieden werden: Im ersten Szenario ist die Phrase bereits etabliert, als das Kompositum auftritt, oder erscheint etwa gleichzeitig mit dem Kompositum. Hier setzt sich die Phrase manchmal langfristig durch, vgl. z.B. die Entwicklung von DE *kaltes Fieber* vs. *Kaltfieber* und *kalte Pisse* vs. *Kaltpisse*.

In einem zweiten Szenario ist zunächst nur das Kompositum die etablierte Einheit, wird aber allmählich von einer neuen phrasalen Einheit verdrängt. Hierfür gibt es im Primärmaterial der beiden Sprachen keinerlei Beispiele. Lediglich das WNT verweist auf zwei Fälle im Niederländischen mit *rood*:

(173) a. *roodhond* > *rodehond* 'Röteln' (vgl. WNT: RODEHOND, 1920)

      b. *roodolm* > *rode olm* 'Krankheit des Holzes' (vgl. WNT: ROODOLM, 1920)

Hüning (2010) nennt noch andere Beispiele für diese Entwicklung, nämlich *goetdaet* > *goede daad* 'gute Tat' und *zoetwijn* > *zoete wijn* 'Süßwein'. Mit Blick auf die vorliegenden Daten handelt es sich ingesamt gesehen jedoch um eine Randerscheinung.

Auch wenn bei der Konkurrenz von Phrase und Kompositum also keinesfalls ein Automatismus von der Phrase hin zum Kompositum angenommen werden darf, ist ein Wandel in diese Richtung sehr viel wahrscheinlicher. Dies spricht meines Erachtens für eine besondere Benennungsqualität von Komposita, die einzelsprachlich unterschiedlich stark ausgeprägt sein kann. Relevant ist hier eventuell die formale Prägnanz der Wortbildung (vgl. Barz 1988a: 20). In Kapitel 6.2 stehen die Entwicklung von Dubletten und der als Univerbierung bezeichnete Prozess der Verdrängung syntaktischer Einheiten durch Wortbildungen im Mittelpunkt. Dort wird gezeigt, dass möglicherweise auch Faktoren des Sprachgebrauchs eine Rolle bei der Ent- und Abwicklung solcher Konkurrenzen spielen können.

5.7.2 Fallstudie mit *schwarz/zwart*

Anhand der Wörterbuchdaten lassen sich einige allgemeine Trends ableiten, die durch Korpus- und Textanalysen überprüft werden müssen. Im Zuge der Untersuchung hat sich allerdings gezeigt, dass historische Korpora und Textsammlungen i.d.R. viel zu klein sind, um über Jahrzehnte oder gar Jahrhunderte hinweg aussagekräftige Tokenfrequenzen für die meisten Dublettenpaare zu erhalten. Eine Ausnahme stellen A+N-Verbindungen mit *schwarz – zwart* in der Bedeutung 'illegal, ohne behördliche Genehmigung' dar. Bei diesen Verbindungen kann auf moderne Text- und Korpusmaterialien zurückgegriffen werden, da sich diese Bedeutung in attributiver Verwendung oder als Erstglied eines Kompositums erst im 20. Jahrhundert im Deutschen und Niederländischen etabliert hat. Zudem finden sich viele der Verbindungen in Zeitungsartikeln zu den Themen Politik, Gesellschaft und Wirtschaft wieder und diese stellen den Großteil der verwendeten modernen Korpusquellen. Im Folgenden sollen daher am Beispiel der Verbindungen mit *schwarz – zwart* wesentliche Punkte der Entwicklung von Dubletten erläutert und Unterschiede zwischen dem Deutschen und dem Niederländischen aufgezeigt werden.

Die Bedeutung 'illegal, ohne behördliche Genehmigung' bei *schwarz – zwart* in attributiven Wendungen ist eine Innovation des 20. Jahrhunderts. Bis zu diesem Zeitpunkt werden im Zusammenhang mit dem Adjektiv in beiden Sprachen nur zwei Bedeutungen in Nominalphrasen bzw. A+N-Komposita realisiert: 'dunkle Farbe' und 'pessimistisch, traurig, böse, gemein' sowie daran anschließende metaphorische Bedeutungen. Im Gegensatz hierzu verzeichnen sowohl Duden Online (2012) als auch Van Dale (2005) eine große Menge an A+N-Verbindungen – Kollokationen und Benennungseinheiten – mit *schwarz* bzw. *zwart* in der Bedeutung 'illegal', vgl. die Beispiele in (174)–(175) (in beiden Sprachen versprachlichte Konzepte sind fettmarkiert):

(174) Bildungen mit *schwarz* 'illegal' im Duden Online (2012)
    a. Phrasen: *schwarze Börse*, **schwarzes Geld**, *schwarzes Geschäft*, *schwarzes Konto*, **schwarzer Markt**
    b. Komposita: *Schwarzbau*, **Schwarzgeld**, *Schwarzgeschäft*, **Schwarzhandel**, **Schwarzhändler**, *Schwarzkauf*, *Schwarzkonto*, **Schwarzmarkt**, *Schwarzschlachtung*, *Schwarzsender*

(175) Bildungen mit *zwart* 'illegal' in Van Dale (2005)
    a. Phrasen: *zwarte boekhouding* (*boekhouding* = 'Buchhaltung'), ***zwart geld*** ('Schwarzgeld'), *zwarte goederen* (*goederen* = 'Güter'), ***zwarte handel*** ('Schwarzhandel'), ***zwarte handelaar*** ('Schwarzhändler'), *zwarte loon* (*loon* = 'Lohn'), ***zwarte markt*** ('Schwarzmarkt'), *zwarte prijzen* (*prijs* = 'Preis')
    b. Kompositum: ***zwarthandelaar*** ('Schwarzhändler')

Die Bedeutung hat sich also offensichtlich erst im Laufe des 20. Jahrhunderts in Nominalphrasen und Komposita verbreitet. Etymologisch geht sie laut Kluge (1995: 748) wohl auf das Verb *schwärzen* zurück (vgl. auch die Bedeutungszuschreibung bei SCHWÄRZER (DWB, 1899) als 'Schmuggler, Schleichhändler'), das bereits im 18. Jahrhundert gebraucht wurde und so viel wie 'schmuggeln' bedeutet. In der Folge muss das Adjektiv diesen Bedeutungsaspekt übernommen haben:

> [...] *von geschmuggelten waaren sagt man*: schwarz herein (*über die grenze*) kommen, *vielleicht weil man bei nacht zu schmuggeln pflegt* [...], *so dasz schwarz hier gewissermaszen prädicativisch im sinne von 'dunkel, in der dunkelheit' stände, oder weil die schmuggler sich das gesicht schwärzen, um sich unkenntlich zu machen.* (DWB: SCHWARZ, 1899)

Dem „Etymologisch Woordenboek van de Nederlandse Taal" zufolge hat das Niederländische diese Bedeutung aus dem Deutschen entlehnt. Die ersten Verwendungen mit *zwart* als attributivem Modifikator in der beschriebenen Bedeutung im LCA stammen aus den 1940er Jahren. Im DWDS-Kernkorpus, einem Referenzkorpus der deutschen Sprache im 20. Jahrhundert, tritt das Adjektiv in einer A+N-Verbindung bereits 1921 auf (und zwar im Kompositum *Schwarzmarkt*).

Wie in (174)–(175) deutlich, gibt es gegenwärtig mehrere Dubletten im Deutschen, nämlich *schwarzer Markt – Schwarzmarkt, schwarzes Geld – Schwarzgeld, schwarzes Konto – Schwarzkonto*, während im Niederländischen lediglich das Paar *zwarte handelaar – zwarthandelaar* auftritt. Für alle Dubletten wurden die Tokenfrequenzen im ZEIT-Korpus (1946–2009) bzw. im Leeuwarder Courant Archief (1940–2009) ermittelt. Dabei spiegeln die ermittelten Daten einen Trend wider, den die Wörterbücher noch nicht anzeigen (vgl. Tab. 5.22 bzw. 5.24), nämlich den zunehmenden Gebrauch der Wortbildungen *Schwarzmarkt* und *zwarthandelaar* (vgl. Tab. 5.26 bzw. 5.27).[64]

---

64 Die Tokenfrequenzen basieren auf Suchanfragen im ZEIT-Korpus, die allerdings des Öfteren Wiederholungen enthielten und deshalb manuell überprüft werden mussten. Die Gesamtanzahl an Treffern entspricht also nicht den „Brutto"-Angaben im ZEIT-Korpus.

Tab. 5.26: Tokenfrequenzen *schwarzer Markt – Schwarzmarkt* (ZEIT-Korpus, 1946–2009)

	schwarzer Markt	*Schwarzmarkt*
1946–1949	158	19
1950–1959	48	26
1960–1969	39	18
1970–1979	91	48
1980–1989	77	196
1990–1999	41	232
2000–2009	14	193

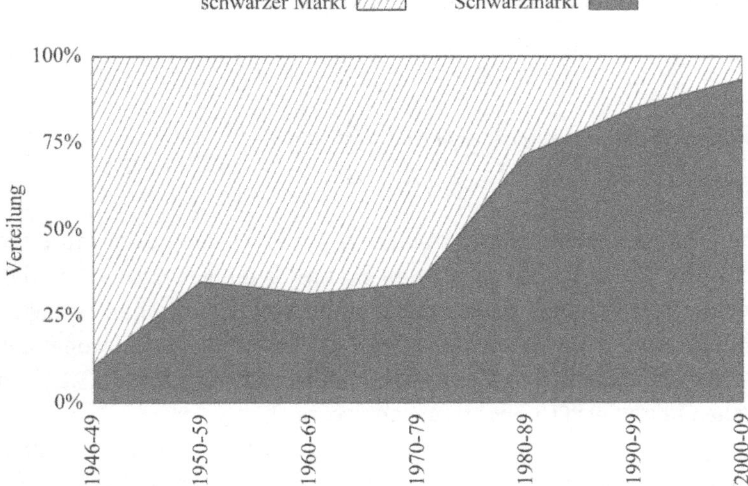

Abb. 5.5: *schwarzer Markt* vs. *Schwarzmarkt* (ZEIT-Korpus, 1946–2009)

Tab. 5.27: Tokenfrequenzen *zwarte( )handelaar – zwarthandelaar* (LCA, 1940–2009)

	zwarte handelaar	*zwartehandelaar*	*zwarthandelaar*
1940–1949	104	9	53
1950–1959	22	2	15
1960–1969	6	2	21
1970–1979	9	1	55
1980–1989	5	5	45
1990–1999	3	0	103
2000–2009	1	0	54

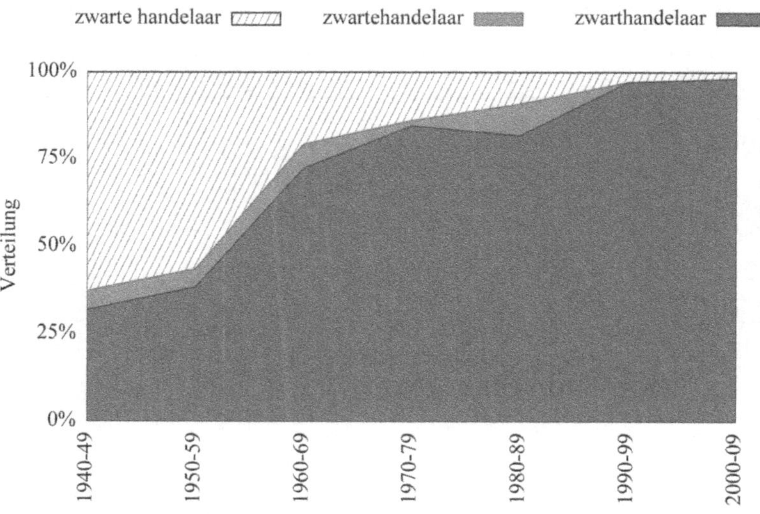

Abb. 5.6: *zwarte()handelaar* vs. *zwarthandelaar* (LCA, 1940–2009)

Bei *schwarzer Markt – Schwarzmarkt* dominiert bis Ende der 1970er Jahre die Phrase, auch wenn das Kompositum zunehmend an Terrain gewinnt und ab den 1980er Jahren die Phrase immer mehr verdrängt. Im Niederländischen zeigt sich bei *zwarte handelaar – zwarthandelaar* eine ähnliche Entwicklung, wobei das Kompositum jedoch schon in den 1960er Jahren dominiert, vgl. Tabelle 5.27.[65] In beiden Sprachen laufen also Univerbierungsprozesse ab.

Allerdings gibt es auch zwischensprachliche Unterschiede. Erstens kann anhand verschiedener Verbindungen für das Deutsche gezeigt werden, dass die Univerbierung von der Phrase zum Kompositum umgreifender ist und sich nicht nur auf *schwarzer Markt – Schwarzmarkt* beschränkt, sondern z.B. auch auf *schwarzes Geld – Schwarzgeld* und die noch relativ neuen Verbindungen *schwarzes Konto – Schwarzkonto* zutrifft (vgl. Tab. 5.28).

---

65 Zur Erinnerung: *zwarte handelaar* wird bisweilen auch zusammen geschrieben, v.a. in Wörterbüchern, im LCA allerdings mehrheitlich getrennt. Bei der Korpusrecherche wurden alle drei Formen berücksichtigt.

Tab. 5.28: Tokenfrequenzen verschiedener Verbindungen mit *schwarz* (ZEIT-Korpus, 1946–2009)

	schwarzes Geld	*Schwarzgeld*	*schwarzes Konto*	*Schwarzkonto*
1946–1949	5	0	0	0
1950–1959	2	0	0	0
1960–1969	0	1	0	0
1970–1979	13	11	0	1
1980–1989	11	14	2	0
1990–1999	12	45	11	3
2000–2009	15	144	35	18

Im Vergleich hierzu haben sich im Niederländischen bisher kaum morphologische A+N-Benennungseinheiten mit *zwart* in der Bedeutung 'illegal' entwickelt. Eine Suche nach strukturell zulässigen Komposita als mögliche Alternativbildungen zu etablierten lexikalischen Phrasen im LCA zeigt, dass Wortbildungen die Ausnahme sind, vgl. Tabelle 5.29.[66]

Tab. 5.29: Tokenfrequenzen verschiedener Verbindungen mit *zwart* (LCA, 1940–2009)

zwarte markt*	2558	zwartmarkt	0
zwarte goederen	10	zwartgoederen	0
zwarte prijzen	17	zwartprijzen	0
zwart geld*	1279	zwartgeld	11
zwarte lonen	454	zwartlonen	0

Nur bei *zwart geld – zwartgeld* scheint das Kompositum eine kleine Rolle zu spielen. Allerdings handelt es sich auch hier um eine verschwindend geringe Treffermenge im Vergleich zur Frequenz der Phrase und die Kategorisierung als Kompositum basiert auf der Tatsache, dass die Verbindung in den Belegen zusammen geschrieben wird. Bei allen Treffern erlaubt der syntaktische Kontext aber auch die Interpretation von *zwartgeld* als zusammen geschriebene Phrase, da die Flexion in allen Beispielen sowieso ausfallen würde (die Verbindungen werden ohne Artikel gebraucht, bei *het*-Nomen wie *geld* bedeutet dies, dass das attributiv verwendete Adjektiv nicht flektiert wird).

---

66 Die mit einem Asterisk versehenen Trefferzahlen von *zwarte markt*, *zwart geld* und *zwarte lonen* sind noch nicht manuell bereinigt, d.h. hierunter fallen auch Treffer, die nicht die gesuchte Phrase darstellen. Suchanfragen im LCA liefern nicht immer exakte Ergebnisse. Da es sich aber jeweils um große Trefferzahlen handelt, ist die Tendenz deutlich.

Der Prozess, der sich bei *zwarte handelaar* vollzogen hat, ist also im Niederländischen eher ungewöhnlich. Die einzige weitere Ausnahme findet sich bei einer verwandten Verbindung, der Phrase *zwarte handel* 'Schwarzhandel'. Diese erhält seit etwa zwei Jahrzehnten zunehmende Konkurrenz durch die Wortbildung *zwarthandel* (vgl. Tab. 5.30). *Zwarthandel* ist noch in keinem der untersuchten Wörterbücher des Primärmaterials verzeichnet; lediglich das WNT (ZWART, 1997) verweist auf die Bildung und nennt sie ungebräuchlich.

Tab. 5.30: Tokenfrequenzen *zwarte handel – zwarthandel* (LCA, 1940–2009)

	zwarte handel	*zwartehandel*	*zwarthandel*
1940–1949	553	0	4
1950–1959	94	1	1
1960–1969	66	0	1
1970–1979	111	2	1
1980–1989	81	1	3
1990–1999	103	0	37
2000–2009	67	0	49

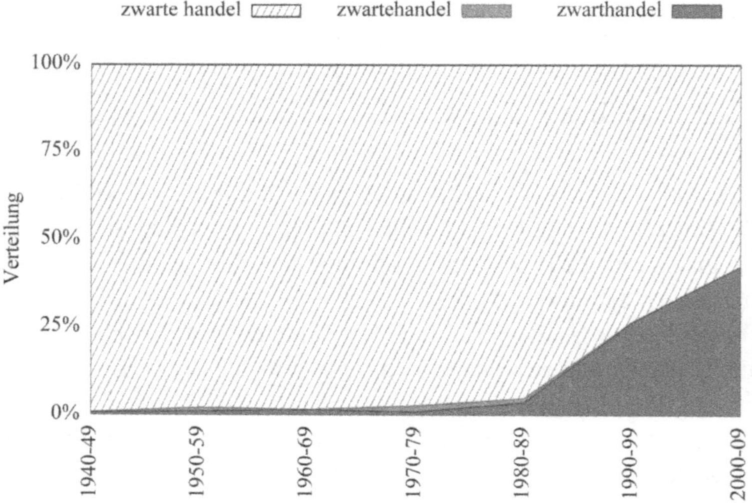

Abb. 5.7: *zwarte handel* vs. *zwarthandel* (LCA, 1940–2009)

Der zunehmende Gebrauch eines Kompositums zeigt sich also ausschließlich bei den verwandten Formen *zwarthandelaar* und *zwarthandel*, betrifft aber keine der anderen Verbindungen mit *zwart*. Dies legt eine zweite mögliche Interpretation des Entwicklungsprozesses von *zwarte handelaar* zu *zwarthandelaar* (wie auch von *zwarte handel* zu *zwarthandel*) nahe. Es handelt sich hier zwar prinzipiell um die Verdrängung einer Phrase durch eine Wortbildung, aber *zwarthandelaar* lässt sich strukturell ebenso gut als deverbales Derivat zu *zwart handelen* 'schwarz handeln' analysieren. Dafür spricht nicht nur die beschränkt auftretende A+N-Komposition bei Verbindungen mit *zwart* mit Nomen, die keinen verbalen Charakter haben (wie *geld, markt* etc.), sondern auch, dass gerade deverbale Ableitungen mit *zwart* im Niederländischen sehr frequent sind und produktiv gebildet werden. Vgl. zur Illustration hier einige etablierte Bildungen aus Van Dale Online (2012) in (176) sowie weitere Gelegenheitsbildungen im LEXNEX-Korpus (1997–2011) in (177):

(176)   *zwartrijder* 'Schwarzfahrer', *zwartvisser* 'Schwarzangler', *zwartwerker* 'Schwarzarbeiter', *zwartblaffer* 'Hund, für den keine Hundesteuer gezahlt wird' (von *blaffen* 'bellen')

(177)   *zwartknipper* (von *knippen* 'schneiden'), *zwartlapper* (von *lappen* 'Fenster putzen'), *zwartreiziger* (*reiziger* 'Reisende/r'), *zwartslaper* (*slaper* = 'Schläfer'), *zwartvaarder* (von *varen* 'mit dem Schiff fahren'), *zwartverdiender* (von *verdienen* 'verdienen'), *zwartzoeker* (von *zoeken* 'suchen'; hier: 'Person, die etwas ohne Erlaubnis sucht')

Einige dieser Bildungen können als reguläre A+N-Komposita interpretiert werden, wenn das Nomen selbst ebenfalls üblich ist, u.a. *zwartslaper, zwartreiziger*. Dies schließt aber nicht aus, dass ihre Verwendung durch frequente Bildungen wie *zwartrijder* und *zwartwerker* und die entsprechenden Verbalphrasen *zwartrijden* 'schwarzfahren' und *zwartwerken* 'schwarzarbeiten' gefördert wurde. Das Verb *zwart handelen* 'schwarzhandeln' kommt zwar nicht sehr häufig vor (nur 15 Treffer im LEXNEX-Korpus gegenüber ca. 270 Treffern für *zwarthandelaar*), dennoch könnte die Nutzungsfrequenz von *zwarthandelaar* durch strukturelle Parallelen zu Bildungen wie *zwartrijder* etc. erhöht worden sein. Der zunehmende Gebrauch von *zwarthandel* (anstelle von *zwarte handel*) könnte wiederum durch den verstärkten Gebrauch des synthetischen *zwarthandelaar* beeinflusst sein. Mit der Reinterpretation als Derivate wandelt sich die interne Struktur der Verbindungen. Im Falle von *zwarthandelaar* und *zwarthandel* kann das Adjektiv nun auch als Adverb reanalysiert werden. Ein solcher Prozess ist nicht ungewöhnlich, vgl. das deutsche Beispiel *grüner Markt* > *Grünmarkt* ''([...] veralt.) Markt, auf dem Gemüse u. Kräuter verkauft werden' (Brockhaus Wahrig: GRÜNMARKT), wobei das *grün* in *grüner Markt* aber ursprünglich als Verkürzung für *grüne Ware* stand.

Als Fazit bleibt, dass sich der Verdrängungsprozess bei *zwarte handelaar – zwarthandelaar* (und möglicherweise auch der Wandel von *zwarte handel* zu *zwarthandel*) sowohl als Entwicklung hin zum Kompositum als auch hin zur Ableitung analysieren lässt. Diese prinzipielle Unentscheidbarkeit zwischen beiden Analysen macht deutlich, dass Wortbildungen durch systematische Form-Bedeutungsrelationen in einem vielfältigen paradigmatischen Geflecht zueinander stehen können. Beide Interpretationen – als A+N-Kompositum und als Derivat – sind möglich und stehen nebeneinander.

Die Fallstudie zu *schwarz – zwart* zeigt zweierlei: Erstens sind Verdrängungsprozesse im Deutschen häufiger als im Niederländischen. Zweitens muss die Entwicklung scheinbar deutlicher Fälle im Niederländischen nicht immer zwangsläufig als Stärkung des A+N-Kompositums gewertet werden. Dieser zweite Punkt wurde mit Hilfe des Einzelfalls *zwarte handelaar – zwarthandelaar* illustriert. Detaillierte Fallstudien zu anderen Adjektiven und ihren Bindungspräferenzen sind wünschenswert, momentan jedoch schwer zu verwirklichen, da viele historische Korpora und Textsammlungen für umfangreiche lexikalische Studien deutlich zu klein sind und aus den oben genannten Gründen nur bei den Bildungen mit *schwarz – zwart* 'illegal' der Rückgriff auf umfangreiche moderne Text- und Korpusmaterialien möglich war.

5.8 Zusammenfassung

In diesem Kapitel wurde die Entwicklung benennender Adjektiv-Nomen-Verbindungen anhand von Fallstudien im Deutschen und Niederländischen nachgezeichnet. Es ergab sich ein differenziertes Bild: Man kann weder im Deutschen noch im Niederländischen von einer allgemeinen deutlichen Entwicklungsrichtung zugunsten der A+N-Komposition oder der A+N-Phrasenbildung sprechen. Die einzelnen Adjektive haben zum Teil sehr unterschiedliche Realisierungspräferenzen. Bei einigen sind die Präferenzen für ein Verfahren über den gesamten Zeitraum relativ stabil (z.B. *still/stil*, NL *sociaal, civiel*), andere entwickeln eine im Vergleich zu Beginn des Untersuchungszeitraums abweichende Präferenz (was wohl für DE *geheim* und *kalt* gilt). Eine weitere Gruppe von Adjektiven bleibt von Beginn an unbestimmt und ist prinzipiell für beide Verfahren offen (v.a. die Farbadjektive). Andere wiederum werden überhaupt erst im Verlaufe des Untersuchungszeitraums produktiv in der Benennungsbildung eingesetzt (vgl. z.B. DE *fremd*, das erst ab Mitte des 19. Jahrhunderts gehäuft in Benennungen auftritt). In jedem Fall lässt sich für die untersuchten Daten weder im Deutschen noch im Niederländischen ein eindeutiger Trend ausmachen, der zu einem systematischen Anstieg der Produktivität der A+N-Komposition oder der A+N-Phrasenbildung für Benennungseinheiten führen würde. In theoretischer Hinsicht lassen sich die eindeutigen Präferenzen einiger Adjektive in der A+N-Benennungsbildung als Schematisierungsprozesse im Sinne von Noël (2006) beschreiben, die zur Bildung von lexikalisch teilspezifizierten Subschemata führen, die zwischen die allgemeinen Schemata zur Bildung klassifikatorischer A+N-Einheiten und die individuellen Mikro-Konstruktionen treten. Die Ergebnisse der historischen Untersuchung erlauben eine differenziertere Sicht auf die Konkurrenz von Phrasenbildung und Komposition, die nicht für jedes Adjektiv im gleichen Maße zu gelten scheint.

Es wurde zugleich deutlich, dass die Entwicklung von Dubletten ein wichtiger Divergenzfaktor in beiden Sprachen ist. So konkurrieren gleichbedeutende Phrasen und Komposita im Deutschen viel häufiger als im Niederländischen miteinander und es kommt deutlich häufiger zur Verdrängung der ursprünglichen, phrasalen Benennungseinheiten durch Komposita (vgl. *gelbes Fieber* > *Gelbfieber, kalte Schale* > *Kaltschale* etc.). Diese Entwicklung beschränkt sich nicht nur auf die in dieser Arbeit untersuchten Adjektive. In der Fachliteratur lassen sich auch Beispiele mit anderen Adjektiven finden (vgl. Bach 1965: 232 bzw. 303):

(178) a. *hohe Schule* > *Hochschule*
      b. *festes Land* > *Festland*
      c. *neue Zeit* > *Neuzeit*

Die entsprechenden niederländischen Verbindungen sind noch immer phrasal: *hogeschool, vasteland* (werden laut niederländischer Rechtschreibung zusammen geschrieben), *nieuwe tijd*. Die gegenwärtig als divergierend wahrgenommene Distribution benennender A+N-Verbindungen beruht also zumindest teilweise auf Veränderungen im Deutschen, nicht etwa im Niederländischen. Phrasen mit Schwa-Apokope, die u.a. von Booij (2002a) als weitere Möglichkeit zur A+N-Benennungsbildung gedeutet wurden, spielen in den vorliegenden Daten zumindest bei genuin qualitativen Adjektiven nur eine marginale Rolle.

Unter dem Eindruck dieser nur teilweise systematischen Entwicklung der A+N-Verbindungen stellt sich demnach die Frage, weshalb für einen Teil der Verbindungen im Sprachvergleich zunehmende Konvergenzen, für andere wiederum zunehmende Divergenzen und schließlich auch parallele Entwicklungsprozesse anzunehmen sind. Im nächsten Kapitel werden einige mögliche inner- und außersprachliche Faktoren besprochen, die diese Prozesse beeinflussen und möglicherweise auch Unterschiede zwischen dem Deutschen und dem Niederländischen schlüssig erklären können.

6 Variation ohne Wandel

In diesem Kapitel werden die Ergebnisse der Fallstudien aus Kapitel 5 als Ausgangspunkt genommen, um zu klären, welche Faktoren für die beständige Konkurrenz von Phrase und Kompositum im Bereich lexikalischer A+N-Verbindungen im Deutschen und Niederländischen verantwortlich sind. Wie im letzten Kapitel festgestellt, scheint es sich zumindest seit 1700 um eine dauerhafte Konkurrenzsituation zu handeln: Komposition und Phrasenbildung existieren als gleichberechtigte Verfahren nebeneinander. Es finden keine systematischen Wandelprozesse auf der Ebene der beiden angenommenen Konstruktionsschemata statt. Lediglich einzelne Konstituentenfamilien und individuelle Lexeme sind von Wandelprozessen betroffen. Vor diesem Hintergrund müssen sprachtheoretische Annahmen zum Aufbau des Lexikons und zur Verbindlichkeit von Regelmodellen zur Erzeugung sprachlicher Strukturen mit in die Diskussion einbezogen werden. Dabei geht es insbesondere darum, welche Rolle Analogie als strukturbildendes Verfahren spielt und inwiefern Token- und Typefrequenzen sowie Sprachkontakt die Distribution der A+N-Verbindungen beeinflussen bzw. beeinflusst haben.

Die folgenden Erläuterungen zu Analogie und Univerbierung beziehen sich vor allem auf das Deutsche, da sich wesentliche Punkte in erster Linie an den deutschen Daten nachweisen lassen (vgl. Kap. 6.1 und 6.2). Für das Niederländische spielt Sprachpurismus eine wichtige Rolle (vgl. Kap. 6.4). Die Entwicklung der Adjektivflexion und fremdsprachlicher Einfluss berühren beide Sprachen gleichermaßen (vgl. Kap. 6.3 und 6.5).

6.1 Analogie und sprachliche Strukturbildung

Eine zentrale Frage in der Linguistik, insbesondere im morphosyntaktischen Bereich, betrifft die Mechanismen sprachlicher Strukturbildung und die adäquate Modellierung des Sprachvermögens von Sprechern. Zwei grundlegend verschiedene Annahmen stellen Regel- und Analogiemodelle dar, wobei insbesondere in den letzten zwanzig Jahren wieder verstärkt diskutiert wird, inwiefern sich beide Mechanismen gegenseitig ergänzen oder Analogie als zentraler Mechanismus in der sprachlichen Strukturbildung Regelmodelle sogar obsolet macht (vgl. Arndt-Lappe 2015). Während Regeln systematische Zusammenhänge zwischen symbolischen Kategorien wiedergeben, liegt die Stärke eines analogischen Ansatzes darin, Gradienz- und Variationsphänomene gut erfassen zu können. Gleichzeitig erfährt das Analogie-Konzept aber auch immer wieder Kritik, weil es zu unspezifisch sei und keine Vorhersagekraft für die Entwicklung einer Sprache habe.

Im Folgenden werden wesentliche Eigenschaften von Regel- und Analogie-
modellen besprochen, wobei der Schwerpunkt auf der morphologischen Strukturbildung, insbesondere der Wortbildung, liegt. Anschließend daran wird mögliche
Evidenz für analogische Effekte bei der synchronen und diachronen Distribution
der A+N-Verbindungen im Deutschen und Niederländischen diskutiert.

6.1.1 Analogie und Regel

Sprache stellt keine endliche Menge von Wörtern und Sätzen dar, die von Sprechern auswendig gelernt und reproduziert werden kann. Die Sprachfähigkeit erlaubt vielmehr die Generierung einer unendlichen Menge komplexer morphologischer und syntaktischer Strukturen. Das kreative Potenzial der Sprache beruht
auf bedeutungstragenden Elementen und Prinzipien, die die Kombination dieser
Elemente organisieren:

> Since the number of possible utterances of a human language is unlimited, language users
> cannot store them all in their heads. Rather, [...]knowledge of language requires two com-
> ponents. One is a finite list of structural elements that are available to be combined. This list
> is traditionally called the „lexicon", and its elements are called „lexical items" [...]. The other
> component is a finite set of combinatorial principles, or a grammar. (Jackendoff 2002: 39)

Was Lexikon und Grammatik im Einzelnen umfassen, ist theorieabhängig (eine
konstruktionsgrammatische Interpretation des Lexikons wurde in Kap. 3 vorgestellt). Eine mögliche Interpretation der kombinatorischen Prinzipien stellen
Regeln dar, d.h. abstrakte Formalismen, die unabhängig von konkreten Lexemen
auf symbolischen Eigenschaften operieren (vgl. Arndt-Lappe 2015). Im Bereich
der Morphosyntax kann dabei zwischen Phrasenstrukturregeln zur Erzeugung
syntaktischer Bildungen und morphologischen Regeln zur Erzeugung neuer
Wörter und Wortformen unterschieden werden.

Regeln werden nach allgemeiner Auffassung zur Bildung komplexer Ausdrücke verwendet, die sowohl in ihren formalen als auch semantischen Eigenschaften Resultat der Eigenschaften der kombinierten Einheiten sowie der sie
kombinierenden Regel sind (entsprechend dem Kompositionalitätsprinzip, vgl.
Löbner 2003: 20). Problematisch sind idiosynkratische Verbindungen, die sich
aufgrund formaler und/oder semantischer Abweichungen nicht als Resultat dieser Regeln beschreiben lassen und als Ganzes im mentalen Lexikon gespeichert
werden müssen (z.B. könnte DE *Sanftmut* formal als A+N-Kompositum mit *Mut*
als Kopf interpretiert werden, stellt aber kein Subkonzept von *Mut* dar und weicht
zudem im Genus ab). Die Bildung solcher idiosynkratischer Formen wird in

Regelmodellen mit Analogie erklärt, definiert als Prozess, bei dem „a new word is formed on the basis of a related existing word, without an abstract morphological template being involved" (Booij 2007: 248). Analogie wird lediglich für lokale Fälle in Betracht gezogen, während für produktive Muster ein regelgeleiteter Erzeugungsprozess angenommen wird (der 'dual mechanism approach'). Analogiebildungen müssen allerdings nicht zwangsläufig idiosynkratisch sein, vgl. Bildungen wie *Hausmann*, das rein formal dem N+N-Kompositionsmuster des Deutschen entspricht.

Die Dualität von Regel und Analogie spielt nicht nur in der synchron ausgerichteten Theoriebildung eine Rolle, sondern wird auch in der historischen Sprachwissenschaft, insbesondere im Zusammenhang mit Wandelprozessen in der Flexionsmorphologie betont. Bei den Junggrammatikern wird Analogie als wichtiger Mechanismus im morphologischen Wandel gesehen (vgl. Hock 2003) und als irreguläres Pendant zum regelhaft verlaufenden Lautwandel konzipiert. De Saussure und Bloomfield beschreiben Analogie als regulierende Größe in der Sprache: Synchron bewirke sie die Generalisierung neuer Formen, diachron regularisiere sie die Bestände nach dem Lautwandel und erkläre morphologischen Wandel (vgl. Moder 1992). Dass die Unterscheidung zwischen Analogie und Regel problematisch ist, wird bei Becker (1990) deutlich, der den Zusammenhang zwischen Analogie, verstanden als proportionaler Gleichung, und dem traditionellen Regelkonzept aufzeigt. Er betrachtet typische morphologische Regeln als verallgemeinerte Regeln auf Basis von Analogie. Haspelmath (2002: 55–56) weist hingegen darauf hin, dass Phänomene wie proportionale Analogie (Ausdehnung eines Musters auf neue Fälle) und analogischer Ausgleich (Reduktion von Formvarianten) ebenso gut als Anstieg der Produktivität einer Regel bzw. als Verlust eines phonologischen Allomorphs erklärt werden können.

Andere Ansätze, sogenannte 'single mechanism models', nehmen für reguläre und irreguläre Bildungen einen einzigen Erzeugungsmechanismus, Analogie, an. Exemplarisch sind hier die Arbeiten von Bybee (u.a. 1995, 2010), die Schemata als grundlegend für die produktive Bildung neuer sprachlicher Ausdrücke annimmt. Schemata sind – wie bereits in Kapitel 3.2 besprochen – wortbasiert und repräsentieren die gemeinsamen Eigenschaften morphologisch verwandter Wörter (vgl. Haspelmath 2002: 47 f.). Diese Schemata entstehen nach Bybee (1995: 430) folgendermaßen: „Sets of words having similar patterns of semantic and phonological connections reinforce one another and create emergent generalisations describable as schemas." Aufgrund semantischer und phonologischer Verbindungen zwischen (komplexen) Wörtern entstehen Generalisierungen, die eine morphologische Analyse der Einheiten erlauben, ohne dass dies explizit durch abstraktes Regelwissen dargestellt wird:

> Organizational patterns, schemas or categories arise in the lexicon or what has been called
> the 'constructicon' (a lexicon with an inventory of constructions) and have no existence
> independent of the lexical units from which they emerge. In contrast, rules are postulated
> to exist independently of the forms to which they apply. In fact, symbolic rules are thought to
> belong in a component or module that is separate from the lexicon. (Bybee 2010: 73 f.)

Den entstehenden Generalisierungen kommt also unabhängig von den lexikalischen Einheiten, aus denen heraus sie entstanden sind, keine eigene Existenz zu. Eine ähnliche Position nimmt auch Booij (2010) in seiner 'Construction Morphology' ein. Ihm zufolge können analogische Beziehungen neuen (partiell) unterspezifizierten Schemata zugrunde liegen. Den Unterschied zwischen Analogie- und Schemabildungen macht er am Abstraktionsgrad des Musters fest. So beruhen analogische Bildungen auf konkreten lokalen Modellbildungen, während für andere ein abstrakteres, partiell oder vollständig lexikalisch unterspezifiziertes Muster anzunehmen ist. Die Grenze zwischen analogiegeleiteter und schematischer Bildung sei allerdings nicht wie in regelbasierten Modellen strikt, sondern als graduell zu verstehen.

Andere exemplar- und gebrauchsbasierte Ansätze unterscheiden sich zusätzlich auch in der Frage der lexikalischen Repräsentation von Regelmodellen. Neubildungen beruhen demnach ausschließlich auf analogischen Beziehungen zu bestehenden Wörtern im mentalen Lexikon, ohne dass es zu abgeleiteten Generalisierungen kommt (vgl. für einen Überblick Arndt-Lappe 2015). Die entscheidende Rolle analogischer Beziehungen wird u.a. in den Arbeiten von Krott/Baayen/Schreuder (2001) und Krott et al. (2007) am Beispiel der Fugenelemente in deutschen und niederländischen N+N-Komposita gezeigt. Die Nominalkomposition mit Fugenelementen ist in beiden Sprachen sehr produktiv, aber auf Basis struktureller Faktoren nur bedingt vorhersagbar. So haben Sprecher des Niederländischen bei neuen N+N-Komposita die Wahl zwischen drei verschiedenen Varianten: *-e(n)-*, *-s-* und *-0-*. Krott/Baayen/Schreuder (2001) zeigen, dass die Wahl eines bestimmten Fugenelements bei neuen Bildungen am besten durch *paradigmatische Analogie* vorhergesagt werden kann. Diese kann folgendermaßen definiert werden:

> In this type of analogy, the selection is based on the similarity of the target compound to a
> set (i.e., paradigm) of compounds, opposed to its similarity to a single exemplar, i.e., a single
> compound. (Krott et al. 2007: 27 f.)

Paradigmatische Analogie basiert auf einem ganzen Set an bestehenden Bildungen, die als gemeinsamer Referenzpunkt, d.h. als Musterset für die Bildung neuer Wörter fungieren. Entscheidend ist, dass die Kategorie selbst nicht über ein abstraktes Muster definiert wird, sondern alle verallgemeinerbaren Eigenschaften implizit im Musterset enthalten sind. Krott et al. (2007: 28) zeigen am Beispiel niederländischer Komposita mit *schaap* 'Schaf', dass neue Nominalkomposita mit *schaap* als Modifikatorkonstituente am wahrscheinlichsten mit dem Fugenelement *-en-* gebildet werden, weil das Musterset mit diesem Fugenelement am größten sei (d.h., die Typefrequenz ist am höchsten):

(179) a. mit *-en-*:
     schaap+en+bout 'Schafsbein'
     schaap+en+tong 'Schafszunge'
     schaap+en+wol 'Schafswolle'
   b. mit *-s-*:
     schaap+s+kooi 'Schafsstall'
   c. mit *-0-*:
     schaap+0+herder 'Schafhirte'

Der Effekt der linken Modifikatorkonstituente ist dabei laut Krott et al. größer als der der rechten Kopfkonstituente. Das bedeutet, dass die Bildungspräferenzen des Modifikators einen größeren Einfluss auf die Wahl des Fugenelements als die Präferenzen des Kopfes haben. Dies gilt bei komplexen Wörtern allerdings nicht grundsätzlich. Im Englischen bestimmt beispielsweise in Straßennamen der nominale Kopf das Betonungsmuster (vgl. Plag 2003). Bei Verbindungen mit *street* trägt der Modifikator die Betonung (*Óxford Street, Máin Street*), bei Verbindungen mit *avenue* der Kopf (*Fifth Ávenue, Madison Ávenue*).

Der Einfluss paradigmatischer Verbindungen im Lexikon ist bereits in Hinblick auf verschiedene Frequenzeffekte diskutiert worden (vgl. Kap. 3.2). Im Zusammenhang mit den A+N-Verbindungen spielt der Effekt der Familiengröße (vgl. u.a. Schreuder/Baayen 1997; de Jong/Schreuder/Baayen 2000) eine besondere Rolle. Die Familiengröße bezieht sich auf die Anzahl der Verbindungen im mentalen Lexikon, die eine gemeinsame Konstituente teilen (z.B. das Adjektiv *sauer* in *Sauerkirsche, Sauermilch, Sauerrahm, Sauerstoff*); diese bilden eine Konstituentenfamilie. Je größer die Konstituentenfamilie im mentalen Lexikon ist, umso schneller erkennen Sprecher in lexikalischen Entscheidungsaufgaben ('lexical decision tasks') ein Mitglied dieser morphologischen Konstituentenfamilie wieder. Die schnellere Reaktionszeit bei solchen Wörtern wird dahingehend interpretiert, dass Sprecher nicht nur idiosynkratische Bildungen, sondern auch reguläre komplexe und hinreichend frequente Verbindungen speichern (können). Hinweise darauf, dass die Familiengröße und damit verbunden auch die paradigmatische Analogie als strukturbildender Mechanismus eine wichtige Rolle spielen, liefern neben den Arbeiten von Krott/Baayen/Schreuder und Krott et al. auch Studien zur Betonungszuweisung in N+N-Bildungen im Englischen (vgl.

Plag 2010 und die oben genannten Beispiele mit *street* und *avenue*; für einen Überblick vgl. Krott 2009). Weitere Arbeiten zeigen die Vorteile computergestützter Analogie-Modelle zur Beschreibung von Sprachwandelprozessen, vgl. z.B. Chapman/Skousen (2005), die die Entwicklung der Negationspräfixe für Adjektive im Englischen über mehrere Jahrhunderte mit Hilfe des von Skousen entwickelten 'Analogical Modelling'-Modells (vgl. Skousen/Lonsdale/Parkinson (Hgg.) 2002), beschreiben.

Da die Distribution der A+N-Verbindungen im Deutschen und Niederländischen ähnlich wie die der Fugenelemente nur teilweise systematisch erfassbar ist, könnten auch hier analogische Relationen eine wichtige Rolle spielen. Evidenz für diese Annahme wird in Kapitel 6.1.2 diskutiert.

Kritik am Analogie-Konzept
Zwei Aspekte des Analogie-Konzepts werden immer wieder kritisiert. Erstens expliziere das Konzept nicht, welche Ähnlichkeitsbeziehungen ausschlaggebend für Neubildungen seien:

> [...] analogy as a heuristic formalism does not say much about many of the issues that morphological theory needs to be explicit about. Specifically, it does not say anything about (a) which features (formal, semantic, syntactic, etc.) establish similarity relations on which analogies may be based, and (b) which of the existing similarity relations may or will form the basis of a new analogical formation. (Arndt-Lappe 2015: 826)

So sind Arndt-Lappe zufolge bei der englischen Neubildung *chairperson* mehrere Ähnlichkeitsbeziehungen zum vermuteten Ausgangswort *chairman* 'Vorsitzender, Versammlungsleiter' als Erklärungsansatz denkbar (z.B. aufgrund der Äquivalenz von *chair* oder zwischen *man* und *person*).

Zweitens gilt Analogie als nicht restriktiv genug, um sprachliche Strukturbildung und sprachlichen Wandel angemessen beschreiben zu können. Sie lasse zwar Variabilität und Gradienz als Kerneigenschaften morphologischer Operationen zu, führe aber gleichzeitig zu Unvorhersagbarkeit (vgl. Nübling et al. 2010: 46). Das Konzept könne keine Vorhersagen darüber treffen, in welche Richtung analogischer Wandel erfolge und auch im Nachhinein kaum erklären, warum gerade diese Richtung eingeschlagen wurde. Diese Probleme wurden bereits im 20. Jahrhundert intensiv diskutiert, vgl. die Arbeiten von Jerzy Kuryłowicz und Witold Mańczak zu Beschränkungen bei analogischem Wandel (zusammengefasst in McMahon 1994: 77–80). Einige Faktoren können Nübling et al. (2010: Kap. 3.1) zufolge die Richtung des Wandels allerdings mitsteuern, dazu gehören u.a. die Produktivität eines Musters sowie die Typefrequenz.

Gilt ein Muster als produktiv, ist die Wahrscheinlichkeit einer analogischen Bildung auf Basis dieses Musters größer als eine Bildung auf Basis eines unproduktiven Musters. So ist die folgende Analogie zwischen den Formen von *denken* und *lenken* zwar prinzipiell möglich, aber sehr unwahrscheinlich (vgl. Nübling et al. 2010: 44):

(180)   Präs. *denkt* : Prät. *dachte*
          Präs. *lenkt* : Prät. X   → X = *lachte*

Die Unwahrscheinlichkeit dieser Analogie ergibt sich zum einen daraus, dass die Form *lachte* bereits mit einer abweichenden Bedeutung lexikalisiert ist. Zum anderen gehört *denken* zu den unregelmäßigen Verben, d.h., die Formenbildung entspricht nicht einem produktiven Muster.

Die Typefrequenz gibt die Anzahl verschiedener Einheiten an, die nach einem spezifischen Muster gebildet wurden. Je höher die Typefrequenz eines Musters ist, umso eher werden neue Einheiten nach dem gleichen Muster gebildet. Für Arbeiten wie die von Krott/Baayen/Schreuder (2001), Krott et al. (2007) ist die Typefrequenz – im Rahmen der paradigmatischen Analogie konzeptuell eingebettet als Konstituentenfamilie – essenziell und bestimmt die Wahrscheinlichkeit, mit der eine neue Einheit eine bestimmte formale Realisierung erhält. So ist die Wahl des Fugenelements -*en*- bei neuen N+N-Komposita mit *schaap* als Modifikatorkonstituente am wahrscheinlichsten, weil die meisten etablierten N+N-Types mit *schaap* genau dieses Fugenelement aufweisen (und nicht die ebenfalls möglichen -*s*- und -Ø-, vgl. oben). Auch in der für die A+N-Verbindungen zentralen synchronen Produktionsstudie von Schlücker/Plag (2011) (vgl. Kap. 6.1.2) wird dieser Ansatz gewählt und gezeigt, dass die Größe der Konstituentenfamilie des Adjektivs die Distribution von A+N-Phrasen und A+N-Komposita im Deutschen in hohem Maße vorhersagen kann.

Daneben ist auch die Tokenfrequenz einer individuellen lexikalischen Einheit relevant (vgl. Nübling et al. 2010: 55 ff.). Die hohe Vorkommenshäufigkeit einer Einheit könne u.a. dazu führen, dass sie „resistent" gegen Regularisierungstendenzen sei, d.h., je häufiger eine lexikalisierte Einheit vorkomme, umso eher blockiere sie die Bildung eines alternativen Ausdrucks (vgl. auch Haspelmath 2002: 248 ff.). Ein Blick auf die Entwicklung von *schwarzer Markt* zu *Schwarzmarkt* zeigt allerdings (vgl. Tab. 5.26 in Kap. 5.7.2), dass die Rolle hoher Tokenfrequenzen differenzierter betrachtet werden muss. Die Phrase ist über Jahrzehnte die dominantere Form, trotzdem gewinnt das Kompositum allmählich an Terrain und verdrängt die Phrase zunehmend. Hier müssen also noch zusätzliche Faktoren in Betracht gezogen werden (vgl. hierzu Kap. 6.2.3).

6.1.2 Analogische Effekte bei A+N-Verbindungen

Die Distribution von A+N-Phrasen und A+N-Komposita lässt sich nur zum Teil durch sprachstrukturelle Beschränkungen erfassen. So können zwar für Verbindungen mit einer metaphorischen oder possessiven Bedeutung zumeist präzise Vorhersagen getroffen werden. Für klassifikatorische Verbindungen, die die Mehrheit aller Verbindungen mit Adjektiv und Nomen stellen, ist dies jedoch nicht der Fall.

Im Rahmen einer Produktionsstudie zum Deutschen haben Schlücker/Plag (2011) daher untersucht, ob die Distribution lexikalischer A+N-Phrasen und A+N-Komposita im Deutschen analogiegeleitet ist. Folgende Vorannahmen wurden getroffen: Alle komplexen Verbindungen, die über formale Teilähnlichkeiten (d.h. über eine geteilte Konstituente) verfügen, sind über analogische Beziehungen im mentalen Lexikon miteinander verbunden. Die Menge der Verbindungen, die eine Konstituente teilen, d.h. die Größe der jeweiligen Konstituentenfamilie, beeinflusst die Form neu zu bildender Einheiten. Der Einfluss der Konstituentenfamilie auf die Realisierung neuer Einheiten ist dabei umso größer, je stärker sie einen Bias zugunsten einer spezifischen Realisierungsart, also zugunsten der Phrasenbildung oder der Komposition, aufweist. So ist in der Konstituentenfamilie von *Milch* als Kopfelement der Bias zugunsten der Komposition sehr hoch, weil alle lexikalisierten komplexen Verbindungen mit *Milch* morphologisch realisiert werden, z.B. *Trockenmilch*, *Sauermilch*, *Dickmilch*, *Magermilch*, *Vollmilch*, *Frischmilch*, *Rohmilch*. Sprecher realisieren, so die Vorhersage, eine neue lexikalische A+N-Einheit mit *Milch* als Kopfnomen höchstwahrscheinlich morphologisch und nicht phrasal.

Ausgehend hiervon sollten die Versuchspersonen der Produktionsstudie aus vorgegebenen Adjektiven und Nomen neue lexikalische Einheiten bilden. Es galt zu überprüfen, ob die Wahl der Form für die neuen Einheiten in Abhängigkeit von bestehenden, ähnlichen Verbindungen, d.h. in Abhängigkeit von der Konstituentenfamilie des Adjektivs bzw. Nomens erfolgt. Tatsächlich konnte solch ein Einfluss in der Studie für Phrasen und Komposita gleichermaßen nachgewiesen werden. Sprecher bilden sowohl phrasale als auch morphologische Benennungseinheiten – A+N-Phrasen sind also ein produktives Muster zur Bildung von Lexikoneinheiten – und sie stützen sich dabei (unbewusst) auf analogische Beziehungen, wobei der Einfluss der adjektivischen Modifikatorkonstituente stärker als der des Nomens ist. Die Studie bestätigt damit die wichtige Rolle von Konstituentenfamilien und analogischen Relationen bei der morphologischen Strukturbildung, wie sie bereits in anderen Studien hervorgehoben wurde. Gleichzeitig legen die Ergebnisse der Untersuchung nahe,

> [...] dass der Anwendungsbereich des Begriffes der Konstituentenfamilie, wie er aus der morphologischen Literatur bekannt ist, erweitert und über die traditionelle Morphologie-Syntax-Grenze hinaus ausgedehnt werden muss. Morphologische und syntaktische Familien können so gleichberechtigt nebeneinander stehen. (Schlücker 2014: 228)

Ein konstruktionsgrammatischer Rahmen ermöglicht diese Gleichberechtigung morphologischer und syntaktischer Familien, da nicht nur morphologische, sondern auch syntaktische Muster Teil des Lexikons sein und produktiv zur Bildung neuer Benennungseinheiten eingesetzt werden können.

Die historische Untersuchung der A+N-Verbindungen in der vorliegenden Arbeit bestätigt den Einfluss der Modifikator-Konstituente auf die Realisierungspräferenzen. Einige der Adjektive zeigen eine deutliche Präferenz für die Realisierung als Kompositum oder als Phrase, wobei diese größtenteils im gesamten Untersuchungszeitraum stabil sind. Andere Adjektive, die überhaupt erst im Laufe des Untersuchungszeitraums in der Benennungsbildung produktiv werden, entwickeln schnell ein typisches Präferenzmuster für die Phrasenbildung (in eingeschränktem Maße NL *vreemd*), für die Komposition (DE *fremd*) oder komplementär für beide Verfahren (DE *negativ*). Bei einer letzten Gruppe schließlich, die v.a. die Farbadjektive umfasst, sind beide Verfahren gleichermaßen produktiv und erlauben die Neubildung morphologischer und syntaktischer Einheiten. Insgesamt gesehen erlaubt das Wissen um die bisherigen lexikalisierten A+N-Verbindungen eines bestimmten Adjektivs also eine realistische Vorhersage bezüglich der Realisierung einer neuen Benennungseinheit. Sofern Wandelprozesse einsetzen, betreffen diese immer nur einzelne, nie aber alle Adjektive einer bestimmten Gruppe (etwa alle einsilbigen, alle monomorphemischen etc.). Diese Ergebnisse der historischen Untersuchung stützen also eine Sicht, in der der Aufbau grammatischer Strukturen auf der Basis (einzelner) lexikalischer Einheiten (hier: von Adjektiven) erfolgt und diese nicht kategorisch von der Strukturbildung getrennt werden dürfen. Eine grammatische Strukturbeschreibung allein aufgrund symbolischer, abstrakter Kategorien ist nicht in der Lage, die diachrone und auch synchrone Distribution der A+N-Verbindungen in realistischer Art und Weise zu beschreiben.

Außerdem muss auch von einer größeren Fragmentation des zu untersuchenden Bereiches ausgegangen werden, der eine kleinteiligere, differenzierte Beschreibung erfordert. So können beispielsweise große Ähnlichkeiten in Form und Bedeutung dazu führen, dass Benennungsinseln entstehen, die vom allgemeinen Präferenzmuster einzelner Adjektive abweichen. Ein Beispiel ist DE *geheim*, das gegenwärtig hauptsächlich in morphologischen Benennungseinheiten auftritt. Bis ins 19. Jahrhundert hinein konnte sich ein phrasales Muster mit Benennungen für Staatsämter mit der Kernphrase *geheimer Rat*: *geheimer Jus-*

tizrat, geheimer Kammerrat, geheimer Staatsrat sowie die Abwandlungen *geheimer Ratgeber* und *geheimes Ratskollegium* halten. Dies deutet ebenfalls auf die Adäquatheit eines analogischen Ansatzes.

Auch Ausnahmen können mit einem einheitlichen analogischen Mechanismus plausibler erklärt werden, da es sich nur um (z.T. sehr ausgeprägte) Präferenzen handelt, die die Realisierung einer Bildung höchstwahrscheinlich voraussagen, aber nicht unumstößlich machen. Selbst in Fällen wie *still*, in denen die Produktivität der Komposition als äußerst gering einzustufen ist, waren in den vergangenen drei Jahrhunderten sporadische morphologische Benennungsbildungen möglich (und sind es immer noch, vgl. DE *Stillarbeit*). Dies liegt u.a. daran, dass Sprecher nun einmal nicht nur Bildungen aufgrund rein struktureller Faktoren bilden, sondern auch andere Faktoren eine Rolle spielen, u.a. außersprachlicher Einfluss oder eine große formale bzw. semantische Übereinstimmung zwischen einem neuen Konzept und einer etablierten Benennung.

Bezüglich der rechten, nominalen Konstituente können keine weiteren Schlussfolgerungen gezogen werden, da Adjektive den Ausgangspunkt der Arbeit darstellen. Anhand eines Beispiels mit *schwarz* 'illegal, ohne behördliche Genehmigung' als Modifikator soll allerdings kurz die Plausibilität eines analogischen Ansatzes auch für die nominale Konstituente gezeigt werden. Bei Bildungen mit *schwarz* 'illegal' ist typisch, dass die meisten etablierten Konzepte entweder ausschließlich als Kompositum realisiert werden oder neben der phrasalen Variante auch eine morphologische Konkurrenzvariante existiert. Dies trifft insbesondere auf Verbindungen wie *schwarzes Geld – Schwarzgeld* und *schwarzer Markt – Schwarzmarkt* zu, bei denen sich zunehmend das Kompositum durchsetzt (vgl. Kap. 5.7.2), und auch auf die Dubletten *schwarzes Konto – Schwarzkonto*, zwei Verbindungen, die seit 1990 zunehmend häufiger im ZEIT-Korpus auftreten, vgl. Tabelle 6.1.

Tab. 6.1: Tokenfrequenzen *schwarzes Konto – Schwarzkonto* (ZEIT-Korpus, 1970–2009)

	schwarzes Konto	*Schwarzkonto*
1970–1979	0	1
1980–1989	2	0
1990–1990	11	3
2000–2009	35	18

Hier ist noch keine eindeutige Tendenz zugunsten einer Realisierungsform feststellbar, beide Formen konkurrieren miteinander. Im Vergleich dazu ist die Distribution bei *schwarze Kasse* eindeutig. Es gibt praktisch keine Belege für ein Kompositum *Schwarzkasse* im ZEIT-Korpus, vgl. Tabelle 6.2.

Tab. 6.2: Tokenfrequenzen *schwarze Kasse* vs. *Schwarzkasse* (ZEIT-Korpus, 1946–2009)

	schwarze Kasse	*Schwarzkasse*
1946–1949	0	0
1950–1959	4	0
1960–1969	12	0
1970–1979	4	0
1980–1989	49	1
1990–1990	34	0
2000–2009	223	0

Bei einem Blick auf andere Bildungen mit *Kasse* als Kopfkonstituente im ZEIT-Korpus fällt auf, dass A+N-Komposita zwar prinzipiell erlaubt sind, diese aber in der Mehrheit eine besondere Struktur aufweisen, vgl. die vollständige Liste aller A+N-Komposita mit *Kasse* als Bezugsnomen im ZEIT-Korpus (1946–2009):[67]

(181) *Alternativkasse, Billigkasse, Generalkasse, Großkasse, Kollektivkasse, Kommunalkasse, Nationalkasse, Primärkasse, Privatkasse, Regionalkasse, Schnellkasse, Sozialkasse, Spezialkasse, Zentralkasse*

Auffällig ist hier eine besondere Präferenz für zwei- und mehrsilbige Adjektive, die zumeist endbetont werden, eine morphologisch komplexe Struktur haben und als Lehnbildungen mit nicht-nativen Suffixen klassifiziert werden können. Es gibt hingegen nur drei Bildungen, die rein strukturell *Schwarzkasse* entsprechen, d.h. mit einem monomorphemischen Adjektiv auftreten: *Billigkasse, Großkasse* und *Schnellkasse*. Die Typefrequenz ist jedoch vergleichsweise niedrig.

Die weitgehende Etablierung von *schwarze Kasse* kann als Analogieeffekt des Kopfnomens gedeutet werden: Da *Kasse* i.d.R. nicht mit Adjektiven auftritt, die wie *schwarz* monomorphemisch sind, wird hier auf eine phrasale Bildung zurückgegriffen. Das zeigt wiederum, dass aufgrund unterschiedlicher analogi-

---

67 Die Bildungen *Agrar-, Bar-, Extra-, Online-, Solidar-, Sonderkasse* sind ebenfalls belegt, bleiben aber wegen des nicht eindeutigen adjektivischen Status des Erstglieds unberücksichtigt. Bei *Alternativ-* und *Kollektivkasse* ist auch eine strukturelle Interpretation als N+N-Kompositum denkbar.

scher Einflüsse oft keine systematische linguistische Beschreibung in Form einer generellen Regel möglich ist. Vielmehr muss die Beschreibung Variabilität und Gradienz zulassen:

> Rather than trying to make the exceptions regular (by changing their underlying structure), we might take a look at what the exceptions are telling us about the generalization. If analogy rather than symbolic rules are postulated for general patterns, exceptions from various sources are to be expected, because, for instance, particular items of high frequency may resist analogical change, or competing patterns can arise from specific instances [...]. (Bybee 2010: 73)

Dies ist nicht nur in synchroner Hinsicht relevant. Variabilität bedeutet auch, dass historische Entwicklungsprozesse nicht immer stringent in eine Richtung führen müssen. Die Konkurrenz zweier Konstruktionsschemata wie der A+N-Komposition und der A+N-Phrasenbildung muss nicht unausweichlich darauf hinauslaufen, dass eines der beiden Schemata obsolet wird. Eher lassen sich unterhalb dieser Ebene diverse Strukturbildungsprozesse ausmachen, die in die gleiche, aber auch in unterschiedliche Richtungen verlaufen können. Dabei kann es um lexikalisch teilspezifizierte Subschemata mit unterschiedlichen Realisierungspräferenzen handeln. Genauso gut kann es aber sogar um einzelne lexikalische Einheiten gehen, die als Modell im kleineren Umfang Einfluss auf die Bildung neuer Einheiten mit großen formalen und semantischen Ähnlichkeiten haben (z.B. bei Benennungsreihen wie *gelbe Karte – rote Karte – gelb-rote Karte*).

Im Übrigen kann ein analogischer Ansatz auch besser erklären, warum sich Kategorien nach Familienähnlichkeiten ausbreiten und nicht alle relevanten Strukturen zugleich betreffen (vgl. Bybee 2010: Kap. 5). So lässt sich sowohl für das Deutsche als auch das Niederländische annehmen, dass Benennungen von Teesorten, die nach dem Muster Farbadjektiv + *Tee* gebildet werden, seit ihrem Aufkommen in der Mitte des 19. Jahrhunderts in der Regel phrasal realisiert werden (also DE *schwarzer Tee, grüner Tee, weißer Tee* bzw. NL *zwarte thee, groene thee, witte thee* etc.). In den letzten Jahrzehnten haben sich allerdings im Deutschen (im Gegensatz zum Niederländischen) Konkurrenzbezeichnungen herausgebildet, die morphologisch realisiert werden, nämlich *Schwarztee* und *Grüntee*. Eine ernsthafte Rivalität zeichnet sich zurzeit vor allem bei *schwarzer Tee* ab, während die Entwicklung bei *grüner Tee* offener ist, vgl. Tabelle 6.3. In einigen Jahrzehnten könnte sich zeigen, ob zum einen *Schwarztee* die Phrase dominiert und zum anderen auch bei *grüner Tee – Grüntee* eine eindeutige Konkurrenzsituation eingesetzt hat. Wenn dies der Fall ist, spräche dies durchaus für die Ausbreitung eines spezifischen A+N-Musters über Familienähnlichkeiten und nicht für einen simultanen, abrupten Wandelprozess.

Tab. 6.3: Tokenfrequenzen *schwarz/grün + Tee* (ZEIT-Korpus, 1946–2009)

	schwarzer Tee	*Schwarztee*	*grüner Tee*	*Grüntee*
1946–1949	2	0	0	0
1950–1959	1	0	3	0
1960–1969	6	0	5	0
1970–1979	5	0	14	0
1980–1989	5	5	15	0
1990–1990	16	3	34	0
2000–2009	36	15	104	10
Gesamt	71	23	174	10

6.1.3 Analogischer Einfluss anderer Wortbildungsmuster

Relevant für die Distribution der A+N-Verbindungen könnten prinzipiell auch andere analogische Beziehungen im Wortschatz sein, die nicht direkt auf die Konkurrenz zwischen A+N-Phrase und A+N-Kompositum zurückzuführen sind. Dazu gehören die Rückbildungen, die bereits in Kapitel 2.4 zur Sprache kamen und ebenfalls zu einer Produktivitätsausweitung der Komposition beigetragen haben könnten. Rückbildungen sind „Derivation[en] [...] durch Tilgung oder Austausch eines Wortbildungssuffixes mit gleichzeitiger Transposition in eine andere Wortart" (Fleischer/Barz 1995: 51). Sie können in ihrer Oberflächenstruktur mit Komposita identisch sein, auch wenn sie nicht das Ergebnis eines Kompositionsprozesses sind (vgl. einführend Wilmanns 1899; Paul 1920a; Henzen 1965; Erben 2006). Rückbildungen wie beispielsweise *Lang-* oder *Sanftmut* lassen sich als „strukturelle Analogie" (Erben 2006: 40) begreifen, die durch „analoge sprachübliche Wortpaare, hier z.B. durch das Nebeneinander von *Großmut* und *großmütig*" (Erben 2003b: 95) gefördert wird. Bei den drei Bildungen *Großmut*, *Langmut*, *Sanftmut* ist der abweichende Artikelgebrauch (*die* statt *der Mut*) aus synchroner Sicht ein deutliches Zeichen dafür, dass sie nicht Ergebnis eines A+N-Kompositionsprozesses sind. Bei anderen Bildungen ist dies jedoch nicht offensichtlich. So wird *Kleinstadt* im Allgemeinen als Rückbildung des Adjektivs *kleinstädtisch* betrachtet, weil der Erstbeleg des Adjektivs zeitlich deutlich vor dem Erstbeleg des Nomens liegt; rein formal liegen hier jedoch keine Besonderheiten im Vergleich zu einer potenziell möglichen A+N-Komposition vor.

Die für den Bereich der A+N-Verbindungen relevanten Rückbildungen sind in erster Linie aus morphologisch komplexen Adjektiven mit der Struktur [[A + N] + Suffix]$_A$ (z.B. [[*kleinstädt*] + *isch*]$_A$ > *Kleinstadt*$_N$) entstanden, selbst ein sehr häufig vorkommendes Muster (vgl. Fleischer/Barz 1995: 257; für Bildungen auf *-ig*; für das Niederländische vgl. Booij 2002b: 158–161). Eine Wortbildung wird als Rückbildung eingestuft, wenn die komplexere adjektivische Bildung schon länger belegt ist. Ob die dadurch entstehende A+N-Verbindung als Kompositum gezählt werden kann, hängt dann von der Perspektive ab: Aus synchroner Sicht spricht nichts gegen eine Analyse als Kompositum, aus diachroner Sicht ist die Entstehung als Rückbildung aber insofern relevant, als dass etablierte Rückbildungen auch andere Wortbildungsmuster fördern können, wenn sie im Output die gleiche Struktur aufweisen (wie *Kleinstadt*, das rein formal einem A+N-Kompositum entspricht). Sie sind dann unabhängig von ihrer eigentlichen Entstehung potenzielle Vorbilder für analogische Neubildungen.

Die vorliegende Untersuchung hat dennoch nur wenige Beispiele für eindeutige Rückbildungen zu Tage gefördert. Tabelle 6.4 verzeichnet alle Rückbildungen im Deutschen und Niederländischen, die im Primärmaterial eindeutig identifiziert werden konnten. Dabei wurden diese Wortverbindungen nur dann als Rückbildungen klassifiziert, wenn ihnen im Wörterbuch eine komplexere Bildung zeitlich deutlich vorausgeht oder sie aufgrund eines Metakommentars des jeweiligen Verfassers als Rückbildung einzustufen sind.

Tab. 6.4: Rückbildungen im Deutschen und Niederländischen

Adjektiv	Deutsch	mögliche Quellen	Niederländisch	mögliche Quellen
kalt/koud	Kaltsinn	*kaltsinnig, Kaltsinnigkeit*	(–)	(–)
	Kaltblut	*kaltblütig, Kaltblütler*	koudbloed	*koudbloedig, koudbloedpaard*
tief/diep	Tiefsinn	*tiefsinnig, Tiefsinnigkeit*	(–)	*diepzinnigheid, diepzinnig, -lijk*
	(–)	(–)	diepploeg	*diepploegen* (V)

DE *Kaltsinn, Tiefsinn* und *Kaltblut* sind wohl aus komplexen Adjektiven entstanden. Im Niederländischen sind zwar Adjektive wie *diepzinnig* 'tiefsinnig', *eigenzinnig* 'eigensinnig' gängig, die entsprechenden Nomen sind allerdings komplexe Derivate (nämlich *diepzinnigheid, eigenzinnigheid* etc.). Mögliche Beispiele für Rückbildungen im Niederländischen sind *diepploeg* 'Pflug zum tiefen Umgraben', das auch als Konversion eines Verbs interpretiert werden kann, und *koudbloed* 'Kaltblut (Pferderasse)', das alternativ auch aus einem Autonomisierungsprozess der Erstkonstituente polymorphemischer Komposita heraus entstanden sein könnte (nämlich aus *koudbloedpaard* 'Kaltblut'+'Pferd' > *koudbloed*). Rückbildungen sind zumindest im vorliegenden historischen Primärmaterial eher peripher und höchstens lokal ein Modell für Neubildungen (so möglicherweise bei Bildungen mit *Sinn* im Deutschen).

Autonomisierungsprozesse sind ebenfalls selten. Neben *koudbloed*, das möglicherweise so entstanden ist, ist wohl für NL *diepzee* ein solcher Entstehungsprozess anzunehmen. *Diepzee* 'Tiefsee' erscheint deutlich später (erstmalig in Koenen 1966) als Verbindungen wie *diepzeefauna, diepzeeonderzoek, diepzeepeiling*, die bereits in Van Dale (1924) verzeichnet sind. Auch das WNT (DIEPZEE, 2001) geht davon aus, dass komplexe Bildungen mit *diepzee* als Modifikator dem Gebrauch als Simplex vorausgehen. Ähnliches könnte für DE *Kaltwasser* gelten, das zunächst in komplexen Verbindungen wie *Kaltwasserkur, Kaltwasserbehandlung* erscheint, bevor es auch als eigenständiges Lexem aufgeführt wird (erstmalig Brockhaus Wahrig 1980–1984). Allerdings führt das DWB (1873) bereits ein Lemma KALTWASSER und in der DBLK wird *Kaltwasser-Heilanstalt* nur zehn Jahre (1867) vor der ersten (und einzigen) Erwähnung von *Kaltwasser* (1880) verzeichnet. Eine einfache Chronologie aufgrund von Wörterbüchern ist also nicht ausreichend; intensive Korpusstudien müssten hier durchgeführt werden. Zugleich müssten auch potenzielle Einflussfaktoren wie der Gebrauch antonymischer Konzepte (z.B. *Warmwasser*) als Mustervorbild prinzipiell berücksichtigt werden.

Ein analogiegeleiteter Wandel auf Grundlage anderer Wortbildungen ist im Übrigen auch eine Möglichkeit für die zunehmende Verdrängung von *zwarte handelaar* durch *zwarthandelaar*. Wie in Kapitel 5.7.2 argumentiert könnte die zunehmende Dominanz von *zwarthandelaar* auch auf der großen Ähnlichkeit zu hochfrequenten, deverbalen Derivaten wie *zwartrijder* 'Schwarzfahrer', *zwartwerker* 'Schwarzarbeiter' beruhen. Dabei geht es aber nicht um Ähnlichkeiten in der Bildungsweise (die Annahme, dass *zwarthandelaar* eine Ableitung von *zwart handelen* ist, scheint aufgrund der niedrigen Frequenz der Verbalphrase eher unwahrscheinlich), die durch Regeln abgebildet würden. Vielmehr handelt es sich um Ähnlichkeiten im Output, die sowohl formaler als auch semantischer Art sind (formal: Bildung mit *zwart*, Nomen deverbales Derivat; semantisch: Bezeichnung einer Person, die eine verbotene Aktivität wiederholt ausübt). Dies könnte die Bildung und zunehmende Verbreitung der Wortbildung *zwarthandelaar* gegenüber der Phrase gefördert haben und unterstützt die Vorstellung, dass eine kategorische Trennung von Bildungsregeln und lexikalischen Einheiten sprachliche Kreativität und Wandel nicht adäquat abbilden kann.

6.1.4 Analogie und Konstruktionsgrammatik

Analogie als Strukturbildungsmechanismus wird in der CM – wie bereits beschrieben – nur am Rande behandelt und als lokales Phänomen verstanden (vgl. Booij 2010: 88–93), das sich auf Fälle großer Ähnlichkeit zwischen Ausgangs- und Zielbildung beschränkt (vgl. NL *angsthaas* 'Angsthase'- *paniekhaas* 'Panikhase'). Wenngleich angenommen wird, dass analogische Relationen auch an der Herausbildung abstrakter Bildungsstrukturen beteiligt sein können, werden produktive Strukturbildungsprozesse ausschließlich in Form von Schemata abgebildet, die die gemeinsamen Eigenschaften aller verwandten Konstruktionen repräsentieren, selbst aber lexikalisch unterspezifiziert sind. In Kapitel 4.5 wurden für die produktive Bildung (klassifikatorischer) A+N-Phrasen und A+N-Komposita entsprechende Schemata mit offenen Slots für lexikalische Einheiten modelliert. Durch *Unifikation*, d.h. durch Kombination der Schemata mit passenden Adjektiven und Nomen, werden die offenen Slots besetzt und entstehen neue Benennungseinheiten.

Problematisch bleibt, dass diese Annahmen keinerlei Aussage darüber erlauben, warum Sprecher ein spezifisches Konzept entweder phrasal oder morphologisch realisieren, da beide prinzipiell erlaubt sind. So können für den größten Teil der klassifikatorischen Verbindungen mit monomorphemischem Adjektiv allein mit Hilfe der modellierten Schemata diesbezüglich keine Vorhersagen erfolgen. Erst indem paradigmatische Analogie als strukturbildender Faktor mit einbezogen wird (und daraus auch eine Reihe produktiver Subschemata abgeleitet werden, vgl. Kap. 5.5), können genauere Aussagen über Realisierungspräferenzen getroffen werden (vgl. auch Schlücker 2014: 223 f.). Das (implizite) sprachliche Wissen des Sprechers umfasst dabei die morphologischen und phrasalen Schemata zur Bildung neuer klassifikatorischer A+N-Verbindungen, gleichzeitig aber auch das Wissen um die Ähnlichkeiten mit im eigenen Lexikon gespeicherten A+N-Komposita oder A+N-Phrasen und deren Frequenz. Auf dieses Wissen stützt sich der Sprecher bei der Wahl zwischen beiden Schemata (unbewusst). Mit Ähnlichkeiten ist in diesem speziellen Fall die Teilidentität der Adjektivkonstituente gemeint. Je mehr Einheiten im Lexikon eine bestimmte Adjektivkonstituente teilen, desto stärker ist deren Einfluss auf die formale Realisierung neuer Verbindungen mit genau diesem Adjektiv. Beispielsweise führt die hohe Typefrequenz gespeicherter phrasaler Verbindungen mit DE *still* gegenüber der zu vernachlässigenden Anzahl morphologischer Bildungen höchstwahrscheinlich dazu, dass eine neue A+N-Bildung mit DE *still* phrasal gebildet, während eine Bildung mit DE/NL *bitter* sehr viel eher morphologisch realisiert würde. Je mehr morphologische Verbindungen im mentalen Lexikon des Sprechers für *bitter* gespeichert sind, umso stärker wird das Schema für die A+N-Komposition aktiviert (da das Schema mit den gespeicherten Verbindungen über taxonomische Relationen verbunden ist, vgl. Abb. 4.5) und desto wahrscheinlicher ist die Realisierung einer Neubildung als Kompositum. All diese Vorhersagen lassen sich nicht aus den Schemata alleine ableiten. Vielmehr muss ein Mechanismus existieren, der das implizite sprachliche Wissen in Form gespeicherter lexikalischer Einheiten und ihren Verbindungen untereinander sowie zu den Schemata für die Strukturbildung verfügbar macht – und genau dieses leistet Analogie.

Die Annahme eines analogiegeleiteten Prozesses ergänzt die konstruktionsgrammatischen Prämissen zur Struktur des mentalen Lexikons also in idealer Weise, da das Lexikon genau so konzipiert ist, dass es die notwendigen Voraussetzungen für paradigmatisch-analogische Strukturbildungsprozesse bereitstellt:

1. Das Lexikon ist redundant, d.h., es beinhaltet nicht nur idiosynkratische Bildungen und abstrakte Schemata, sondern auch teilspezifizierte Subschemata und lexikalisch vollständig spezifizierte Konstruktionen, die hinreichend frequent sind.
2. Zwischen den Einheiten des Lexikons werden sowohl taxonomische als auch paradigmatische Relationen angenommen, die auf Teilähnlichkeiten und Vererbungshierarchien beruhen. Gespeicherte lexikalische Einheiten sind im Lexikon nicht nur mit anderen Einheiten, die Konstituenten teilen, vernetzt, sondern gleichzeitig auch mit den ihnen übergeordneten (teil-)abstrakten Schemata verbunden.

Die konstruktionsgrammatische Modellierung des sprachlichen Wissens eines Sprechers beinhaltet folglich genau das implizite Wissen über Typefrequenzen und Familiengrößen, das auch für analogisch-paradigmatische Prozesse relevant ist.

Umgekehrt profitiert die Diskussion um eine analogiegeleitete Strukturbildung auch von konstruktionsgrammatischen Annahmen, da in der CM nicht nur morphologische, sondern auch syntaktische teil- oder unterspezifizierte Konstruktionen angenommen werden, die produktiv eingesetzt werden. Die Rolle von Analogie wird in der Literatur bisher im Wesentlichen in Bezug auf morphologische Strukturbildung und morphologischen Wandel diskutiert (vgl. McMahon 1994; Hock 2003; Fertig 2013). Am Beispiel der A+N-Bildungen zeigt sich allerdings, dass analogiegeleitete Prozesse auch für syntaktische Strukturen angenommen werden können. Phrasale Bildungen wie DE *stille SMS* oder NL *geheim agent* sind dann nicht als lexikalisierte Einzelfälle zu beschreiben, sondern stellen das vorhersagbare Resultat eines produktiven Strukturbildungsprozesses dar, der ebenso bei den lexikalischen A+N-Phrasen zum Tragen kommt.

6.1.5 Fazit

Die Ergebnisse der historischen Untersuchung stehen im Einklang mit den Resultaten moderner psycholinguistischer Untersuchungen. Es gibt deutliche Hinweise darauf, dass die diachrone und synchrone Distribution der A+N-Verbindungen mit Hilfe eines (paradigmatischen) Analogie-Konzepts plausibel erklärt werden kann. Dabei stellt der Mechanismus Analogie eine essenzielle Ergänzung der theoretischen Beschreibung der A+N-Verbindungen dar: Eine konstruktionsgrammatische Beschreibung allein erlaubt zwar, phrasale und morphologische Verbindungen gleichermaßen als Resultat produktiver Strukturbildungsprozesse zu beschreiben, kann aber letztlich keine Aussage darüber treffen, wie die tatsächlichen Realisierungspräferenzen der Sprecher – sowohl historisch als auch in der Gegenwartssprache – zustande kommen.

Die Rolle von Analogie wurde hier in Hinblick auf eine mögliche Variable, nämlich in Bezug auf das Adjektiv als Erstglied, untersucht. Nicht nur in synchroner, auch in diachroner Hinsicht zeigt sich, dass bestehende Realisierungspräferenzen beim Adjektiv eine wichtige Rolle bei der Bildung neuer A+N-Benennungseinheiten spielen. Einerseits werden etablierte „Mehrheitsverhältnisse" fortgeschrieben, da die Bildungspräferenzen einzelner Adjektive über den Untersuchungszeitraum hinweg stabil bleiben (vgl. die konstanten Präferenzen bei Verbindungen mit DE *bitter* oder *still/stil*). Abweichende Fälle (wie DE *Stillarbeit*) bleiben dennoch möglich, da es sich immer nur um Wahrscheinlichkeiten handelt und andere Faktoren ebenfalls Einfluss auf die Realisierungspräferenz nehmen können (vgl. Kap 6.2–6.5). Andererseits sorgen aber Adjektive, die sowohl in phrasalen als auch morphologischen Benennungen auftreten, dafür, dass kein deutlicher Entwicklungsprozess stattfindet und beide Konstruktionsmuster produktiv bleiben.

Das Adjektiv ist aber nur eine – wenn auch sehr wichtige – Einflussvariable. Es wurde beispielsweise für *schwarze Kasse* gezeigt, dass diese phrasale Verbindung relativ stabil ist, während für andere Verbindungen mit *schwarz* 'illegal' auch morphologische Verbindungen eine Alternative darstellen (vgl. *Schwarzmarkt, Schwarzgeld, Schwarzkonto*). Hier müssen noch andere Faktoren relevant sein. Für *schwarze Kasse* kann vermutet werden, dass die Nominalkonstituente hier eine größere Rolle spielt, da morphologische A+N-Verbindungen mit *Kasse* als Kopfnomen sehr viel häufiger mit morphologisch und phonologisch komplexen Adjektiven realisiert werden, während monomorphemische Adjektive nur selten Erstglied eines A+N-Kompositums mit *Kasse* sind. Bei den Verbindungen *geheimer Justizrat* etc. könnte – abgesehen von den formalen und semantischen Parallelen mit *geheimer Rat* – auch die morphologische Komplexität der nominalen Konstituente (*Justizrat, Kammerrat, Staatsrat*; *Ratgeber, Ratskollegium*) die

Phrasenbildung fördern. Neben der Variable „adjektivisches Erstglied" müssen folglich noch andere Faktoren für die Realisierung von A+N-Verbindungen als Phrase oder Kompositum verantwortlich sein und dementsprechend untersucht werden. Dazu gehören in jedem Fall Univerbierungsprozesse, d.h. die allmähliche Verdrängung phrasaler durch morphologische Einheiten, wie im folgenden Abschnitt genauer diskutiert wird.

6.2 Trend zur Univerbierung im Deutschen

Die Entwicklung der Konkurrenz lexikalischer Dubletten, die in Kapitel 5.7 beschrieben wurde, kann als Beweis für die von Erben als historische Tendenz beschriebene Univerbierung im Deutschen (Erben 2003a, 2006) gelten:

> Eine genauere historische Aufarbeitung der Kompositionstypen wird zeigen, wie sich das Verhältnis zwischen s y n t a k t i s c h e r G r u p p e n b i l d u n g und W o r t b i l d u n g im Laufe der Sprachgeschichte zugunsten der Wortbildung, d.h. zur U n i v e r b i e r u n g […] und zum bevorzugten Aufbau k o m p l e x e r W ö r t e r hin verschiebt. (Erben 2006: 141 f.; Hervorhebung im Original)

Zunächst soll der Begriff der 'Univerbierung' als solcher erklärt werden (vgl. Kap. 6.2.1), da er in der Fachliteratur unterschiedlich definiert wird. Danach wird kurz diskutiert, ob Univerbierungsprozesse möglicherweise eher auf einen Bedeutungswandel schließen lassen, d.h., dass Phrase und Kompositum gar nicht die gleiche Bedeutung bzw. Funktion haben (vgl. Kap. 6.2.2). Schließlich geht es um die Rolle polymorphemischer Komposita bei der Verdrängung etablierter Phrasen durch Komposita als einem die Univerbierung begünstigenden Faktor im Deutschen (vgl. Kap. 6.2.3).

6.2.1 Der Begriff 'Univerbierung'

'Univerbierung' wird in dieser Arbeit als eine im gesamten Sprachsystem ablaufende, zunehmende Verdrängung phrasaler Einheiten durch komplexe morphologische Bildungen definiert. Eine abweichende Definition des Begriffs findet sich bei Jacobs:

> […] verstehe ich unter Univerbierung […] eine diachrone Entwicklung, bei der […] eine syntaktische Konstituentengrenze zwischen direkt adjazenten Ausdrücken eliminiert oder unter die Grenze des Einflußbereichs syntaktischer Prozesse und Gesetze verschoben wird […]. (Jacobs 2005: 106)

Hiermit sind ursprüngliche Phrasen wie DE *Langeweile* oder NL *hogeschool* gemeint, die im Laufe der Zeit morphologische Merkmale erworben haben.

Zuweilen scheint der Begriff auch als Oberbegriff oder Synonym für Komposition und Inkorporation verwendet zu werden (vgl. z.B. Möhn 1986; Motsch 2004), wogegen sich Gallmann (1999) allerdings ausdrücklich ausspricht. Ihm zufolge bezeichnet Univerbierung einen diachronen Prozess, bei dem „eine komplexe syntaktische Einheit zu einer einfacheren syntaktischen Einheit uminterpretiert (oder 'reanalysiert') wird. Die formale Komplexität bleibt dabei vorerst erhalten; die reanalysierte Einheit ist dann zwar nicht mehr syntaktisch, wohl aber noch morphologisch komplex" (ebd.: 294). Kritik an der Gleichstellung von Inkorporation und Univerbierung findet sich auch bei Fuhrhop (2007: 156).

Den Prozess, den Jacobs und Gallmann Univerbierung nennen, bezeichnet Heinle (1993) als Zusammenrückung.

> Genetisch ist an eine Kette von Syntagma – Zusammenrückung – Zusammensetzung – Ableitung zu denken [...]. Die Zusammenrückung wäre demnach ein Stadium auf dem Weg zur Zusammensetzung, in dem Begriffskonsolidierung [...] wie auch bei Wortgruppenlexemen des Typs *das Rote Meer* oder *die Hohe Schule* bereits stattgefunden hat, eine ausdrucksseitige Anpassung in den Akzentverhältnissen und in der Zusammenschreibung [...] aber noch nicht gefestigt sein muß [...]. Es handelt sich demnach um einen Transfer von der syntaktischen zur morphologischen Ebene, aber noch nicht – wie bei Komposition und Affigierung – um einen kombinatorischen Wortbildungsprozeß, für den außerdem reihenhaftes Auftreten charakteristisch ist. (Heinle 1993: 78)

In dieser Arbeit wird ebenfalls der Begriff der 'Zusammenrückung' verwendet, um auf Phrasen zu verweisen, die eine spezialisierte Bedeutung und einige morphologische Eigenschaften erworben haben (wie z.B. Erstgliedbetonung, Flexionslosigkeit, Besonderheiten in der Diminutivbildung etc.). Der Begriff der Univerbierung wiederum wird im Sinne Erbens verstanden als eine „strukturelle Tendenz [...], d.h. das Bestreben, statt einer umständlichen, mehrgliedrigen Zeichenkette ein einziges komplexes Wort als grammatischen Baustein im Satz und als Benennung der bezeichneten Sache zu gewinnen" (Erben 2006: 25).[68] Univerbierung stellt eine historische Tendenz dar, nach der syntaktische Einheiten zugunsten komplexer morphologischer Einheiten verdrängt werden. In diesem Sinne sind Univerbierung und Zusammenrückung zwei voneinander prinzipiell getrennt zu betrachtende Konzepte.

---

68 Erben ist zugegebenermaßen selbst nicht immer eindeutig in seiner Terminologie, vgl. z.B. Erben (2006: 141), wo Univerbierung auch als 'Zusammenrückung' gelesen werden kann und dann den genannten Definitionen von Gallmann, Jacobs u.a. entspricht.

Dennoch existieren Berührungspunkte. Dies betrifft erstens die Entstehung neuer Wortbildungsmuster aus Zusammenrückungen syntaktischer Phrasen, wie es beispielsweise für die Entwicklung der uneigentlichen Komposition im Deutschen und auch Niederländischen angenommen wird (vgl. zusammenfassend Nübling et al. 2010 bzw. van Bree 1996). Die uneigentliche (nominale) Zusammensetzung mit Fugenelementen wie in DE *Sonne-n-schein*, NL *aardbei-en-jam* 'Erdbeermarmelade' ist das Ergebnis eines Wandelprozesses bei lexikalisierten Nominalphrasen mit vorangestelltem Genitivobjekt (vgl. Erben 2006: 142). Die Kasuselemente, die ursprünglich den Genitiv markieren, verlieren im Zuge der Lexikalisierung ihre grammatische Funktion und werden als Fugenelemente reinterpretiert. Diese Fugenelemente (v.a. *-s-*, *-e-*, *-en-*, vgl. Krott et al. 2007) treten dann auch in solchen N+N-Kombinationen auf, in denen sie überhaupt keine mögliche Flexionsendung des Erstgliedes darstellen können (z.B. *Liebeserklärung*). Zusammenrückungsprozesse können also auch für die Wortbildung im engeren Sinne unmittelbare Konsequenzen haben (vgl. auch Kap. 6.3 für die Distribution der A+N-Verbindungen im Zusammenhang mit Wandelprozessen in der Flexionsmorphologie).

Bachs Ausführungen in seiner Geschichte der deutschen Sprache weisen auf eine mögliche chronologische Entwicklung im Deutschen von der Zusammenrückung zur Univerbierung hin. Demnach sei es zwischen dem 14. und dem Beginn des 17. Jahrhunderts zunächst vor allem zu Zusammenrückungsprozessen gekommen:

> Als energischer durchgeführte Neuerung der Wortbildung dürfen wir die uneigentl. oder unechte Zus.setzung erwähnen. In ihr stehen im Gegensatz zur älteren eigentl. oder echten Zus.setzung [...] die ersten Glieder in syntakt. Abhängigkeit von den zweiten. So wächst z.B. der attributive Genit. mit dem Dingwort zusammen, von dem er abhängig ist (*des Waldes Ruhe* > *Waldesruhe* [...]); oder ein ursprünglich selbständiges Adj. schließt sich mit seinem Dingwort zur Einheit zusammen (*das sauer Kraut* > *Sauerkraut*; *das wild Schwein* > *Wildschwein*). (Bach 1965: 231 f.)

Danach spielen laut Bach jedoch vor allem Ersetzungsprozesse eine Rolle:

> Vor allem seit dem 18. Jh. hat man längere Bildungen durch kürzere ersetzt [...]. Ältere Bildungen aus Eigenschafts- und Dingwort werden nun gern zu einer Worteinheit vereinigt: *der edle Stein* (Luther) zu *Edelstein*, *das feste Land* zu *Festland* (Campe, 1813), *fremde Wörter* zu *Fremdwörter* (J. Paul, 1819), *die jetzige Zeit* zu *Jetztzeit*, *der schöne Geist* (für *bel esprit*, noch bei Thomasius, 1687) zu *Schöngeist*, *die neue Zeit* zu *Neuzeit*, *die große Macht* zu *Großmacht* (1691), *der falsche Münzer, Spieler* zu *Falschmünzer, Falschspieler*. Nicht ganz mit diesen Beispielen stimmt die Kürzung überein in *das mittlere Zeitalter* zu *Mittelalter*, *die nachgeborene Welt* zu *Nachwelt* (Zesen, 1648), *der kaiserliche Schnitt* zu *Kaiserschnitt* (18. Jh.). (Bach 1965: 303)

An die Stelle der Zusammenrückungen treten Univerbierungsprozesse im oben genannten Sinne, d.h. Verdrängungsprozesse auf Kosten syntaktischer Bildungen. Bach datiert diesen Prozess auf den Zeitraum nach dem 18. Jahrhundert, er nennt allerdings keine empirischen Untersuchungen zu dieser Entwicklung. Die in dieser Arbeit erhobenen historischen Daten belegen den Trend zur Univerbierung seit 1700 in jedem Falle deutlich.

Ein zweiter Berührungspunkt zwischen Univerbierung und Zusammenrückung ist methodischer Art und betrifft die Analyse der Daten. So ist nicht in allen Fällen zu entscheiden, ob es sich um einen Verdrängungsprozess oder um eine Zusammenrückung handelt. Bach (1965: 231 f.) zählt beispielsweise *Sauerkraut* und *Wildschwein* als Zusammenrückungen, die aus den mit Schwa-Apokope auftretenden Phrasen *das sauer Kraut* bzw. *das wild Schwein* entstanden seien (die attributive Adjektivflexion ist erst nach 1600 obligatorisch geworden, vgl. Kap. 6.3.1). Rein formal ist die Unterscheidung jedoch zumindest für ältere Quellen nicht mehr möglich, da der Wegfall der Flexion und das nicht eindeutig nachweisbare Betonungsmuster der Verbindung die Identifikation als (zusammen geschriebene) Phrase oder (getrennt geschriebenes) Kompositum nicht erlaubt (heutzutage weisen sie eine kompositumstypische Betonung auf). Ähnlich problematisch sind niederländische A+N-Phrasen mit Schwa-Apokope. Die häufiger vorkommende Zusammenschreibung in schriftlichen Quellen wie beispielsweise bei *roodkoper* 'Rotkupfer' oder *Roodkapje* 'Rotkäppchen' verleitet schnell zu einer Interpretation als Kompositum (vgl. noch einmal Kap. 5.4), obwohl es sich in beiden Fällen um Phrasen ohne Flexionsendung handelt.

6.2.2 Univerbierung durch Idiomatisierung?

Grundsätzlich besteht die Möglichkeit, dass vermeintliche Univerbierungsprozesse eher auf eine Bedeutungsentwicklung schließen lassen, d.h., dass eine neue Wortbildung gegenüber der Phrase eine andere Bedeutung hat und damit keine vollständige Identität bezüglich des zugrundeliegenden Konzepts und der Funktion der Phrase bzw. des Kompositums vorliegt (dies gilt natürlich auch für den Fall, dass ein Kompositum durch eine Phrase ersetzt wird). Der Univerbierungsprozess wäre dann nur scheinbar.

Festzustellen, ob Phrase und Kompositum die gleiche Bedeutung haben, war eines der größten methodischen Probleme in der Datenerhebung. Daher wurden – wie bereits in Kapitel 5.7 geschildert – Phrasen und Komposita nur dann als Dublettenpaare betrachtet, wenn (1) aufgrund der Bedeutungsbeschreibungen im Wörterbuch anzunehmen ist, dass Phrase und Kompositum in ihrer Bedeutung identisch sind, und (2) der Benennungsstatus als solcher (durch metasprachliche Kommentare, nicht-kompositionale Bedeutung der Verbindung etc.) zumindest in einem Teil der Quellen gegeben ist. Beispielsweise ist für das Paar *rotes Gold – Rotgold* erst im 20. Jahrhundert eine Konkurrenzsituation anzunehmen, die mit der alleinigen Behauptung des Kompositums gegenwärtig entschieden scheint. Noch im 19. Jahrhundert aber war die Phrase *rotes Gold* eine Kollokation, da *rot* ursprünglich die typische Farbbezeichnung für Metalle und Gesteine war (vgl. Heyne 1890–1895: ROT). Erst später kam es zu einer Konkurrenzsituation, in der sowohl Phrase als auch Kompositum die gleiche Bedeutung trugen, nämlich 'Gold-Kupfer-Legierung'. Darüber hinaus sind Idiomatisierungs- bzw. Bedeutungsveränderungsprozesse möglich, sobald eine der beiden Verbindungen etabliert ist. So konkurrierten *schwarzes Holz* und *Schwarzholz* in der Bedeutung 'Nadelholz' zunächst miteinander, ohne dass sich im Primärmaterial eine Verbindung langfristig durchsetzen konnte. Phrase und Kompositum verschwinden beide nach dem 19. Jahrhundert aus den Wörterbüchern. Im Brockhaus Wahrig (1980–1984) wird *Schwarzholz* erneut verzeichnet, jedoch als Bezeichnung eines anderen Konzeptes 'Ebenholz'. Damit liegt hier aber kein Fall von Univerbierung im Sinne eines Verdrängungsprozesses vor.

Die Grundlage dafür, dass Phrasen und Komposita Ähnliches bezeichnen können und Univerbierungsprozesse möglich sind, selbst wenn eine der Formen bereits als etabliert gilt, ist, dass sie in den meisten Fällen die gleiche Modifikator-Kopf-Struktur aufweisen und klassifikatorische Verbindungen wie z.B. *Kleinkind* sich ungefähr als *kleines Kind* paraphrasieren lassen, ohne dass dadurch die Verständigung beeinträchtigt ist (vgl. Willems 2001: 148). Phrase und Kompositum sind im kommunikativen Austausch oft austauschbar, wenn die Semantik der Bildungen relativ transparent ist, nur eine geringe Bedeutungsspezialisierung vorliegt und Adjektiv und Nomen in einer direkten Modifikationsrelation zueinander stehen (z.B. *kleines Geld* für *Kleingeld* 'Geldmünzen zum Zahlen kleinerer Beträge oder zum Wechseln'). Dass dies prinzipiell auch für die umgekehrte Richtung von der Phrase hin zum Kompositum gelten kann, sollte angesichts der hohen Anzahl an Ad-hoc-Komposita im Deutschen nicht überraschen (vgl. Bildungen im ZEIT-Korpus wie *Schwarzliste* anstelle der lexikalisierten Wendung *schwarze Liste*). Warum sich eine spezifische Form dann aber festsetzt und ausbreitet, ist eine andere Frage. Ein Faktor, der den Verdrängungsprozess begünstigen könnte, wird im folgenden Abschnitt vorgestellt.

6.2.3 Komplexe Nominalphrasen

Das Deutsche ist bekannt für ausgeprägte synthetische Tendenzen in der Nominalphrase, die im Laufe der Jahrhunderte immer mehr zugenommen haben. Dies betrifft den Ausbau des pränominalen Feldes (vgl. von Polenz 1994: 271–274; Härd 2003: 2573 f.), aber auch die Zunahme polymorphemischer Komposita im Neuhochdeutschen (vgl. Erben 2003a: 2528).

Der Grad an formaler Komplexität im pränominalen Bereich der Nominalphrase kann Auswirkungen auf die Realisierung von A+N-Verbindungen haben (vgl. Fleischer 1979; Willems 1990; Schlücker/Hüning 2009). So ist eine Mehrfachattribuierung des Nomens ein möglicher Faktor für Komprimierungsprozesse, wobei ein Adjektiv als syntaktischer, ein anderes als lexikalischer Modifikator verwendet wird, vgl. die beiden Beispiele in (182) aus Schlücker/Hüning (2009: 227):

(182) a. tief beeindruckende Sakralmusik
       b. alte buddhistische sakrale Musik

Schlücker und Hüning zeigen anhand einer Analyse der Treffer für die bedeutungsgleichen *Sakralmusik* und *sakrale Musik* in DeReKo (mit mehr als zwei Milliarden Tokens), dass beim Auftreten komplexer pränominaler Modifikatoren deutlich häufiger Komposita wie in (182a) als Phrasen wie in (182b) anzutreffen sind. Bei 56 von 147 Komposita in DeReKo kommen komplexe pränominale Modifikatoren vor, gleichzeitig ist dies aber nur bei 8 von 175 Phrasen der Fall (vgl. Schlücker/Hüning 2009: 226 f.). Vgl. auch das folgende Beispiel:

(183) a. „Grüner Tee mit Ingwer, biologisch angebaut und frisch aufgebrüht"
           (Etikett auf der Vorderseite des Erfrischungsgetränks *ChariTea*)
       b. „Erfrischungsgetränk aus direkt aufgebrühtem Grüntee und Ingwer"
           (Etikett auf der Rückseite der gleichen Flasche)

Die ausführliche Korpusstudie von Roth (2014) bestätigt anhand quantitativer Studien, dass vorangestellte Adjektive tatsächlich einen signifikanten Effekt haben und Phrasen dann zugunsten entsprechender Komposita vernachlässigt werden. Was das Niederländische betrifft, ist die Mehrfachattribuierung vor dem Kernnomen ebenso erlaubt, allerdings wurde diese in der bisherigen Forschungsliteratur nicht in Hinblick auf eventuelle kompositionsfördernde Effekte hin untersucht. Dass die Ad-hoc-Bildung von A+N-Komposita im Niederländischen im Vergleich zum Deutschen seltener vorkommt (vgl. Kap. 5.2), kann ein Hinweis darauf sein, dass komplexe pränominale Slots nicht unbedingt zu Komprimierungsprozessen führen müssen. Sie stellen allerdings auch im Deutschen keine Notwendigkeit, sondern nur eine Strukturmöglichkeit dar.

Gleiche strukturelle Voraussetzungen haben das Deutsche und das Niederländische auch in Bezug auf komplexe Komposita mit einer Nominalphrase als Modifikatorkonstituente. In beiden Sprachen sind Phrasen als Erstglieder in komplexen Wortbildungen zulässig (vgl. für das Deutsche Lawrenz 1996 und Meibauer 2003; für das Niederländische Booij 2002b und de Haas/Trommelen 1993):

(184) DE
    a. *Graue-Maus-Phase*
    b. *Saure-Gurken-Zeit*
    c. *Rote-Linsen-Suppe*

(185) NL
    a. *hete-lucht-ballon* 'Heißluftballon'
    b. *blindedarmontsteking* 'Blinddarmentzündung'
    c. *zwartgeldcircuit* 'Schwarzgeldkreislauf'

Das Flexionssuffix und die (Haupt-)Betonung auf dem Nomen belegen den phrasalen Status des Erstgliedes. Bei Fällen wie *zwartgeldcircuit* wird das Adjektiv nicht flektiert, da das Bezugsnomen *geld* Neutrum ist und damit in Verbindungen ohne bestimmten Artikel kein flektiertes Adjektiv verlangt. Die Betonung zeigt aber an, dass es sich um eine Phrase handelt (nämlich *zwartgéldcircuit*). Die Beispiele zeigen, dass die No-Phrase-Restriktion, wonach „lexical rules do not apply to syntactic phrases to form morphologically complex words" (Botha 1984: 137), nicht gültig ist.[69]

Konkurrieren Phrase und Kompositum bei der Bezeichnung desselben Konzepts, können beide Varianten als Erstglied in komplexen Wortbildungen auftreten. So ist im Deutschen beispielsweise möglich:

(186) a. *Grüner Tee – Grüne(r)-Tee-Aroma*
      b. *Grüntee – Grünteearoma*

(Belegte) Beispiele für das Niederländische zu finden, ist hingegen schwierig. Zwar gibt es gegenwartssprachlich einige Dubletten, z.B. die bereits genannten Bildungen mit *zwart* (*zwarte handel – zwarthandel, zwarte handelaar – zwarthan-*

---

69 Botha, basierend auf Aronoff (1976), bezieht sich allerdings nur auf die Derivation und lässt die Komposition außen vor.

delaar). Sie sind aber insgesamt viel seltener als im Deutschen. Im LEXNEX-Korpus finden sich zwei Beispiele für komplexe Bildungen mit *witbrood* bzw. *wittebrood* 'Weißbrot' und dem Nomen *kruim* 'Krümel, Brösel':

(187) a. peper en zout
           olie om te bakken [...]
           100 gram vers **witbroodkruim** [...] (LC, 16.12.2009)
       b. Christmas pudding (voor 2 puddingen [...])
           50 g zelfrijzend bakmeel (gezeefd)
           110 g **wittebroodkruim** [...] (NRC, 3.12.2009)

Die Verbindung *wittebrood* ist allerdings keine typische Phrase, sondern bereits eine Zusammenrückung, da die Hauptbetonung auf dem Adjektiv liegt (also eine für Komposita typische Eigenschaft). Zudem scheint bei beiden Formen eher eine Arbeitsteilung in Bezug auf polymorphemische Bildungen aufzutreten: Während *wittebrood* in erster Linie in der lexikalisierten Verbindung *wittebroodsweken* 'Flitterwochen' auftritt, kommt *witbrood* vor allem in Bildungen wie *witbroodmix* '-mix', *witbrooddeeg* '-teig', *witbroodmeel* '-mehl' vor. Für die derzeitig nebeneinander verwendeten Dubletten mit *zwart* sind im LEXNEX-Korpus keine vergleichbaren Verwendungsbeispiele in polymorphemischen Komposita des Niederländischen zu finden. Derartige Wortbildungen scheinen also deutlich seltener zu sein. Wenn sie dennoch verwendet werden, bleiben sie oft ambig, da meist A+N-Verbindungen mit einem *het*-Nomen in der Modifikatorposition auftreten (wie bei *zwartgeldcircuit*). Hier erscheint in einer komplexen Wortbildung aber keine Flexionsendung, so dass aufgrund des schriftlichen Sprachgebrauchs allein nicht entschieden werden kann, ob es sich um die Struktur $[[A + N]_{NP} + N]_N$ oder um die Struktur $[[A + N]_N + N]_N$ handelt.

Charakteristisch für das Deutsche ist nun, dass es – sobald für ein Konzept sowohl eine morphologische als auch eine syntaktische Form etabliert sind und das Konzept oft in polymorphemischen Komposita gebraucht wird – eine sehr deutliche Tendenz gibt, wonach das Kompositum, nicht aber die Phrase als Erstglied auftritt, vgl. Beispiele aus dem ZEIT-Korpus:

(188) a. *Schwarzteearoma, Schwarzteekunst*
       b. *Bittermandelöl, Bittermandelton, Bittermandelhecke, Bittermandelgeruch, Bittermandelparfüm, Bittermandelaroma* (auch mit Bindestrich)

Polymorphemische Komposita mit einer Phrase als Erstglied oder Nominalphrasen mit einem phrasalen Genitiv- bzw. Präpositionalobjekt sind hier zwar strukturell ebenso denkbar (*Schwarzer-Tee-Aroma/Aroma des schwarzen Tees, Bittere-Mandel-Öl/Öl der bitteren Mandel* etc.), kommen aber kaum vor.

Anhand dreier Fallstudien soll im Folgenden gezeigt werden, dass die Präferenz für Komposita in polymorphemischen Wortbildungen selbst dann vorhanden ist, wenn die Phrase für die Benennung des Kernkonzepts an sich bevorzugt wird. Die im Folgenden vertretene These ist, dass diese Präferenz im Laufe des Untersuchungszeitraums wiederholt die Verwendung des morphologischen Erstglieds als autonome Benennungseinheit gefördert und zur langfristigen Verdrängung etablierter phrasaler Benennungseinheiten durch bedeutungsgleiche Komposita geführt hat.

Schwarzer Markt – Schwarzmarkt

Das erste Beispiel bezieht sich auf die bereits häufiger genannte Konkurrenz zwischen *schwarzer Markt* und *Schwarzmarkt*. Hier können sogar quantitative Daten den Wandelprozess belegen. Die Phrase hat im ZEIT-Korpus zunächst eine sehr hohe Tokenfrequenz, das Kompositum gewinnt aber allmählich an Terrain und verdrängt die Phrase schließlich weitgehend. Dies ist insofern erstaunlich, als dass aufgrund der hohen Tokenfrequenz die Phrase im mentalen Lexikon doch relativ stark verankert sein sollte.

Ein plausibler Grund könnte – wie in Tabelle 6.5 ersichtlich – die hohe Frequenz polymorphemischer Komposita mit *Schwarzmarkt-* als Erstglied sein. Diese sind bereits in den 1940er Jahren im Vergleich zu dem alleinigen A+N-Kompositum sehr frequent, vgl. *Schwarzmarktpreis, Schwarzmarkthandel, Schwarzmarktwährung, Schwarzmarktkurs* etc. Die Phrase *schwarzer Markt* kommt hingegen kein einziges Mal als Erstglied in einem polymorphemischen Kompositum vor.

Tab. 6.5: Tokenfrequenzen *schwarzer Markt – Schwarzmarkt* als Erstglied
(ZEIT-Korpus, 1946–2009)

	schwarzer Markt	als Erstglied	*Schwarzmarkt*	als Erstglied
1946–1949	158	0	19	53
1950–1959	48	0	26	33
1960–1969	39	0	18	36
1970–1979	91	0	48	55
1980–1989	77	0	196	94
1990–1990	41	0	232	68
2000–2009	14	0	193	41

Möglicherweise hat das Vorkommen der komplexen Verbindungen mit *Schwarz-markt-* den Verdrängungsprozess von *schwarzer Markt* zu *Schwarzmarkt* gefördert (vgl. auch Fleischer 1997: 18).

Die Tendenz zu polymorphemischen Komposita mit einer morphologischen Konstituente lässt sich auch bei *schwarze Kasse* beobachten (vgl. Tab. 6.6), allerdings ist sie hier deutlich schwächer ausgeprägt. Neben *Schwarzkassenbuch*, *Schwarzkassen-Kohl*, *Schwarzkassen-Sünder*, *Schwarzkassenwarte* werden auch Phrasenkomposita verwendet, nämlich *Schwarze-Kassen-Affäre*, *Schwarze-Kassen-System*, *Schwarze-Kassen-Sumpf*, *Schwarze-Kassen-Drama*. Dabei fällt auf, dass erstens insgesamt nur sehr wenige polymorphemische Komposita existieren und es sich zweitens nur um Hapaxe handelt, die nicht lexikalisiert sind. Bei polymorphemischen Komposita mit *Schwarzmarkt* als Erstglied treten hingegen 94 verschiedene Types mit einer Tokenfrequenz von insgesamt 446 Treffern auf, das Muster ist also im Vergleich zu *Schwarzkasse-* gut etabliert. Dies kann ein Hinweis darauf sein, dass die Menge an Types und die Gesamtfrequenz polymorphemischer Komposita mit morphologischer Erstkonstituente eine wichtige Rolle im Univerbierungsprozess spielen.

Tab. 6.6: Tokenfrequenzen *schwarze Kasse – Schwarzkasse* als Erstglied (ZEIT-Korpus, 1946–2009)

	schwarze Kasse	**als Erstglied**	*Schwarzkasse*	**als Erstglied**
1946–1949	0	0	0	0
1950–1959	4	0	0	0
1960–1969	12	0	0	0
1970–1979	4	0	0	0
1980–1989	49	0	1	1
1990–1990	34	1	0	0
2000–2009	223	3	0	3

bittere Mandel – Bittermandel

Auch bei der Etablierung von *Bittermandel* scheint die Verwendung in polymorphemischen Komposita der Verwendung als autonome Bezeichnung vorauszugehen. In keinem der DELEX-Lexika (Zeitraum 1809–1906) kommt das Kompositum als eigenständige Einheit vor. Stattdessen gibt es ab Pierer (1857–1865) unzählige Treffer für *Bittermandelöl* und *Bittermandelwasser*, ferner auch für *Bittermandel-*

geruch, *Bittermandelkern*, *Bittermandelbaum*, *Bittermandelgeschmack* und die beiden Adjektivbildungen *bittermandelähnlich* und *bittermandelartig*.

Wird ausschließlich auf das Konzept der Erstkonstituente Bezug genommen, wird die Phrase verwendet:

(189)   **Bittermandelöl** (*Oleum amygdalarum amararum*, Chem.), ist ein Zersetzungsproduct des Amygdalins, eines in den **bitteren Mandeln** vorkommenden Stoffes, unter dem Einflusse von kaltem Wasser u. einem eigenthümlichen Ferment, Emulsin od. Synaptase. (Pierer 1857–1865: Bittermandelöl)

Das DWB (Goldpapier, 1958) verzeichnet in einem Zitat von Friedrich Hebbel (1813–1863; das Zitat selbst ist nicht datiert) ein einziges Mal *Bittermandel*, als eigenständiges Lemma kommt es im Primärmaterial jedoch erst im Brockhaus Wahrig (1980–1984) vor.

Es wird hier also in polymorphemischen Bildungen ein morphologisches Erstglied bevorzugt, obwohl die Phrase die dominante (oder vielleicht zunächst sogar einzige?) Bezeichnung des Modifikatorkonzepts darstellt. Da der häufige Gebrauch von *Bittermandel* in polymorphemischen Bildungen dem Gebrauch als autonomes Lexem so deutlich vorangeht, kann auch hier angenommen werden, dass er die Verwendung von *Bittermandel* gegenüber *bittere Mandel* gefördert hat.

Kalte Schale – Kaltschale

Etwas anders verhält es sich mit der Verdrängung von *kalte Schale* durch *Kaltschale* 'kalt servierte süße Suppe' (Duden Online 2012: Kaltschale). In älteren Wörterbüchern und Lexika wird nur die Phrase *kalte Schale* als eigenes Lemma verzeichnet (u.a. bei Adelung 1793–1801). In Pierers Universal-Lexikon (1857–1865) wird ebenfalls *kalte Schale* aufgeführt; im Volltext finden sich auch komplexe Wortbildungen wie *Weinkaltschale* und *Erdbeerenkaltschale*, die allerdings kein eigenes Lemma haben. Offensichtlich ist also nur die Phrase als autonome Einheit etabliert, während das Kompositum in komplexen Einheiten auftritt. Dies kann zumindest auf eine Korrelation zwischen der frequenten Nutzung komplexer Wortbildungen und der Verdrängung lexikalisierter Phrasen durch Komposita hindeuten. Im DWB (1873) schließlich wird der Eintrag *Kalteschale* mit den folgenden Bemerkungen präsentiert:

(190)   KALTESCHALE, f. *ein kühlendes sommergericht aus kaltem bier, auch wein, milch, mit verschiedener zuthat, als brot oder semmel, zucker, mandeln, rosinen, daher* bierkaltschale, weinkaltschale, *auch* erdbeer-, himbeerkaltschale *u.a., denn jetzt behandelt mans wol durchaus als éin wort,* kaltschale, *das adj. nicht mehr flectiert; schon* GÖTHE bier-kaltschale *an frau v. Stein* 2, 96 (*s.* 1, 1824), *doch das.* 1, 142 *noch* kalte schale. [...] (DWB: KALTESCHALE, 1873; Hervorhebung im Original)

Zu Goethes Zeiten (1749–1832) konkurrieren beide Formen bereits miteinander, am Ende des 19. Jahrhunderts ist der Wandel praktisch abgeschlossen.

Aus theoretischer Sicht interessant ist, dass im Gegensatz zu polymorphe-mischen Bildungen mit *Schwarzmarkt* oder *Bittermandel* als Erstkonstituente *Kaltschale* nicht in der Modifikator-, sondern in der Kopfposition des Komposi-tums auftritt. Hier lässt sich auch eine strukturelle Erklärung für die Bevorzugung eines Kompositums anstelle der Phrase geben: Bildungen, in denen Phrasen den Kopf bilden und die Erstkonstituente eine klassifikatorische Funktion hat, sind im Deutschen nahezu ausgeschlossen (vgl. Schlücker 2014: 155). Zwar gibt es einige Belege mit *kalte Schale* in der Kopfposition, vgl. u.a. das folgende Beispiel:

(191)   nüchtern eine **bier oder wein kalteschale** gegessen ist nicht unge-sund. *Leyermatz* 204 [...] (DWB, KALTESCHALE, 1873)

Es handelt sich allerdings um sehr seltene Fälle. Gelegentlich finden sich ähnli-che Belege mit anderen Phrasen auch in der Gegenwartssprache (vgl. Schlücker 2014: 155 f.), allerdings handelt es sich dabei nicht um klassifikatorische, sondern um augmentativ-evaluative Bildungen wie *Spitzenkleid* ‘tolles Kleid’ (klassifika-torische Interpretation: ‘Kleid aus Spitze’), vgl. (192):

(192)   a.   *Schrott-schwarzes Brett*
        b.   *Pseudo-warmer Bruder*

Auch im Niederländischen sind komplexe Verbindungen mit einer Phrase als Kopf und einem klassifikatorisch zu interpretierenden Modifikator wie in (193) anzutreffen, Bildungen mit augmentativ-evaluativem Modifikator sind ebenfalls möglich, vgl. (194) (Ackema/Neeleman 2004: 125,;vgl. Booij 2010: 185):

(193)   a.   *deeltijd pastoraal medewerker* ‘Pastoralreferent in Teilzeit’
        b.   *namaak mobiele telefoon* ‘Handyimitat’

(194)   a.   *pseudo-epileptische aanval* ‘nicht echter epileptischer Anfall’
        b.   *wereld rode wijn* ‘hervorragender Rotwein’

Insgesamt handelt es sich aber um ein seltenes Phänomen, d.h., die Kopfposition wird nur in einzelnen Fällen von lexikalischen Phrasen mit klassifikatorischer Funktion besetzt. Besteht der Bedarf, Konzepte mit einer lexikalischen Phrase als Kopfkonstituente zu benennen, ist hier also die Wahl einer morphologischen Bildung wie *Kaltschale* nahezu unausweichlich. Bei *schwarzer Markt* und *bittere Mandel* ist dieses Problem nicht gegeben; hier handelt es sich um die freie Entscheidung des Sprechers, die Phrase oder das Kompositum als Modifikator einzusetzen.[70]

Aus theoretischer Sicht stützen diese drei Beispiele die Konzeption eines Lexikons, in dem alle Einheiten paradigmatisch organisiert und über vielfältige Links miteinander verbunden sind (vgl. Kap. 4.5). Komplexe Wortformen werden gespeichert, wenn sie idiomatisiert sind oder mit ausreichender Frequenz vorkommen. Gleichzeitig sind sie mit den autonomen Einträgen ihrer Teilkonstituenten und anderen, zumindest partiell ähnlich aufgebauten Konstruktionen verbunden. Wenn *Schwarzmarkt* als Erstkonstituente in polymorphemischen Komposita verwendet wird (z.B. *Schwarzmarktpreis*, *Schwarzmarkthandel*, *Schwarzmarktgeschäft* etc.), führt dies auch zu einer Aktivierung und Stärkung des autonomen Kompositums im mentalen Lexikon. Die höhere Aktiviertheit führt wiederum dazu, dass Sprecher über zwei Benennungen für das gleiche Konzept verfügen, z.B. also nicht nur die an sich frequente Phrase *schwarzer Markt*, sondern auch das Kompositum *Schwarzmarkt*. Damit ist eine prinzipielle Konkurrenzsituation zwischen Phrase und Kompositum geschaffen. Dieser Prozess verläuft allmählich und kann Jahrhunderte in Anspruch nehmen (wie bei *Bittermandel*). Begünstigt wird er durch eine hohe Typefrequenz polymorphemischer Bildungen (*Bittermandelaroma*, *Bittermandelöl* etc.). Es wäre zu überlegen, inwiefern hier ein Zusammenhang zum seit dem 16. Jahrhundert erfolgten Ausbau des „nominalen Rahmens" (Härd 2003: 2573 f.), d.h. der massiven Erweiterung des nominalen Vorfeldes herzustellen ist und ob das Phänomen der Univerbierung bei den A+N-Verbindungen unmittelbar hiermit zusammenhängt. Dieser Überlegung liegt zugrunde, dass das Kompositum als Erstglied in polymorphemischen Bildungen eine deutlichere Abgrenzung der Wortbildung von vorangehenden adjektivischen Attributen ermöglicht und so das Verständnis für den Hörer bzw. Leser erleichtert.

Im Übrigen lässt sich der Zusammenhang zwischen Univerbierungsprozessen und dem Auftreten in polymorphemischen Komposita nicht für alle Dublettenpaare annehmen. Die Präferenz für morphologische Bildungen in polymorphemi-

---

70 Im ZEIT-Korpus sind auch 22 Treffer mit *Schwarzmarkt* als Kopf eines polymorphemischen Kompositums zu finden. Im Vergleich zum Kompositum sind dies allerdings relativ wenige Treffer (u.a. *Atomschwarzmarkt*, *Benzinschwarzmarkt*).

schen Komposita ist nur dann relevant, wenn überhaupt ein Benennungsbedarf für komplexere Konzepte besteht und dies ist sicher nicht bei allen Dublettenpaaren der Fall. Außerdem bleibt in einigen Fällen der Gebrauch der lexikalisierten Phrase stabil, obwohl fast ausschließlich das Kompositum in polymorphemischen Wortbildungen vorkommt, vgl. z.B. *Schwarzes Meer*, das in den meisten Fällen als *Schwarzmeer* in ein polymorphemisches Kompositum eingeht (*Schwarzmeergebiet, Schwarzmeerküste* etc.), aber seit Jahrhunderten als lexikalisierte Phrase existiert (vgl. Tab. 6.7). Im Gegensatz zu *schwarzer Markt* ist im ZEIT-Korpus keine Trendwende zu erkennen: Das Kompositum *Schwarzmeer* taucht gelegentlich auf, bleibt aber im Verhältnis zur Phrase von untergeordneter Bedeutung.

Tab. 6.7: Tokenfrequenzen *Schwarzes Meer – Schwarzmeer* als Erstglied (ZEIT-Korpus, 1946–2009)

	Schwarzes Meer	als Erstglied	*Schwarzmeer*	als Erstglied
1946–1949	17	0	0	2
1950–1959	55	0	1	18
1960–1969	175	1	9	77
1970–1979	169	0	6	96
1980–1989	125	0	6	46
1990–1990	211	0	3	126
2000–2009	306	0	6	126

Interessant ist auch der Blick auf die Tokenfrequenzen komplexer Bildungen mit *Schwarzes Meer*. Es gibt nur ein einziges Beispiel im Korpus für eine komplexe Bildung mit der Phrase als Erstglied:

(195)   Es gibt viel weniger Beanstandungen, denn es fällt weniger auf, ob jemand das bestellte Zimmer behält oder wegen Organisationsschwierigkeiten umquartiert wird in ein anderes Hotel oder sogar an einen anderen Ort der *Schwarzen-Meer-Küste*. (ZEIT, 20.8.1965)

Ähnliches lässt sich im Übrigen auch für *Rotes Kreuz* (RK) und Komposita wie *Rotkreuzschwester, Rotkreuzdelegation, Rotkreuzdesign* feststellen – wenngleich nicht im selben Ausmaße. Im Deutschen kommt die morphologische Form sehr häufig in polymorphemischen Komposita vor, während die Phrase die etablierte Bezeichnung bleibt. Das Niederländische verhält sich hier anders: Die Phrase wird auch in komplexen Bezeichnungen verwendet, vgl. z.B. *Rode Kruiszuster*

'Rotkreuzschwester', *Rode Kruispost* 'Posten, Station des RK' (vgl. die gleichnamigen Lemmata in Van Dale Online 2012) und im LEXNEX-Korpus auch *Rode-
kruismedewerkers* 'Mitarbeiter des RK', *Rode Kruisarts* 'Arzt des RK', *Rode Kruis-
ambulance* 'Krankenwagen des RK'.

Im Gegensatz zu den in dieser Arbeit untersuchten Benennungseinheiten sind
Rotes Meer und *Rotes Kreuz* Eigennamen. Dies könnte zu ihrer langfristigen Sta-
bilität beitragen. Außerdem existiert eine ganze Reihe von verwandten Bezeichnungen, die das phrasale Muster stützen:

(196) a. *Schwarzes Meer – Gelbes Meer – Rotes Meer*
       b. *Rotes Kreuz – Roter Halbmond*

Für *Gelbmeer* und *Rotmeer* verzeichnet das ZEIT-Korpus keine Treffer; lediglich
als Erstglied eines polymorphemischen Kompositums kommt *Rotmeer* im Zeitraum 1946–2009 26-mal vor (z.B. *Rotmeerhafen, Rotmeerküste, Rotmeerschiff*).
Demgegenüber sind die Phrasen *Rotes Meer* (mit mehreren hundert Treffern
im gleichen Zeitraum) und *Gelbes Meer* (insgesamt 57 Treffer) sehr häufig und
könnten als stützender Faktor für die phrasale Realisierung von *Schwarzes
Meer* dienen.

Insgesamt handelt es sich also um ein komplexes Bedingungsgefüge. Deutliche Realisierungspräferenzen in polymorphemischen Komposita können Univerbierungsprozesse begünstigen. Dabei hängt dies u.a. vom Benennungsbedarf und
damit verbunden von den Type- und Tokenfrequenzen polymorphemischer Verbindungen ab. Es wurde die Hypothese aufgestellt, dass der Wandel von *schwarzer
Markt* zu *Schwarzmarkt* u.a. durch die hohe (Type- und Token-)Frequenz komplexer polymorphemischer Wortbildungen mit *Schwarzmarkt* als Erstglied (z.B.
Schwarzmarktpreis, Schwarzmarktwaren etc.) bedingt sein könnte. Durch die
formale Ähnlichkeit des Erstglieds mit dem autonomen Kompositum *Schwarzmarkt* wird letztere Form im mentalen Lexikon gestärkt und der Phrase gegenüber
zunehmend dominanter. Damit sind paradigmatische Beziehungen im mentalen
Lexikon nicht nur zwischen Phrasen bzw. Komposita gleicher Komplexität, sondern auch zwischen Bildungen unterschiedlicher Komplexitätsstufen relevant.
Der Einfluss von Formpräferenzen stellt aber nur einen Faktor dar. Der Status
als Eigenname und auch relativ stabile paradigmatische Reihen scheinen wiederum hemmend auf Univerbierungsprozesse einzuwirken.

6.3 Wandelprozesse in der Adjektivflexion

Auch die abweichende Entwicklung der Adjektivflexion im Deutschen und Niederländischen wird immer wieder mit der unterschiedlichen Distribution von Komposita und Phrasen in beiden Sprachen in Zusammenhang gebracht. Zunächst werden für die Arbeit wesentliche Aspekte in der historischen Entwicklung der Adjektivflexion in beiden Sprachen geschildert (vgl. Kap. 6.3.1). Danach steht die Hypothese von Hüning (2010) im Mittelpunkt, wonach die im Vergleich zum Niederländischen höhere Komplexität der Adjektivflexion im Deutschen die A+N-Komposition als Benennungsverfahren diachron gefördert habe (vgl. Kap. 6.3.2).

6.3.1 Entwicklung der Adjektivflexion im Deutschen und Niederländischen

Das Deutsche und das Niederländische unterscheiden sich deutlich in Bezug darauf, wie und ob Adjektive in pränominaler, attributiver Verwendung flektiert werden. Im Niederländischen flektiert das Adjektiv nach Genus und Numerus sowie dem syntaktischen Kontext (definit – indefinit), hat aber in sieben von acht möglichen Kontexten stets das gleiche Flexiv, nämlich *-e*. Daneben kann die Flexion in einigen Kontexten z.T. aus stilistischen, semantischen und phonologischen Gründen ausfallen (vgl. u.a. Tummers 2005; Schuster 2010). Im Deutschen hängt die Form des Flexivs von Genus, Numerus und Kasus des Bezugnomens sowie vom syntaktischen Kontext ab, wobei die Adjektivflexion obligatorisch ist und es zu einem vergleichsweise komplexen Distributionssystem von Flexiven kommt. Diese Unterschiede sind das Ergebnis einer jahrhundertelangen Entwicklung, die das Deutsche und das Niederländische durchlaufen haben. Die Adjektivflexion wurde im Laufe der Sprachgeschichte unterschiedlich stark abgebaut und ist heutzutage in beiden Sprachen unterschiedlich funktionalisiert.

Kennzeichnend für die ältesten Sprachstufen beider Sprachen ist noch die Unterscheidung zwischen schwacher und starker Flexion, ein strukturelles Charakteristikum des Proto-Germanischen (vgl. Harbert 2007: 130). Die starke Adjektivflexion basiert auf einer substantivisch-pronominalen Flexion, während die schwache die Flexion der Nomen mit n-Stamm übernimmt (vgl. van Bree 1987: 246). Mit dieser Unterscheidung geht zugleich die Differenz zwischen definiter und indefiniter Bedeutung einher (vgl. Harbert 2007: 131). Die starke Endung ist demnach Zeichen einer indefiniten Interpretation, während die schwache Endung einer definiten Bedeutung entspricht (für diese Interpretation problematische Fälle besprechen Van de Velde 2006; Harbert 2007: 132f.).

Diese Korrelation verschwindet im Laufe der Zeit vollständig und es kommt zum partiellen bis fast vollständigen Abbau des Flexionssystems. Ab dem Althochdeutschen (750–1050) lassen sich in Folge der Endsilbenabschwächung schwache und starke Endungen immer schwieriger voneinander abgrenzen, sodass beide Paradigmen sich zunehmend vermischen und eine deutliche Differenzierung nicht mehr gegeben ist (vgl. Meibauer et al. (Hgg.) 2007: 322 f.). Ab dem Mittelhochdeutschen (ca. 1050–1350) findet eine zunehmende Ablösung von Adjektivendung und Bedeutung statt. Im Gegenwartsdeutschen hängt die Form der Adjektivendung davon ab, welche Form ein vorausgehender Determinierer hat. Das stark flektierende Adjektiv erscheint nur, wenn ein unflektierter Determinierer (oder gar kein Determinierer) dem Adjektiv vorausgeht (z.B. *ein alt-er Freund*); ansonsten wird die schwache Endung verwendet (z.B. *der alt-e Freund, dem alt-en Freund*; vgl. ebd.: 319). Auch im Mittelniederländischen (ca. 1150–1500) ist die schwache Flexion schon weitgehend reduziert (vgl. Tummers 2005: 37–40; Van der Horst 2008) und fällt mit der starken Flexion zusammen. In dieser Epoche ist bereits die Verwendung der schwachen Form nach unbestimmtem Artikel belegt (z.B. *een goed-e man*). Bis zum 17. Jahrhundert gilt, dass die nicht-flektierte Form noch häufiger verwendet wird als heutzutage (vgl. van Marle 1995: 285), was sowohl van Marle als auch Raidt (1968) auf den Einfluss von Sprechern aus dem südlichen Sprachgebiet (dem heutigen Flanden) auf die kultivierte Standardsprache zurückführen (siehe unten). Dieser Einfluss schwindet allerdings relativ schnell wieder und ab dem 18. Jahrhundert weist das Flexionssystem alle Grundzüge des modernen Systems auf (vgl. die Beschreibungen in der zeitgenössischen Grammatik von Ten Kate 1723), so dass bereits seit drei Jahrhunderten im Wesentlichen das oben beschriebene System gilt, in dem das pränominale Adjektiv in fast allen Kontexten auf *-e* flektiert wird (vgl. van Marle 1995: 285).

Der Gebrauch der Adjektivflexion unterliegt gleichzeitig einer erheblichen Variation. So tritt einerseits im belgischen Niederländisch eine stärkere Tendenz zur Schwa-Apokope auf (*mijn bruin-Ø paard* 'mein braunes Pferd'; vgl. Tummers 2005), während für das in den Niederlanden gesprochene Niederländisch bisweilen auch der Gebrauch des Schwas im Neutrum Singular in indefiniten Kontexten konstatiert wird (vgl. Weerman 2003). Andererseits haben stilistische, phonologische und semantische Faktoren einen Einfluss auf die Realisierung des Schwa-Lauts. Das Phänomen ist schon zu Beginn des Untersuchungszeitraums verbreitet: Bereits bei ten Kate (1723) werden Fälle wie *een groot man* (das mit einer semantischen Differenzierung verbunden ist; vgl. Kap. 4.4.2) und *een sterk loper* (bei dem das Adjektiv als adverbiale Bestimmung des deverbalen Nomens interpretiert wird: 'jemand, der schnell läuft') diskutiert.

Die Verwendung flexionsloser Formen ist zeitweise auch im Deutschen möglich. So treten Pounder (2001: 312 f.; vgl. für das Mittelhochdeutsche auch Conzelmann 2011: 86 f.) zufolge ab dem Althochdeutschen eigentlich stark flektierende, attributiv verwendete Adjektive im Nominativ (und ggf. auch im Akkusativ, wenn es sich nicht um Adjektive im Maskulinum handelte) bisweilen auch ohne Flexion auf (z.B. *das sauer Kraut, das wild Schwein* in Bach 1965). Im 17. und 18. Jahrhundert wird das Für und Wider dieser Formen heftig diskutiert (z.B. bei Adelung, vgl. Pounder 2001: 331 f.). Gleichzeitig nimmt der Gebrauch der Flexionsendung aber zwischen 1600 und 1800 signifikant zu und setzt sich die obligatorische Flexion attributiver, pränominaler Adjektive im 19. Jahrhundert endgültig auch im Schriftlichen durch (vgl. Pounder 2001: 333). Bei einigen Autoren des 18. Jahrhunderts findet man noch Beispiele der Schwa-Apokope (aus ebd.: 313; Hervorhebungen im Original):

(197)   a.   auch ein *sandig* und *salpetrig* Erdreich erfordert (1715)
        b.   Auch habe ich dir ein *Theatralisch* Donnerwetter bestelt (1795)

Dass die attributive Adjektivflexion im Deutschen endgültig für alle Distributionen obligatorisch wird, liegt nach Pounder (ebd.: 314) wenigstens zum Teil in präskriptiven Bemühungen begründet, die typisch für die Sprachbetrachtung der frühen Neuzeit sind. Das Flexionsprinzip wird zum integralen Element einer kultivierten Bildungssprache erhoben und führt zu einer zunehmenden Verkomplizierung des Deutschen nicht nur in der Adjektiv-, sondern auch in der Plural- und Kasusflexion:

> So liegt es nahe anzunehmen, daß die deutsche Sprache als Standardsprache heute sicher ähnlich flexionsarm, also mehr nach dem analytischen Sprachbau wäre wie etwa das Niederländische oder das Englische, wenn die deutsche Sprachentwicklung in der Zeit des bildungsbürgerlich kultivierten deutschen Absolutismus nicht so stark schreibsprachlich, akademisch, lateinorientiert, flexionsfreundlich und sprachideologisch gesteuert verlaufen wäre. In die sprachtypologische Entwicklung ist retardierend eingegriffen worden, aber nicht nur von gelehrten Grammatikern; es ist vielmehr mit dem kollektiven evolutionären Verhalten der vielen unreflektiert praktizierenden Professionellen in der Spracharbeit zu rechnen, von den Kanzleischreibern und Verlagskorrektoren über die Schreib- und Lesemeister bis zu den Geistlichen, Schulmeistern, Poeten, Schriftstellern, Übersetzern und in Sozietäten tätigen 'Sprachfreunden'. (von Polenz 1994: 254)

Daneben sind aber auch innersprachliche Entwicklungen, die zur Konsolidierung der Adjektivflexion in attributiver Stellung geführt haben, zu berücksichtigen wie u.a. der Verlust der Flexion bei prädikativen Adjektiven und bei Adverbien (vgl. von Polenz 1994: 258 f.; Pounder 2001). Gerade in Hinblick auf diese Entwicklung plädiert Adelung im späten 18. Jahrhundert wiederum präskriptiv für eine formale Unterscheidung zwischen Adjektiv und Adverbium:

> Da das Deutsche Adjectiv und die ihm ähnlichen übrigen Bestimmungswörter seit der Aus-
> bildung Verfeinerung der Sprache die Concretions= und Biegungslaute nunmehr nicht
> entbehren kann, wenn es nicht um seine wesentlichen Unterscheidungszeichen von dem
> Adverbio gebracht werden soll, so ist es allemahl ein Fehler, diese Laute außer den im vori-
> gen angeführten Fällen, an demselben zu verbeissen, so gewöhnlich solches auch im gemei-
> nen Leben ist: unser täglich Brot, all mein Vermögen, manch ehrlich Mann. Besonders im
> Neutro: ein gute Kind, heiter Wetter, für ein gutes, heiteres, obgleich selbst manche Sprach-
> lehrer diese und andere Fehler billigen. Nur den Dichtern kann man diese Verkürzung, um
> größerer Schönheiten willen, allenfalls übersehen [...]." (Adelung 1782: 636)

Zu Beginn des für diese Arbeit gewählten Untersuchungszeitraums finden sich
noch eine ganze Reihe von Bildungen mit Nomen im Neutrum, die mit einem
nicht-flektierten Adjektiv im Wörterbuch verzeichnet sind, vgl. (198) für einige
Beispiele aus Kramer (1700–1702):

(198)   *rot Wildbret, schwartz Brod, schwartz Geblüt, schwartz Mehl, schwartz*
            Wildprett

Gleichzeitig verzeichnet das Wörterbuch *kaltes Fieber* 'Krankheit' und *rotes Leder*
'Ledersorte', das Flexiv fällt also nicht grundsätzlich aus. Zudem bezieht sich der
Flexionsausfall nicht nur auf Benennungseinheiten, sondern auch auf Kollokationen (z.B. *ein kalt Land*). Der Ausfall der Flexionsendung scheint also weder ein
spezifisches Mittel zur Markierung von Benennungen noch zur exklusiven Markierung von Kollokationen zu sein. In den jüngeren Wörterbüchern tragen alle
phrasalen Verbindungen die heutzutage obligatorische Flexionsendung. Insgesamt gesehen hat die Entwicklung der Adjektivflexion im Deutschen trotz gegen-
läufiger Tendenzen also doch zu einer relativ deutlichen Polarisierung zwischen
flektiertem Adjektiv in der Phrase und nicht-flektiertem Adjektiv im Kompositum
geführt. Im Niederländischen hat sich dagegen mit den Phrasen ohne Schwa-
Apokope ein Zwischentyp zumindest für Berufsbezeichnung mit einem Relationsadjektiv etabliert (vgl. Kap. 5.3 und 5.4).

Einige weitere Entwicklungen in der Flexionsmorphologie vor 1700 sind möglicherweise ebenfalls relevant für die gegenwärtige Distribution der A+N-Verbin-
dungen, weil sie eine stärkere Nutzung der A+N-Komposition gefördert haben
könnten (in der Forschungsliteratur zum Niederländischen gibt es diesbezüglich
keine Untersuchungen, sodass es im Folgenden ausschließlich um das Deutsche
geht). Nach Henzen (1965: 66 ff.) besteht das ererbte, ursprünglich indoeuropä-
ische Muster der A+N-Komposition aus einfachen Zusammensetzungen vom Typ
Neustadt, d.h. Determinativkomposita, in denen das adjektivische Vorderglied in

attributivem Verhältnis zum nominalen Kopf steht (vgl. Henzen 1965: 51 bzw. 66).[71] Durch Veränderungen in der morphologischen Struktur wird das A+N-Kompositionsmuster bereits im Althochdeutschen erweitert. Der Stammbildungsvokal wird bei lang- und mehrsilbigen Adjektiven unterdrückt; dadurch kann die Verwendung eines adjektivischen Erstglieds im Kompositum und die phrasale Verwendung von Adjektiven im Nominativ und Akkusativ Singular des Neutrums nicht mehr formal anhand der Flexion differenziert werden. Weitere Wortbildungen können damit aus einem syntaktischen Verhältnis von Nomen und Adjektiv im sog. unflektierten Nominativ abgeleitet werden (vgl. Paul 1920a: 18; Henzen 1965: 67). Dadurch ist die Bildung eines Wortes wie *Langleben* auf zweierlei Weise möglich, nämlich zum einen auf traditionellem Wege durch Komposition mit dem Stamm *langa-* sowie durch das Zusammenwachsen einer A+N-Phrase, wobei das Adjektiv die unflektierte Form *lang* hat. Paul (1920a: 18) geht davon aus, dass die Mehrzahl der hochdeutschen Komposita auf diese „Verschmelzungen" syntaktischer Verbindungen zurückzuführen ist.

Im Mittelhochdeutschen verlieren dann die schwachen Nominative mehrsilbiger Adjektive auf *-er, -el, -en* die Flexionsendung *-e* (so dass es heißt: *ein edel man, der edel man*). Erst später wird das Schwa wieder hergestellt. Verbindungen, die bereits eine deutliche Bedeutungseinheit bilden, werden als Kompositum reanalysiert (*der edelmann*) und tragen zur weiteren Förderung der Komposition bei (vgl. Paul 1920a: 18; Henzen 1965: 68). Im Deutschen führt also zunächst der Flexionswandel und der damit verbundene Verlust des Schwas sowie die später folgende Re-Etablierung einer obligatorischen Flexionsendung zur Reinterpretation lexikalisierter Phrasen als Komposita. Durch Zusammenrückungen syntaktischer Phrasen kommt es zu einem starken Anstieg von Bildungen, die als Modell für neue Verbindungen zur Verfügung stehen. Ob es neben der quantitativen Ausweitung auch zu einer Lockerung von Restriktionsbedingungen (in Bezug auf Input- oder Outputbedingungen der Komposition) gekommen ist, wird aus Pauls bzw. Henzens Bemerkungen nicht deutlich.

Phrasen mit Flexionsapokope werden allerdings nicht zwangsläufig als Kompositum reinterpretiert oder verdrängen die Phrase auch nicht immer: Das DWB (KALTBRAND, 1873) verweist im Lemma zu *Kaltbrand* auf zwischenzeitliche Konkurrenzbildungen zu den lexikalischen Phrasen *kalter Brand, kaltes Fieber, kalter Schweiß, kalte Pisse*, nämlich *kaltbrand, kaltfieber, kaltschweisz, kaltpiss*. Diese werden zwar zusammen geschrieben und das Adjektiv wird nicht flektiert, ver-

---

71 Leider macht Henzen keine genaueren Aussagen über die morphologische Struktur des Adjektivs, für das Althochdeutsche gültige Restriktionen lassen sich nur aus der Darstellung der folgenden Entwicklungen ableiten.

mutlich liegt die Hauptbetonung aber weiterhin auf dem Nomen (*„ob man aber auch* káltbrand, káltfieber *betonte?"*, vgl. ebd.). Als Ursache für diese Bildungen wird das „oberd. abstoszen des endenden *e"* genannt, also der oben bereits besprochene Wandelprozess, der dazu führt, dass die Flexionsendungen am Adjektiv in bestimmten Konstellationen nicht realisiert werden. Langfristig kann sich allerdings keine der zusammengezogenen Formen durchsetzen, die Phrasen bleiben die etablierten Bezeichnungen.

6.3.2 Flexionskomplexität als Einflussfaktor

Welche Rolle spielen nun die festgestellten Unterschiede in der Adjektivflexion des Deutschen und Niederländischen? Hüning (2010) stellt die These auf, dass die Produktivität der A+N-Komposition im Deutschen damit zusammenhängen könnte, dass das Deutsche im Gegensatz zum Niederländischen noch über ein ausgeprägtes Flexionssystem verfüge:

> The trend to use phrases instead of compounds can be linked to the loss of inflection in Dutch (and as a matter of fact in English, too). Or, the other way round: the extensive use of compounds in German can be related to the fact that German still has a complex system of inflectional morphology. (Hüning 2010: 206)

Die Einschätzung, dass die Adjektivflexion im Deutschen komplex sei, beruht darauf, dass sich die Flexionsform des Adjektivs je nach syntaktischem Kontext auch bei lexikalischen Phrasen im Deutschen ändert, während im Niederländischen die Flexion nahezu autonom von syntaktischen Positionen ist (vgl. DE *der schwarze Markt, des schwarzen Markts, dem schwarzen Markt* etc., aber NL *de zwarte markt, van de zwarte markt, voor de zwarte markt* etc.). Im Deutschen habe das Kompositum also gegenüber der Phrase einen „ikonischen" Vorteil:

> This stability of the form, according to our hypothesis, makes the Dutch A+N phrase more easily identifiable as unit, as a sign, as a name. Because of this the realization of the concept as compound is not necessary, the Dutch phrase already can function as a linguistic sign in the sense of De Saussure: a conventional unit of a constant form with a constant meaning. (Hüning 2010: 207)

Die Annahme ist also, dass Sprecher eine stabile Form-Bedeutungseinheit bevorzugen, wenn es sich um konventionalisierte Benennungen für etablierte Konzepte handelt. Aufgrund der im Deutschen immer noch stärker verbreiteten Adjektivflexion würde hier die Komposition bevorzugt, während im Niederländischen dazu keine Notwendigkeit bestehe, da aufgrund des reduzierten Flexionssystems auch Phrasen konstante Form-Bedeutungseinheiten darstellten. Hüning bezieht sich in seiner Analyse vor allem auf die stärkere Produktivität der Komposition im Deutschen; für das Niederländische lässt sich nicht automatisch eine zwingende Zunahme von phrasalen Benennungseinheiten annehmen. Aus synchroner Sicht kann als Argument für seine Hypothese angeführt werden, dass das Isländische ebenfalls ein komplexes Flexionssystem hat und die A+N-Komposition mit adjektivischer Stammform hier sehr produktiv ist (vgl. Thráinsson 1994; Indriðason, pers. Komm.). Aus diachroner Sicht könnten auch die für das Deutsche deutlich häufiger auftretenden Univerbierungsprozesse Hünings Hypothese stützen (vgl. Kap. 6.2). Diese können als Präferenz der Sprecher, langfristig stabile Form-Bedeutungseinheiten zu verwenden und daher anstelle etablierter Phrasen neu gebildete Komposita zu nutzen, interpretiert werden.

Dagegen spricht allerdings, dass die dargestellten Univerbierungsprozesse nicht zwingend systematischer Natur sind, sondern u.a. als Folge der Präferenz für morphologische Formen in polymorphemischen Komposita (wie z.B. *grüner Tee*, aber *Grünteearoma*; vgl. (183) und (186)) beschrieben werden können. Auch der erwähnte Ausbau des Vorfeldes der Nominalphrase, der sich im Deutschen ab dem 16. Jahrhundert vollzieht, könnte relevant sein, indem Phrasen, die häufig mit stark besetzten Vorfeldern kombiniert werden, eher durch Komposita ersetzt werden. Dies hätte zwar einen komplexitätsreduzierenden Effekt in Bezug auf die Adjektivflexion, aber diese wäre nicht zwingend durch einen ikonischen Vorteil der Bedeutungs-Form-Stabilität motiviert. Gilt die Idee der Form-Bedeutungsstabilität als kompositionsfördernder Faktor, wäre aus diachroner Sicht außerdem zu erwarten, dass die Komposition in beiden Sprachen ursprünglich bereits sehr produktiv war, da die Adjektivflexion in früheren Zeiten noch komplexer und die Form-Bedeutungseinheit nur über die Komposition zu erreichen war. Die phrasale Benennungsbildung ist aber auch in früheren Zeiten schon produktiv gewesen, auch im Deutschen.

In Bezug auf die unterschiedliche Flexionskomplexität im Deutschen und Niederländischen werden bisweilen auch die klassifikatorischen Verbindungen mit Schwa-Apokope in die Diskussion miteinbezogen. Booij (2002a) wertet Verbindungen wie *het oud-Ø papier* 'Altpapier' oder *het stoffelijk-Ø overschot* 'sterbliche Überreste' als Annäherung phrasaler Bildungen an Komposita mit klassifikatorischer Bedeutung:

> This lack of inflectional schwa suggests that such AN phrases are becoming more and more similar to AN compounds in that they have no internal inflection. This can be seen as a symptom of AN phrases having the status of classificatory lexical expressions. (Booij 2002a: 316)

Die Annäherung ist auch formaler Art: Durch den Wegfall der Flexionsendung am Adjektiv entfällt eines der beiden Unterscheidungskriterien zwischen Phrase und Kompositum. Zugleich weist die Phrase eine im Vergleich zu anderen syntaktischen Phrasen irreguläre Form auf.

Booij interpretiert den Wegfall der Flexionsendung als klassifikatorische Markierung. Diese These ist jedoch problematisch, da die Schwa-Apokope nicht nur bei Phrasen mit einer klassifikatorischen Interpretation auftritt, sondern bei verschiedensten Gruppen von Verbindungen (vgl. u.a. Honselaar 1980; Odijk 1992; Blom 1994; Haeseryn et al. 1997; Broekhuis 1999; Schuster 2010; eine übersichtliche Zusammenfassung findet sich bei Schlücker 2014: 253–257). Unter anderem tritt die Schwa-Apokope aufgrund rein rhythmisch-prosodischer Faktoren auf. Je mehr Silben ein Adjektiv hat, desto eher wird die nicht-flektierte Form verwendet, insbesondere wenn das Adjektiv auf einer unbetonten Silbe endet (vgl. Schlücker 2014: 256):

(199) a. *het afschrikwekkend-Ø effect* 'der abschreckende Effekt'
       b. *het vegetarisch-Ø restaurant* 'das vegetarische Restaurant'

Diese prosodischen Eigenschaften treffen auch auf viele klassifikatorische Verbindungen zu, weshalb durchaus der Eindruck entstehen könnte, dass die Schwa-Apokope die klassifikatorische Lesart markiere. Klassifikatorische Verbindungen mit einsilbigen Adjektiven seien gegenwärtig allerdings deutlich seltener als Verbindungen mit mehrsilbigen Adjektiven von einer Schwa-Apokope betroffen, d.h., „die morphophonologische Struktur [spielt] eine sehr viel größere Rolle [...] bei lexikalisch-klassifikatorischen Phrasen [...] als bisher angenommen" (ebd.: 259).

Das gesammelte historische Material stützt diese Sicht. Die Mehrheit der gesammelten A+N-Verbindungen mit monomorphemischen, einsilbigen Adjektiven weist keine Schwa-Apokope auf (vgl. Kap. 5.4), sondern wird entweder als reguläre Phrase oder als Kompositum realisiert. In (200) sind alle Verbindungen mit einsilbigem Adjektiv und Schwa-Apokope im Primärmaterial (mit Markierung des Betonungsmusters) aufgeführt:

(200) a. *de geheim agént* 'Geheimagent'
       b. *het geel blóedloogzout* 'gelbes Blutlaugensalz'
       c. *het roodkóper* 'Rotkupfer'
          het roodwéeskind 'Schmetterlingsart'
       d. *het zwartkóren* 'Wachtelweizen'
          het zwartkríjt 'schwarze Zeichenkreide'
          de zwartján 'Schornsteinfeger'

e. *het stilléven* 'Stillleben' (alternativ Betonung auch auf A möglich)
   het stilwáter 'Übergang zwischen Ebbe und Flut'
f. eventuell auch *het koud vuur* 'Gangrän' (vgl. Kap. 5.7.1)

Phrasen mit Schwa-Apokope scheinen also als dritter Typ klassifikatorischer Benennungsbildung neben (prototypischer) Phrase und Kompositum bei Verbindungen mit ein- oder zweisilbigen, morphologisch nicht-komplexen Adjektiven eine untergeordnete Rolle zu spielen. Auffällig ist, dass es sich fast ausschließlich um Phrasen mit einem *het*-Nomen handelt, d.h. Verbindungen, in denen normalerweise ein Wechsel des Flexivs je nach syntaktischem Kontext auftreten würde, vgl. *een rood-Ø weeskind – het rod-e weeskind*. Durch die Schwa-Apokope fällt das Flexiv allerdings aus und die Form bleibt in beiden Kontexten gleich: *een rood-Ø weeskind – het rood-Ø weeskind*. Hüning (2010: 209) interpretiert derlei Fälle deshalb als Evidenz dafür, dass diese Verbindungen durch die Schwa-Apokope eine besondere Benennungsqualität erlangen, weil innerhalb der Nominalphrase keine formale Variation auftritt und die Form-Bedeutungseinheit gewahrt bleibt. Meines Erachtens handelt es sich aber hier um Einzelfälle, weshalb die Beweiskraft dieser Verbindungen für Hünings These eher gering einzuschätzen ist. Es bleibt die Frage, ob diese Verbindungen nicht eher Ähnlichkeiten zu Zusammenrückungen wie DE *Langeweile* oder NL *hogeschool* aufweisen. Auch diese weisen formale Besonderheiten auf, die sie wortähnlicher machen, aber sie stellen kein produktives Muster zur Bildung von Benennungseinheiten dar.

Deutlich überzeugender in Bezug auf die Frage, ob die Schwa-Apokope eine besondere Funktion für die Benennungsbildung erfüllt, sind die bereits erwähnten Verbindungen mit *sociaal* (vgl. Kap. 5.3 und 5.4). Hier tritt die Schwa-Apokope bei Berufs-/Personenbezeichnungen regelmäßig auf:

(201)   *de sociaal geneeskundige, de sociaal geograaf, de sociaal psycholoog,*
          de sociaal raadsman, de sociaal rechercheur, de sociaal werker

Das Adjektiv *sociaal* ist zwar aus dem Französischen entlehnt, kann aber durch die formale Ähnlichkeit mit *socio-* (wie in *sociologie* 'Soziologie', *sociolect* 'Soziolekt' etc.) und durch eine Vielzahl anderer Adjektive mit dem (entlehnten) Suffix *-aal* (wie in *muzikaal* 'musikalisch, Musik-', *nationaal* 'national', vgl. Booij 2002b: 108) als morphologisch komplex analysiert werden. Da die Komposition im Niederländischen mit *sociaal* ausgeschlossen ist, während Bildungen mit *zwart*, *geel*, *rood* oder *geheim* prinzipiell erlaubt sind, könnte die Apokope (vgl. (201)) hier also durchaus als Markierung des Benennungscharakters, als Zeichen einer Berufs- und Dienstbezeichnung fungieren. Aufgrund dieser Überlegungen wurde in Kapitel 5.5 daher auch ein weiteres Subschema für die produktive Bildung lexikalischer A+N-Phrasen (mit Relationsadjektiv) angenommen. Zu berücksichtigen ist hierbei, dass *sociaal* in seiner Interpretation als Relationsadjektiv bereits klassifikatorisch modifiziert. Die Schwa-Apokope ist also vor allem als Marker einer Berufsbezeichnung zu interpretieren und nur sekundär als Marker einer klassifikatorischen Bedeutung.

Insgesamt gesehen ist der Einfluss flexionsmorphologischer Entwicklungen seit 1700 in Bezug auf die gegenwärtig unterschiedliche Distribution von A+N-Phrasen und A+N-Komposita im Deutschen und Niederländischen als eher gering einzuschätzen. Einige Wandelprozesse könnten durchaus die A+N-Komposition im Deutschen gefördert haben (indem beispielsweise Zusammenrückungen als Muster für neue Bildungen dienen konnten). Allerdings liegen diese Veränderungen zeitlich deutlich vor dem hier untersuchten Zeitraum. Möglicherweise setzt der in dieser Arbeit gewählte Untersuchungszeitraum also zu spät ein, da die Flexionssysteme im Deutschen und Niederländischen bis 1700 im Großen und Ganzen bereits ihre gegenwärtige Form erlangt haben und auch die vorliegenden historischen Daten damit keine genauen Schlussfolgerungen bezüglich des Einflusses der Adjektivflexion erlauben, sondern lediglich den Status Quo illustrieren. Es zeigt sich allerdings, dass nicht nur sprachinterne, sondern auch sprachexterne, hier insbesondere die von sprachpflegerischen Instanzen mitgetragene Entwicklung einer obligatorischen Adjektivflexion zu einer stärkeren Förderung der Komposition im Deutschen geführt haben könnte. Lexikalisierte Phrasen, in denen die Flexion bereits ausgefallen war, wurden im Zuge der Wiedereinführung der obligatorischen (attributiven) Adjektivflexion als Komposita reanalysiert und konnten als neue Bildungsmodelle dienen. Die strikte formale Abgrenzung des attributiv verwendeten Adjektivs hat zu einer deutlicheren Abgrenzung von Phrase und Kompositum geführt, während im Niederländischen zwischen beide Pole noch klassifikatorische Phrasen mit Schwa-Apokope getreten sind. Jedoch scheint dieser dritte Typ nur bei Phrasen mit morphologisch-phonologisch komplexem Adjektiv (wie *sociaal*) und der Funktion einer Berufsbezeichnung von Bedeutung zu sein.

Bereits hier ist deutlich, dass die Betrachtung sprachgeschichtlicher Entwicklungen nur adäquat sein kann, wenn neben den innersprachlichen Gegebenheiten auch außersprachliche Entwicklungsbedingungen berücksichtigt werden (wie die z.T. bewusst betriebene Etablierung einer obligatorischen Adjektivflexion). Ein weiterer außersprachlicher Faktor wird im nächsten Abschnitt behandelt, nämlich der Einfluss sprachpuristischer Anschauungen auf die Produktivität der A+N-Komposition im Niederländischen.

6.4 Sprachpurismus im Niederländischen

Bereits im 17. und 18. Jahrhundert ist der Unterschied zwischen dem Deutschen und anderen europäischen Sprachen in Hinblick auf die Nutzung komplexer Wortbildungen deutlich (vgl. von Polenz 1994: 280 f.). In vergleichsweise starkem Maße macht das Deutsche bereits zu diesem Zeitpunkt Gebrauch von (Determinativ-)Komposita zur Bezeichnung neuer Konzepte, während in anderen Sprachen für die gleichen Begriffe auch Phrasen oder Simplexe verwendet werden (vgl. auch Erben 2006: 143 f.).

Obwohl gelegentlich für das Niederländische angenommen wurde, dass A+N-Komposita ausschließlich Germanismen seien, handelt es sich bei der A+N-Komposition um ein endogenes Wortbildungsverfahren des Niederländischen (vgl. van den Toorn 1970; Steenbergen 1971; De Caluwe 1990; van der Sijs 2005; Hüning 2010). Das Verfahren wurde aus der gemeinsamen Ursprache, dem Proto-Germanischen, übernommen und ist in beiden Sprachen schon in den ältesten Sprachstufen produktiv (für Beispiele im Mittelhochdeutschen und Mittelniederländischen, vgl. Carr 1939). Die unterschiedliche Nutzung der Komposition in beiden Sprachen beruht „auf einer sprachideologischen Präferenz, nicht auf einem sprachstrukturellen oder sprachtypologischen Unterschied" zum Deutschen (von Polenz 1994: 281). Die „Kompositionsfreudigkeit" des Deutschen (Schlücker 2012; vgl. auch Nübling et al. 2010) wird durch Sprecher anderer Sprachen als für das Deutsche charakteristisch empfunden (vgl. Neef 2009). Im Bereich der A+N-Verbindungen hebt sich das Deutsche damit nicht nur vom Niederländischen, sondern auch von anderen germanischen und nicht-germanischen Sprachen ab:

> Deutsche Sprecherschreiber tendieren mehr zur Bildung von Komposita. Im europäischen Vergleich konkurrieren daher etablierte deutsche Adjektiv-Substantiv-Komposita und romanische, slawische, finno-ugrische Adjektiv-Substantiv-Phraseme. [...] Selbst andere germanische Sprecherschreiber neigen weniger zu Komposita. (Donalies 2009: 63)

Aufgrund der engen Verwandtschaft zwischen dem Deutschen und dem Niederländischen ist der Unterschied in der quantitativen Nutzung des Verfahrens hier besonders interessant. Verschiedenen Autoren zufolge liegt dieser Unterschied u.a. darin begründet, dass niederländische Muttersprachler die A+N-Komposition als typisch deutsches Wortbildungsverfahren wahrnehmen und deshalb vermeiden würden:

Woorden als *grootgarage, volmelk, snelwas* druisen tegen ons taalgevoel in; of liever tegen onze beschouwing der dingen. Want de verklaring ligt op psychologisch gebied. Onwillekeurig denken we bij zulke woorden aan de behoefte, die blijkbaar bij onze oostelijke stamverwanten bestaat, om te classificeren [...] Dergelijke systematisering is ons vreemd. (Staverman 1939: 33)[72]

Welnu, het feit dat zelfs in deze, maar ook in vele andere „voorbeeldige" gevallen de drempel van de 'adj.+nomen'-compositie niet wordt overschreden, wijst erop dat de Nederlandse taalgebruiker een bijzonder grote schroom aan de dag legt in het gebruik van dat samenstellingsprocedé. Het verzet tegen zogenaamde germanismen als *grootstad, ruwbouw, snelverkeer* lijkt me trouwens tegelijk ten dele oorzaak én gevolg van die schroom.[73] (De Caluwe 1990: 16)

Echte puristen, zoals mijn vader, verwierpen zelfs *bontjas* dat *bonten jas* [...] moest zijn, terwijl ook *nieuwbouw* hem een gruwel was.[74] (Schogt 1997: 3)

Für die geringere Produktivität der A+N-Komposition werden im Niederländischen oft puristische Motive angeführt. Auch wenn Hüning (2010) zufolge diese Motive nicht alle Unterschiede zwischen beiden Sprachen erklären können, könnten puristische Tendenzen und die Stigmatisierung der A+N-Komposition zu einer geringeren Produktivität im Niederländischen beigetragen haben. Im weiteren Verlauf wird die puristische Diskussion zur A+N-Komposition im niederländischen Sprachraum daher genauer unter die Lupe genommen.

Die verbreitetste Definition des Begriffs 'Purismus' stammt aus Thomas (1991):

Purism is the manifestation of a desire on the part of a speech community (or some section of it) to preserve a language form, or rid it of, putative foreign elements or other elements held to be undesirable (including those originating in dialects, sociolects and styles of the same language). It may be directed at all linguistic levels but primarily the lexicon. (Thomas 1991: 12)

Puristische Bemühungen zielen demnach darauf ab, eine Sprache in einer bestimmten Form zu bewahren und umstrittene, angeblich fremde Elemente zu ver-

---

72 Vgl. Übersetzung in Fußnote 30.

73 „Nun denn, die Tatsache, dass selbst in diesen, aber vielen anderen 'exemplarischen' Fällen die Schwelle zur A+N-Komposition nicht überschritten wird, weist darauf, dass der niederländische Sprecher eine besonders große Scheu bei diesem Kompositionstyp an den Tag legt. Der Widerstand gegen sogenannte Germanismen wie *grootstad, ruwbouw, snelverkeer* [d.h. 'Großstadt', 'Rohbau', 'Schnellverkehr'] scheint mir übrigens gleichermaßen Ursache und Folge dieser Scheu zu sein" [Übersetzung: SFS].

74 „Wahre Puristen wie mein Vater lehnten sogar *bontjas* [d.h. 'Pelzmantel, -jacke'], das *bonten jas* sein musste, ab, obwohl ihm auch *nieuwbouw* [d.h. 'Neubau'] ein Gräuel war" [Übersetzung: SFS].

meiden bzw. aus dem Sprachgebrauch zu entfernen. Dies betrifft nach Thomas nicht nur fremdsprachliche Einflüsse, sondern auch dialektale, soziolektale oder stilistische Varianten.

Während Entlehnungen aus dem Französischen wie *jus d'orange* oder *parapluie* im (nördlichen) Niederländisch sofort als „Fremdkörper" erkennbar sind (aber trotzdem die geläufigen Bezeichnungen für 'Orangensaft' bzw. 'Regenschirm' darstellen), ist der deutsche Einfluss auf das Niederländische meist schwieriger zu identifizieren. Aufgrund der Nähe beider Sprachen, des gemeinsamen Erbwortschatzes und vielfach ähnlich klingender Wörter können deutsche Ausdrücke mit nur geringen Modifikationen ins Niederländische übernommen werden und sind dann allein aufgrund formaler Kennzeichen nicht mehr von endogenen Ausdrücken zu unterscheiden, vgl. die Übernahme von *besprechen, Druckknopf, Warenhaus, Selbstmord* als *bespreken, drukknoop, warenhuis, zelfmoord* (vgl. van der Sijs 2005: 257). In diesen Fällen wird von Lehnbildungen gesprochen (für eine genauere Differenzierung der Begriffe Lehnbildung, Lehnübersetzung und Lehnübertragung, vgl. Betz 1949, 1974), während andere Ausdrücke direkte Entlehnungen darstellen und unverändert übernommen wurden, z.B. *aha-erlebnis, fingerspitzengefühl, leitmotiv*. Eine Differenzierung zwischen lehnübersetzten und endogenen A+N-Komposita ist ohne sprachhistorische und etymologische Untersuchungen meist unmöglich. Dementsprechend fallen die Beurteilungen eines A+N-Kompositums als endogene Bildung oder als abzulehnender Germanismus unterschiedlich aus (vgl. weiter unten).

In den Niederlanden zeigen sich sprachpuristische Tendenzen, die sich gegen das Deutsche wenden, schon im 19. Jahrhundert und bleiben auch nach dem Zweiten Weltkrieg weiter bestehen (vgl. van der Sijs 2005: 259), wenngleich gegenwärtig das Englische im Mittelpunkt puristischer Bemühungen steht (v.a. bezüglich der orthografischen Integration englischer Wörter ins Niederländische, vgl. McLelland 2009). Die sprachpuristische Bewegung setzt im 19. Jahrhundert zugleich mit dem Höhepunkt des Einflusses der deutschen Sprache auf das Niederländische, insbesondere in der Wissenschaft, ein. Die Kritik richtet sich nicht nur gegen einzelne Wörter, sondern gegen ganze Wortbildungsmuster, die als widersprüchlich zum „Nederlandse taaleigen" (van der Sijs 2005: 260) erfahren werden. Die Germanismus-Diskussion ist dabei in einem größeren Zusammenhang mit den gleichzeitig fortschreitenden Standardisierungsprozessen im Niederländischen zu sehen. Obwohl bereits im frühen 16. Jahrhundert die ersten wichtigen Schritte in Richtung einer niederländischen Standardsprache unternommen werden, beginnt erst im 19. Jahrhundert der Ausbau hin zu einer einheitlichen niederländischen Standardsprache in den Niederlanden und im niederländischsprachigen Teil Belgiens, Flandern (vgl. Willemyns 2003). Ein unmittelbares Resultat ist die Zusammenarbeit der Niederlande und Belgiens am „Woordenboek der Nederlandsche Taal", das zunächst vor allem die Sprache des 19. Jahrhunderts beschreiben soll, dann aber als historisches Wörterbuch in der Tradition des „Deutschen Wörterbuchs" der Brüder Grimm konzipiert wird und den Untersuchungszeitraum auf die sprachliche Entwicklung seit 1500 ausdehnt (vgl. van Sterkenburg 1984: 53–60). Genau in diesem Kontext der zunehmenden Vereinheitlichung, Kodifizierung und historischen Erforschung ist auch die puristisch orientierte Diskussion über fremdsprachliche Einflüsse und die Abgrenzung der eigenen von anderen Sprachen, vor allem vom so nah verwandten Deutschen, zu sehen. Die kritische Auseinandersetzung mit Germanismen findet vor allem im Norden statt, in Flandern stehen eher die Gallizismen im Mittelpunkt der Diskussion (vgl. van der Sijs 2005: 260).

Besonders intensiv wird die Debatte über die A+N-Komposition in der ersten Hälfte des 20. Jahrhunderts geführt, vgl. u.a. Haje (1932), de Vooys (1933), Staverman (1939), Royen (1941, 1948) (eine kurze Besprechung dieser Autoren findet sich bei Theissen 1975: 138–141). Im Jahr 1925 erscheint „Germanismen in het Nederlandsch" von Alfons Moortgat, das zahlreiche A+N-Komposita als „verkeerde verbinding" abqualifiziert (Moortgat 1925: 131). A+N-Komposita seien nur dann zu akzeptieren, wenn durch die Zusammenfügung beider Konstituenten die Benennung eines neuen Konzepts entstehen würde, die beide Begriffe nicht auch getrennt leisten könnten. Eine nicht-kompositionale Bedeutung wird auch von anderen Autoren als einziges Kriterium für die Billigung eines A+N-Kompositums akzeptiert, vgl. die Erläuterungen von *sneltrein* bei Haje (1932) und von *groothandel* bei Staverman (1939). Moortgats Diskussion bezieht sich größtenteils auf Verbindungen, die auch im heutigen Niederländisch als unzulässig gelten, weil es sich beim Adjektiv um ein denominales Derivat handelt (z.B. *instrumentaalbegeleiding, nominaalwaarde, koloniaalwaren, nationaalgevoel*). Daneben werden allerdings auch einige Bildungen mit *privaat, normaal* und *gemeen* stigmatisiert, die heute zum Teil als etabliert gelten.

Auch in der Zeitschrift „Onze Taal" ('Unsere Sprache'; ab 1932) der gleichnamigen Vereinigung wird der A+N-Komposition viel negative Aufmerksamkeit zuteil. Entsprechend den Vereinsstatuten zielt „Onze Taal" darauf ab, die Reinheit der niederländischen Sprache durch Stigmatisierung und Vermeidung von Germanismen zu wahren und zu fördern (vgl. „Onze Taal" März 1932: 1). In den ersten Jahren werden mehrere Listen mit Germanismen veröffentlicht und die Leser gebeten, „echte" niederländische Wörter vorzuschlagen, die Germanismen wie *hoogbouw, laagbouw* (1932) oder *rauwkost, lumbaalpunctie, nieuwprijs, volburger* (1933) ersetzen könnten. Im Januar 1935 wird die A+N-Komposition im Leitartikel *De Duitsche Lijmpot* ('Der Deutsche Leimtopf') thematisiert und Ergebnisse einer Umfrage unter den Lesern der Zeitschrift veröffentlicht, in der die Akzeptabilität einer Reihe von A+N-Komposita bewertet werden sollte, vgl. Tabelle 6.8.

Tab. 6.8: Umfrageergebnisse aus „Onze Taal" (Januar 1935: 3) zu Germanismen
(Ablehnung durch Umfrageteilnehmer in %)

0–20%	hoogvlakte, vrijbuiter, vrijdenker, vrijgeleide (0); hoogverraad (1); grootkruis, grootspraak, hoogmis, hoogoven, sneltrein (2); vrijbrief (3); grootvorst (4); vrijbiljet (7); hoogveen (8); grootmeester (9); vrijhandel (12); groothandel, kleinhandel (16); vrijhaven (17); hoogaltaar (18)
21–40%	snelverkeer (22); snelvervoer, grootgrondbezit (25) ; smalspoor, volvet (27); sneldienst (33); vrijcorps (35); hoogtijdag (36); vrijvrouwe, vrijwiel (38); vrijheer (39)
41–60%	hoogspanning, vrijstad (41); grootwaardigheidsbekleeder (42); vrijgeest (47); kleingeld, vrijplaats, vrijschaar (50); laagspanning (52); kleinbedrijf (53); grootindustrie (56); vrijleen (57)
61–80%	nieuwzilver (61); smalfilm (63); grootbedrijf (66); snelrem (67); snelgoed (68); grootmacht (72); vrijbed (77); hoogconjunctuur, kleinvee (78); hoogstam (79); kleinsmid (80)
81–100%	vrijerf (81); vrijboer (83); grootmogendheid (84); hoogspoor (85); grootmoed, kleinkunst, nieuwvorming (87); nieuwbouw (88); laagbouw, vrijgoed (91); hoogalpen, hoogdruk, volburger (92); kleinarchitectuur (93); hoogzee (94); kleinproducent (95); grootstad (96); kleinstaat, nieuwprijs (97); kleinauto, kleinorkest (98); hoogwild, kleinstad (99); kleinketel, nieuwaanschaffing, volambtenaar (100)

Die Umfrageergebnisse zeigen, dass die Frage, welche Bildung abgelehnt werden muss und welche akzeptiert werden kann, sehr unterschiedlich beantwortet wird. Nur bei sieben Bildungen sind sich alle Umfrageteilnehmer bezüglich der Akzeptanz (*hoogvlakte* 'Hochebene', *vrijbuiter* 'Freibeuter', *vrijdenker* 'Freidenker', *vrijgeleide* 'freies Geleit, Geleitbrief') bzw. Ablehnung vollständig einig (*kleinketel* 'Kleinkessel', *nieuwaanschaffing* 'Neuanschaffung', *volambtenaar* 'Vollzeitbeamter').[75] Für einen nicht geringen Teil kann hingegen kein einheitliches Urteil erreicht werden. Gebrauch im Alltag und Gewöhnung scheinen die Bewertung eines Kompositums stark zu beeinflussen, vgl. den Leserbrief eines Amsterdamers in „Onze Taal" (Dezember 1934: 32):

> Sommige, als *sneltrein* en *groothandel* b.v., heb ik altijd om mij heen gehoord en mij er, misschien ten onrechte, nooit aan gestoten. [...] Dan zijn er woorden bij waarmee ik geen raad weet. „Hoogaltaar" b.v. doet mij Duitsch aan, maar ik heb 't zoo vaak en overal

---

[75] Bei den vollständig akzeptierten Bildungen sind zum Teil auch Interpretationen als Derivate möglich, vgl. *vrijdenker* < *vrijdenken* 'frei denken'.

gehoord dat ik mij in mijn onkunde moet afvragen of dit niet een door de kerk sedert onheugelijke tijden geijkte expressie is, waarvoor geen andere bestaat. (Hervorhebung: SFS)[76]

Der Gebrauch entscheidet demnach und dieser kann sich innerhalb der Bevölkerung stark unterscheiden.

Theissen (1975) analysiert für seine Studie „De Germanismen in de moderne Nederlandse woordenschat" Wörterbücher, sprachpuristische Publikationen und Zeitungen und überprüft die weitere Entwicklung der beanstandeten Germanismen seit Moortgats Untersuchung. Erstens wird deutlich, dass Beanstandungen durch Wörterbücher, Sprachpuristen etc. nie das Wortbildungsmuster als solches treffen, sondern immer nur einzelne Verbindungen ausgeschlossen werden, während andere (etablierte) Bildungen nicht kritisiert werden (können). Dabei lassen die Daten laut Theissen (1975: 200 ff.) keinen eindeutigen Schluss zu: Weder die Bedeutungsisolierung einer Verbindung noch paradigmatische Bezüge zu bereits etablierten Bildungen sind verlässliche Kriterien, um die Akzeptanz einer Bildung durch Lexikografen, Puristen etc. voraussagen zu können. Zweitens kommt es ab den 1950er Jahren zu einer kleinen Trendwende. Häufiger werden nun früher nicht beanstandete A+N-Komposita auf einmal mit der Bemerkung „Germanismus" versehen oder gar nicht mehr aufgeführt (z.B. Bildungen mit *centraal*, *normaal* sowie *geheimmiddel* 'Geheimmittel' und *smalspoor* 'Schmalspur'). Die abnehmende Akzeptanz mutmaßlicher Germanismen nach 1945 lässt sich möglicherweise als Folge beider Weltkriege und eines weitverbreiteten Ressentiments gegenüber Deutschen deuten (vgl. van der Sijs 2005: 262). Für den Zeitraum seit 1970 konstatiert Theissen wiederum eine tolerantere Haltung und eine größere Neigung, den Zusatz „Germanismus" zu streichen.

Die Untersuchung des vorliegenden Materials kann hier illustrierend herangezogen werden. Im WNT (DIEP[II], 1911) werden Bildungen mit *diepzee* als Germanismen eingestuft. Im 90 Jahre später entstandenen Eintrag (DIEPZEE, 2001) wird diese Meinung allerdings revidiert und das Wort als höchstwahrscheinlich auf das Englische bzw. auf dort verbreitete komplexe Wortbildungen wie *deep sea*

---

76 „Einige, wie *sneltrein* ['Schnellzug'] und *groothandel* ['Großhandel'] zum Beispiel, habe ich immer um mich herum erhört und mich, vielleicht zu Unrecht, nie daran gestört. [...] Dann gibt es Wörter, bei denen ich mir keinen Rat weiß. „Hoogaltaar" ['Hochaltar'] zum Beispiel wirkt Deutsch auf mich, aber ich habe es so oft und überall gehört, dass ich mich in meinem Unwissen fragen muss, ob dies nicht ein in der Kirche seit unwideruflichen Zeiten fester Ausdruck ist, wofür kein anderer existiert" [Übersetzung aus dem Niederländischen: SFS].

line und *deep sea lead* zurückgehend aufgeführt. Besonders exemplarisch sind Metakommentare in den Lemmaeinträgen zu *zwartehandelaar* (im Wörterbuch zusammen geschrieben) und *zwarthandelaar* in den Wörterbüchern von Van Dale und Koenen (vgl. Tab. 6.9). Beide Begriffe werden erst seit den 1940er Jahren gebraucht. Bei den in dieser Arbeit untersuchten Wörterbüchern werden sie erstmals in Van Dale (1961) verzeichnet. Dort wird deutlich darauf hingewiesen, dass es *zwartehandelaar* und **nicht** (*niet*) *zwarthandelaar* sei. Koenen (1966) bezeichnet *zwarthandelaar* explizit als Germanismus, führt aber bereits in der Ausgabe von 1986 die Wortbildung als neutrale Form neben der Phrase auf. Van Dale (1984) nennt *zwarthandelaar* gebräuchlicher (*gebruikelijker*), wertet das Kompositum aber immer noch als falsch (*onjuist*). Erst in der 14. Auflage von 2005 wird die im Gebrauch längst dominierende morphologische Form wertneutral zusammen mit der Bedeutungserklärung aufgeführt, während *zwartehandelaar* nun mehr allein als Formvariante gilt.

Tab. 6.9: Die Bewertung von *zwartehandelaar* und *zwarthandelaar* in Koenen (K) und Van Dale (VD) (20. Jh.)

Wörterbuch	*zwartehandelaar*	*zwarthandelaar*
VD 1961	iem. die zwarte handel drijft (n i e t zwarthandelaar)	(–)
K 1966	iem. die zwarte handel drijft; de vorm zwart'handelaar is een germ.	zie zwartehandelaar
VD 1984	iem. die zwarte handel drijft (ook, eig. onjuist, maar gebruikelijker: zwarthandelaar)	zie zwartehandelaar
K 1986	iem. die zwarte handel drijft; ook zwarthandelaar	zie zwartehandelaar
VD 2005	zie zwarthandelaar	iem. die clandestiene handel drijft, vormvariant zwartehandelaar

Insbesondere für das 20. Jahrhundert sind also sowohl in der sprachwissenschaftlich orientierten Diskussion als auch in der lexikografischen Tradition deutliche puristische Bestrebungen in Bezug auf die A+N-Komposition im Niederländischen zu erkennen. Zahlreiche Bildungen werden immer wieder auf das Deutsche zurückgeführt, um sie dadurch als falsch, als nicht-niederländisch abzuqualifizieren. Im Falle der Verbindung *zwarthandelaar* zeigt sich aber deutlich, dass solche puristischen Bemühungen nicht immer fruchten und die Bildung inzwischen den phrasalen Konkurrenten *zwarte handelaar* weit hinter sich gelassen hat. Auch *geheimtip*, das als Lehnwort aus dem Deutschen eingestuft wird, scheint sich einiger Beliebtheit zu erfreuen (vgl. Kap. 5.2.2, Abschnitt *geheim*). Ob diese Fälle allerdings repräsentativ sind, sei dahingestellt. Eine detaillierte Untersuchung zum Einfluss des puristischen Diskurses in Wörterbüchern, Abhandlungen etc. auf den tatsächlichen Gebrauch von A+N-Komposita im Niederländischen steht meines Wissens noch aus und kann hier nicht geleistet werden. Dennoch sollen kurz einige Überlegungen präsentiert werden, wie der Einfluss solcher Diskurse auf den tatsächlichen Sprachgebrauch (d.h. die potenzielle Vermeidung von A+N-Komposita und dadurch sinkende Produktivität des Verfahrens) zu messen ist. Ein möglicher Ansatz ist die in Elspaß (2005) angewandte Methode.

Elspaß untersucht den Einfluss historischer präskriptiver Normen auf den tatsächlichen Sprachgebrauch anhand von persönlichen Dokumenten deutscher Muttersprachler im 19. Jahrhundert. Diese Sprecher verfügten zwar über Grundkenntnisse in Lesen und Schreiben, hatten darüber hinaus aber keinen weiterführenden Schulunterricht und schrieben selten im Alltag. Sie kamen in der Regel kaum mit puristischen Diskussionen und präskriptiven Werken in Berührung. Sprachliche Relevanz hatten in der Regel nur regionale Sprachgebrauchsnormen, die sie im Primärunterricht gelernt hatten. Die Analyse ihrer persönlichen Schriftdokumente offenbart, dass einige grammatische Phänomene, die bereits jahrhundertelang Ziel präskriptiver Sprachpflege waren und im öffentlichen Diskurs bzw. bei vielgelesenen Autoren selten oder gar nicht vorkamen – heutzutage aber in der Umgangssprache zu finden sind – durchweg in den Dokumenten dieser Sprecher verwendet wurden, also offensichtlich bei Durchschnittssprechern bzw. in der Umgangssprache immer präsent blieben. Dies trifft z.B. auf die Verwendung der Präposition *wegen* mit Objekten im Genitiv zu, eine Regel, die bereits seit der Deutschen Sprachlehre von Adelung (1781) gepredigt wird. Tatsächlich aber war der Gebrauch des Dativs (oder manchmal sogar Akkusativs) nach Elspaß' Quellen des 19. Jahrhunderts typisch und ist heutzutage in der allgemeinen Umgangssprache die häufigere Variante (vgl. 2005: 37). Aus dieser Diskrepanz zwischen Vorschrift und Realität schließt Elspaß, dass puristische Aktivitäten nicht immer Erfolg hätten, sondern ihre Wirkung von verschiedenen Faktoren abhänge, nämlich:

a) regionale Verbreitung: Der Dativ als Objektfall nach *wegen* war nie auf eine Region begrenzt.

b) Funktionalität: Der Gebrauch von *wegen* mit Dativ entspricht einem allgemeinen Trend im Deutschen, wonach der Genitiv als Objektkasus im Laufe der Zeit durch Dativ und Akkusativ ersetzt wird (vgl. auch Nübling et al. 2010: 103 f.).

c) Grad der Stigmatisierung: *wegen* + Dativ wurde lediglich als „falsch" bewertet, während andere Phänomene auch als vulgär, altmodisch, lächerlich bezeichnet und damit viel stärker stigmatisiert wurden.

Prinzipiell sind die Kriterien einleuchtend und sollten auch für die Bewertung der Effektivität des puristischen Diskurses auf die Verwendung der A+N-Komposition im Niederländischen geeignet sein. Die A+N-Komposition ist beispielsweise im gesamten niederländischen Sprachgebiet verbreitet, wobei sie im Süden noch häufiger auftritt (neben der im Norden typischen Phrasen *korte film* 'Kurzfilm', *vrije trap* 'Freistoß' werden im Süden auch die Komposita *kortfilm*, *vrijtrap* verwendet, vgl. Hüning 2010), so dass sie den Überlegungen von Elspaß zufolge gegen puristische Bemühungen „immuner" sein sollte als regional begrenzte Phänomene. Tatsächlich ist die A+N-Komposition (in der Benennungsbildung) weiterhin produktiv; zur Illustration einige Beispiele (vorläufig) neu aufgenommener A+N-Komposita in Van Dale Online (2012):

(202)   *bittersinaasappel* 'Bitterorange' (2008); *negatieflijst* 'Liste von Tieren, die nur mit Genehmigung von Privatpersonen gehalten werden dürfen' (2009); *zwartman* 'Person mit dunkler Hautfarbe' (2009), *zwartmensen* 'Menschen mit dunkler Hautfarbe' (2009), *zwartschrift* 'Bezeichnung einer Schrift für Sehende (im Gegensatz zur Blindenschrift)' (2009); *zwartzak* '(Belgisch-Niederländisch) Kollaborateur während des 2. Weltkriegs' (2009)

Die Analyse des Sprachgebrauchs von Durchschnittssprechern kann dazu beitragen zu erfassen, wie stark der Abstand zwischen propagierter Norm und tatsächlichem Gebrauch ist. Für das 20. Jahrhundert muss sicherlich eine andere Quellenbasis als in Elspaß (2005) gewählt werden, da (1) ein langjähriger Schulbesuch die Regel und (2) die Standardsprache durch Medien wie Radio und Fernsehen weiter verbreitet ist, als dies im 19. Jahrhundert der Fall war. Bezüglich der A+N-Komposition könnte im Niederländischen z.B. eine Untersuchung des Lehrmaterials im Schulunterricht relevant sein, denn Lehrer gelten normalerweise als typische Übermittler sprachkultureller Normen, wenngleich ihre tatsächliche Haltung gegenüber Normen und ihre Wahrnehmung nicht-normgerechten Sprachgebrauchs noch wenig erforscht ist (vgl. Langer/Davies 2005: 9). Beispielhaft für eine solch mögliche Einflussnahme ist van Dams Handbuch der deutschen Sprache (1958: 397), das für niederländische Schüler gedacht war und explizit darauf verweist, dass die A+N-Komposition im Niederländischen nicht mehr produktiv sei. Solche Lehrbücher können – auch wenn sie für den Fremdspracherwerb gedacht sind – prinzipiell einen negativen Einfluss auf Bildungsmuster in der Muttersprache der Lernenden ausüben. Daneben kann auch eine Diskursanalyse wichtiger Medien, die einerseits zur sprachlichen Vereinheitlichung, andererseits zur Verbreitung sprachlicher Innovationen beitragen, wesentliche Erkenntnisse bezüglich des Erfolgs puristischer Bestrebungen liefern.

Wie bereits erwähnt, sind nicht alle als Germanismen beanstandeten A+N-Komposita (wie z.B. *diepzee*) im Niederländischen automatisch auf das Deutsche zurückzuführen. Auch andere Sprachen wie das Englische und das Französische weisen deutliche Parallelen im Gebrauch morphologischer und syntaktischer A+N-Verbindungen auf. Daher wird im nächsten Abschnitt die Perspektive erweitert und die Zusammenhänge zwischen mehreren Sprachen in den Mittelpunkt gestellt.

6.5 Sprachkontakt und Parallelentwicklungen

Viele europäische Sprachen weisen grammatische und lexikalische Gemeinsamkeiten auf. Ausgehend von gemeinsamen grammatischen Eigenschaften, die in ihrer Anhäufung typisch für europäische Sprachen sind, sprechen einige Forscher in Anlehnung an den allgemeinhin anerkannten Balkan-Sprachbund von einer Art „europäischem Sprachbund" (vgl. König/Haspelmath 1999), wobei die Frage, welche Sprachen gemeinhin Teil dieses Sprachbundes sein sollen, z.T. heftig diskutiert wird (vgl. Heine/Kuteva 2006: 6). Die Annahme eines zusammenhängenden europäischen Sprachgebiets beruht nicht auf genetischen Verbindungen, sondern vor allem auf Sprachkontakt:

> More recently, a number of studies have been devoted to the typological diversity of European languages. What surfaces from this research is that genetic relationship is not an appropriate parameter to describe or account for the structural affinities characterizing European languages – rather, that there are many linguistic properties cutting across genetic boundaries. (Heine/Kuteva 2006: 2)

Eine grammatische Besonderheit, die viele europäische von Sprachen in anderen Teilen der Welt abgrenzt, ist beispielsweise der Gebrauch von definiten und indefiniten Artikeln oder die Kodierung eines Possessors als externes Dativobjekt (wie *ihr* in *er hat ihr die Hände gewaschen*; vgl. Haspelmath 1998). Solch auffällige Parallelen werden als Folge von Sprachkontakt gewertet.

Auch auf lexikalischem Gebiet zeichnen sich europäische Sprachen durch viele Konvergenzen aus. Ein Blick auf die englischen und französischen Entsprechungen zu deutschen und niederländischen A+N-Verbindungen zeigt auffällige Parallelen in der Benennungsbildung, vgl. die Bildungen mit *schwarz – zwart – black – noir* in Tabelle 6.10. In allen vier Sprachen ist eine ganze Reihe von Konzepten auffallend ähnlich realisiert, nämlich als A+N-Verbindung mit einem Adjektiv als Modifikator und einem Nomen als Kopfkonstituente.[77]

Tab. 6.10: A+N-Verbindungen mit *schwarz – zwart – black – noir* im Deutschen, Niederländischen, Englischen und Französischen

Deutsch	Niederländisch	Englisch	Französisch
Schwarzafrika	zwart Afrika	Black Africa	Afrique noire
Schwarzbrot	zwart brood	black bread	pain noir
Schwarzbuch	zwartboek	black book	livre noir
Schwarzer Freitag	zwarte vrijdag	black Friday	vendredi noir
Schwarzgeld	zwart geld	black money	–
schwarzer Humor	zwarte humor	black humour	humour noir
Schwarzer Kasten	zwarte doos	black box	boîte noire
Schwarze Kunst	zwarte kunst	black art	art noir
schwarzes Loch	zwart gat	black hole	trou noir
schwarze Magie	zwarte magie	black magic	magie noire
Schwarzmarkt	zwarte markt	black market	marché noir
Schwarzwald	Zwarte Woud	Black Forest	Forêt(-)Noire

Die vorliegenden Korrespondenzen lassen sich auf zweierlei Art erklären. Erstens kann es sich um Parallelentwicklungen handeln. In diesem Fall hätten alle Sprachen unabhängig voneinander äquivalente Entsprechungen entwickelt, die sich etwa als Folge gleicher außersprachlicher Bedingungen in Kombination mit identischen strukturellen Gegebenheiten bzw. aufgrund allgemein-kognitiver Eigenschaften menschlicher Sprachfähigkeit ergeben. Ein Beispiel für die Entstehung ähnlicher Strukturen auf der Grundlage solcher kognitiver Voraussetzungen ist die Grammatikalisierung von Verben des Fortbewegens zu Futurmarkern, wie sie im Englischen (*be going to* + INF), Französischen (*aller* + INF) und Niederländi-

---

77 Die Unterschiede in der Realisierung als Phrase oder Kompositum spielen erst im weiteren Verlauf eine Rolle. Allerdings betrachte ich auch Korrespondenzen lexikalischer Ausdrücke als relevant, die in der einen Sprache als Kompositum, in der anderen als Phrase realisiert sind. Diese Position ist vertretbar, weil Phrasen und Komposita die gleiche Funktion erfüllen können und weil in einigen Sprachen wie beispielsweise dem Englischen die Unterscheidung zwischen beiden Strukturen schwierig bis unmöglich ist (vgl. zur Problematik der N+N-Bildungen im Englischen Bauer 1998; Giegerich 2004).

schen (*gaan* + INF) stattgefunden hat (vgl. Diewald 1997: 47). Zweitens können
die Korrespondenzen eine Folge von Sprachkontakt sein, d.h. aufgrund unterschiedlichster politischer, historischer, kultureller oder sonstiger Kontaktsitua-
tionen durch Entlehnungsprozesse entstanden sein. Schwierig ist dabei oftmals
die Bestimmung der Entlehnungsrichtung, d.h. die Identität von Geber- und
Nehmersprache (vgl. Anttila 1989: 158 ff.; von Polenz 2000: 44 f.). Im europäischen Sprachraum sind Griechisch, Latein, Englisch und Französisch die
häufigsten Gebersprachen lexikalischer Übereinstimmungen (vgl. Braun 2005:
1382). Aber selbst wenn die ursprüngliche Gebersprache identifiziert werden
kann, schließt dies nicht aus, dass eine andere Sprache als Mittlersprache fungiert hat.

Wahrscheinlich ist für einen Großteil der Korrespondenzen in Tabelle 6.10
anzunehmen, dass es sich um Konvergenzen aufgrund von Sprachkontakt handelt, und zwar aus den folgenden Gründen:

a) Die Korrespondenzen beschränken sich nicht nur auf die germanischen Sprachen Deutsch, Englisch und Niederländisch, sondern schließen darüber hinaus auch das romanische Französisch mit ein.

b) Das Englische gilt zumindest dem Wortschatz nach als teilromanisierte Sprache (laut Braun 1990: 29 können 50–60% des englischen Wortschatzes als
lateinisch-romanischer Lehnwortschatz gelten), d.h., die Frage der Sprach-
verwandtschaft spielt hier nur eine untergeordnete Rolle.

c) Für einige der Verbindungen werden in Wörterbüchern explizit Entlehnungs-
beziehungen genannt.

d) Es handelt sich z.T. um fachsprachliche Terminologie, vgl. z.B. *schwarzes Loch*
'Astronomie; infolge hoher Gravitation völlig in sich zusammenstürzender
Stern' (Duden Online 2012: Loch), bei der davon ausgegangen werden kann,
dass die Konzepte zeitnah in mehreren Sprachen versprachlicht wurden.

Wenn Korrespondenzen wie bei *schwarz – zwart – black – noir* tatsächlich aus
Sprachkontakt hervorgegangen sind, wird schnell deutlich, dass eine allein auf
das Deutsche und Niederländische beschränkte Perspektive, in der Verbindungen der einen Sprache als Entlehnung bzw. Lehnübersetzung der anderen Sprache definiert werden, zu kurz greift und auch die Distribution der A+N-Verbin-
dungen in einem größeren übereinzelsprachlichen Zusammenhang zu stellen ist.
Die *Internationalismus*-Forschung fordert genau diesen Perspektivwechsel ein
mit der Begründung, dass es „[in] den meisten europäischen Sprachen [...] nicht
geringe und auffällige *Lehnwortbestände* [gibt]", die nicht auf Zufälligkeiten be-
ruhten, sondern Ergebnisse internationaler Kontakte mit politischen, kulturellen,
ökonomischen Voraussetzungen seien (vgl. Braun 1990: 16; vgl. auch Grzega 2006).
Dies gilt nicht nur für die neueste Zeitgeschichte:

> In der Sprachgeschichte sind die verschiedenen Entlehnungsprozesse nur von einzelnen
> Nationalsprachen aus beschrieben worden. Dabei wurde übersehen, dass sie umfassender
> als europäische Sprachvorgänge zu verstehen sind; das gilt für das lateinische Mittelalter,
> für die Geistes- und Bildungsgeschichte des Humanismus, für die kulturellen Kontakte mit
> dem Französischen im 17. und 18. Jahrhundert, für die anglo-amerikanischen Einflüsse
> nach 1945. (Braun 2005: 1383)

Lexikalische Übereinstimmungen zwischen verschiedenen Sprachen sind umso
häufiger, je höher das Register ist, „the prestigious and written domains and
registers of a developed culture" (Reichmann 2005: 356). In der neueren Forschung werden diese Übereinstimmungen als 'Internationalismen', wahlweise
auch als 'Europeme', 'Europäismen', 'Interlexis' oder 'Eurolatein' bezeichnet.
Einige Beispiele aus dem konzeptuellen Feld der GETRÄNKE sind in Tabelle 6.11
(nach Braun 1990: 21; ergänzt um die niederländischen Begriffe) dargestellt.

Tab. 6.11: Internationalismen im Bereich GETRÄNKE

DE	NL	EN	FR	IT	SP
Kaffee	*koffie*	*coffee*	*café*	*caffè*	*café*
Tee	*thee*	*tea*	*thé*	*tè*	*té*
Bier	*bier*	*beer*	*bière*	*birra*	*(cerveza)*

Kleinere Abweichungen in Bezug auf die Phonologie und Graphemik der Bildungen werden toleriert (vgl. *Kaffee* vs. *koffie*; *café* vs. *cafè*). Problematischer ist die
Bedeutungsäquivalenz: Wie ähnlich müssen die Bedeutung und die Gebrauchs-
kontexte sein? Das deutsche *Tee* ist in seinem Bedeutungsumfang wesentlich umfassender und kann auch auf Aufgüsse mit Kräuter- und Fruchtextrakten bezogen
werden (z.B. *Pfefferminztee*, *Kamillentee*), während das französische *thé* nur für
schwarzen oder *grünen Tee* verwendet wird.

Die meisten Internationalismen sind Wortbildungen, wobei besonders häufig
präfigierte und suffigierte Bildungen vorkommen, z.B. mit *anti-*, *de-* oder *-ismus/
-ism*, *-ar/-är* (vgl. Braun 2005: 1381). Daneben gelten die *Interphraseologismen* nur
als Randerscheinung (vgl. ebd.: 1382): DE *den Kopf verlieren* – EN *to lose one's head*
– FR *perdre la tête*. Vergleiche wie der in Tabelle 6.10 legen allerdings nahe, dass
Korrespondenzen bei den lexikalischen A+N-Phrasen keineswegs peripher sind.
Vermutlich hängt dies mit der engeren Auslegung des Begriffes 'Phraseologismus' bei Braun zusammen, wodurch ein Teil der lexikalischen A+N-Phrasen, die
sich nur durch eine geringe Idiomatizität auszeichnen, als Gegenstandsbereich
ausgeschlossen werden. Außerdem handelt es sich – ähnlich wie bei *den Kopf*

verlieren – perdre la tête usw. – um Bildungen mit etablierten Einheiten des jeweiligen einzelsprachlichen Wortschatzes, so dass ein möglicher fremdsprachlicher Einfluss nicht unmittelbar deutlich ist. Zwei Beispiele im historischen Primärmaterial für lehnübersetzte lexikalische A+N-Phrasen sind (203)–(204):

(203) **gelbes Trikot:** Bezeichnung für das Trikot des Gesamtführenden, das *maillot jaune*, bei der *Tour de France*, einem jährlich stattfindenden Radrennens; vgl. NL *gele trui* – EN *yellow jersey*; in Analogie hierzu sind wohl das *grüne Trikot* (für den schnellsten Sprinter; FR *maillot vert* – NL *groene trui* – EN *green jersey*) und das *weiße Trikot* (für den besten Jungprofi; FR *maillot blanc* – NL *witte trui* – EN *white jersey*) zu sehen;

(204) **schwarzer Humor:** beruht als Ausdruck auf der 1935 erschienenen *Anthologie de l'humour noir* des französischen Schriftstellers und Surrealisten André Bréton (NL *zwarte humor* – EN *black humour*).

Für *gelbes Trikot/gele trui* sowie *schwarzer Humor/zwarte humor* ist ein französischer Ursprung anzunehmen, zumindest liegt dieser kulturgeschichtlich nahe (die Verbindungen könnten aber theoretisch ebenso über eine Mittlersprache wie das Englische ins Deutsche und Niederländische gelangt sein). Beispiele morphologischer Internationalismen, die lehnübersetzt wurden, sind DE *Großvater* – NL *grootvader* – EN *grandfather*, die auf FR *grand-père* basieren (vgl. van der Sijs 2005: 265).

Für einen Teil der A+N-Verbindungen ist also fremdsprachlicher Einfluss jenseits des Deutschen bzw. Niederländischen anzunehmen. Die Konsequenzen für die Distribution von A+N-Phrase und A+N-Komposita sind jedoch nicht zwingend überschaubar. Grundsätzlich können Nehmersprachen die in der Geber-/Mittlersprache realisierte Form übernehmen, wenn diese an sich strukturell zulässig ist, oder abändern, wenn eine andere Realisierungsform sich besser in das gesamte Sprachbild einfügt. Beispiel einer getreuen Übernahme scheinen DE *gelbes Trikot*, NL *gele trui*, EN *yellow jersey* zu sein, die in letzter Konsequenz auf FR *maillot jaune* zurückgehen (vgl. (203)). Ist der Ausdruck in der Nehmersprache aufgenommen, kann er aber weiterem Wandel unterliegen. Solch einen Wandel findet man bei DE *Schöngeist* (< FR *bel esprit*), vgl. Anttila (1989: 140). Nach Bach (1965: 303) wurde im Deutschen zunächst die phrasale Form *schöner Geist* gebraucht und erst ab dem 18. Jahrhundert durch die Wortbildung *Schöngeist* verdrängt. Ähnliches gilt wohl auch für *gelber Körper* > *Gelbkörper* von LAT *corpus luteum*, während im Niederländischen weiterhin die Phrase *geel lichaam(pje)* üblich ist. Daneben besteht die Möglichkeit, direkt auf das Fremdwort zurückzugreifen wie im Fall von NL *bel-esprit* (Van Dale 2005), das auf das französische *bel esprit* zurückgeht, oder NL *cold call* (< EN *cold call*; im Deutschen scheint hier zumindest laut Duden Online (2012) *Kaltanruf* gebräuchlich). Für eine von Beginn an abweichende Realisierung gibt es im vorliegenden Primärmaterial keine deutlichen Beispiele, wobei diese Möglichkeit aber nicht ausgeschlossen werden soll. Aus praktischer Sicht ist der Nachweis der Entlehnungspfade jedoch schwierig, weil die Identifizierung der (unmittelbaren) Gebersprache schwierig bis unmöglich ist. So sind DE *Gelbbuch*/NL *geelboek* in Analogie zu *Blaubuch* bzw. *blauwboek* entstanden. Letztere gelten als Lehnübersetzungen des englischen *blue book*/*blue-book* (OED, BLUE BOOK/BLUE-BOOK). Es ist aber überhaupt nicht klar, ob unmittelbar das Englische für die Prägung von *Blaubuch* bzw. *blauwboek* verantwortlich war oder das Deutsche und das Niederländische den Ausdruck aus einer anderen Sprache übernommen haben.

Eine ausführliche Untersuchung der gegenseitigen Lehnbeziehungen könnte das genaue Ausmaß für die Distribution der A+N-Verbindungen im Deutschen und Niederländischen besser bestimmen. Möglicherweise führen diese Beziehungen zu einer gewissen Stärkung der lexikalischen Phrasenbildung in beiden Sprachen: Neben dem Lateinischen und dem Griechischen fungieren als wichtigste Gebersprachen das Französische und das Englische. Im Französischen ist die A+N-Komposition jedoch nicht produktiv (vgl. Fradin 2009; Villoing 2012). Wenn Verbindungen zunächst strukturgenau übernommen werden, sollten Lehnübersetzungen aus dem Französischen eher zu einer Stärkung der Phrasenbildung im Deutschen und Niederländischen führen, da A+N-Verbindungen im Französischen selbst ausschließlich phrasal realisiert werden können. Im Englischen besteht hingegen bei Bildungen wie *blue book*/*blue-book* eine gewisse formale Ambiguität, wenn die getrennt geschriebene Variante als Ausgangspunkt für Entlehnungen dient. Im Englischen zeigt nur die Betonung an, ob es sich um ein Kompositum handelt (wobei aber auch dieses Kriterium problematisch ist, vgl. Plag 2003: Kap. 6). Unter der Annahme, dass bei vielen Entlehnungen aus schriftsprachlichen Bereichen die Betonung nur eine untergeordnete Rolle spielt, kann hier bei getrennt geschriebenen A+N-Verbindungen im Englischen von einer gewissen Mehrdeutigkeit der formalen Struktur ausgegangen werden. Welche sprachliche Form eine Lehnübersetzung dann im Deutschen bzw. Niederländischen tatsächlich annimmt, kann nicht unbedingt aus der Gebersprache abgeleitet werden. Die verbreitete Getrenntschreibung im Englischen könnte aber zu einer präferierten phrasalen Realisierung im Deutschen und Niederländischen führen, da Wortbildungen häufiger und sehr viel konsequenter als im Englischen zusammen geschrieben werden. Genauere Untersuchungen müssen diese Annahmen bestätigen. Einmal entlehnt können Wortbildungen und Phrasen in der jeweiligen Zielsprache analogische Wirkung entfalten, sodass ganze paradigmatische Reihen entstehen. Beispielsweise stehen neben *Blaubuch* bzw. *blauw-*

boek gleichberechtigt auch die Verbindungen DE *Gelbbuch, Rotbuch, Schwarz-buch* bzw. NL *geelboek, zwartboek* und es ist anzunehmen, dass für die späteren Bildungen analogische Beziehungen eine wichtige Rolle bei der formalen Realisierung als Phrase oder Kompositum gespielt haben.

Fremdsprachlicher Einfluss kann auch indirekt wirken, indem der Gebrauch bereits vorhandener, aber seltener verwendeter Bildungsmuster in der Nehmersprache gefördert wird. Beispielsweise ist der Einfluss des Französischen auf das Niederländische sprachhistorisch immer stärker als auf das Deutsche gewesen (vgl. Hüning 2008: 49), was durchaus eine Rolle bei der deutlich höheren phrasalen Realisierung im Niederländischen spielen könnte. So sind nach Taeldeman (1978: 52) in Flandern, das noch stärker als der Norden französischem Einfluss unterlag, für einige Konzepte A+N-Phrasen typisch, wie sie auch im Französischen verwendet werden, während in den Niederlanden N+N-Komposita üblich sind:

(205) a. *Culturele Raad* (Nordniederländisch: *Cultuurraad*)
       b. *academisch jaar* (Nordniederländisch: *academiejaar*)
       c. *administratieve kosten* (Nordniederländisch: *administratiekosten*)

Die Bildung benennender A+N-Phrasen ist zwar im Niederländischen grundsätzlich möglich, wird aber durch den französischen Einfluss weiter gefördert. Für Heine/Kuteva (2006) ist die Stärkung eines bereits vorhandenen, aber wenig genutzten Musters eine durchaus übliche Folge fremdsprachlichen Einflusses:

> One salient mechanism characterizing the processes that may take place in particular contexts in a situation of intense language contact involves use patterns that may give rise to entirely new use patterns. More commonly, however, there is already something that we will call a minor use pattern, which is activated because there is a model provided by another language, and it develops into a major use pattern in the direction of that model. We will refer to this process as the replication of use patterns [...]. (Heine/Kuteva 2006: 51 f.)

Sprachkontakt beeinflusst damit durch Lehnübersetzungen nicht nur die Ebene individueller lexikalischer Einheiten, sondern auch die systematische Ebene abstrakter Strukturbildungsverfahren, indem ein bestimmtes Bildungsmuster „aktiviert" wird und auch für endogen motivierte Bildungen, die nicht direkt auf Sprachkontakt zurückgehen, zur Verfügung steht.

6.6 Zusammenfassung

Das vorliegende Kapitel zeichnet ein insgesamt sehr komplexes Bild der Konkurrenz von Phrasenbildung und Komposition im Bereich lexikalischer A+N-Verbindungen.

Paradigmatische analogische Relationen können die formale Distribution neuer A+N-Benennungseinheiten als Ergebnis deutlicher Bildungspräferenzen der einzelnen Adjektive erklären, indem Bezug auf bereits etablierte lexikalische Einheiten im Lexikon und Konzepte wie Typefrequenz und Familiengröße genommen wird. Für den gegenwärtigen Zustand im Deutschen wurde dies bereits durch Schlücker/Plag (2011) gezeigt; die vorliegende Arbeit ergänzt diese Ergebnisse durch ihren historischen Blickwinkel. Auch für die Entwicklung der A+N-Verbindungen in den letzten drei Jahrhunderten spielt der adjektivische Modifikator eine entscheidende Rolle bei der formalen Realisierung. Daneben hängt die Realisierung neuer lexikalischer Einheiten als Phrase oder Kompositum von weiteren inner- und außersprachlichen Faktoren ab, die in diesem Kapitel diskutiert wurden (vgl. Abb. 6.1).

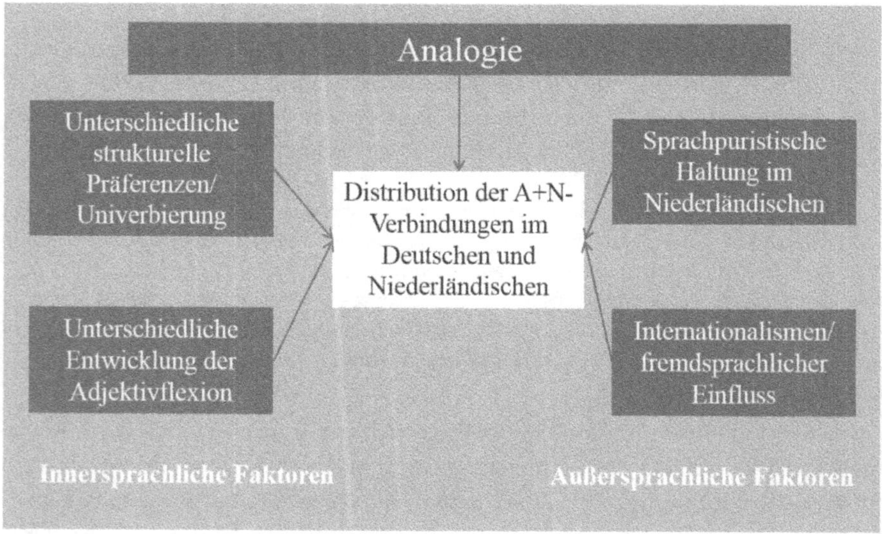

Abb. 6.1: Komplexes Bedingungsgefüge für die historische Distribution der A+N-Verbindungen

Die Ergebnisse aus Kapitel 5 legen dabei den Schluss nahe, dass diese Faktoren ein komplexes Bedingungsgefüge bilden und dafür sorgen, dass die Entwicklung der A+N-Verbindungen im Deutschen und Niederländischen kein Beispiel eines systematischen Wandelprozesses ist, der zur zunehmenden Unproduktivität eines der beiden zugrundeliegenden Verfahren, der Komposition oder der Phrasenbildung, führt. Zwar stützen Univerbierungstendenzen im Deutschen die starke Präferenz zur Komposition, während im Niederländischen puristische Tendenzen einen gegenteiligen Effekt zu haben scheinen. Gleichzeitig unterliegen beide Sprachen aber auch fremdsprachlichem Einfluss, der zu konvergierenden Strukturen führen kann. Auf diese Weise entstandene Einheiten stehen wiederum als Musterbildungen für neue lexikalische Einheiten auf analogischer Basis zur Verfügung und stärken parallele Bildungstendenzen in beiden Sprachen. Insgesamt gesehen gibt es also nur wenig Anlass dafür, von einem grundlegenden strukturellen Wandel auszugehen. Die gegenwärtige Distribution der A+N-Verbindungen zeugt von einer Situation der einzelsprachlich unterschiedlich ausfallenden Variation ohne systematische Wandelprozesse.

7 Zusammenfassung

Ziel der vorliegenden Arbeit war es, die Konkurrenz morphologischer und syntaktischer Benennungseinheiten am Beispiel lexikalischer Adjektiv-Nomen-Verbindungen im Deutschen und Niederländischen zu beschreiben und Annahmen aus der linguistischen Forschung zum Verhältnis von Variation und Wandel bei funktional äquivalenten Einheiten zu überprüfen. Anhand von Fallstudien sollte die historische Entwicklung der A+N-Verbindungen für den Zeitraum seit 1700 untersucht und Faktoren identifiziert werden, die einzelsprachlich und auch im Sprachvergleich die Konkurrenz von Phrase und Kompositum beeinflusst haben (könnten).

7.1 Zusammenfassung der Arbeit

In Kapitel 2 wurde zunächst der Benennungsbegriff ausführlich behandelt, da er die funktionale Grundlage für einen Vergleich zwischen A+N-Phrasen und A+N-Komposita bildet. Benennungen wurden als (komplexe) sprachliche Zeichen charakterisiert, die sich durch eine feste, kontextunabhängige Verbindung von Form und Inhalt auszeichnen und aus der Perspektive des Sprechers relevante allgemeinsprachliche Konzepte bezeichnen. Gleichzeitig wurde hervorgehoben, dass diese Kontextunabhängigkeit sprecherabhängig und damit individuell variabel ist, so dass auch die Menge der Benennungen im Wortschatz von Sprecher zu Sprecher variiert. Benennungen können auf sehr unterschiedliche Art und Weise entstehen, wobei der Schwerpunkt in dieser Arbeit auf der Komposition und Phrasenbildung liegt.

In Kapitel 3 wurden wesentliche Annahmen der Konstruktionsgrammatik nach Goldberg (2006) und Booij (2010) vorgestellt, die als theoretische Grundlage der Arbeit dient. Grundlegend ist die Vorstellung, dass nicht nur morphologische, sondern auch syntaktische A+N-Verbindungen als Output produktiver Konstruktionsschemata zur Bildung neuer klassifikatorischer Benennungseinheiten betrachtet werden, die im hierarchisch organisierten Lexikon über taxonomische und paradigmatische Relationen eng mit anderen Konstruktionen unterschiedlichen Abstraktionsgrades verbunden sind. Damit wird die prinzipielle funktionale Äquivalenz beider Strukturen im Falle der A+N-Benennungseinheiten unterstrichen.

Anschließend wurden A+N-Komposita und A+N-Phrasen hinsichtlich ihrer morphosyntaktischen, phonologischen und semantischen Eigenschaften beschrieben und einige Sonderfälle behandelt (vgl. Kap. 4). Während sich benennende Komposita hinsichtlich ihrer Eigenschaften nicht von Komposita ohne Benennungsfunktion unterscheiden, weist ein Teil benennender A+N-Phrasen

Unterschiede zu regulären, freien Phrasen auf. Es wurde gezeigt, dass sich die Konkurrenz zwischen Komposition und Phrasenbildung im Wesentlichen auf Verbindungen mit einem monomorphemischen Adjektiv als Erstglied sowie einer klassifikatorischen Bedeutung beschränkt. Klassifikatorisch meint, dass die A+N-Verbindung eine eigenständige Subklasse des Konzeptes bezeichnet, das durch das Nomen bezeichnet wird (z.B. *Schnellzug, gelbe Karte*). Die Konkurrenz beider Verfahren wurde für diesen Bereich dann in Form abstrakter Konstruktionsschemata modelliert, die gleichermaßen zur produktiven Bildung neuer lexikalischer Verbindungen verwendet werden können. Synchron kann die Entscheidung der Sprecher, eine neue klassifikatorische Verbindung mit monomorphemischem Adjektiv als Phrase oder Kompositum zu realisieren, aber nur begrenzt auf formale, semantische und stilistische Einflussfaktoren bezogen werden. Vor dem Hintergrund gängiger Annahmen zu Variation und Sprachwandel wurde also die Frage verfolgt, ob die gegenwärtigen Realisierungspräferenzen und -unterschiede im Deutschen und Niederländischen auf einen systematischen Wandelprozess im Bereich der A+N-Verbindungen hindeuten, der zur (zunehmenden) Unproduktivität eines der beiden Verfahren führt. Es wurden unterschiedliche Entwicklungsszenarien für das Deutsche und das Niederländische (Konvergenz, Divergenz, weitgehend parallele Entwicklung beider Sprachen) diskutiert und Untersuchungshypothesen für die historische Untersuchung formuliert.

Kapitel 5 und 6 bilden das Kernstück der Arbeit. Hier wurden die Entwicklungsszenarien anhand von Fallstudien zu einzelnen Adjektiven und ihren Bildungspräferenzen überprüft und mit Blick auf verschiedene in der Forschungsliteratur diskutierte Faktoren in Zusammenhang gebracht. Dafür wurde historisches Wörterbuch- und Korpusmaterial seit dem 18. Jahrhundert für zehn qualitative Adjektive und zwei Relationsadjektive analysiert. Die Ergebnisse dieser Analyse fasse ich nachfolgend in sechs Thesen zusammen.

I Phrasenbildung und Komposition sind seit 1700 prinzipiell produktiv.

Auf Basis der erhobenen Daten kann weder für das Deutsche noch für das Niederländische ein grundsätzlicher struktureller Wandel angenommen werden. In beiden Sprachen werden seit 1700 Phrasen und Komposita gleichermaßen als Benennungseinheiten gebildet. Der gegenwärtig feststellbare Unterschied zwischen beiden Sprachen ist prinzipiell stabil. Es ist also kein systematisch verlaufender Wandelprozess zu beobachten, der in einer der beiden Sprachen zur völligen Unproduktivität eines Verfahrens führen würde. Es zeigt sich allerdings, dass die Präferenzen für die Komposition einerseits und die Phrasenbildung andererseits nicht gleichmäßig über alle untersuchten Adjektive verteilt sind, sondern stark vom jeweiligen Adjektiv abhängen (vgl. These II). Diese Realisierungspräferenzen bleiben jedoch über den gesamten Untersuchungszeitraum hinweg relativ stabil bzw. sorgen komplementär dafür, dass beide übergeordnete Verfahren, Komposition und Phrasenbildung, weiterhin produktiv zur Benennungsbildung eingesetzt werden.

Einige Input- und Outputbedingungen wurden untersucht und haben sich im gesamten Untersuchungszeitraum als weitgehend robust erwiesen: Das gilt zum einen für die Korrelation zwischen metaphorischer Interpretation und phrasaler Realisierung sowie metonymischer Interpretation und morphologischer Realisierung. Auch bei den Relationsadjektiven gräko-lateinischen Ursprungs sind die gegenwärtigen Präferenzen (das Deutsche erlaubt die Komposition, das Niederländische nicht) von Beginn an vorhanden (wobei die Benennungsbildung mit den untersuchten Adjektiven *sozial – sociaal* und *zivil – civiel* erst im 19. Jahrhundert einsetzt). Was eine Lockerung der Bildungsrestriktionen in Bezug auf die morphologische Beschaffenheit des Erstglieds angeht, kann die Arbeit keine Aussagen machen, da zum Großteil monomorphemische Adjektive untersucht wurden.

II Die Realisierung einer Verbindung als Phrase oder Kompositum hängt im Wesentlichen von den Bildungspräferenzen der einzelnen Adjektive ab.

Einige Adjektive erlauben beide Verfahren, andere zeigen eindeutige Präferenzen für die Komposition oder die Phrasenbildung, wobei diese Präferenzen im gesamten Untersuchungszeitraum meist relativ stabil sind. Dieses Ergebnis kann als Unterstützung der These von Schlücker/Plag (2011) sowie Schlücker (2014) dienen, wonach paradigmatische Analogie eine wesentliche Rolle bei der Distribution beider Verfahren spielt. Die Anzahl bereits etablierter phrasaler bzw. morphologischer Benennungseinheiten im mentalen Lexikon, die mit der neu zu bildenden Einheit die Adjektivkonstituente teilen, d.h, die etablierten Realisierungspräferenzen eines Adjektivs, können auch aus historischer Perspektive die Realisierung einer neuen Verbindung als Phrase oder Kompositum zuverlässig vorhersagen (die Relevanz des nominalen Kopfes wurde in dieser Arbeit nicht untersucht).

Diese sehr deutlichen Präferenzen und entsprechende produktive Bildungsprozesse können durch (die Entstehung von) Subschemata für einzelne Adjektive modelliert werden. Diese Subschemata sind für einzelne Adjektive lexikalisch spezifiziert (während der nominale Slot frei bleibt) und bilden besonders produktive Bildungsprozesse im Bereich der A+N-Benennungsbildung ab. Die Subschemata treten zwischen die beiden hierarchisch übergeordneten, unterspezifizierten Schemata für die lexikalische A+N-Komposition bzw. -Phrasenbildung und die hierarchisch untergeordnete Menge an Mikro-Konstruktionen (lexikalisch vollspezifizierte Einheiten wie DE *Bittermandel*, *Bitterstoff*, *Bittermittel* etc.), von denen sie abgeleitet sind.

Im Sprachvergleich wird deutlich, dass im Deutschen (a) wesentlich mehr Adjektive die Komposition prinzipiell erlauben und (b) diese Adjektive auch deutlich mehr Komposita bilden als im Niederländischen. Beispielsweise sind in beiden Sprachen Komposita mit *kalt – koud* erlaubt, aber die Komposition überwiegt im Deutschen deutlich, während im Niederländischen Phrasen üblicher sind.

III Die A+N-Komposition ist im Deutschen in konzeptueller Hinsicht flexibler als im Niederländischen.

Für die Gegenwartssprache gilt, dass die A+N-Komposition im Deutschen konzeptuell wesentlich flexibler als im Niederländischen ist. Eine Analyse der gebildeten Hapaxe mit den verschiedenen Adjektiven im ZEIT- und im LEXNEX-Korpus macht deutlich, dass im Deutschen auch jenseits etablierter, lexikalisierter Bildungen eine Vielzahl ad hoc gebildeter Komposita zu finden sind, deren Bildung vor allem eine Folge stilistisch-rhetorischer oder syntaktischer Faktoren ist: *Fremdlärm*, *Geheimkonzentrat* etc. Den Großteil der Belege im Niederländischen stellen hingegen etablierte Benennungseinheiten dar, die bereits lexikografisch fixiert sind. Die A+N-Komposition wird im Deutschen also nicht nur für die Benennung, sondern auch als stilistisches Mittel und zur Erhöhung der Textkohäsion genutzt. Diese größere konzeptuelle Flexibilität begünstigt zweifellos eine schnelle Bildung von Komposita.

IV Univerbierungstendenzen im Deutschen sind ein wesentlicher Faktor für die Divergenz mit dem Niederländischen.

Univerbierung wurde in dieser Arbeit als das „Bestreben, statt einer umständlichen, mehrgliedrigen Zeichenkette ein einziges komplexes Wort als grammatischen Baustein im Satz und als Benennung der bezeichneten Sache zu gewinnen" (Erben 2006: 25) definiert und stellt eine historische Tendenz dar, nach der syntaktische Einheiten zugunsten komplexer morphologischer Einheiten verdrängt werden.

Eine Voraussetzung für Univerbierungstendenzen ist die Konkurrenz gleichbedeutender Phrasen und Komposita, was im untersuchten Material zum Deutschen die meisten, im Niederländischen jedoch nur einen Teil der Adjektive betrifft. Ein Grund hierfür ist sicher die Tatsache, dass die Komposition im Niederländischen generell weniger genutzt wird und somit konkurrierende phrasale und morphologische Einheiten prinzipiell seltener sind. Bei den meisten Konkurrenzen im deutschen Material setzen sich langfristig Komposita durch und verdrängen die etablierten Phrasen. Dadurch nimmt die Divergenz mit dem Niederländischen weiter zu, da hier meist die ursprüngliche Form bewahrt wird: DE *gelbes Fieber* > *Gelbfieber* (NL *gele koorts*), *schwarzer Markt* > *Schwarzmarkt* (NL *zwarte markt*).

Univerbierungsprozesse treten allerdings nicht systematisch auf: Die betroffenen Bildungen stellen keine strukturell homogene Klasse dar (etwa weil es nur um Verbindungen mit zwei- oder mehrsilbigen Adjektiven oder Verbindungen mit demselben Nomen ginge). Vielmehr scheinen hier Gebrauchsfaktoren relevant zu sein wie z.B. die häufige Verwendung des Kompositums in polymorphemischen Komposita. So präferiert das Deutsche bei zwei konkurrierenden Verbindungen wie *schwarzer Markt – Schwarzmarkt* deutlich die morphologische Variante als Erstglied in einer komplexen Wortbildung (z.B. *Schwarzmarktpreis*). Diese Präferenz für Komposita in polymorphemischen Wortbildungen könnte bei ausreichender Type- und Tokenfrequenz wiederum die Verwendung des morphologischen Erstglieds als autonome Benennungseinheit fördern und zur langfristigen Verdrängung der Phrase durch das Kompositum beitragen.

V Phrasen mit Schwa-Apokope sind nur eingeschränkt als weitere Option in der niederländischen Benennungsbildung zu sehen.

Die im Niederländischen auftretenden A+N-Phrasen mit Schwa-Apokope wie *het centraal-Ø station, de wetenschappelijk-Ø medewerker* wurden bisweilen als Alternative zur Komposition und zur regulären Phrasenbildung bezeichnet (vgl. Booij 2002a) und als dritte Option zur Benennungsbildung bewertet. Nach meinen Daten stellen Phrasen dieses Typs zumindest bei den monomorphemischen Adjektiven keine systematische Alternative dar. Es gibt im Vergleich zur regulären Bildung lexikalischer A+N-Phrasen nur sehr wenige Belege (u.a. *de geheim-Ø agent, het rood-Ø weeskind, het stil-Ø water*), die die Entwicklung eines dritten produktiven Benennungstyps neben regulärer Phrasenbildung und Komposition im Niederländischen stützen könnten.

Eine Ausnahme bilden Verbindungen mit den Relationsadjektiven *sociaal* und *civiel* im Bereich der Berufsbezeichnungen (vgl. *de sociaal-Ø geograaf, civiel-Ø ingenieur*). Hier kann die Schwa-Apokope der formalen Abgrenzung von freien Phrasen dienen. Sie ist allerdings auf Berufs- und Titelbezeichnungen beschränkt und stellt kein allgemeines Konstruktionsmuster bei Relationsadjektiven dar.

VI Die historische Entwicklung der A+N-Verbindungen wird von einem komplexen außersprachlichen Faktorengefüge bestimmt.

Die analogiebasierte Strukturbildung stellt bei den A+N-Verbindungen einen wichtigen Faktor für die dauerhafte Konkurrenz zwischen Phrasenbildung und Komposition dar. Da für beide Verfahren – wenn auch adjektivspezifisch – immer wieder neue Einheiten gebildet werden, die als Modellbildungen für potenziell neue Bildungen dienen, bleiben beide Verfahren im gesamten Untersuchungszeitraum nebeneinander bestehen.

Aber auch außersprachliche Faktoren müssen bei der Frage nach der Distribution von Phrase und Kompositum und ihrer historischen Entwicklung berücksichtigt werden, hier vor allem in Bezug auf die festgestellten Unterschiede zwischen dem Deutschen und dem Niederländischen. Als relevant haben sich folgende Aspekte erwiesen, die in Hinblick auf die Ergebnisse der historischen Untersuchung diskutiert wurden:

a) eine im Niederländischen deutlich sprachpuristische Haltung gegenüber A+N-Komposita, die oft als Germanismen abqualifiziert werden;

b) Sprachkontakt, der durch Entlehnungen zur Konvergenz nicht nur zwischen dem Deutschen und Niederländischen, sondern auch in Bezug auf Sprachen wie dem Englischen, Französischen, Griechischen und Lateinischen führt;

c) die im Deutschen z.T. auch von präskriptiven Bemühungen getragene Einführung einer obligatorischen Adjektivflexion in attributiver Stellung, die zu einer stärkeren Polarisierung von Komposition und Phrasenbildung geführt haben dürfte.

Diese Aspekte sind in ihrer prinzipiellen Relevanz für die Entwicklung der A+N-Verbindungen im Deutschen und Niederländischen beschrieben worden, bedürfen aber teilweise noch der detaillierteren Ausarbeitung in weiteren Forschungsarbeiten. Dazu zählt beispielsweise die Frage, wie bestimmt werden kann, ob sprachpuristische Bemühungen tatsächlich Auswirkungen auf den Sprachgebrauch haben können (ein Vorschlag von Elspaß 2005 wurde in Kap. 6.4 präsentiert).

Da die historische Untersuchung auf Fallstudien zu den Bildungspräferenzen einzelner Adjektive beruht, könnten die Ergebnisse der Arbeit differenzierter sein oder sogar abweichen, wenn andere Adjektive oder gar Nomen als Ausgangspunkt gewählt worden wären. Da die Präferenzen in erster Linie auf einer qualitativen Untersuchung basieren, sind weitere quantitative Studien mit Hilfe großer historischer Korpora notwendig, um die vorliegenden Ergebnisse zu untermauern. Der Analyseaufwand ist allerdings immens, da eine solche Arbeit nicht nur eine formale, sondern auch eine semantische Analyse verlangt.

Der Fokus der Untersuchung lag auf den standardsprachlichen Varianten, wie sie in Deutschland und in den Niederlanden verbreitet sind. Eine Detailanalyse des Sprachgebrauchs im niederländischsprachigen Teil Belgiens könnte zu abweichenden Ergebnissen führen, da sich wie angedeutet das südliche und das nördliche Niederländisch in Bezug auf die A+N-Verbindungen durchaus unterscheiden. So spricht man im Niederländischen lediglich von *vrije trap* und *korte film*, während in Belgien auch *vrijtrap* und *kortfilm* üblich sind.

Auch in Hinblick auf die gewählte Textsorte – neben historischen Wörterbüchern wurden in erster Linie Zeitungstexte verwendet – sind textsortenspezifische Eigenheiten zu erwarten. Sprachliche Kreativität, Kürze und Prägnanz sind wichtige Kennzeichen journalistischer Texte. Dies hat auch Einfluss auf die Nutzung der A+N-Komposition als Verfahren zur Bildung auffälliger, charakteristischer Ad-hoc-Begriffe. Ein dringendes Forschungsdefizit betrifft die Untersuchung der Wortbildung im Niederländischen, insbesondere zur A+N-Komposition. Eine ausführliche Untersuchung der A+N-Komposition, wie sie in jüngster Zeit Schlücker (2014) für das Deutsche geleistet hat, steht noch aus. Für diese Arbeit konnte nur auf einige Überblickswerke zur niederländischen Morphologie (de Haas/Trommelen 1993; Booij/van Santen 1998; Booij 2002b) zurückgegriffen werden. Auch aus textlinguistischer Sicht sind niederländische Wortbildungen als stilistisches Mittel bisher im Forschungskontext nicht berücksichtigt worden.

Offen bleibt, wie die stabil hohe Nutzungsfrequenz phrasaler Eigennamen im Deutschen (vgl. *Rotes Meer, Rotes Kreuz*) zu interpretieren ist, obwohl auch diese – ähnlich wie im Fall von *schwarzer Markt – Schwarzmarkt* – in polymorphemischen Komposita meist durch äquivalente morphologische Formen wie *Rotmeer, Rotkreuz* ersetzt werden. Bei allgemeinsprachlichen Benennungseinheiten treten oft Univerbierungseffekte auf (zunehmende Verdrängung der Phrase *schwarzer Markt* durch das Kompositum *Schwarzmarkt*), bei *Rotes Kreuz* etc. gibt es dafür in den genutzten Korpora jedoch keinerlei Anzeichen. Es stellt sich die Frage, ob dieser Unterschied ausschließlich auf ihre Funktion als Eigenname zurückgeführt werden kann.

7.2 Schlussfolgerungen zum Verhältnis von Variation und Wandel

Die vorliegende Arbeit beschreibt erstmals systematisch die historische Entwicklung der A+N-Verbindungen im Deutschen und Niederländischen. Es wird gezeigt, dass der synchronen Variation kein systematischer Wandelprozess zugrunde liegt. Phrasenbildung und Komposition bleiben in beiden Sprachen prinzipiell produktiv, auch wenn sich einzelsprachliche und adjektivspezifische Präferenzen herausgebildet haben. Es kommt zwar zu Verdrängungsprozessen auf der Ebene individueller Lexeme, die Verfahren als solche bleiben jedoch dauerhaft nebeneinander bestehen.

Fasst man die morphosyntaktische Strukturbildung ausschließlich mit Hilfe symbolischer Regeln, ist dieses „Verharren" zwischen zwei Mustern problematisch. Die Vorhersagekraft der allgemeinen Regel bleibt beschränkt und kann abweichende Fälle nur als Ausnahmen deklarieren. Eine Interpretation der (klassifikatorischen) A+N-Benennungsbildung als völlig freie, willkürliche Variation ohne jegliche Relevanz für die linguistische Theoriebildung ist jedoch nicht zwangsläufig. Die diachron und synchron auftretende Variation zwischen Phrase und Kompositum ist nicht frei und willkürlich im Sinne des Unvorhersagbaren. Vielmehr zeigt sich am Beispiel der A+N-Verbindungen, dass paradigmatische Relationen im Lexikon, Frequenzeffekte und außersprachliche Faktoren als unmittelbar relevant für die gesamte sprachliche Strukturbildung in Betracht gezogen werden müssen.

All dies erfordert ein Modell der grammatischen Strukturbildung, die zum wesentlichen Teil innerhalb des Lexikons und hier auf den unterschiedlichsten Abstraktionsebenen stattfindet, d.h., neben unterspezifizierten Konstruktionsschemata müssen auch teilspezifizierte Schemata sowie individuelle lexikalische Konstruktionen berücksichtigt werden, um zu einer realistischen Beschreibung der diachronen und synchronen Dimension der A+N-Verbindungen zu gelangen. Die Ergebnisse der historischen Untersuchung stützen also eine konstruktionsgrammatische Position, in der grammatisches und lexikalisches Wissen nicht modular voneinander getrennt sind, sondern sich sinnvoll ergänzen und aufeinander Bezug nehmen. Dann zeigt sich, dass das, was bisweilen als sinnlose Variation seitens des Sprachwissenschaftlers empfunden wird, systematischer als gedacht ist. Die Systematik beruht dabei aber weniger auf allgemeinen sprachstrukturellen Faktoren als dem Zusammenspiel taxonomischer und paradigmatischer Relationen im mentalen Lexikon und der von Sprecher zu Sprecher variierenden Sprachgebrauchserfahrung.

8 Anhang

8.1 Zweifelsfälle

Die beiden folgenden Tabellen geben eine Übersicht über Paare von Komposita und Phrasen, die zwar formal äquivalent sind, deren Bedeutungsidentität bzw. Benennungsstatus aber im Material nicht genug war. Sie wurden daher in Kapitel 5.5 nicht berücksichtigt.

Tab. 1: Zweifelsfälle im Deutschen (Primärmaterial)

Phrase	Kompositum	Kommentar
bitter		
bitteres Bier	Bitterbier	Bedeutungsidentität unklar
bitterer Trank	Bittertrank	Benennungsstatus der Phrase unsicher
bittere Wurzel	Bitterwurzel	Benennungsstatus der Phrase unsicher, Bedeutungsidentität unklar
fremd		
fremdes Gut	Fremdgut	Benennungsstatus der Phrase unsicher
fremde Sprache	Fremdsprache	Benennungsstatus der Phrase unsicher, Bedeutungsidentität unklar
fremde Währung	Fremdwährung	Benennungsstatus der Phrase unsicher
fremdes Wort	Fremdwort	Benennungsstatus der Phrase unsicher (allerdings im DWB!)
geheim		
geheimes Abkommen	Geheimabkommen	Benennungsstatus der Phrase unsicher
geheimes Archiv	Geheimarchiv	Bedeutungsidentität unklar
geheimer Befehl	Geheimbefehl	Benennungsstatus der Phrase unsicher
geheimes Dokument	Geheimdokument	Benennungsstatus der Phrase unsicher
geheimer Gang	Geheimgang	Benennungsstatus der Phrase unsicher
geheime Gesellschaft	Geheimgesellschaft	Benennungsstatus der Phrase unsicher
geheime Instruktion	Geheiminstruktion	Benennungsstatus der Phrase unsicher
geheime Lehre	Geheimlehre	Benennungsstatus der Phrase unsicher
geheimes Mittel	Geheimmittel	Benennungsstatus der Phrase unsicher
geheime Sache	Geheimsache	Benennungsstatus der Phrase unsicher
geheimes Schreiben	Geheimschreiben	Benennungsstatus der Phrase unsicher
geheimer Schreiber	Geheimschreiber	Phrase nur als Verweis auf Henisch (17. Jh.) genannt, daher im Primärmaterial keine Konkurrenzvariante
geheime Schrift	Geheimschrift	Bedeutungsidentität unklar
geheimes Siegel	Geheimsiegel	Benennungsstatus der Phrase unsicher
geheimer Sinn	Geheimsinn	Benennungsstatus der Phrase unsicher
geheime Sitzung	Geheimsitzung	Benennungsstatus der Phrase unsicher

Phrase	Kompositum	Kommentar
geheime Treppe	Geheimtreppe	Benennungsstatus der Phrase unsicher
geheime Tür	Geheimtür	Benennungsstatus der Phrase unsicher
geheime Verhandlung	Geheimverhandlung	Benennungsstatus der Phrase unsicher
geheimes Zeichen	Geheimzeichen	Bedeutungsidentität unklar
gelb		
gelbes Bleierz	Gelbbleierz	Bedeutungsidentität unklar
gelbes Licht	Gelblicht	Benennungsstatus der Phrase unsicher
gelber Rost	Gelbrost	Bedeutungsidentität unklar
Gelber Weiderich	Gelbweiderich	Bedeutungsidentität unklar
kalt		
kaltes Getränk	Kaltgetränk	Benennungsstatus der Phrase unsicher, Bedeutungsidentität unklar
kalte Luft	Kaltluft	Bedeutungsidentität unklar (Kompositum als Fachterminus?)
kalte Verpflegung	Kaltverpflegung	Benennungsstatus der Phrase unsicher
kaltes Weh	Kaltweh	Bedeutungsidentität unklar
negativ		
negativer Begriff	Negativbegriff	Benennungsstatus der Phrase unsicher, Bedeutungsidentität unklar
negative Bilanz	Negativbilanz	Bedeutungsidentität unklar
negativer Film	Negativfilm	unterschiedliche Struktur möglich (K: N+N?)
negativer Held	Negativheld	Benennungsstatus der Phrase unsicher
negative Leistung	Negativleistung	Benennungsstatus der Phrase unsicher
negative Reaktion	Negativreaktion	Benennungsstatus der Phrase unsicher
rot		
rotes Bleierz	Rotbleierz	Bedeutungsidentität unklar
roter Eisenstein	Roteisenstein	Bedeutungsidentität unklar
rotes Gebirge	Rotgebirge	Bedeutungsidentität unklar
rotes Kupfer	Rotkupfer	Benennungsstatus der Phrase unsicher, Bedeutungsidentität unklar
rote Weide	Rotweide	Bedeutungsidentität unklar
roter Wenzel	Rotwenzel	Bedeutungsidentität unklar
schwarz		
schwarze Amsel	Schwarzamsel	Bedeutungsidentität unklar
schwarzes Geschäft	Schwarzgeschäft	Benennungsstatus der Phrase unsicher
schwarzer Hafer	Schwarzhafer	Bedeutungsidentität unklar
schwarzes Kupfererz	Schwarzkupfererz	Bedeutungsidentität unklar
schwarzer Pfeffer	Schwarzpfeffer	Bedeutungsidentität unklar
schwarzer Rock	Schwarzrock	Benennungsstatus der Phrase unsicher
schwarzer Specht	Schwarzspecht	Benennungsstatus der Phrase unsicher, Bedeutungsidentität unklar
schwarzer Storch	Schwarzstorch	Benennungsstatus der Phrase unsicher, Bedeutungsidentität unklar

Phrase	Kompositum	Kommentar
sozial		
(–)	(–)	(–)
still		
(–)	(–)	(–)
tief		
tiefer Schnee	Tiefschnee	Benennungsstatus der Phrase unsicher
tiefe Stimme	Tiefstimme	Benennungsstatus der Phrase unsicher
zivil		
ziviler Prozess	Zivilprozess	Benennungsstatus der Phrase unsicher

Tab. 2: Zweifelsfälle im Niederländischen (Primärmaterial)

Phrase	Kompositum	Kommentar
bitter		
(–)	(–)	(–)
civiel		
(–)	(–)	(–)
diep		
(–)	(––)	(–)
geel		
gele hars	geelhars	Bedeutungsidentität unklar
gele ijzersteen	geelijzersteen	Bedeutungsidentität unklar
geheim		
(–)	(–)	(–)
koud		
koud zweet	koudzweet	Benennungsstatus unsicher
negatief		
(–)	(–)	(–)
rood		
rood korral	roodkoraal	Benennungsstatus unsicher
rood krijt	roodkrijt	Bedeutungsidentität unklar
rode lak	roodlak	Benennungsstatus unsicher
sociaal		
(–)	(–)	(–)

Phrase	Kompositum	Kommentar
stil		
(–)	(–)	(–)
vreemd		
(–)	(–)	(–)
zwart		
zwarte baars	zwartbaars	Bedeutungsidentität unklar
zwarte vos	zwartvos	Bedeutungsidentität unklar

8.2 Chronologische Übersicht konkurrierender Dubletten

Die folgenden Tabellen dienen als Grundlage für die in Kapitel 5.5 beschriebenen Konkurrenzen von Dublettenpaaren (hier allerdings ausschließlich für Bildungen mit genuin qualitativen Adjektiven). Sie geben jeweils für das Deutsche bzw. Niederländische an, in welchen Wörterbüchern des Primärmaterials Dubletten verzeichnet sind, und erlauben durch die visuelle Darstellung eine schnelle Übersicht über die Entwicklung konkurrierender Phrasen und Komposita.

Chronologische Übersicht zu konkurrierenden Dubletten im Primärmaterial des Deutschen

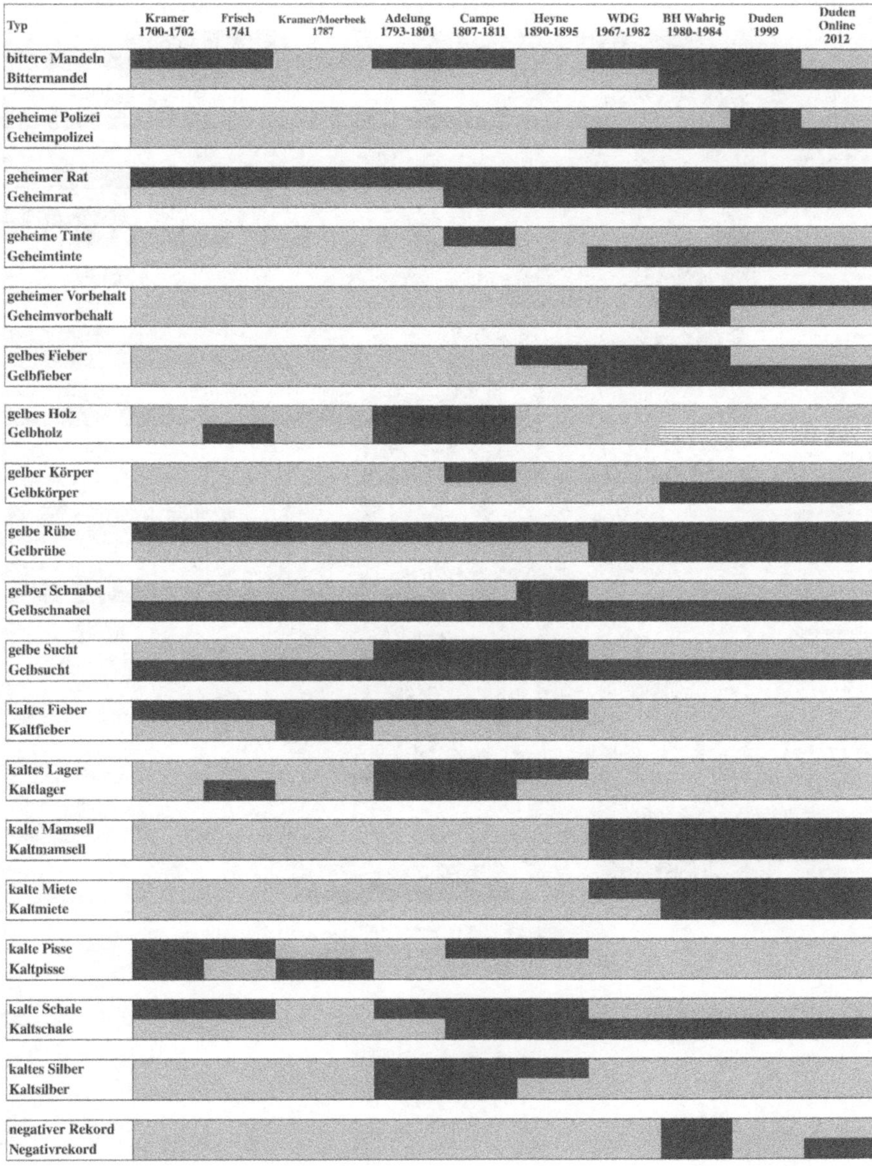

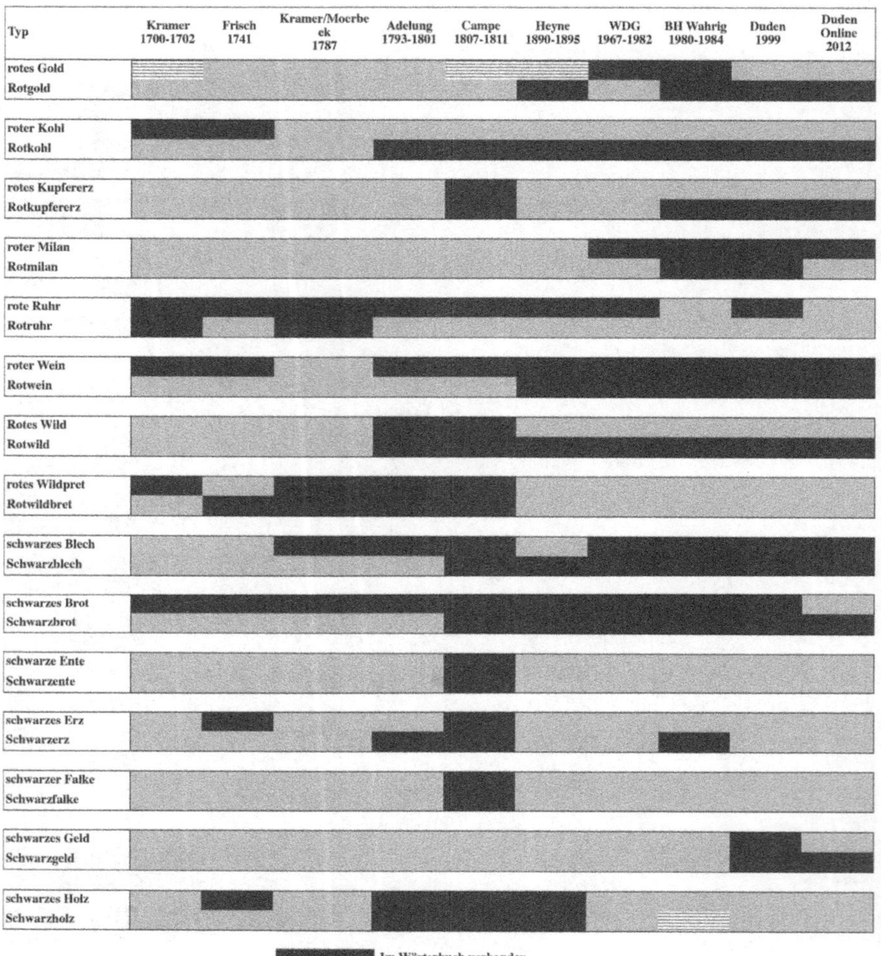
Typ
Kramer 1700-1702
Frisch 1741
Kramer/Moerbeek 1787
Adelung 1793-1801
Campe 1807-1811
Heyne 1890-1895
WDG 1967-1982
BH Wahrig 1980-1984
Duden 1999
Duden Online 2012
rotes Gold
Rotgold
roter Kohl
Rotkohl
rotes Kupfererz
Rotkupfererz
roter Milan
Rotmilan
rote Ruhr
Rotruhr
roter Wein
Rotwein
Rotes Wild
Rotwild
rotes Wildpret
Rotwildbret
schwarzes Blech
Schwarzblech
schwarzes Brot
Schwarzbrot
schwarze Ente
Schwarzente
schwarzes Erz
Schwarzerz
schwarzer Falke
Schwarzfalke
schwarzes Geld
Schwarzgeld
schwarzes Holz
Schwarzholz
Im Wörterbuch vorhanden
Nicht im Wörterbuch enthalten
Im Wörterbuch unter anderer Bedeutung

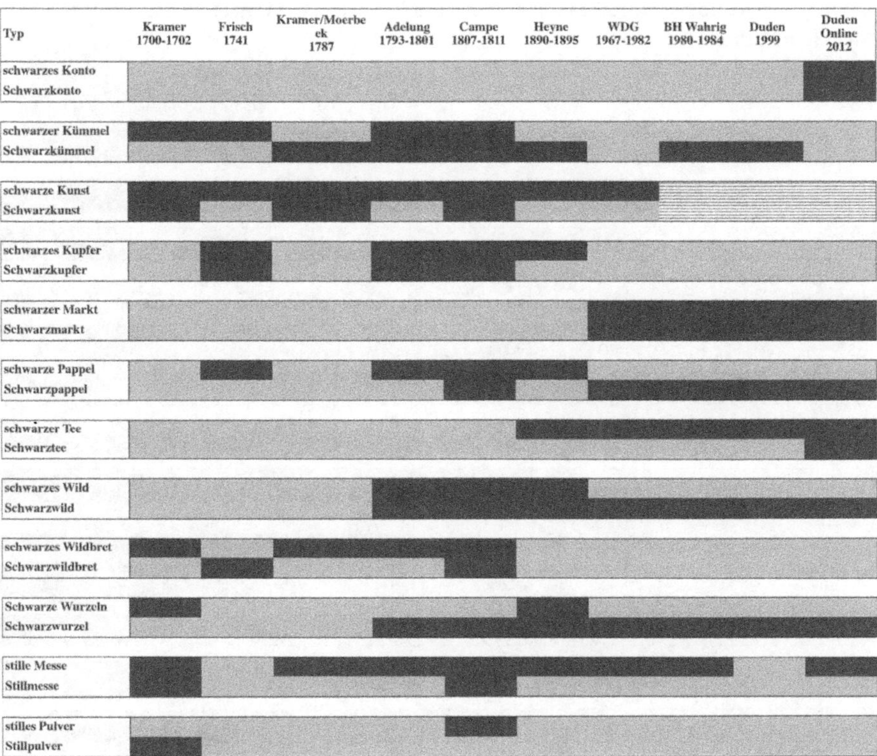
Typ
Kramer 1700-1702
Frisch 1741
Kramer/Moerbeek 1787
Adelung 1793-1801
Campe 1807-1811
Heyne 1890-1895
WDG 1967-1982
BH Wahrig 1980-1984
Duden 1999
Duden Online 2012
schwarzes Konto
Schwarzkonto
schwarzer Kümmel
Schwarzkümmel
schwarze Kunst
Schwarzkunst
schwarzes Kupfer
Schwarzkupfer
schwarzer Markt
Schwarzmarkt
schwarze Pappel
Schwarzpappel
schwarzer Tee
Schwarztee
schwarzes Wild
Schwarzwild
schwarzes Wildbret
Schwarzwildbret
Schwarze Wurzeln
Schwarzwurzel
stille Messe
Stillmesse
stilles Pulver
Stillpulver
Im Wörterbuch vorhanden
Nicht im Wörterbuch enthalten
Im Wörterbuch unter anderer Bedeutung

Chronologische Übersicht zu konkurrierenden Dubletten im Primärmaterial des Niederländischen

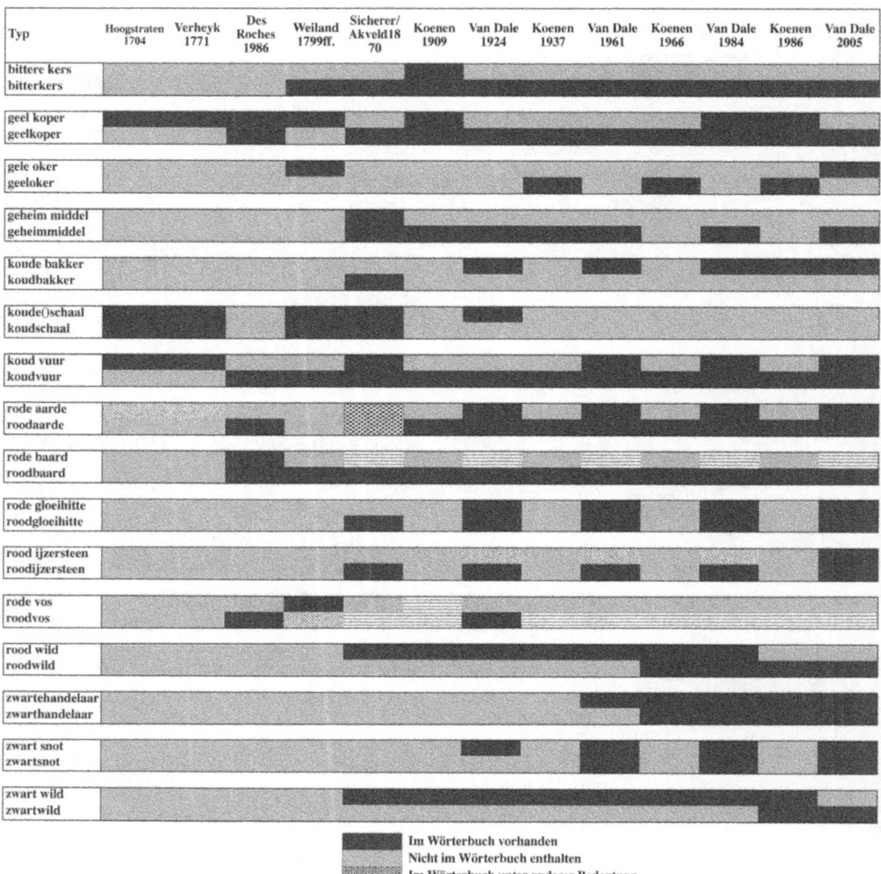

9 Materialsammlung

9.1 Deutsch

9.1.1 Primärmaterial

Adelung = Adelung, Johann Christoph (1793–1801): Grammatisch-kritisches Wörterbuch der Hochdeutschen Mundart. Elektronische Volltext- und Faksimile-Edition nach der Ausgabe letzter Hand Leipzig 1793–1801. Berlin: Directmedia, 2001.
Brockhaus Wahrig = Wahrig, Gerhard/Krämer, Hildegard/Zimmermann, Harald (Hg.)(1980–1984): Brockhaus Wahrig Deutsches Wörterbuch. 6 Bände. Wiesbaden/Stuttgart: Brockhaus/ Deutsche Verlags-Anstalt.
Campe = Campe, Joachim Heinrich (1807–1811): Wörterbuch der deutschen Sprache. 5 Bände. Braunschweig: Schulbuchhandlung.
Duden 1999 = Dudenredaktion (1999): Duden – Das große Wörterbuch der deutschen Sprache. 10 Bände. Hrsg. vom Wissenschaftlichen Rat der Dudenredaktion. Red. Bearb.: Werner Scholze-Stubenrecht u.a. 3., völlig neu bearb. und erw. Aufl. Mannheim u.a.: Dudenverlag.
Duden Online 2012 = Dudenredaktion (2012): Wörterbuch Duden online. Erstellt auf Basis des Dudenkorpus. Mannheim u.a.: Dudenverlag. Internet: www.duden.de/woerterbuch (Stand: Juni 2011–November 2012).
Frisch = Frisch, Johann Leonhard (1741): Teutsch-Lateinisches Wörter-Buch. Mit einer Einf. und Bibliogr. von Gerhardt Powitz. Nachdr. der Ausg. Berlin 1741. Hildesheim: Olms, 1977.
Heyne = Heyne, Moritz (1890–1895): Deutsches Wörterbuch. 3 Bände. Leipzig: Hirzel.
Kramer = Kramer, Matthias (1700–1702): Das herrlich-große Teutsch-Italiänische Dictionarium. Nachdr. d. Ausg. Nürnberg 1700–1702. Zwei Bände. Hildesheim: Olms, 1982.
Kramer/Moerbeek = Kramer, Matthias (1787): Neues deutsch-holländisches Wörterbuch. 4. Aufl. bearb. von Adam Abrahamsz von Moerbeek. Leipzig: Junius.
WDG = Akademie der Wissenschaften der DDR, Zentralinstitut für Sprachwissenschaft (1967–1982): Wörterbuch der deutschen Gegenwartssprache. Hrsg. von Ruth Klappenbach und Wolfgang Steinitz. 6 Bände. Vers. Aufl.

9.1.2 Sonstige Wörterbücher

DWB = Deutsches Wörterbuch von Jacob und Wilhelm Grimm. 1854–1971. Leipzig: Hirzel. Internet: http://woerterbuchnetz.de/DWB/.
Kluge = Kluge, Friedrich (1995): Etymologisches Wörterbuch der deutschen Sprache. Bearb. von Elmar Seebold. 23., erw. Aufl. Berlin/New York: de Gruyter.

9.1.3 Lexika

Bilder-Conversations-Lexikon = Bilder-Conversations-Lexikon. Leipzig: F. A. Brockhaus 1837–
    1841. Neusatz und Faksimile. DVD-ROM. (= Digitale Bibliothek 146). Berlin: Directmedia,
    2006.
Brockhaus = Brockhaus' kleines Konversations-Lexikon. Elektronische Volltexted. der 5. Aufl.
    von 1906. CD-ROM. (= Digitale Bibliothek 50). Berlin: Directmedia, 2001.
Conversations-Lexikon = Conversations-Lexikon oder kurzgefaßtes Handwörterbuch. 1. Aufl.
    1809–1811. Neusatz und Faksimile. CD-ROM. (= Digitale Bibliothek 131). Berlin: Directmedia,
    2005.
Damen-Conversations-Lexikon = Damen-Conversations-Lexikon. Neusatz und Faks. der
    10-bändigen Ausg. Leipzig 1834 bis 1838. CD-ROM. (= Digitale Bibliothek 118). Berlin:
    Directmedia, 2005.
Herder = Herders Conversations-Lexikon. 1. Aufl. v. 1854–1857, Neusatz und Faks. CD-ROM.
    (= Digitale Bibliothek 133). Berlin: Directmedia, 2005.
Meyer = Meyers Großes Konversations-Lexikon. 6. Aufl. 1905–1909, DVD-ROM-Ausg. Faksimile
    und Volltext. (= Digitale Bibliothek 100). Berlin: Directmedia, 2004.
Pierer = Pierer's Universal-Lexikon. Neusatz und Faks. [der] 4. Aufl. 1857–1865. DVD-ROM.
    (= Digitale Bibliothek 115). Berlin: Directmedia, 2005.

9.1.4 Korpora und Textsammlungen

DBLK = Deutsche Literatur von Lessing bis Kafka. Hrsg. von Mathias Bertram. CD-ROM. (= Basis-
    bibliothek 1). Berlin: Directmedia, 2002.
DeReKo = Deutsches Referenzkorpus des Institut für Deutsche Sprache Mannheim. Internet:
    www.ids-mannheim.de.
DWDS = Digitales Wörterbuch der Deutschen Sprache Kernkorpus des 20. Jahrhunderts mit
    100 Mio. Tokens. Internet: www.dwds.de/.
EUROPARL = EUROPARL-Korpus. Internet: www.statmt.org/europarl/. Für diese Arbeit wurde die
    Suche auf der folgenden Seite verwendet: http://neon.niederlandistik.fu-berlin.de/de/
    corpus/zoek?bereich=EuroParl.
ZEIT-Korpus = ZEIT-Korpus inkl. aller ZEIT-Ausgaben von 1946 bis 2009. Internet: www.dwds.de/.

9.2 Niederländisch

9.2.1 Primärmaterial

Des Roches = Des Roches, Jan (1786): Nieuw Nederduytsch en Fransch Woorden-Boek. Antwerpen.
Hoogstraten = Hannot, Samuel/van Hoogstraten, David (1704): Nieuw Woordenboek der Neder-
    lantsche en Latynsche Tale. Amsterdam, Dordrecht.
Koenen (1909) = Koenen, Mathijs J. (1909): Verklarend handwoordenboek der Nederlandsche
    taal. 8. Aufl. Groningen: Wolters.

Koenen (1937) = Koenen, Mathijs J./Endepols, Hubert J. E/Verdeyen, René (1937): Verklarend handwoordenboek der Nederlandse taal. 18. Aufl. Groningen: Wolters.

Koenen (1966) = Koenen, Mathijs J./Endepols, Hubert J. E. (1966): Verklarend handwoordenboek der Nederlandse taal. 26. Aufl. Groningen: Wolters.

Koenen (1986) = Koenen, Mathijs J./Drewes, Jacobus B. (1986): Wolters' Woordenboek Eigentijds Nederlands: Grote Koenen. Groningen: Wolters-Noordhoff.

Sicherer/Akveld = Sicherer, Carl A.X.G.F./Akveld, A.C. (1870): Nederlandsch-Hoogduitsch en Hoogduitsch-Nederlandsch Woordenboek. Amsterdam: D. Noothoven Van Goor.

Van Dale (1924) = Van Dale's Groot woordenboek der Nederlandsche taal. Zesde, geheel opnieuw bewerkte uitgave. 's Gravenhage/Leiden: Nijhoff/Sijthoff's Uitg. Mij.

Van Dale (1961) = Dale, Johan H. van (1961): Groot woordenboek der Nederlandse taal. Bewerkt door C. Kruyskamp. 8., kompl. neu bearb. und stark verm. Aufl. 's-Gravenhage: Nijhoff.

Van Dale (1984) = Geerts, Guido/Heestermans, Hans (1984): Groot Woordenboek der Nederlandse Taal. 11., überarb. Aufl. Utrecht, Antwerpen: Van Dale Lexicografie.

Van Dale (2005) = den Boon, Ton; Geeraerts, Dirk (2005): Groot Woordenboek van de Nederlandse taal. 14. Aufl. Utrecht/Antwerpen: Van Dale Lexicografie.

Verheyk = Hannot, Samuel/Hoogstraten, David van/Verheyk, Henricus (1771): Nederduitsch en Latynsch Woordenboek. Amsterdam, Leiden.

Weiland = Weiland, Petrus (1799–1811): Nederduitsch taalkundig woordenboek. 11 Bände. Amsterdam.

9.2.2 Sonstige Wörterbücher

EWN = Philippa, Marlies et al. (2003–2009): Etymologisch woordenboek van het Nederlands Amsterdam: Amsterdam University Press. Internet: www.etymologie.nl.

Kiliaan, Cornelis (1599): Etymologicum teutonicae linguae. Antwerpen. Nachdruck dieser Ausgabe (1972) hrsg. von Frans M. Claes s.j. Den Haag: Mouton.

MNW = Middelnederlandsch woordenboek. Hrsg. von Eelco Verwijs und Jacob Verdam. 's-Gravenhage: Nijhoff, 1885–1952. Internet: http://gtb.inl.nl/.

Van Dale Online = Dikke Van Dale Online. Auf Basis der 14. Aufl. des Van Dale Groot woordenboek der Nederlandse taal, ergänzt mit mit allen neuen Wörtern der Van Dale Jaarboeken taal. Internet: www.vandale.nl (lizenzpflichtig).

Van Dale Duits – Nederlands = Van Dale Groot Woordenboek Duits – Nederlands, Nederlands – Duits. Online-Wörterbuch. Van Dale Uitgevers 2012. Internet: www.vandale.nl (lizenzpflichtig).

WNT = Woordenboek der Nederlandsche taal. Hrsg. von M. de Vries, L.A. te Winkel et al. 's-Gravenhage u.a.: Nijhoff, 1882–1998. Die Online-Version enthält auch eine Reihe von Ergänzungen aus dem Jahre 2001. Internet: http://gtb.inl.nl/.

9.2.3 Lexika

Brouwer = Brouwer, Jan (1894): Geïllustreerde encyclopaedie. Tweede herzienedruk. 's-Gravenhage: Joh. Ykema.

Vivat = Kramer, J. (1899–1908): Vivat's Geïllustreerde encyclopedie. Amsterdam: Vivat.

Kuiper = Kuiper, R.K. (1912–1918): Encyclopaedisch woordenboek. Amsterdam: Elsevier.

9.2.4 Korpora und Textsammlungen

DBNL = Digitale bibliotheek voor de Nederlandse Letteren. Internet: www.dbnl.org/.

EUROPARL = EUROPARL-Korpus. Internet: www.statmt.org/europarl/. Für diese Arbeit wurde die Suche auf der folgenden Seite verwendet: http://neon.niederlandistik.fu-berlin.de/de/corpus/zoek?bereich=EuroParl.

LCA = Archief Leeuwarder Courant. Internet: www.archiefleeuwardercourant.nl.

LEXNEX-Korpus = Selbst zusammengestelltes Korpus auf Basis der Volltextdatenbank Lexis Nexis (www.lexis.com) mit allen Ausgaben der niederländischen Tages- bzw. Wochenzeitungen „De Groene Amsterdammer", „Leeuwarder Courant", „NRC Handelsblad", „Volkskrant" im Zeitraum 1997–2011.

WNT-Zitate = Zitatsammlung des Woordenboek der Nederlandsche taal. Bewerkt door M. de Vries en L.A. te Winkel [e.a]. 's-Gravenhage u.a.: Nijhoff u.a. Material der Jahre 1882–1998. Die Online-Version enthält auch eine Reihe von Aanvullingen (Ergänzungen) aus dem Jahre 2001. Internet: http://gtb.inl.nl/.

9.2.5 Sonstiges

OED = Oxford English Dictionary. Online-Wörterbuch. Internet: www.oed.com/.

Onze Taal = Onze taal. Monatliche Zeitschrift, hrsg. von der Genootschap Onze Taal. Leiden (u.a.). 1932–.

9.3 Quellennachweise der Belege

Kapitel 2

(7) www.berliner-zeitung.de/wirtschaft/ifa-weisse-ware-wird-immer-gruener,10808230, 10422266.html (Stand: 12.8.2012)

(8) LCA: www.archiefleeuwardercourant.nl/vw/pdf.do?id=LC-19401210-6001

(9) LCA: www.archiefleeuwardercourant.nl/vw/pdf.do?id=LC-19420509-1004

(11) www.spiegel.de/sport/fussball/dfb-erfolg-gegen-tuerkei-schnoerkellos-sieg-mit-schoenheitsfehlern-a-790641.html (Stand: 17.10.2011)

(19) ZEIT-Korpus: www.zeit.de/2005/44/_Man_kann_es_Gier_nennen_/seite-3

(22) ZEIT-Korpus: www.zeit.de/2009/10/Irland-EU

(23) ZEIT-Korpus: www.zeit.de/politik/dlf/interview_030618

(24) LEXNEX: www.archiefleeuwardercourant.nl/vw/pdf.do?id=LC-20090708-NO01013011

(25) LEXNEX: www.archiefleeuwardercourant.nl/vw/pdf.do?id=LC-20080609-NO05008003

Kapitel 4

(58)

a. www.spiegel.de/netzwelt/netzpolitik/neuer-personalausweis-deutschland-kriegt-die-gruenlich-card-a-723276.html (Stand: 17.10.2011) – mit Dank an Barbara Schlücker!

b. www.sueddeutsche.de/medien/bambi-verleihung-peinlich-tv-statt-grosse-show-1.1186391 (Stand: 13.11.2011)

c. www.spiegel.de/sport/fussball/dfb-erfolg-gegen-tuerkei-schnoerkellos-sieg-mit-schoenheitsfehlern-a-790641.html (Stand: 17.10.2011)

d. www.sueddeutsche.de/sport/bayern-in-der-einzelkritik-artig-artistisch-arbeitslos-1.1141435-8 (Stand: 15.9.2011)

(77) ZEIT-Korpus: www.zeit.de/2004/51/L-Hilsenrath-TAB

(78)

a. www.gutefrage.net/frage/rechter-grosser-fusszeh-gebrochen-oder-verstaucht (Stand: 8.12.2011)

b. www.netmoms.de/fragen/detail/grosser-zeh-taub-kind-schuld-7507465 (Stand: 8.12.2011)

c. www.wer-weiss-was.de/Anfragen/www_de/archiv/121527/habe-ich-einen-gichtanfall.html (Stand: 8.12.2011)

d. www.ht-mb.de/forum/printthread.php?t=1114621&pp=10&page=22 (Stand: 8.12.2011)

(83) www.spiegel.de/panorama/gesellschaft/bilanz-des-papst-besuchs-deutschland-hadert-mit-seinem-gross-vater-a-788294.html (Stand: 27.9.2011)

(84) www.spiegel.de/panorama/gesellschaft/bilanz-des-papst-besuchs-deutschland-hadert-mit-seinem-gross-vater-a-788294.html (Stand: 27.9.2011)

(88)

a. ZEIT-Korpus: www.zeit.de/2001/33/Das_Letzte

b. ZEIT-Korpus: www.zeit.de/2008/33/Ausstellung-Dresden

(95)

a. ZEIT-Korpus: www.zeit.de/online/2009/28/jackson-beerdigung-trauerfeier

b. ZEIT-Korpus: www.zeit.de/2008/05/Kuba-Bloggerin

Kapitel 5

(103) LEXNEX-Korpus: www.volkskrant.nl/vk/nl/2672/Wetenschap-Gezondheid/archief/article/detail/545812/1999/11/06/Zonaanbidder-in-kikkerland.dhtml

(104) LEXNEX-Korpus: www.volkskrant.nl/vk/nl/2844/Archief/archief/article/detail/632747/2002/08/09/Rust-bij-een-levend-schilderij.dhtml

(105b) LEXNEX-Korpus: www.volkskrant.nl/vk/nl/2964/Volkskeuken/article/detail/2779051/2011/07/12/Sushiharing.dhtml

(106b) LEXNEX-Korpus: www.archiefleeuwardercourant.nl/vw/pdf.do?\discretionary{-}{}{}id=LC-20050817-3001

(107b) LEXNEX-Korpus: www.volkskrant.nl/vk/nl/2844/Archief/archief/article/detail/733664/2003/01/11/EEN-AMERIKAANSE-ODYSSEE.dhtml

(108) LEXNEX-Korpus: Bittere pitten In: Volkskrant, 12.2.2011, S. 10

(109) LEXNEX-Korpus: www.volkskrant.nl/vk/nl/2844/Archief/archief/article/detail/3067647/2011/12/07/De-gevaarlijkste-smaak.dhtml

(119)

a. LEXNEX-Korpus: www.archiefleeuwardercourant.nl/vw/pdf.do?id=LC-20080619-NO01017010

b. LEXNEX-Korpus: www.archiefleeuwardercourant.nl/vw/pdf.do?id=LC-20050917-38003

c. LEXNEX-Korpus: www.archiefleeuwardercourant.nl/vw/pdf.do?id=LC-20100703-NO04011005

(124)

a. EuroParl DE: ep-01-12-11.txt

b. EuroParl NL: ep-01-12-11.txt

(125)

a. EuroParl DE: ep-00-11-15.txt

b. EuroParl NL: ep-00-11-15.txt

(126)

a. EuroParl DE: ep-98-12-02.txt

b. EuroParl NL: ep-98-12-02.txt

(129)

a. ZEIT-Korpus: www.zeit.de/1995/40/Die_Vernunft_des_Herzens

b. ZEIT-Korpus: www.zeit.de/2001/04/200104_robertleicht_0123.xml

(130) ZEIT-Korpus: www.zeit.de/1963/42/hinter-der-maske-trug-er-masken

(133) LCA: www.archiefleeuwardercourant.nl/vw/pdf.do?id=LC-19981126-17013

(134) Linschoten, J. (1978): Idolen van de psycholoog. 3. Aufl. Utrecht: Erven J. Bijleveld.

(148)

a. LEXNEX-Korpus: Brieven uit een andere oorlog. In: NRC, 27.3.2003, S. OPI1

b. LEXNEX-Korpus: www.archiefleeuwardercourant.nl/vw/pdf.do?id=LC-20100914-NO01007008

c. LEXNEX-Korpus: Een goed gesprek voor de televisie. In: NRC, 7.10.2010, 13

d. LEXNEX-Korpus: http://vorige.nrc.nl/binnenland/article1764810.ece

e. LEXNEX-Korpus: www.volkskrant.nl/vk/nl/2664/Nieuws/archief/article/detail/651440/
2005/12/22/Troost-en-geborgenheid.dhtml

f. LEXNEX-Korpus: www.volkskrant.nl/vk/nl/2844/Archief/archief/article/detail/584587/
2001/08/08/Schrijver-van-zwervers-en-hoeren.dhtml

(161) ZEIT-Korpus: www.zeit.de/2004/48/Geheimkunst

(163) ZEIT-Korpus: www.zeit.de/1999/49/199949.nationalismus_.xml

(164) ZEIT-Korpus: www.zeit.de/1994/15/meine-jahre-mit-helmut-kohl

(171a) ZEIT-Korpus – Das Korpus verweist auf den folgenden Link: www.zeit.de/1999/19/
199919.computer_und_sch.xml. Die Textstelle ist dort allerdings nicht zu finden.

(172) ZEIT-Korpus: www.zeit.de/1991/06/dein-langes-haar-mein-kurzes-haar

Kapitel 6

(187)

a. LEXNEX-Korpus: www.archiefleeuwardercourant.nl/vw/pdf.do?id=LC-20091216-NO01023001

b. LEXNEX-Korpus: www.nrc.nl/koken/2009/12/03/het-is-de-hoogste-tijd/

(195) ZEIT-Korpus: www.zeit.de/1965/34/tendenz-gut-und-billig/seite-2

Literatur

Ackema, Peter/Neeleman, Ad (2004): Beyond morphology. Interface conditions on word formation. (= Oxford Studies in Theoretical Linguistics 6). Oxford: Oxford University Press.

Adelung, Johann Christoph (1781): Deutsche Sprachlehre. Zum Gebrauche der Schulen in den Königliche Preußischen Landen. Berlin: Voß.

Adelung, Johann Christoph (1782): Umständliches Lehrgebäude der Deutschen Sprache, zur Erläuterung der Deutschen Sprachlehre für Schulen. Bd. 1. Leipzig: Johann Gottlob Immanuel Breitkopf.

Anttila, Raimo (1989): Historical and comparative linguistics. 2., überarb. Aufl. (= Current Issues in Linguistic Theory 6). Amsterdam/Philadelphia: Benjamins.

Arndt-Lappe, Sabine (2015): Word-formation and analogy. In: Müller et al. (Hgg.). Bd. 2. 822–841.

Aronoff, Mark (1976): Word formation in generative grammar. (= Linguistic Inquiry 1). Cambridge, MA/London: MIT Press.

Baayen, R. Harald (1992): Quantitative aspects of morphological productivity. In: Booij, Geert/ van Marle, Jaap (Hgg.): Yearbook of morphology 1991. Dordrecht: Kluwer. 109–149.

Baayen, R. Harald (1993): On frequency, transparency, and productivity. In: Booij, Geert/van Marle, Jaap (Hgg.): Yearbook of morphology 1992. Dordrecht: Kluwer. 181–208.

Baayen, R. Harald (2009): Corpus linguistics in morphology: Morphological productivity. In: Lüdeling, Anke/Kytö, Merja (Hgg.): Corpus linguistics. An international handbook. 2. Halbbd. (= Handbücher zur Sprach- und Kommunikationswissenschaft 29.2). Berlin u.a.: de Gruyter. 899–921.

Baayen, R. Harald/Renouf, Antoinette (1996): Chronicling the times: Productive lexical innovations in an English newspaper. In: Language 72. 69–96.

Baayen, R. Harald/Piepenbrock, Richard/Gulikers, Leon (1995): The CELEX Lexical Database. CD-ROM. Philadelphia: University of Pennsylvannia – Linguistic Data Consortium.

Bach, Adolf (1965): Geschichte der deutschen Sprache. 8., stark erw. Aufl. Heidelberg: Quelle & Meyer.

Bally, Charles (1965): Linguistique générale et linguistique française. 4., überprüfte und bearb. Aufl. Bern: Francke.

Barz, Irmhild (1988a): Wortbildung und Nomination. In: Stiller (Hg.). 19–24.

Barz, Irmhild (1988b): Nomination durch Wortbildung. Leipzig: Verlag Enzyklopädie.

Barz, Irmhild (1996): Kompositum und Kollokation. In: Knobloch/Schaeder (Hgg.). 127–146.

Barz, Irmhild (2007): Wortbildung und Phraseologie. In: Burger, Harald et al. (Hgg.): Phraseologie. Ein internationales Handbuch der zeitgenössischen Forschung. 1. Halbbd. (= Handbücher zur Sprach- und Kommunikationswissenschaft 28.1). Berlin/New York: de Gruyter. 27–36.

Bauer, Laurie (1998): When is a sequence of two nouns a compound in English? In: English Language and Linguistics 2. 65–86.

Bauer, Laurie (2003): Introducing linguistic morphology. 2. Aufl. Edinburgh: Edinburgh University Press.

Becker, Thomas (1990): Analogie und morphologische Theorie. (= Studien zur theoretischen Linguistik 11). München: Fink.

Behrens, Heike (2009): Konstruktionen im Spracherwerb. In: Zeitschrift für Germanistische Linguistik 37. 427–444.

Bellmann, Günter (1989): Zur Nomination und zur Nominationsforschung. In: Beiträge zur Erforschung der deutschen Sprache 9. 28–31.

Bergs, Alexander/Diewald, Gabriele (2008): Introduction. Constructions and language change. In: Bergs, Alexander/Diewald, Gabriele (Hg.): Constructions and language change. (= Trends in Linguistics. Studies and Monographs 194). Berlin/ New York: Mouton de Gruyter. 4–21.

Bertram, Raymond/Baayen, R. Harald/Schreuder, Robert (2000): Effects of family size for complex words. In: Journal of Memory and Language 42. 390–405.

Besch, Werner et al. (Hgg.)(2003): Sprachgeschichte. 3. Halbbd. (= Handbücher zur Sprach- und Kommunikationswissenschaft 2.3). Berlin/New York: de Gruyter.

Betz, Werner (1949): Deutsch und Lateinisch: Die Lehnbildungen der althochdeutschen Benediktinerregel. Bonn: Bouvier.

Betz, Werner (1974): Lehnwörter und Lehnprägungen im Vor- und Frühdeutschen. In: Maurer, Friedrich/Stroh, Fritz (Hgg.): Deutsche Wortgeschichte. Bd. 2. (= Grundriss der Germanischen Philologie 17). Berlin: de Gruyter. 135–163.

Blank, Andreas (2001): Einführung in die lexikalische Semantik für Romanisten. (= Romanistische Arbeitshefte 45). Tübingen: Niemeyer.

Blom, Alied (1994): Het ondoorgrondelijk bijvoegelijk naamwoord. In: Forum der Letteren 35/2. 81–94.

Bolinger, Dwight (1967): Adjectives in English: Attribution and predication. In: Lingua 18. 1–34.

Bolinger, Dwight (1977): Meaning and form. (= English Language Series 11). London: Longman.

Booij, Geert (2002a): Constructional idioms, morphology, and the Dutch lexicon. In: Journal of Germanic Linguistics 14. 301–327.

Booij, Geert (2002b): The morphology of Dutch. Oxford: Oxford University Press.

Booij, Geert (2007): The grammar of words. An introduction to linguistic morphology. 2. Aufl. Oxford: Oxford University Press.

Booij, Geert (2009a): Compounding and construction morphology. In: Lieber/Štekauer (Hgg.). 201–216.

Booij, Geert (2009b): Phrasal names: A constructionist analysis. In: Word Structure 2. 219–240.

Booij, Geert (2010): Construction morphology. Oxford: Oxford University Press.

Booij, Geert/van Santen, Ariane (1998): Morfologie: De woordstructuur van het Nederlands. 2., neu bearb. und erw. Aufl. Amsterdam: Amsterdam University Press.

Booij, Geert/Lehmann, Christian/Mugdan, Joachim (Hgg.)(2000): Morphologie/Morphology. 1. Halbbd. (= Handbücher zur Sprach- und Kommunikationswissenschaft 17.1). Berlin/New York: de Gruyter.

Botha, Rudolph P. (1984): Morphological Mechanisms. Lexicalist analyses of synthetic compounding. (= Language & Communication 7). Oxford: Pergamon.

Brandner, Ellen/Ferraresi, Gisella (Hgg.)(1996): Language change and generative grammar. (= Linguistische Berichte. Sonderheft 7). Opladen: Westdeutscher Verlag.

Braun, Peter (1990): Internationalismen. Gleiche Wortschätze in europäischen Sprachen. In: Braun, Peter/Schaeder, Burkhard/Volmert, Johannes (Hgg.): Internationalismen. Studien zur interlingualen Lexikologie und Lexikographie. (= Germanistische Linguistik 102). Tübingen: Niemeyer. 13–33.

Braun, Peter (2005): Internationalismen. In: Cruse, Alan D. et al. (Hgg.): Lexikologie/Lexicology. 2. Halbbd. (= Handbücher zur Sprach- und Kommunikationswissenschaft 21.2). Berlin/ New York: de Gruyter. 1380–1384.

Brekle, Herbert E. (1966): Syntaktische Gruppe (Adjektiv + Substantiv) vs. Kompositum im modernen Englisch. Versuch einer Deutung auf klassen- und relationslogischer Basis. In: Linguistics 23. 5–29.

Brekle, Herbert E./Kastovsky, Dieter (Hgg.)(1977): Perspektiven der Wortbildungsforschung. Bonn: Bouvier.

Broekhuis, Hans (1999): Adjectives and adjective phrases. (= Modern Grammar of Dutch 2).
Tilburg: Universiteit Tilburg.
Bücking, Sebastian (2009): How do phrasal and lexical modification differ? Contrasting adjective-
noun combinations in German. In: Word Structure 2. 184–204.
Bücking, Sebastian (2010): German nominal compounds as underspecied names for kinds. In:
Olsen, Susan (Hg.): New impulses in word-formation. (= Linguistische Berichte.
Sonderheft 17). Hamburg: Buske. 253–281.
Burger, Harald (2001): Von lahmen Enten und schwarzen Schafen. Aspekte nominaler Phraseo-
logie. In: Häcki Buhofer, Annelies/Gréciano-Grabner, Gertrud (Hgg.): Phraseologiae Amor:
Festschrift für Gertrud Gréciano zum 60. Geburtstag. (= Phraseologie und Parömiologie 8).
Baltmannsweiler: Schneider Verlag Hohengehren. 33–42.
Burger, Harald (2010): Phraseologie: Eine Einführung am Beispiel des Deutschen. 4., neu bearb.
Aufl. (= Grundlagen der Germanistik 36). Berlin: Schmidt.
Burger, Harald/Linke, Angelika (1998): Historische Phraseologie. In: Besch, Werner et al. (Hgg.):
Sprachgeschichte: ein Handbuch zur Geschichte der deutschen Sprache und ihrer
Erforschung. 1. Halbbd. (= Handbücher zur Sprach- und Kommunikationswissenschaft 2.1).
Berlin/New York: de Gruyter. 743–755.
Bußmann, Hadumod (Hg.)(2002): Lexikon der Sprachwissenschaft. 3., aktual. und erw. Aufl.
Stuttgart: Kröner.
Bybee, Joan (1995): Regular morphology and the lexicon. In: Language and Cognitive Processes 10.
425–455.
Bybee, Joan (2010): Language, usage and cognition. Cambridge: Cambridge University Press.
Carr, Charles T. (1939): Nominal compounding in Germanic. London: Oxford University Press.
Chapman, Don/Skousen, Royal (2005): Analogical modeling and morphological change: The
case of the adjectival negative prefix in English. In: English Language and Linguistics 9.
333–357.
Conzelmann, Jochen (2011): Erläuterungen zur mittelhochdeutschen Grammatik. Mit einem
Kapitel zur mittelhochdeutschen Syntax von Dominik Brückner. Typoskript. 6., erneut
überarb. und aktual. Fassung. Freiburg i.Br.: Albert-Ludwigs-Universität Freiburg i.Br.
Coseriu, Eugenio (1977): Inhaltliche Wortbildungslehre (am Beispiel des Typs 'coupe-papier')?
In: Brekle/Kastovsky (Hgg.). 48–61.
Coseriu, Eugenio (1983): Linguistic change does not exist. In: Albrecht, Jörn (Hg.): Energeia und
Ergon. Bd. 1: Schriften von Eugenio Coseriu (1965–1987). Tübingen: Narr. 147–157.
Coulmas, Florian (1985): Lexikalisierung von Syntagmen. In: Schwarze, Christoph/Wunderlich,
Dieter (Hgg.): Handbuch der Lexikologie. Königstein i.Ts.: Athenäum. 250–268.
Croft, William (1991): Syntactic categories and grammatical relations: The cognitive organization
of information. Chicago: University of Chicago Press.
Croft, William (2003): Typology and universals. 2. Aufl. Cambridge: Cambridge University Press.
Croft, William/Cruse, Alan D. (2004): Cognitive Linguistics. Cambridge: Cambridge University
Press.
Dahl, Östen (2004): The growth and maintenance of linguistic complexity. (= Studies in Lan-
guages Companion Series 71). Amsterdam/Philadelphia: Benjamins.
De Caluwe, Johan (1990): Complementariteit tussen morfologische en in oorsprong syntactische
benoemingsprocédés. In: De Caluwe, Johan (Hg.): Betekenis en productiviteit. (= Studia
Germanica Gandensia 19). Gent: Seminarie voor Duitse Taalkunde. 9–23.
De Cuypere, Ludovic (2008): Limiting the iconic: From the metatheoretical foundations to the
creative possibilities of iconicity in language. (= Iconicity in Language and Literature 6).
Amsterdam/Philadelphia: Benjamins.

de Haas, Wim/Trommelen, Mieke (1993): Morfologisch handboek van het Nederlands. (= Aan Het Woord 7). 's-Gravenhage: Sdu Uitg.

de Jong, Nivja H./Schreuder, Robert/Baayen, R. Harald (2000): The morphological family size effect and morphology. In: Language and Cognitive Processes 15. 329–365.

de Rooij, Jaap (1980a): Ons bruin(e) paard I. In: Taal en Tongval 32. 3–25.

de Rooij, Jaap (1980b): Ons bruin(e) paard II. In: Taal en Tongval 32. 109–129.

de Saussure, Ferdinand (1916): Cours de linguistique générale: Publiée par Charles Bally et Albert Sechehaye avec la collaboration de Albert Riedlinger. Lausanne/Paris: Librairie Payot & Compagnie.

De Schutter, Georges (1994): Dutch. In: König/van der Auwera (Hgg.). 439–477.

de Vooys, C.G.N. (1933): Een dilettantiese taalzuiveraar. In: De nieuwe taalgids 27. 29–34.

Di Sciullo, Anna-Maria/Williams, Edwin (1987): On the definition of word. (= Linguistic Inquiry Monographs 14). Cambridge, MA: MIT Press.

Diewald, Gabriele (1997): Grammatikalisierung: Eine Einführung in Sein und Werden grammatischer Formen. (= Germanistische Arbeitshefte 36). Tübingen: Niemeyer.

Dobrovol'skij, Dmitrij (2011): Phraseologie und Konstruktionsgrammatik. In: Lasch/Ziem (Hgg.). 111–130.

Donalies, Elke (2008): *Sandstrand, sandy beach, plage de sable, arenile, piaskowy plaża, homokos part.* Komposita, Derivate und Phraseme des Deutschen im europäischen Vergleich. In: Deutsche Sprache 36. 305–323.

Donalies, Elke (2009): Basiswissen Deutsche Phraseologie. Tübingen/Basel: Francke.

Downing, Pamela (1977): On the creation and use of English compound nouns. In: Language 53. 810–842.

Dürscheid, Christa (2002): „Polemik satt und Wahlkampf pur" – Das postnominale Adjektiv im Deutschen. In: Zeitschrift für Sprachwissenschaft 21. 57–81.

Eeckhout, Raoul (1972): Het substantivische compositum in modern Nederlands. Diss. Leuven: Katholieke Universiteit Leuven.

Eichinger, Ludwig M. (1982): Syntaktische Transposition und semantische Derivation. Die Adjektive auf *-isch* im heutigen Deutsch. (= Linguistische Arbeiten 113). Berlin: de Gruyter.

Eisenberg, Peter (2006): Grundriß der deutschen Grammatik. Bd. 1: Das Wort. 3., durchges. Aufl. Stuttgart: Metzler.

Elsen, Hilke (2007): Wortgruppenlexeme – Beispiele aus Enzyklopädie, Zeitung, Baurecht und Wasserbau. In: Fachsprache 29. 44–55.

Elspaß, Stefan (2005): Language norm and language reality. Effectiveness and limits of prescriptivism in New High German. In: Langer/Davies (Hgg.). 20–45.

Engelberg, Stefan/Holler, Anke/Proost, Kristel (2011): Zwischenräume: Phänomene, Methoden und Modellierung im Bereich zwischen Lexikon und Grammatik. In: Engelberg/Holler/Proost (Hgg.). 1–34.

Engelberg, Stefan/Holler, Anke/Proost, Kristel (Hgg.)(2011): Sprachliches Wissen zwischen Lexikon und Grammatik. (= Jahrbuch des Instituts für Deutsche Sprache 2010). Berlin/Boston: de Gruyter.

Erben, Johannes (2003a): Hauptaspekte der Entwicklung der Wortbildung in der Geschichte der deutschen Sprache. In: Besch et al. (Hgg.). 2525–2539.

Erben, Johannes (2003b): Zur Frage der „Rückbildung" (retrograden Ableitung) als Möglichkeit der Wortbildung. In: Zeitschrift für deutsche Philologie 122. 93–100.

Erben, Johannes (2006): Einführung in die deutsche Wortbildungslehre. 5., durchges. und erg. Aufl. (= Grundlagen der Germanistik 17). Berlin: Schmidt.

Fahim Elsayed, Mohammed Salah (1977): Untersuchungen zum Modell substantivischer Komposita mit einem Primäradjektiv als erster unmittelbarer Konstituente. Dissertation. Leipzig: Karl-Marx-Universität Leipzig.

Fanselow, Gisbert (1981): Zur Syntax und Semantik der Nominalkomposition. Ein Versuch praktischer Anwendung der Montague-Grammatik auf die Wortbildung im Deutschen. (= Linguistische Arbeiten 107). Tübingen: Niemeyer.

Fertig, David (2013): Analogy and morphological change. Edinburgh: Edinburgh University Press.

Fillmore, Charles J./Kay, Paul/O'Connor, Mary C. (1988): Regularity and idiomaticity in grammatical constructions: The case of let alone. In: Language 64. 501–538.

Fischer, Kerstin/Stefanowitsch, Anatol (Hgg.)(2006): Konstruktionsgrammatik. Von der Anwendung zur Theorie. (= Stauffenburg Linguistik 40). Tübingen: Stauffenburg.

Fleischer, Wolfgang (1964): Zum Verhältnis von Name und Appellativum im Deutschen. In: Wissenschaftliche Zeitschrift der Karl-Marx-Universität Leipzig 13. 369–378.

Fleischer, Wolfgang (1979): Kommunikativ-pragmatische Aspekte der Wortbildung. In: Sprache und Pragmatik 1. 317–329.

Fleischer, Wolfgang (1982): Phraseologie der deutschen Gegenwartssprache. Leipzig: Bibliographisches Institut.

Fleischer, Wolfgang (1984): Aspekte der sprachlichen Benennung. Berlin: Akademie-Verlag.

Fleischer, Wolfgang (1996a): Phraseologische, terminologische und onymische Wortgruppen als Nominationseinheiten? In: Knobloch/Schaeder (Hgg.). 147–170.

Fleischer, Wolfgang (1996b): Zum Verhältnis von Wortbildung und Phraseologie im Deutschen. In: Korhonen, Jarmo (Hg.): Studien zur Phraseologie des Deutschen und des Finnischen. Teil 2. (= Studien zur Phraseologie und Parömiologie 10). Bochum: Brockmeyer. 333–344.

Fleischer, Wolfgang (1997): Das Zusammenwirken von Wortbildung und Phraseologisierung in der Entwicklung des Wortschatzes. In: Wimmer, Rainer/Berens, Franz J. (Hgg.): Wortbildung und Phraseologie. (= Studien zur deutschen Sprache 9). Tübingen: Narr. 9–24.

Fleischer, Wolfgang/Barz, Irmhild (1995): Wortbildung der deutschen Gegenwartssprache. 2., durchges. und erg. Aufl. Tübingen: Niemeyer.

Fleischer, Wolfgang/Barz, Irmhild (2012): Wortbildung der deutschen Gegenwartssprache. 4., völlig neu bearb. Aufl. Berlin/Boston: de Gruyter.

Fradin, Bernard (2009): IE, Romance: French. In: Lieber/Štekauer (Hgg.). 417–435.

Frevel, Claudia/Knobloch, Clemens (2005): Das Relationsadjektiv. In: Knobloch, Clemens/Schaeder, Burkhard (Hgg.): Wortarten und Grammatikalisierung. (= Linguistik – Impulse und Tendenzen 12). Berlin/New York: de Gruyter. 151–175.

Friedrich, Jesko (2006): Phraseologisches Wörterbuch des Mittelhochdeutschen. Redensarten, Sprichwörter und andere feste Wortverbindungen in Texten von 1050–1350. (= Germanistische Linguistik 264). Tübingen: Niemeyer.

Fuhrhop, Nanna (2007): Zwischen Wort und Syntagma: Zur grammatischen Fundierung der Getrennt- und Zusammenschreibung. (= Linguistische Arbeiten 513). Tübingen: Niemeyer.

Gallmann, Peter (1999): Wortbegriff und Nomen-Verb-Verbindungen. In: Zeitschrift für Sprachwissenschaft 18. 269–304.

Gallmann, Peter (2005): Der Satz. In: Duden. Bd. 4: Die Grammatik. Hrsg. vom Wissenschaftlichen Rat der Dudenredaktion. 7., völlig neu erarb. und erw. Aufl. Mannheim u.a.: Dudenverlag. 773–1066.

Geeraerts, Dirk (2003): The interaction of metaphor and metonymy in composite expressions. In: Dirven, René/Pörings, Ralf (Hgg.): Metaphor and metonymy in comparison and contrast. (= Cognitive Linguistics Research 20). Berlin/New York: de Gruyter. 435–465.

Giegerich, Heinz J. (2004): Compound or phrase? English noun-plus-noun constructions and the stress criterion. In: English Language and Linguistics 8. 1–24.

Glück, Helmut (Hg.)(2000): Metzler-Lexikon Sprache. 2., überarb. und erw. Aufl. Stuttgart: Metzler.

Goldberg, Adele E. (1995): Constructions. A construction grammar approach to argument structure. Chicago: University of Chicago Press.

Goldberg, Adele E. (2006): Constructions at work: The nature of generalization in language. Oxford: Oxford University Press.

Goldberg, Adele E. (2009): The nature of generalization in language [Target Article]. In: Cognitive Linguistics 20. 93–127.

Grzega, Joachim (2004): Bezeichnungswandel: Wie, Warum, Wozu? Ein Beitrag zur englischen und allgemeinen Onomasiologie. Heidelberg: Winter.

Grzega, Joachim (2006): EuroLinguistischer Parcours. Kernwissen zur europäischen Sprachkultur. Frankfurt a.M.: IKO.

Gunkel, Lutz/Zifonun, Gisela (2009): Classifying modifiers in common names. In: Word Structure 2. 205–218.

Gunkel, Lutz/Zifonun, Gisela (2011): Klassifikatorische Modifikation im Deutschen und Französischen. In: Lavric, Eva/Pöckl, Wolfgang/Schallhart, Florian (Hgg.): Comparatio delectat. Akten der VI. Internationalen Arbeitstagung zum romanisch-deutschen und innerromanischen Sprachvergleich. Innsbruck, 3.–5. September 2008. (= InnTrans 4). Frankfurt a.M. u.a.: Lang. 549–562.

Haeseryn, Walter et al. (1997): Algemene Nederlandse Spraakkunst. 2 Bände. 2., völlig neu bearb. Aufl. Groningen/Deurne: Martinus Nijhoff/Wolters Plantyn.

Haiman, John (1980): The iconicity of grammar: Isomorphism and motivation. In: Language 56. 515–540.

Haje, Christian Friedrich H. (1932): Taalschut. Schrijf weer Nederlandsch. Leiden: Leidsche Uitgeversmaatschappij.

Harbert, Wayne (2007): The Germanic languages. Cambridge: Cambridge University Press.

Härd, John E. (2003): Hauptaspekte der syntaktischen Entwicklung in der Geschichte des Deutschen. In: Besch et al. (Hgg.). 2569–2582.

Harm, Volker (2003): Diagrammatic Iconicity in the lexicon: Base and derivation in the history of German verbal word-formation. In: Müller, Wolfgang G./Fischer, Olga (Hgg.): From sign to signing. (= Iconicity in Language and Literature 3). Amsterdam/Philadelphia: Benjamins. 227–243.

Haspelmath, Martin (1998): How young is standard average European? In: Language Sciences 20. 271–287.

Haspelmath, Martin (2002): Understanding morphology. London: Arnold.

Haspelmath, Martin et al. (Hgg.)(2001): Language typology and linguistic universals. 1. Halbbd. (= Handbücher zur Sprach- und Kommunikationswissenschaft 20.1). Berlin/New York: de Gruyter.

Hausmann, Franz Josef (2004): Was sind eigentlich Kollokationen? In: Steyer, Kathrin (Hg.): Wortverbindungen – mehr oder weniger fest. (= Jahrbuch des Instituts für Deutsche Sprache 2003). Berlin/New York: de Gruyter. 309–334.

Hausmann, Franz Josef (2007): Die Kollokationen im Rahmen der Phraseologie – Systematische und Historische Darstellung. In: Zeitschrift für Anglistik und Amerikanistik 55. 217–234.

Heine, Bernd/Kuteva, Tania (2006): The changing languages of Europe. Oxford: Oxford University Press.

Heinle, Eva-Maria (1993): Die Zusammenrückung. In: Wellmann, Hans (Hg.): Synchrone und diachrone Aspekte der Wortbildung im Deutschen. (= Sprache – Literatur und Geschichte 8). Heidelberg: Winter. 65–78.

Henzen, Walter (1965): Deutsche Wortbildung. 3., durchges. und erg. Aufl. (= Sammlung kurzer Grammatiken germanischer Dialekte B5). Tübingen: Niemeyer.

Hock, Hans Henrich (2003): Analogical change. In: Joseph, Brian D./Janda, Richard D. (Hgg.): The handbook of Historical Linguistics. Malden, MA u.a.: Blackwell. 441–460.

Hoffmann, Lothar (1985): Kommunikationsmittel Fachsprache. Eine Einführung. 2. völlig neu bearb. Aufl. (= Forum für Fachsprachen-Forschung 1). Tübingen: Narr.

Hoffmann, Lothar (1998): Fachsprachen und Gemeinsprache. In: Hoffmann, Lothar/Kalverkämper, Hartwig/Wiegand, Herbert E. (Hgg.): Fachsprachen/Languages for special purposes. 1. Halbbd. (= Handbücher zur Sprach- und Kommunikationswissenschaft 14.1). Berlin/New York: de Gruyter. 157–168.

Hoffmann, Thomas/Trousdale, Graeme (Hgg.)(2013): The Oxford handbook of construction grammar. Oxford: Oxford University Press.

Hohenhaus, Peter (2005): Lexicalization and institutionalization. In: Štekauer, Pavol/Lieber, Rochelle (Hgg.): Handbook of word formation. (= Studies in Natural Language and Linguistic Theory 64). Dordrecht: Springer. 353–373.

Honselaar, Wim (1980): On the semantics of the adjective-noun combinations. In: Barentsen, Adrian A./Groen, B.M./Tielemans, M.G.M. (Hgg.): Studies in Slavic and general linguistics. (= Studies in Slavic and General Linguistics 1). Amsterdam: Rodopi. 187–206.

Hümmer, Christiane (2007): Synonymie bei phraseologischen Einheiten. Eine korpusbasierte Untersuchung. Dissertation. (= Potsdam Linguistic Investigations 3). Potsdam: Universität Potsdam.

Hüning, Matthias (1993): Visies op taalverandering. In: Forum der Letteren 34. 281–302.

Hüning, Matthias (2004): Over woorden en woordgroepen. A+N-verbindingen in het Nederlands en in het Duits. In: Kiedron, Stefan/Kowalska-Szubert, Agata (Hgg.): Thesaurus polyglottus et flores quadrilingues. Festschrift für Stanislaw Predota zum 60. Geburtstag. Breslau: Oficyna Wydawnicza ATUT – Wrocławskie Wyawnictwo Oświatowe. 159–171.

Hüning, Matthias (2008): Hoe talen elkaar ontmoeten: over taalcontact en convergentie. In: Kalla, Irena B./Czarnecka, Bożena (Hgg.): Neerlandistische ontmoetingen. Trefpunt Wrocław. Breslau: Oficyna Wydawnicza ATUT – Wrocławskie Wydawnictwo Oświatowe. 40–53.

Hüning, Matthias (2010): Adjective + Noun constructions between syntax and word formation in Dutch and German. In: Onysko, Alexander/Michel, Sascha (Hgg.): Cognitive perspectives on word formation. (= Trends in Linguistics. Studies and Monographs 221). Berlin/New York: de Gruyter. 195–215.

Hüning, Matthias/Schlücker, Barbara (2010): Konvergenz und Divergenz in der Wortbildung. Komposition im Niederländischen und im Deutschen. In: Dammel, Antje/Kürschner, Sebastian/Nübling, Damaris (Hgg.): Konvergenz und Divergenz in der Wortbildung. (= Germanistische Linguistik 206–209). Hildesheim/Zürich/New York: Georg Olms. 783–825.

Hüning, Matthias/Schlücker, Barbara (2015): Multi-word expressions. In: Müller et al. (Hgg.). Bd. 1. 450–467.

Itkonen, Esa (2004): Typological explanation and iconicity. In: Logos and Language 5. 21–33.

Jackendoff, Ray (2002): Foundations of language. Brain, meaning, grammar, evolution. Oxford: Oxford University Press.

Jackendoff, Ray (2013): Constructions in the parallel architecture. In: Hoffmann/Trousdale (Hgg.). 70–92.

Jacobs, Joachim (2005): Spatien. Zum System der Getrennt- und Zusammenschreibung im heutigen Deutsch. (= Linguistik – Impulse und Tendenzen 8). Berlin/New York: de Gruyter.

Jacobs, Joachim (2011): Grammatik ohne Wörter. In: Engelberg/Holler/Proost (Hgg.). 345–372.

Kastovsky, Dieter (1982): Word-formation: A functional view? In: Folia Linguistica 16. 181–198.

Kastovsky, Dieter (1986): The problem of productivity in word formation. In: Linguistics 24. 585–600.

Keller, Rudi (1990): Sprachwandel. Von der unsichtbaren Hand in der Sprache. Tübingen: Francke.

Kemmer, Suzanne/Barlow, Michael (2000): A usage-based conception of language. Essen: LAUD.

Knobloch, Clemens (1996): Nomination: Anatomie eines Begriffes. In: Knobloch/Schaeder (Hgg.). 21–53.

Knobloch, Clemens/Schaeder, Burkhard (Hgg.)(1996): Nomination – fachsprachlich und gemeinsprachlich. Opladen: Westdeutscher Verlag.

Koefoed, Geert (1993): Benoemen. Een beschouwing over de faculté du langage = Naming. (= Publikaties van het P.J. Meertens-Instituut voor Dialectologie, Volkskunde en Naamkunde van de Koninklijke Nederlandse Akademie van Wetenschapen 20). Amsterdam: P.J. Meertens-Instituut.

Koefoed, Geert/Marle, Jaap van (2000): Productivity. In: Booij/Lehmann/Mugdan (Hgg.). 303–311.

Koehn, Philipp (2005): Europarl: A parallel corpus for statistical machine translation. MT Summit.

König, Ekkehard/Haspelmath, Martin (1999): Der europäische Sprachbund. In: Reiter, Norbert (Hg.): Eurolinguistik. Ein Schritt in die Zukunft. Wiesbaden: Harrassowitz. 111–127.

König, Ekkehard/van der Auwera, Johan (Hgg.)(1994): The Germanic languages. London/New York: Routledge.

Krifka, Manfred (2004): Bare NPs: kind-referring, indefinites, both, or, neither. In: Empirical Issues in Formal Syntax and Semantics 5. 111–132.

Krifka, Manfred et al. (1995): Genericity: An introduction. In: Carlson, Gregory N./Pelletier, Francis J. (Hgg.): The generic book. Chicago/London: University of Chicago Press. 1–124.

Krott, Andrea (2009): The role of analogy for compound words. In: Blevins, James P./Blevins, Juliette (Hgg.): Analogy in grammar. Oxford: Oxford University Press. 118–136.

Krott, Andrea/Baayen, R. Harald/Schreuder, Robert (2001): Analogy in morphology: modeling the choice of linking morphemes in Dutch. In: Linguistics 39. 51–93.

Krott, Andrea et al. (2007): Analogical effects on linking elements in German compound words. In: Language and Cognitive Processes 22. 25–57.

Kühn, Peter/Püschel, Ulrike (1990): Die deutsche Lexikographie vom 17. Jahrhundert bis zu den Brüdern Grimm ausschließlich. In: Hausmann, Franz J. et al. (Hgg.): Wörterbücher. 2. Halbbd. (= Handbücher zur Sprach- und Kommunikationswissenschaft 5.2). Berlin/New York: de Gruyter. 2049–2077.

Landsbergen, Frank (2009): Cultural evolutionary modeling of patterns in language change. Exercises in evolutionary linguistics. (= LOT 223). Utrecht: LOT.

Lang, Ewald (1984): The semantics of coordination. (= Studies in Language Companion Series 9). Amsterdam/Philadelphia: Benjamins.

Langacker, Ronald (1987): Foundations of Cognitive Grammar. Bd. 1: Theoretical prerequisites. Stanford: Stanford University Press.

Langacker, Ronald (1991): Foundations of Cognitive Grammar. Bd. 2: Descriptive application. Stanford: Stanford University Press.

Langer, Nils/Davies, Winifred (2005): An introduction to linguistic purism. In: Langer/Davies (Hgg.). 1–17.

Langer, Nils/Davies, Winifred (Hgg.)(2005): Linguistic purism in the Germanic languages. (= Studia Linguistica Germanica 75). Berlin/New York: de Gruyter.

Lasch, Alexander/Ziem, Alexander (Hgg.)(2011): Konstruktionsgrammatik. Bd. 3: Aktuelle Fragen und Lösungsansätze. (= Stauffenburg Linguistik 58). Tübingen: Stauffenburg.

Lawrenz, Birgit (1996): Der Zwischen-den-Mahlzeiten-Imbiß und der Herren-der-Welt-Größenwahn: Aspekte der Struktur und Bildungsweise von Phrasenkomposita im Deutschen. In: Zeitschrift für Germanistische Linguistik 24. 1–15.

Lieber, Rochelle/Štekauer, Pavol (2009): Introduction: Status and definition of compounding. In: Lieber/Štekauer (Hgg.). 3–18.

Lieber, Rochelle/Štekauer, Pavol (Hgg.)(2009): The Oxford handbook of compounding. Oxford: Oxford University Press.

Lipka, Leonhard (1977): Lexikalisierung, Idiomatisierung und Hypostasierung als Probleme einer synchronischen Wortbildungslehre. In: Brekle/Kastovsky (Hgg.). 155–164.

Löbner, Sebastian (2003): Semantik: Eine Einführung. Berlin/New York: de Gruyter.

Lyons, John (1968): Introduction to theoretical linguistics. Cambridge: Cambridge University Press.

Martinet, André (1963): Grundzüge der allgemeinen Sprachwissenschaft. Stuttgart: Kohlhammer.

McLelland, Nicola (2009): Linguistic purism, protectionism, and nationalism in the Germanic languages today. In: Journal of Germanic Linguistics 21. 93–112.

McMahon, April M.S (1994): Understanding language change. Cambridge/New York: Cambridge University Press.

Meibauer, Jörg (2003): Phrasenkomposita zwischen Wortsyntax und Lexikon. In: Zeitschrift für Sprachwissenschaft 22. 153–188.

Meibauer, Jörg et al. (Hgg.)(2007): Einführung in die germanistische Linguistik. 2., aktual. Aufl. Stuttgart: Metzler.

Moder, Carol Lynn (1992): Rules and analogy. In: Davis, Garry W./Iverson, Gregory K. (Hgg.): Explanation in Historical Linguistics. (= Amsterdam Studies in the Theory and History of Linguistic Science 84). Amsterdam/Philadelphia: Benjamins. 179–191.

Möhn, Dieter (1986): Determinativkomposita und Mehrwortbenennungen im deutschen Fachwortschatz. In: Jahrbuch Deutsch als Fremdsprache 12. 111–133.

Moortgat, Alfons (1925): Germanismen in het Nederlandsch. Gent: Vanderpoorten & Co.

Motsch, Wolfgang (2004): Deutsche Wortbildung in Grundzügen. 2., überarb. Aufl. (= Schriften des Instituts für Deutsche Sprache 8). Berlin/New York: de Gruyter.

Müller, Peter O. et al. (Hgg.)(2015): Word-Formation. An international handbook of the languages of Europe. 4 Bände. (= Handbücher zur Sprach- und Kommunikationswissenschaft 40). Berlin/Boston: de Gruyter.

Neef, Martin (2009): IE, Germanic: German. In: Lieber/Štekauer (Hgg.). 386–399.

Newmeyer, Frederick H. (2003): Formal and functional motivation for language change. In: Hickey, Raymond (Hg.): Motives for language change. Cambridge: Cambridge University Press. 18–36.

Noël, Dirk (2006): Diachronic construction grammar vs. grammaticalization theory. (= Preprints of the Department of Linguistics, University of Leuven 255). Leuven: Katholieke Universiteit Leuven. Internet: www.researchgate.net/publication/233681961_Diachronic_construction_ grammar_and_grammaticalization_theory (letzter Zugriff: 18.8.2015).

Nübling, Damaris et al. (2010): Historische Sprachwissenschaft des Deutschen. Eine Einführung in die Prinzipien des Sprachwandels. 3., überarb. Aufl. Tübingen: Narr.

Nübling, Damaris/Fahlbusch, Fabian/Heuser, Rita (2012): Namen. Eine Einführung in die Onomastik. Tübingen: Narr.

Nunberg, Geoffrey/Sag, Ivan A./Wasow, Thomas (1994): Idioms. In: Language 70. 491–538.

Odijk, Jan (1992): Uninflected adjectives in Dutch. In: Bok-Bennema, Reineke/van Hout, Roeland (Hgg.): Linguistics in the Netherlands. (= AVT Publications 9). Amsterdam: Benjamins. 197–208.

Ortner, Lorelies/Müller-Bollhagen, Elgin (1991): Deutsche Wortbildung. Typen und Tendenzen in der Gegenwartssprache. 4. Hauptteil: Substantivkomposita. (= Sprache der Gegenwart 79). Berlin/New York: de Gruyter.

Partee, Barbara H. (1997): Lexical semantics and compositionality. In: Osherson, Daniel (Hg.): An invitation to cognitive science. Bd. 1: Language. Cambridge, MA: MIT Press. 311–360.

Paul, Hermann (1920a): Deutsche Grammatik. Teil 5: Wortbildungslehre. Halle (Saale): Niemeyer.

Paul, Hermann (1920b [1975]): Prinzipien der Sprachgeschichte. 9., unveränd. Aufl. (Studienausgabe 1975). (= Konzepte der Sprach- und Literaturwissenschaft 6). Tübingen: Niemeyer.

Pavlov, Vladimir M. (1972): Die substantivische Zusammensetzung als syntaktisches Problem. München: Hueber.

Plag, Ingo (1999): Morphological productivity: Structural constraints in English derivation. (= Topics In English Linguistics 28). Berlin/New York: de Gruyter.

Plag, Ingo (2003): Word-Formation in English. Cambridge: Cambridge University Press.

Plag, Ingo (2010): Compound stress assignment by analogy: The constituent family bias. In: Zeitschrift für Sprachwissenschaft 29. 243–282.

Plag, Ingo/Dalton-Puffer, Christiane/Baayen, Harald (1999): Productivity and register. In: English Language and Linguistics 3. 209–228.

Pörings, Ralf/Schmitz, Ulrich (Hgg.)(2003): Sprache und Sprachwissenschaft: Eine kognitiv orientierte Einführung. 2., überarb. und aktual. Aufl. Tübingen: Narr.

Polenz, Peter von (1994): Deutsche Sprachgeschichte vom Spätmittelalter bis zur Gegenwart. Bd. 2: 17. und 18. Jahrhundert. Berlin/New York: de Gruyter.

Polenz, Peter von (2000): Deutsche Sprachgeschichte vom Spätmittelalter bis zur Gegenwart. Bd. 1: Einführung, Grundbegriffe, 14. bis 16. Jahrhundert. 2. Aufl. Berlin/New York: de Gruyter.

Pounder, Amanda (2001): Adverb-marking in German and English. In: Diachronica 18. 301–358.

Pusch, Claus D. (2001): Ikonizität. In: Haspelmath et al. (Hgg.). 369–384.

Raidt, Edith H. (1968): Geskiedenis van die bijvoeglike verbuiging in Nederlands en Afrikaans. Kapstadt: Nasou.

Rainer, Franz (1988): Towards a theory of blocking: the case of Italian and German quality nouns. In: Booij, Geert/van Marle, Jaap (Hgg.): Yearbook of Morphology. Dordrecht: Foris. 155–185.

Rainer, Franz (2000): Produktivitätsbeschränkungen. In: Booij/Lehmann/Mugdan (Hgg.). 877–885.

Reichmann, Oskar (2005): Usefulness and uselessness of the term *Fremdwort*. In: Langer/Davies (Hgg.). 343–360.

Rijkhoff, Jan (2008): Descriptive and discourse-referential modifiers in a layered model of the noun phrase. In: Linguistics 46. 789–829.

Rijpma, E./Schuringa, F.G (1971): Nederlandse Spraakkunst: Bewerkt door Dr. Jan van Bakel. 23. Aufl. Groningen: Wolters-Noordhoff.

Roelcke, Thorsten (2005): Fachsprachen. 2., durchges. Aufl. (= Grundlagen der Germanistik 37). Berlin: Schmidt.

Ronneberger-Sibold, Elke (1980): Sprachverwendung, Sprachsystem: Ökonomie und Wandel. (= Linguistische Arbeiten 87). Tübingen: Niemeyer.

Rosenbach, Anette (2008): Language change as cultural evolution: Evolutionary approaches to language change. In: Eckardt, Regine/Jäger, Gerhard/Veenstra, Tonjes (Hgg.): Variation, selection, development. Probing the evolutionary model of language change. (= Trends in Linguistics. Studies and Monographs 197). Berlin/New York: de Gruyter. 23–72.

Roth, Tobias (2014): Wortverbindungen und Verbindungen von Wörtern. Lexikografische und distributionelle Aspekte kombinatorischer Begriffsbildung zwischen Syntax und Morphologie. (= Basler Studien zur deutschen Sprache und Literatur 94). Tübingen: Francke.

Royen, P. Gerlach (1941): Ongaaf Nederlands. (= Mededeelingen der Nederlandsche Akademie van Wetenschappen 10). Amsterdam: Noord-Hollandsche Uitgevers Maatschappij.

Royen, P. Gerlach (1948): Taalpanoptikum. Utrecht: Het Spectrum.

Scalise, Sergio/Vogel, Irene (2010): Why compounding? In: Scalise, Sergio/Vogel, Irene (Hgg.): Cross-disciplinary issues in compounding. (= Current Issues in Linguistic Theory 311). Amsterdam/Philadelphia: Benjamins. 1–18.

Schlücker, Barbara (2012): Die deutsche Kompositionsfreudigkeit. Übersicht und Einführung. In: Gaeta, Livio/Schlücker, Barbara (Hgg.): Das Deutsche als kompositionsfreudige Sprache. (= Linguistik – Impulse und Tendenzen 46). Berlin/Boston: de Gruyter. 1–26.

Schlücker, Barbara (2014): Grammatik im Lexikon. Adjektiv+Nomen-Verbindungen im Deutschen und Niederländischen. (= Linguistische Arbeiten 553). Berlin/Boston: de Gruyter.

Schlücker, Barbara/Hüning, Matthias (2009): Compounds and phrases. A functional comparison between German A+N compounds and corresponding phrases. In: Rivista di Linguistica 21. 209–234.

Schlücker, Barbara/Plag, Ingo (2011): Compound or phrase? Analogy in naming. In: Lingua 121. 1539–1551.

Schogt, Henry (1997): Zuiver Nederlands. In: Canadian Journal of Netherlandic Studies/Revue Canadienne d'Etudes Néerlandaises 18/1. 1–8.

Scholz, Cosima (2012): Romanische Verb-Nomen-Komposita. Grammatiktheoretische Perspektiven auf das Verhältnis von Komposition, Kompositionalität und Exozentrizität. Dissertation. Berlin: Freie Universität Berlin.

Schreuder, Rob/Baayen, R. Harald (1997): How complex simplex words can be. In: Journal of Memory and Language 37. 118–139.

Schuster, Saskia (2008): Zwischen Wortbildung und Syntax – Benennungsstrategien im Französischen und Niederländischen. Magisterarbeit. Berlin: Humboldt-Universität zu Berlin.

Schuster, Saskia (2010): Modifikation in der niederländischen Nominalphrase: Ein kontrastiver Überblick im Vergleich zum Deutschen. In: Deutsche Sprache 38. 154–174.

Seiler, Hansjakob (1983): Namengebung als eine Technik zur sprachlichen Erfassung von Gegenständen? In: Faust, Manfred et al. (Hgg.): Allgemeine Sprachwissenschaft, Sprachtypologie und Textlinguistik. (= Tübinger Beiträge zur Linguistik 215). Tübingen: Narr. 149–156.

Simoska, Silvana (1999): Die morphologische und semantische Vielfalt des Adjektiv+Nomen-Kompositums. In: Deutsche Sprache 27. 156–187.

Skousen, Royal/Lonsdale, Deryle/Parkinson, Dilworth B. (Hgg.)(2002): Analogical modeling. An exemplar-based approach to language. (= Human Cognitive Processing 10). Amsterdam/Philadelphia: Benjamins.

Spiegel, Heinz-Rudi (1977): Zur Wortbildung in der Terminologie der Information und Dokumentation. In: Deutsche Gesellschaft für Dokumentation (Hg.): Deutscher Dokumentartag 1976. München: Saur. 334–353.

Staverman, W.H (1939): Over rauwkost en sneltreinen, groothandelaren en kleinkinderen. In: De nieuwe taalgids 33. 29–34.

Steenbergen, G. Jo (1971): Zijn samenstellingen als *grootstad, totaalindruk* „goed" Nederlands? In: De nieuwe taalgids 64. 112–119.

Stefanowitsch, Anatol (2009): Bedeutung und Gebrauch in der Konstruktionsgrammatik. Wie kompositionell sind modale Infinitive im Deutschen? In: Zeitschrift für Germanistische Linguistik 37. 565–592.

Stefanowitsch, Anatol (2011): Konstruktionsgrammatik und Grammatiktheorie. In: Lasch/Ziem (Hgg.). 11–25.

Stefanowitsch, Anatol/Fischer, Kerstin (Hgg.)(2008): Konstruktionsgrammatik. Bd. 2: Von der Konstruktion zur Grammatik. (= Stauffenburg Linguistik 47). Tübingen: Stauffenburg.

Stiller, Heinz (Hg.)(1988): Zur Theorie der Wortbildung im Deutschen. Berlin: Akademie-Verlag.

Taeldeman, Johan (1978): Französisch-flämische Sprachinterferenz in Flandern. In: Ureland, P. Sture (Hg.): Sprachkontakte im Nordseegebiet. (= Linguistische Arbeiten 66). Tübingen: Niemeyer. 43–66.

ten Kate, Lambert (1723 [2001]): Aenleiding tot de kennisse van het verhevene deel der Nederduitsche sprake. 1. deel. Fotomechanische herdruk van uitgave 1723 (2001). Hrsg. von Jan Noordegraaf und Marijke van der Wal. Alphen aan den Rijn: Canaletto/Repro-Holland BV.

Theissen, Siegfried (1975): De Germanismen in de moderne Nederlandse woordenschat. Tongeren: Belgisch Interuniversitair Centrum voor Neerlandistiek.

Thomas, George (1991): Linguistic purism. London: Longman.

Thráinsson, Höskuldur (1994): Icelandic. In: König/van der Auwera (Hgg.). 142–189.

Tomasello, Michael (2003): Constructing a language. Cambridge, MA: Harvard University Press.

Traugott, Elizabeth C. (2014): Toward a constructional framework for research on language change. In: Cognitive Linguistic Studies 1/1. 3–21.

Traugott, Elizabeth C./Trousdale, Graeme (2013): Construcitonalization and constructional changes. (= Oxford Studies in Diachronic and Historical Linguistics 6). Oxford: Oxford University Press.

Tummers, José (2005): Het naakt(e) adjectief. Kwantitatief-empirisch onderzoek naar de adjectivische buigingsalternantie bij neutra. Dissertation. Leuven: Katholieke Universiteit Leuven.

van Bree, Cor (1987): Historische grammatica van het Nederlands. Dordrecht: Foris.

van Bree, Cor (1996): Historische Taalkunde. 2., neu bearb. Aufl. Leuven u.a.: Acco.

van Dam, Jan (1958): Handbuch der deutschen Sprache. Bd. 2: Wortlehre. 3. Aufl. Groningen: Wolters.

Van de Velde, Freek (2006): Herhaalde exaptatie. Een diachrone analyse van de Germaanse adjectieflexie. In: Hüning, Matthias (Hg.): Nederlands tussen Duits en Engels. (= SNL-reeks 15). Leiden: Stichting Neerlandistiek Leiden. 47–70.

Van der Horst, Joop (2008): Geschiedenis van de Nederlandse syntaxis. 2 Bände. Leuven: Universiteit Pers Leuven.

van der Sijs, Nicoline (2005): Van Dale groot Leenwoordenboek. Utrecht/Antwerpen: Van Dale Lexicografie.

van Haeringen, Coenraad Bernadus (1956): Nederlands tussen Duits en Engels. Den Haag: Servire.

van Marle, Jaap (1995): On the fate of adjectival declension in overseas Dutch (with some notes on the history of Dutch). In: Andersen, Henning (Hg.): Historical Linguistics 1993. Selected papers from the 11th International Conference on Historical Linguistics, Los Angeles, 16–20 August 1993. (= Current Issues in Linguistic Theory 124). Amsterdam/Philadelphia: Benjamins. 283–294.

van Santen, Ariane (1984): De morfologie van het Nederlands. Dordrecht/Cinnaminson: Foris.

van Sterkenburg, Piet (1984): Van Woordenlijst tot woordenboek: inleiding tot de geschiedenis van woordenboeken van het Nederlands. Leiden: Brill.

van den Toorn, Maarten C. (1970): Gibt es im Niederländischen Nominalkomposita nach deutschem Muster? In: Hofmann, Dietrich (Hg.): Gedenkschrift für William Foerste. (= Niederdeutsche Studien 18). Köln/Wien: Böhlau. 401–411.

Verhagen, Arie (2005): Constructiegrammatica en 'usage based' taalkunde. In: Nederlandse taalkunde 10. 197–222.

Villoing, Florence (2012): French compounds. In: Probus 24. 29–60.

von der Gabelentz, Georg (1901): Die Sprachwissenschaft: Ihre Aufgaben, Methoden und bisherigen Ergebnisse. 2., verm. und verb. Aufl. Leipzig: Weigel.

Waugh, Linda R./Newfield, Madeleine (1995): Iconicity in the lexicon and its relevance for a theory of morphology. In: Landsberg, Marge E. (Hg.): Syntactic iconicity and linguistic freezes. (= Studies in Anthropological Linguistics 9). Berlin/New York: de Gruyter. 189–221.

Weerman, Fred (2003): Een mooie verhaal. Veranderingen in uitgangen. In: Stroop, Jan (Hg.): Waar gaat het Nederlands naartoe? Amsterdam: Bert Bakker. 249–260.

Weinreich, Uriel/Labov, William/Herzog, Marvin I. (1968): Empirical foundations for a theory of language change. In: Lehmann, Winfred P./Malkiel, Yakov (Hgg.): Directions for Historical Linguistics: A symposium. Austin: University of Texas Press. 95–188.

Wellmann, Hans (1998): Die Wortbildung. In: Duden. Bd. 4: Die Grammatik. Hrsg. von der Dudenredaktion. 6., neu bearb. Aufl. Mannheim u.a.: Dudenverlag. 408–557.

Wiese, Ingrid (1988): Fragen fachsprachlicher Benennung. In: Stiller (Hg.). 25–29.

Willems, Klaas (1990): Tageshöchsttemperaturen, Billigst-Flüge und Halbknaben. Zur Syntax, Semantik und Stilistik eines beliebten Wortbildungsmodells im heutigen Deutsch. In: Deutsche Sprache 18. 52–75.

Willems, Klaas (2001): Produktivität, syntaktische Struktur und Norm. Deskriptive Normregularitäten nominaler Wortbildungsmuster und kontrastive Wortbildungsforschung. In: Zeitschrift für Germanistische Linguistik 29. 143–166.

Willemyns, Roland (2003): Dutch. In: Deumert, Ana/Vandenbussche, Wim (Hg.): Germanic standardizations. Past to present. (= IMPACT: Studies in Language and Society 18). Amsterdam/Philadelphia: Benjamins. 93–125.

Wilmanns, Wilhelm (1899): Deutsche Grammatik. Gotisch, Alt-, Mittel- und Neuhochdeutsch. Teil 2: Wortbildung. 2. Aufl. Straßburg: Trübner.

Wilss, Wolfram (1998): Adjektiv/Substantiv-Kollokationen: Gemeinsprachliche und fachsprachliche Adjektive. In: Fachsprache 20. 142–148.

Wurzel, Wolfgang U. (2001): Ökonomie. In: Haspelmath et al. (Hgg.). 384–400.

Ziem, Alexander/Lasch, Alexander (2013): Konstruktionsgrammatik. Konzepte und Grundlagen gebrauchsbasierter Ansätze. (= Germanistische Arbeitshefte 44). Berlin/Boston: de Gruyter.

Zifonun, Gisela (2011): Relationale Adjektive – ein „klassisches" Muster im europäischen Vergleich? In: Deutsche Sprache 39. 98–112.

Zifonun, Gisela/Hoffmann, Ludger/Strecker, Bruno (1997): Grammatik der deutschen Sprache. 3 Bände. (= Schriften des Instituts für Deutsche Sprache 7). Berlin/New York: de Gruyter.

Zimmer, Karl E. (1971): Some general observations about nominal compounds. In: Lipka, Leonhard/Günther, Hartmut (Hgg.): Wortbildung. Darmstadt: Wissenschaftliche Buchgesellschaft. 233–255.

Zimmer, Karl E. (1972): Appropriateness conditions for nominal compounds. In: Working Papers on Language Universals 8. 3–20.